中华人民共和国
制宪修宪重要文献资料
选 编

全国人大常委会法制工作委员会宪法室　编

中国民主法制出版社

图书在版编目（CIP）数据

中华人民共和国制宪修宪重要文献资料选编／全国
人大常委会法制工作委员会宪法室编.—北京：中国民
主法制出版社，2020.11

ISBN 978-7-5162-2308-6

Ⅰ．①中… Ⅱ．①全… Ⅲ．①宪法—文献资料—选编
—中国 Ⅳ．①D921.09

中国版本图书馆 CIP 数据核字（2020）第 218032 号

图书出品人：刘海涛
出 版 统 筹：乔先彪
图 书 策 划：陈 曦
责 任 编 辑：贾萌萌
责 任 印 制：姜 婷 苏若瑶

书 名／中华人民共和国制宪修宪重要文献资料选编
作 者／全国人大常委会法制工作委员会宪法室 编

出版·发行／中国民主法制出版社
地址／北京市丰台区右安门外玉林里 7 号（100069）
电话／010 – 57258080 57514499（系统发行） 63292520（编辑室）
传真／010 – 84815841
http：//www.npcpub.com
E-mail：mzfz@ npcpub.com
经销／新华书店
开本／16 开 710 毫米×1000 毫米
印张／30.75 **字数**／395 千字
版本／2021 年 1 月第 1 版 2021 年 1 月第 1 次印刷
印刷／北京飞帆印刷有限公司

书号／ISBN 978-7-5162-2308-6
定价／99.00 元
出版声明／版权所有，侵权必究。

出 版 说 明

　　宪法是国家的根本法，是治国安邦的总章程，是党和人民意志的集中体现。从 1949 年 9 月中国人民政治协商会议第一届全体会议通过具有临时宪法作用的《中国人民政治协商会议共同纲领》，1954 年 9 月第一届全国人民代表大会第一次会议通过《中华人民共和国宪法》始，我国宪法制度同社会主义建设事业一起经过了不平凡的发展历程。我国现行宪法由五届全国人大五次会议于 1982 年 12 月 4 日通过。此后，根据时代进步和实践发展需要，在党中央领导下，全国人大在 1988 年、1993 年、1999 年、2004 年和 2018 年，先后 5 次对现行宪法进行修改，体现了中国特色社会主义道路、理论、制度、文化的发展成果，有力推动了国家制度和国家治理体系与时俱进、完善发展。

　　习近平总书记指出："回顾我国宪法制度发展历程，我们愈加感到，我国宪法同党和人民进行的艰苦奋斗和创造的辉煌成就紧密相连，同党和人民开辟的前进道路和积累的宝贵经验紧密相连。"在工作中我们深切感受到，要准确把握宪法内涵和精神，推动宪法全面实施，离不开对宪法文献资料的掌握和深入研究。2018 年宪法修改后，有关方面不时提出，在立法实践和理论研究学习中需要反映我国宪法最新发展历程的文献资料。为此，我们结合工作编辑了《中华人民共和国制宪修宪重要文献资料选编》，供学习研究贯彻实施宪法参考之用。为了全面系统、客观准确地反映新中国成立以来我国宪法制定修改过程中的重要成果，帮助广大干部群众学习了解我国宪法发展历程、主要内容以及核心要义，为立法实践和理论研究提供制宪修宪文献参考资料，本书对新中国宪法史上的重要文献都作了收录。

　　本书分四编。第一编收入 1982 年宪法制定以及 1988 年、1993 年、1999 年、2004 年和 2018 年宪法修改过程中的文献资料；第二编收入 1978 年宪法制定和修改过程中的文献资料；第三编收入 1975 年宪法制定过程中的文献资料；第四编收入 1954 年宪法制定过程中的文献资料。另外，我们还在附录部分收入了 1949 年《中国人民政治协商会议共同纲领》制定过程中的文献资料。本书的编辑工作由全国人大常委会法制工作委员会副主任武增主持，全国人大常委会法制工作委员会宪法室主任雷建斌和宪法室黄宇菲、王瑞、杨威、闫然、曲顿、龙晓杰等同志承担具体统稿编辑工作。其中第一编由黄宇菲、闫然、曲顿等负责统稿编辑，第二编、第三编由王瑞、杨威负责统稿编辑，第四编由闫然负责统稿编辑，附录由龙晓杰负责统稿编辑。

本书收入的文献资料来源于权威、公开发表的历史文献，并收入了部分人民日报等媒体新闻报道。相关文献收入本书时，均以权威的、最新的版本作为依据，有的作了节选并拟了题目的，均已注明。为保留历史资料原貌，相关历史文献资料只作技术性文字整理。因水平所限，若有错漏之处，敬请读者批评指正。

编者

2020 年 11 月

目　　录

第二编　中华人民共和国宪法（1978 年）

第三编　中华人民共和国宪法（1975 年）

第四编　中华人民共和国宪法（1954 年）

中华人民共和国宪法

(1982 年 12 月 4 日第五届全国人民代表大会第五次会议通过　1982 年 12 月 4 日全国人民代表大会公告公布施行　根据 1988 年 4 月 12 日第七届全国人民代表大会第一次会议通过的《中华人民共和国宪法修正案》、1993 年 3 月 29 日第八届全国人民代表大会第一次会议通过的《中华人民共和国宪法修正案》、1999 年 3 月 15 日第九届全国人民代表大会第二次会议通过的《中华人民共和国宪法修正案》、2004 年 3 月 14 日第十届全国人民代表大会第二次会议通过的《中华人民共和国宪法修正案》和 2018 年 3 月 11 日第十三届全国人民代表大会第一次会议通过的《中华人民共和国宪法修正案》修正)

目　　录

序　言

中国是世界上历史最悠久的国家之一。中国各族人民共同创造了光辉灿烂的文化，具有光荣的革命传统。

一八四〇年以后，封建的中国逐渐变成半殖民地、半封建的国家。中国人民为国家独立、民族解放和民主自由进行了前仆后继的英勇奋斗。

二十世纪，中国发生了翻天覆地的伟大历史变革。

一九一一年孙中山先生领导的辛亥革命，废除了封建帝制，创立了中华民国。但是，中国人民反对帝国主义和封建主义的历史任务还没有完成。

一九四九年，以毛泽东主席为领袖的中国共产党领导中国各族人民，在经历了长期的艰难曲折的武装斗争和其他形式的斗争以后，终于推翻了帝国主义、封建主义和官僚资本主义的统治，取得了新民主主义革命的伟大胜利，建立了中华人民共和国。从此，中国人民掌握了国家的权力，成为国家的主人。

中华人民共和国成立以后，我国社会逐步实现了由新民主主义到社会主义的过渡。生产资料私有制的社会主义改造已经完成，人剥削人的制度已经消灭，社会主义制度已经确立。工人阶级领导的、以工农联盟为基础的人民民主专政，实质上即无产阶级专政，得到巩固和发展。中国人民和中国人民解放军战胜了帝国主义、霸权主义的侵略、破坏和武装挑衅，维护了国家的独立和安全，增强了国防。经济建设取得了重大的成就，独立的、比较完整的社会主义工业体系已经基本形成，农业生产显著提高。教育、科学、文化等事业有了很大的发展，社会主义思想教育取得了明显的成效。广大人民的生活有了较大的改善。

中国新民主主义革命的胜利和社会主义事业的成就，是中国共产党领导中国各族人民，在马克思列宁主义、毛泽东思想的指引下，坚持真理，修正错误，战胜许多艰难险阻而取得的。我国将长期处于社会主义初级阶段。国家的根本任务是，沿着中国特色社会主义道路，集中力量进行社会主义现代化建设。中国各族人民将继续在中国共产党领导下，在马克思列宁主义、毛泽东思想、邓小平理论、"三个代表"重要思想、科学发展观、习近平新时代中国特色社会主义思想指引下，坚持人民民主专政，坚持社会主义道路，坚持改革开放，不断完善社会主义的各项制度，发展社会主义市场经济，发展社会主义民主，健全社会主义法治，贯彻新发展理念，自力更生，艰苦奋斗，逐步实现工业、农业、国防和科学技术的现代化，推动物质文明、政治文明、精神文明、社会文明、生态文明协调发展，把我国建设成为富强民主文明和谐美丽的社会主义现代化强国，实现中华民族伟大复兴。

在我国，剥削阶级作为阶级已经消灭，但是阶级斗争还将在一定范围内长期存在。中国人民对敌视和破坏我国社会主义制度的国内外的敌对势力和敌对分子，必须进行斗争。

台湾是中华人民共和国的神圣领土的一部分。完成统一祖国的大业是包括台湾同胞在内的全中国人民的神圣职责。

社会主义的建设事业必须依靠工人、农民和知识分子，团结一切可以团结的力量。在长期的革命、建设、改革过程中，已经结成由中国共产党领导的，有各民主党派和各人民团体参加的，包括全体社会主义劳动者、社会主义事业的建设者、拥护社会主义的爱国者、拥护祖国统一和致力于中华民族伟大复兴的爱国者的广泛的爱国统一战线，这个统一战线将继续巩固和发展。中国人民政治协商会议是有广泛代表性的统一战线组织，过去发挥了重要的历史作用，今后在国家政治生活、社会生活和对外友好活动中，在进行社会主义现代化建设、维护国家的统一和团结的斗争中，将进一步发挥它的重要作用。中国共产党领导的多党合作和政治协商制度将长期存在和发展。

中华人民共和国是全国各族人民共同缔造的统一的多民族国家。平等团结互助和谐的社会主义民族关系已经确立，并将继续加强。在维护民族团结的斗争中，要反对大民族主义，主要是大汉族主义，也要反对地方民族主义。国家尽一切努力，促进全国各民族的共同繁荣。

中国革命、建设、改革的成就是同世界人民的支持分不开的。中国的前途是同世界的前途紧密地联系在一起的。中国坚持独立自主的对外政策，坚持互相尊重主权和领土完整、互不侵犯、互不干涉内政、平等互利、和平共处的五项原则，坚持和平发展道路，坚持互利共赢开放战略，发展同各国的外交关系和经济、文化交流，推动构建人类命运共同体；坚持反对帝国主义、霸权主义、殖民主义，加强同世界各国人民的团结，支持被压迫民族和发展中国家争取和维护民族独立、发展民族经济的正义斗争，为维护世界和平和促进人类进步事业而努力。

本宪法以法律的形式确认了中国各族人民奋斗的成果，规定了国家的根本制度和根本任务，是国家的根本法，具有最高的法律效力。全国各族人民、一切国家机关和武装力量、各政党和各社会团体、各企业事业组织，都必须以宪法为根本的活动准则，并且负有维护宪法尊严、保证宪法实施的职责。

第一章 总　　纲

第一条　中华人民共和国是工人阶级领导的、以工农联盟为基础的人民民主专政的社会主义国家。

社会主义制度是中华人民共和国的根本制度。中国共产党领导是中国特色社会主义最本质的特征。禁止任何组织或者个人破坏社会主义制度。

第二条　中华人民共和国的一切权力属于人民。

人民行使国家权力的机关是全国人民代表大会和地方各级人民代表大会。

人民依照法律规定，通过各种途径和形式，管理国家事务，管理经济和文化事业，管理社会事务。

第三条　中华人民共和国的国家机构实行民主集中制的原则。

全国人民代表大会和地方各级人民代表大会都由民主选举产生，对人民负责，受人民监督。

国家行政机关、监察机关、审判机关、检察机关都由人民代表大会产生，对它负责，受它监督。

中央和地方的国家机构职权的划分，遵循在中央的统一领导下，充分发挥地方的主动性、积极性的原则。

第四条　中华人民共和国各民族一律平等。国家保障各少数民族的合法的权利和利益，维护和发展各民族的平等团结互助和谐关系。禁止对任何民族的歧视和压迫，禁止破坏民族团结和制造民族分裂的行为。

国家根据各少数民族的特点和需要，帮助各少数民族地区加速经济和文化的发展。

各少数民族聚居的地方实行区域自治，设立自治机关，行使自治权。各民族自治地方都是中华人民共和国不可分离的部分。

各民族都有使用和发展自己的语言文字的自由，都有保持或者改革自己的风俗习惯的自由。

第五条 中华人民共和国实行依法治国，建设社会主义法治国家。

国家维护社会主义法制的统一和尊严。

一切法律、行政法规和地方性法规都不得同宪法相抵触。

一切国家机关和武装力量、各政党和各社会团体、各企业事业组织都必须遵守宪法和法律。一切违反宪法和法律的行为，必须予以追究。

任何组织或者个人都不得有超越宪法和法律的特权。

第六条 中华人民共和国的社会主义经济制度的基础是生产资料的社会主义公有制，即全民所有制和劳动群众集体所有制。社会主义公有制消灭人剥削人的制度，实行各尽所能、按劳分配的原则。

国家在社会主义初级阶段，坚持公有制为主体、多种所有制经济共同发展的基本经济制度，坚持按劳分配为主体、多种分配方式并存的分配制度。

第七条 国有经济，即社会主义全民所有制经济，是国民经济中的主导力量。国家保障国有经济的巩固和发展。

第八条 农村集体经济组织实行家庭承包经营为基础、统分结合的双层经营体制。农村中的生产、供销、信用、消费等各种形式的合作经济，是社会主义劳动群众集体所有制经济。参加农村集体经济组织的劳动者，有权在法律规定的范围内经营自留地、自留山、家庭副业和饲养自留畜。

城镇中的手工业、工业、建筑业、运输业、商业、服务业等行业的各种形式的合作经济，都是社会主义劳动群众集体所有制经济。

国家保护城乡集体经济组织的合法的权利和利益，鼓励、指导和帮助集体经济的发展。

第九条 矿藏、水流、森林、山岭、草原、荒地、滩涂等自然资源，都属于国家所有，即全民所有；由法律规定属于集体所有的森林和山岭、草原、荒地、滩涂除外。

国家保障自然资源的合理利用，保护珍贵的动物和植物。禁止任何组织或者个人用任何手段侵占或者破坏自然资源。

第十条 城市的土地属于国家所有。

农村和城市郊区的土地，除由法律规定属于国家所有的以外，属于集体所有；宅基地和自留地、自留山，也属于集体所有。

国家为了公共利益的需要，可以依照法律规定对土地实行征收或者征用并给予补偿。

任何组织或者个人不得侵占、买卖或者以其他形式非法转让土地。土地的使用权可以依照法律的规定转让。

一切使用土地的组织和个人必须合理地利用土地。

第十一条 在法律规定范围内的个体经济、私营经济等非公有制经济，是社会主义市场经济的重要组成部分。

国家保护个体经济、私营经济等非公有制经济的合法的权利和利益。国家鼓励、支持和引导非公有制经济的发展，并对非公有制经济依法实行监督和管理。

第十二条 社会主义的公共财产神圣不可侵犯。

国家保护社会主义的公共财产。禁止任何组织或者个人用任何手段侵占或者破坏国家的和集体的财产。

第十三条 公民的合法的私有财产不受侵犯。

国家依照法律规定保护公民的私有财产权和继承权。

国家为了公共利益的需要，可以依照法律规定对公民的私有财产实行征收或者征用并给予补偿。

第十四条 国家通过提高劳动者的积极性和技术水平，推广先进的科学技术，完善经济管理体制和企业经营管理制度，实行各种形式的社会主义责任制，改进劳动组织，以不断提高劳动生产率和经济效益，发展社会生产力。

国家厉行节约，反对浪费。

国家合理安排积累和消费，兼顾国家、集体和个人的利益，在发展生产的基础上，逐步改善人民的物质生活和文化生活。

国家建立健全同经济发展水平相适应的社会保障制度。

第十五条 国家实行社会主义市场经济。

国家加强经济立法，完善宏观调控。

国家依法禁止任何组织或者个人扰乱社会经济秩序。

第十六条 国有企业在法律规定的范围内有权自主经营。

国有企业依照法律规定，通过职工代表大会和其他形式，实行民主管理。

第十七条 集体经济组织在遵守有关法律的前提下，有独立进行经济活动的自主权。

集体经济组织实行民主管理，依照法律规定选举和罢免管理人员，决定经营管理的重大问题。

第十八条　中华人民共和国允许外国的企业和其他经济组织或者个人依照中华人民共和国法律的规定在中国投资，同中国的企业或者其他经济组织进行各种形式的经济合作。

在中国境内的外国企业和其他外国经济组织以及中外合资经营的企业，都必须遵守中华人民共和国的法律。它们的合法的权利和利益受中华人民共和国法律的保护。

第十九条　国家发展社会主义的教育事业，提高全国人民的科学文化水平。

国家举办各种学校，普及初等义务教育，发展中等教育、职业教育和高等教育，并且发展学前教育。

国家发展各种教育设施，扫除文盲，对工人、农民、国家工作人员和其他劳动者进行政治、文化、科学、技术、业务的教育，鼓励自学成才。

国家鼓励集体经济组织、国家企业事业组织和其他社会力量依照法律规定举办各种教育事业。

国家推广全国通用的普通话。

第二十条　国家发展自然科学和社会科学事业，普及科学和技术知识，奖励科学研究成果和技术发明创造。

第二十一条　国家发展医疗卫生事业，发展现代医药和我国传统医药，鼓励和支持农村集体经济组织、国家企业事业组织和街道组织举办各种医疗卫生设施，开展群众性的卫生活动，保护人民健康。

国家发展体育事业，开展群众性的体育活动，增强人民体质。

第二十二条　国家发展为人民服务、为社会主义服务的文学艺术事业、新闻广播电视事业、出版发行事业、图书馆博物馆文化馆和其他文化事业，开展群众性的文化活动。

国家保护名胜古迹、珍贵文物和其他重要历史文化遗产。

第二十三条　国家培养为社会主义服务的各种专业人才，扩大知识分子的队伍，创造条件，充分发挥他们在社会主义现代化建设中的作用。

第二十四条 国家通过普及理想教育、道德教育、文化教育、纪律和法制教育，通过在城乡不同范围的群众中制定和执行各种守则、公约，加强社会主义精神文明的建设。

国家倡导社会主义核心价值观，提倡爱祖国、爱人民、爱劳动、爱科学、爱社会主义的公德，在人民中进行爱国主义、集体主义和国际主义、共产主义的教育，进行辩证唯物主义和历史唯物主义的教育，反对资本主义的、封建主义的和其他的腐朽思想。

第二十五条 国家推行计划生育，使人口的增长同经济和社会发展计划相适应。

第二十六条 国家保护和改善生活环境和生态环境，防治污染和其他公害。

国家组织和鼓励植树造林，保护林木。

第二十七条 一切国家机关实行精简的原则，实行工作责任制，实行工作人员的培训和考核制度，不断提高工作质量和工作效率，反对官僚主义。

一切国家机关和国家工作人员必须依靠人民的支持，经常保持同人民的密切联系，倾听人民的意见和建议，接受人民的监督，努力为人民服务。

国家工作人员就职时应当依照法律规定公开进行宪法宣誓。

第二十八条 国家维护社会秩序，镇压叛国和其他危害国家安全的犯罪活动，制裁危害社会治安、破坏社会主义经济和其他犯罪的活动，惩办和改造犯罪分子。

第二十九条 中华人民共和国的武装力量属于人民。它的任务是巩固国防，抵抗侵略，保卫祖国，保卫人民的和平劳动，参加国家建设事业，努力为人民服务。

国家加强武装力量的革命化、现代化、正规化的建设，增强国防力量。

第三十条 中华人民共和国的行政区域划分如下：

（一）全国分为省、自治区、直辖市；

（二）省、自治区分为自治州、县、自治县、市；

（三）县、自治县分为乡、民族乡、镇。

直辖市和较大的市分为区、县。自治州分为县、自治县、市。

自治区、自治州、自治县都是民族自治地方。

第三十一条　国家在必要时得设立特别行政区。在特别行政区内实行的制度按照具体情况由全国人民代表大会以法律规定。

第三十二条　中华人民共和国保护在中国境内的外国人的合法权利和利益，在中国境内的外国人必须遵守中华人民共和国的法律。

中华人民共和国对于因为政治原因要求避难的外国人，可以给予受庇护的权利。

第二章　公民的基本权利和义务

第三十三条　凡具有中华人民共和国国籍的人都是中华人民共和国公民。

中华人民共和国公民在法律面前一律平等。

国家尊重和保障人权。

任何公民享有宪法和法律规定的权利，同时必须履行宪法和法律规定的义务。

第三十四条　中华人民共和国年满十八周岁的公民，不分民族、种族、性别、职业、家庭出身、宗教信仰、教育程度、财产状况、居住期限，都有选举权和被选举权；但是依照法律被剥夺政治权利的人除外。

第三十五条　中华人民共和国公民有言论、出版、集会、结社、游行、示威的自由。

第三十六条　中华人民共和国公民有宗教信仰自由。

任何国家机关、社会团体和个人不得强制公民信仰宗教或者不信仰宗教，不得歧视信仰宗教的公民和不信仰宗教的公民。

国家保护正常的宗教活动。任何人不得利用宗教进行破坏社会秩序、损害公民身体健康、妨碍国家教育制度的活动。

宗教团体和宗教事务不受外国势力的支配。

第三十七条　中华人民共和国公民的人身自由不受侵犯。

任何公民，非经人民检察院批准或者决定或者人民法院决定，并由公安机关执行，不受逮捕。

禁止非法拘禁和以其他方法非法剥夺或者限制公民的人身自由，禁止非法搜查公民的身体。

第三十八条　中华人民共和国公民的人格尊严不受侵犯。禁止用任何方法对公民进行侮辱、诽谤和诬告陷害。

第三十九条　中华人民共和国公民的住宅不受侵犯。禁止非法搜查或者非法侵入公民的住宅。

第四十条　中华人民共和国公民的通信自由和通信秘密受法律的保护。除因国家安全或者追查刑事犯罪的需要，由公安机关或者检察机关依照法律规定的程序对通信进行检查外，任何组织或者个人不得以任何理由侵犯公民的通信自由和通信秘密。

第四十一条　中华人民共和国公民对于任何国家机关和国家工作人员，有提出批评和建议的权利；对于任何国家机关和国家工作人员的违法失职行为，有向有关国家机关提出申诉、控告或者检举的权利，但是不得捏造或者歪曲事实进行诬告陷害。

对于公民的申诉、控告或者检举，有关国家机关必须查清事实，负责处理。任何人不得压制和打击报复。

由于国家机关和国家工作人员侵犯公民权利而受到损失的人，有依照法律规定取得赔偿的权利。

第四十二条　中华人民共和国公民有劳动的权利和义务。

国家通过各种途径，创造劳动就业条件，加强劳动保护，改善劳动条件，并在发展生产的基础上，提高劳动报酬和福利待遇。

劳动是一切有劳动能力的公民的光荣职责。国有企业和城乡集体经济组织的劳动者都应当以国家主人翁的态度对待自己的劳动。国家提倡社会主义劳动竞赛，奖励劳动模范和先进工作者。国家提倡公民从事义务劳动。

国家对就业前的公民进行必要的劳动就业训练。

第四十三条　中华人民共和国劳动者有休息的权利。

国家发展劳动者休息和休养的设施，规定职工的工作时间和休假制度。

第四十四条　国家依照法律规定实行企业事业组织的职工和国家机关工作人员的退休制度。退休人员的生活受到国家和社会的保障。

第四十五条　中华人民共和国公民在年老、疾病或者丧失劳动能力的情况下，有从国家和社会获得物质帮助的权利。国家发展为公民享受这些权利所需要的社会保险、社会救济和医疗卫生事业。

国家和社会保障残废军人的生活，抚恤烈士家属，优待军人家属。

国家和社会帮助安排盲、聋、哑和其他有残疾的公民的劳动、生活和教育。

第四十六条　中华人民共和国公民有受教育的权利和义务。

国家培养青年、少年、儿童在品德、智力、体质等方面全面发展。

第四十七条　中华人民共和国公民有进行科学研究、文学艺术创作和其他文化活动的自由。国家对于从事教育、科学、技术、文学、艺术和其他文化事业的公民的有益于人民的创造性工作，给以鼓励和帮助。

第四十八条　中华人民共和国妇女在政治的、经济的、文化的、社会的和家庭的生活等各方面享有同男子平等的权利。

国家保护妇女的权利和利益，实行男女同工同酬，培养和选拔妇女干部。

第四十九条　婚姻、家庭、母亲和儿童受国家的保护。

夫妻双方有实行计划生育的义务。

父母有抚养教育未成年子女的义务，成年子女有赡养扶助父母的义务。

禁止破坏婚姻自由，禁止虐待老人、妇女和儿童。

第五十条　中华人民共和国保护华侨的正当的权利和利益，保护归侨和侨眷的合法的权利和利益。

第五十一条　中华人民共和国公民在行使自由和权利的时候，不得损害国家的、社会的、集体的利益和其他公民的合法的自由和权利。

第五十二条　中华人民共和国公民有维护国家统一和全国各民族团结的义务。

第五十三条　中华人民共和国公民必须遵守宪法和法律，保守国家秘密，爱护公共财产，遵守劳动纪律，遵守公共秩序，尊重社会公德。

第五十四条　中华人民共和国公民有维护祖国的安全、荣誉和利益的义务，不得有危害祖国的安全、荣誉和利益的行为。

第五十五条　保卫祖国、抵抗侵略是中华人民共和国每一个公民的神圣职责。

依照法律服兵役和参加民兵组织是中华人民共和国公民的光荣义务。

第五十六条　中华人民共和国公民有依照法律纳税的义务。

第三章　国家机构

第一节　全国人民代表大会

第五十七条　中华人民共和国全国人民代表大会是最高国家权力机关。它的常设机关是全国人民代表大会常务委员会。

第五十八条　全国人民代表大会和全国人民代表大会常务委员会行使国家立法权。

第五十九条　全国人民代表大会由省、自治区、直辖市、特别行政区和军队选出的代表组成。各少数民族都应当有适当名额的代表。

全国人民代表大会代表的选举由全国人民代表大会常务委员会主持。

全国人民代表大会代表名额和代表产生办法由法律规定。

第六十条　全国人民代表大会每届任期五年。

全国人民代表大会任期届满的两个月以前，全国人民代表大会常务委员会必须完成下届全国人民代表大会代表的选举。如果遇到不能进行选举的非常情况，由全国人民代表大会常务委员会以全体组成人员的三分之二以上的多数通过，可以推迟选举，延长本届全国人民代表大会的任期。在非常情况结束后一年内，必须完成下届全国人民代表大会代表的选举。

第六十一条　全国人民代表大会会议每年举行一次，由全国人民代表大会常务委员会召集。如果全国人民代表大会常务委员会认为必要，或者有五分之一以上的全国人民代表大会代表提议，可以临时召集全国人民代表大会会议。

全国人民代表大会举行会议的时候，选举主席团主持会议。

第六十二条　全国人民代表大会行使下列职权：

（一）修改宪法；

（二）监督宪法的实施；

（三）制定和修改刑事、民事、国家机构的和其他的基本法律；

（四）选举中华人民共和国主席、副主席；

（五）根据中华人民共和国主席的提名，决定国务院总理的人选；根据国务院总理的提名，决定国务院副总理、国务委员、各部部长、各委员会主任、审计长、秘书长的人选；

（六）选举中央军事委员会主席；根据中央军事委员会主席的提名，决定中央军事委员会其他组成人员的人选；

（七）选举国家监察委员会主任；

（八）选举最高人民法院院长；

（九）选举最高人民检察院检察长；

（十）审查和批准国民经济和社会发展计划和计划执行情况的报告；

（十一）审查和批准国家的预算和预算执行情况的报告；

（十二）改变或者撤销全国人民代表大会常务委员会不适当的决定；

（十三）批准省、自治区和直辖市的建置；

（十四）决定特别行政区的设立及其制度；

（十五）决定战争和和平的问题；

（十六）应当由最高国家权力机关行使的其他职权。

第六十三条　全国人民代表大会有权罢免下列人员：

（一）中华人民共和国主席、副主席；

（二）国务院总理、副总理、国务委员、各部部长、各委员会主任、审计长、秘书长；

（三）中央军事委员会主席和中央军事委员会其他组成人员；

（四）国家监察委员会主任；

（五）最高人民法院院长；

（六）最高人民检察院检察长。

第六十四条　宪法的修改，由全国人民代表大会常务委员会或者五分之一以上的全国人民代表大会代表提议，并由全国人民代表大会以全体代表的三分之二以上的多数通过。

法律和其他议案由全国人民代表大会以全体代表的过半数通过。

第六十五条　全国人民代表大会常务委员会由下列人员组成：

委员长，

副委员长若干人，

秘书长，

委员若干人。

全国人民代表大会常务委员会组成人员中，应当有适当名额的少数民族代表。

全国人民代表大会选举并有权罢免全国人民代表大会常务委员会的组成人员。

全国人民代表大会常务委员会的组成人员不得担任国家行政机关、监察机关、审判机关和检察机关的职务。

第六十六条 全国人民代表大会常务委员会每届任期同全国人民代表大会每届任期相同，它行使职权到下届全国人民代表大会选出新的常务委员会为止。

委员长、副委员长连续任职不得超过两届。

第六十七条 全国人民代表大会常务委员会行使下列职权：

（一）解释宪法，监督宪法的实施；

（二）制定和修改除应当由全国人民代表大会制定的法律以外的其他法律；

（三）在全国人民代表大会闭会期间，对全国人民代表大会制定的法律进行部分补充和修改，但是不得同该法律的基本原则相抵触；

（四）解释法律；

（五）在全国人民代表大会闭会期间，审查和批准国民经济和社会发展计划、国家预算在执行过程中所必须作的部分调整方案；

（六）监督国务院、中央军事委员会、国家监察委员会、最高人民法院和最高人民检察院的工作；

（七）撤销国务院制定的同宪法、法律相抵触的行政法规、决定和命令；

（八）撤销省、自治区、直辖市国家权力机关制定的同宪法、法律和行政法规相抵触的地方性法规和决议；

（九）在全国人民代表大会闭会期间，根据国务院总理的提名，决定部长、委员会主任、审计长、秘书长的人选；

（十）在全国人民代表大会闭会期间，根据中央军事委员会主席的提名，决定中央军事委员会其他组成人员的人选；

（十一）根据国家监察委员会主任的提请，任免国家监察委员会副主任、委员；

（十二）根据最高人民法院院长的提请，任免最高人民法院副院长、审判员、审判委员会委员和军事法院院长；

（十三）根据最高人民检察院检察长的提请，任免最高人民检察院副检察长、检察员、检察委员会委员和军事检察院检察长，并且批准省、自治区、直辖市的人民检察院检察长的任免；

（十四）决定驻外全权代表的任免；

（十五）决定同外国缔结的条约和重要协定的批准和废除；

（十六）规定军人和外交人员的衔级制度和其他专门衔级制度；

（十七）规定和决定授予国家的勋章和荣誉称号；

（十八）决定特赦；

（十九）在全国人民代表大会闭会期间，如果遇到国家遭受武装侵犯或者必须履行国际间共同防止侵略的条约的情况，决定战争状态的宣布；

（二十）决定全国总动员或者局部动员；

（二十一）决定全国或者个别省、自治区、直辖市进入紧急状态；

（二十二）全国人民代表大会授予的其他职权。

第六十八条　全国人民代表大会常务委员会委员长主持全国人民代表大会常务委员会的工作，召集全国人民代表大会常务委员会会议。副委员长、秘书长协助委员长工作。

委员长、副委员长、秘书长组成委员长会议，处理全国人民代表大会常务委员会的重要日常工作。

第六十九条　全国人民代表大会常务委员会对全国人民代表大会负责并报告工作。

第七十条　全国人民代表大会设立民族委员会、宪法和法律委员会、财政经济委员会、教育科学文化卫生委员会、外事委员会、华侨委员会和其他需要设立的专门委员会。在全国人民代表大会闭会期间，各专门委员会受全国人民代表大会常务委员会的领导。

各专门委员会在全国人民代表大会和全国人民代表大会常务委员会领导下，研究、审议和拟订有关议案。

第七十一条　全国人民代表大会和全国人民代表大会常务委员会认为必要的时候，可以组织关于特定问题的调查委员会，并且根据调查委员会的报告，作出相应的决议。

调查委员会进行调查的时候，一切有关的国家机关、社会团体和公民都有义务向它提供必要的材料。

第七十二条　全国人民代表大会代表和全国人民代表大会常务委员会组成人员，有权依照法律规定的程序分别提出属于全国人民代表大会和全国人民代表大会常务委员会职权范围内的议案。

第七十三条　全国人民代表大会代表在全国人民代表大会开会期间，全国人民代表大会常务委员会组成人员在常务委员会开会期间，有权依照法律规定的程序提出对国务院或者国务院各部、各委员会的质询案。受质询的机关必须负责答复。

第七十四条　全国人民代表大会代表，非经全国人民代表大会会议主席团许可，在全国人民代表大会闭会期间非经全国人民代表大会常务委员会许可，不受逮捕或者刑事审判。

第七十五条　全国人民代表大会代表在全国人民代表大会各种会议上的发言和表决，不受法律追究。

第七十六条　全国人民代表大会代表必须模范地遵守宪法和法律，保守国家秘密，并且在自己参加的生产、工作和社会活动中，协助宪法和法律的实施。

全国人民代表大会代表应当同原选举单位和人民保持密切的联系，听取和反映人民的意见和要求，努力为人民服务。

第七十七条　全国人民代表大会代表受原选举单位的监督。原选举单位有权依照法律规定的程序罢免本单位选出的代表。

第七十八条　全国人民代表大会和全国人民代表大会常务委员会的组织和工作程序由法律规定。

第二节　中华人民共和国主席

第七十九条　中华人民共和国主席、副主席由全国人民代表大会选举。

有选举权和被选举权的年满四十五周岁的中华人民共和国公民可以被选为中华人民共和国主席、副主席。

中华人民共和国主席、副主席每届任期同全国人民代表大会每届任期相同。

第八十条 中华人民共和国主席根据全国人民代表大会的决定和全国人民代表大会常务委员会的决定，公布法律，任免国务院总理、副总理、国务委员、各部部长、各委员会主任、审计长、秘书长，授予国家的勋章和荣誉称号，发布特赦令，宣布进入紧急状态，宣布战争状态，发布动员令。

第八十一条 中华人民共和国主席代表中华人民共和国，进行国事活动，接受外国使节；根据全国人民代表大会常务委员会的决定，派遣和召回驻外全权代表，批准和废除同外国缔结的条约和重要协定。

第八十二条 中华人民共和国副主席协助主席工作。

中华人民共和国副主席受主席的委托，可以代行主席的部分职权。

第八十三条 中华人民共和国主席、副主席行使职权到下届全国人民代表大会选出的主席、副主席就职为止。

第八十四条 中华人民共和国主席缺位的时候，由副主席继任主席的职位。

中华人民共和国副主席缺位的时候，由全国人民代表大会补选。

中华人民共和国主席、副主席都缺位的时候，由全国人民代表大会补选；在补选以前，由全国人民代表大会常务委员会委员长暂时代理主席职位。

第三节 国务院

第八十五条 中华人民共和国国务院，即中央人民政府，是最高国家权力机关的执行机关，是最高国家行政机关。

第八十六条 国务院由下列人员组成：

总理，

副总理若干人，

国务委员若干人，

各部部长，

各委员会主任，

审计长，

秘书长。

国务院实行总理负责制。各部、各委员会实行部长、主任负责制。

国务院的组织由法律规定。

第八十七条 国务院每届任期同全国人民代表大会每届任期相同。

总理、副总理、国务委员连续任职不得超过两届。

第八十八条 总理领导国务院的工作。副总理、国务委员协助总理工作。

总理、副总理、国务委员、秘书长组成国务院常务会议。

总理召集和主持国务院常务会议和国务院全体会议。

第八十九条 国务院行使下列职权:

(一)根据宪法和法律,规定行政措施,制定行政法规,发布决定和命令;

(二)向全国人民代表大会或者全国人民代表大会常务委员会提出议案;

(三)规定各部和各委员会的任务和职责,统一领导各部和各委员会的工作,并且领导不属于各部和各委员会的全国性的行政工作;

(四)统一领导全国地方各级国家行政机关的工作,规定中央和省、自治区、直辖市的国家行政机关的职权的具体划分;

(五)编制和执行国民经济和社会发展计划和国家预算;

(六)领导和管理经济工作和城乡建设、生态文明建设;

(七)领导和管理教育、科学、文化、卫生、体育和计划生育工作;

(八)领导和管理民政、公安、司法行政等工作;

(九)管理对外事务,同外国缔结条约和协定;

(十)领导和管理国防建设事业;

(十一)领导和管理民族事务,保障少数民族的平等权利和民族自治地方的自治权利;

(十二)保护华侨的正当的权利和利益,保护归侨和侨眷的合法的权利和利益;

(十三)改变或者撤销各部、各委员会发布的不适当的命令、指示和规章;

(十四)改变或者撤销地方各级国家行政机关的不适当的决定和命令;

(十五)批准省、自治区、直辖市的区域划分,批准自治州、县、自治县、市的建置和区域划分;

(十六)依照法律规定决定省、自治区、直辖市的范围内部分地区进入紧急状态；

（十七）审定行政机构的编制，依照法律规定任免、培训、考核和奖惩行政人员；

（十八）全国人民代表大会和全国人民代表大会常务委员会授予的其他职权。

第九十条 国务院各部部长、各委员会主任负责本部门的工作；召集和主持部务会议或者委员会会议、委务会议，讨论决定本部门工作的重大问题。

各部、各委员会根据法律和国务院的行政法规、决定、命令，在本部门的权限内，发布命令、指示和规章。

第九十一条 国务院设立审计机关，对国务院各部门和地方各级政府的财政收支，对国家的财政金融机构和企业事业组织的财务收支，进行审计监督。

审计机关在国务院总理领导下，依照法律规定独立行使审计监督权，不受其他行政机关、社会团体和个人的干涉。

第九十二条 国务院对全国人民代表大会负责并报告工作；在全国人民代表大会闭会期间，对全国人民代表大会常务委员会负责并报告工作。

第四节 中央军事委员会

第九十三条 中华人民共和国中央军事委员会领导全国武装力量。

中央军事委员会由下列人员组成：

主席，

副主席若干人，

委员若干人。

中央军事委员会实行主席负责制。

中央军事委员会每届任期同全国人民代表大会每届任期相同。

第九十四条 中央军事委员会主席对全国人民代表大会和全国人民代表大会常务委员会负责。

第五节 地方各级人民代表大会和地方各级人民政府

第九十五条 省、直辖市、县、市、市辖区、乡、民族乡、镇设立人民代表大会和人民政府。

地方各级人民代表大会和地方各级人民政府的组织由法律规定。

自治区、自治州、自治县设立自治机关。自治机关的组织和工作根据宪法第三章第五节、第六节规定的基本原则由法律规定。

第九十六条　地方各级人民代表大会是地方国家权力机关。

县级以上的地方各级人民代表大会设立常务委员会。

第九十七条　省、直辖市、设区的市的人民代表大会代表由下一级的人民代表大会选举；县、不设区的市、市辖区、乡、民族乡、镇的人民代表大会代表由选民直接选举。

地方各级人民代表大会代表名额和代表产生办法由法律规定。

第九十八条　地方各级人民代表大会每届任期五年。

第九十九条　地方各级人民代表大会在本行政区域内，保证宪法、法律、行政法规的遵守和执行；依照法律规定的权限，通过和发布决议，审查和决定地方的经济建设、文化建设和公共事业建设的计划。

县级以上的地方各级人民代表大会审查和批准本行政区域内的国民经济和社会发展计划、预算以及它们的执行情况的报告；有权改变或者撤销本级人民代表大会常务委员会不适当的决定。

民族乡的人民代表大会可以依照法律规定的权限采取适合民族特点的具体措施。

第一百条　省、直辖市的人民代表大会和它们的常务委员会，在不同宪法、法律、行政法规相抵触的前提下，可以制定地方性法规，报全国人民代表大会常务委员会备案。

设区的市的人民代表大会和它们的常务委员会，在不同宪法、法律、行政法规和本省、自治区的地方性法规相抵触的前提下，可以依照法律规定制定地方性法规，报本省、自治区人民代表大会常务委员会批准后施行。

第一百零一条　地方各级人民代表大会分别选举并且有权罢免本级人民政府的省长和副省长、市长和副市长、县长和副县长、区长和副区长、乡长和副乡长、镇长和副镇长。

县级以上的地方各级人民代表大会选举并且有权罢免本级监察委员会主任、本级人民法院院长和本级人民检察院检察长。选出或者罢免人民检察院检察长，须报上级人民检察院检察长提请该级人民代表大会常务委员会批准。

第一百零二条　省、直辖市、设区的市的人民代表大会代表受原选举单位的监督；县、不设区的市、市辖区、乡、民族乡、镇的人民代表大会代表受选民的监督。

地方各级人民代表大会代表的选举单位和选民有权依照法律规定的程序罢免由他们选出的代表。

第一百零三条 县级以上的地方各级人民代表大会常务委员会由主任、副主任若干人和委员若干人组成，对本级人民代表大会负责并报告工作。

县级以上的地方各级人民代表大会选举并有权罢免本级人民代表大会常务委员会的组成人员。

县级以上的地方各级人民代表大会常务委员会的组成人员不得担任国家行政机关、监察机关、审判机关和检察机关的职务。

第一百零四条 县级以上的地方各级人民代表大会常务委员会讨论、决定本行政区域内各方面工作的重大事项；监督本级人民政府、监察委员会、人民法院和人民检察院的工作；撤销本级人民政府的不适当的决定和命令；撤销下一级人民代表大会的不适当的决议；依照法律规定的权限决定国家机关工作人员的任免；在本级人民代表大会闭会期间，罢免和补选上一级人民代表大会的个别代表。

第一百零五条 地方各级人民政府是地方各级国家权力机关的执行机关，是地方各级国家行政机关。

地方各级人民政府实行省长、市长、县长、区长、乡长、镇长负责制。

第一百零六条 地方各级人民政府每届任期同本级人民代表大会每届任期相同。

第一百零七条 县级以上地方各级人民政府依照法律规定的权限，管理本行政区域内的经济、教育、科学、文化、卫生、体育事业、城乡建设事业和财政、民政、公安、民族事务、司法行政、计划生育等行政工作，发布决定和命令，任免、培训、考核和奖惩行政工作人员。

乡、民族乡、镇的人民政府执行本级人民代表大会的决议和上级国家行政机关的决定和命令，管理本行政区域内的行政工作。

省、直辖市的人民政府决定乡、民族乡、镇的建置和区域划分。

第一百零八条 县级以上的地方各级人民政府领导所属各工作部门和下级人民政府的工作，有权改变或者撤销所属各工作部门和下级人民政府的不适当的决定。

第一百零九条 县级以上的地方各级人民政府设立审计机关。地方各级审计机关依照法律规定独立行使审计监督权，对本级人民政府和上一级审计机关负责。

第一百一十条 地方各级人民政府对本级人民代表大会负责并报告工作。县级以上的地方各级人民政府在本级人民代表大会闭会期间，对本级人民代表大会常务委员会负责并报告工作。

地方各级人民政府对上一级国家行政机关负责并报告工作。全国地方各级人民政府都是国务院统一领导下的国家行政机关，都服从国务院。

第一百一十一条 城市和农村按居民居住地区设立的居民委员会或者村民委员会是基层群众性自治组织。居民委员会、村民委员会的主任、副主任和委员由居民选举。居民委员会、村民委员会同基层政权的相互关系由法律规定。

居民委员会、村民委员会设人民调解、治安保卫、公共卫生等委员会，办理本居住地区的公共事务和公益事业，调解民间纠纷，协助维护社会治安，并且向人民政府反映群众的意见、要求和提出建议。

第六节 民族自治地方的自治机关

第一百一十二条 民族自治地方的自治机关是自治区、自治州、自治县的人民代表大会和人民政府。

第一百一十三条 自治区、自治州、自治县的人民代表大会中，除实行区域自治的民族的代表外，其他居住在本行政区域内的民族也应当有适当名额的代表。

自治区、自治州、自治县的人民代表大会常务委员会中应当有实行区域自治的民族的公民担任主任或者副主任。

第一百一十四条 自治区主席、自治州州长、自治县县长由实行区域自治的民族的公民担任。

第一百一十五条 自治区、自治州、自治县的自治机关行使宪法第三章第五节规定的地方国家机关的职权，同时依照宪法、民族区域自治法和其他法律规定的权限行使自治权，根据本地方实际情况贯彻执行国家的法律、政策。

第一百一十六条 民族自治地方的人民代表大会有权依照当地民族的政

治、经济和文化的特点，制定自治条例和单行条例。自治区的自治条例和单行条例，报全国人民代表大会常务委员会批准后生效。自治州、自治县的自治条例和单行条例，报省或者自治区的人民代表大会常务委员会批准后生效，并报全国人民代表大会常务委员会备案。

第一百一十七条 民族自治地方的自治机关有管理地方财政的自治权。凡是依照国家财政体制属于民族自治地方的财政收入，都应当由民族自治地方的自治机关自主地安排使用。

第一百一十八条 民族自治地方的自治机关在国家计划的指导下，自主地安排和管理地方性的经济建设事业。

国家在民族自治地方开发资源、建设企业的时候，应当照顾民族自治地方的利益。

第一百一十九条 民族自治地方的自治机关自主地管理本地方的教育、科学、文化、卫生、体育事业，保护和整理民族的文化遗产，发展和繁荣民族文化。

第一百二十条 民族自治地方的自治机关依照国家的军事制度和当地的实际需要，经国务院批准，可以组织本地方维护社会治安的公安部队。

第一百二十一条 民族自治地方的自治机关在执行职务的时候，依照本民族自治地方自治条例的规定，使用当地通用的一种或者几种语言文字。

第一百二十二条 国家从财政、物资、技术等方面帮助各少数民族加速发展经济建设和文化建设事业。

国家帮助民族自治地方从当地民族中大量培养各级干部、各种专业人才和技术工人。

第七节 监察委员会

第一百二十三条 中华人民共和国各级监察委员会是国家的监察机关。

第一百二十四条 中华人民共和国设立国家监察委员会和地方各级监察委员会。

监察委员会由下列人员组成：

主任，

副主任若干人，

委员若干人。

监察委员会主任每届任期同本级人民代表大会每届任期相同。国家监察委员会主任连续任职不得超过两届。

监察委员会的组织和职权由法律规定。

第一百二十五条 中华人民共和国国家监察委员会是最高监察机关。

国家监察委员会领导地方各级监察委员会的工作，上级监察委员会领导下级监察委员会的工作。

第一百二十六条 国家监察委员会对全国人民代表大会和全国人民代表大会常务委员会负责。地方各级监察委员会对产生它的国家权力机关和上一级监察委员会负责。

第一百二十七条 监察委员会依照法律规定独立行使监察权，不受行政机关、社会团体和个人的干涉。

监察机关办理职务违法和职务犯罪案件，应当与审判机关、检察机关、执法部门互相配合，互相制约。

第八节　人民法院和人民检察院

第一百二十八条 中华人民共和国人民法院是国家的审判机关。

第一百二十九条 中华人民共和国设立最高人民法院、地方各级人民法院和军事法院等专门人民法院。

最高人民法院院长每届任期同全国人民代表大会每届任期相同，连续任职不得超过两届。

人民法院的组织由法律规定。

第一百三十条 人民法院审理案件，除法律规定的特别情况外，一律公开进行。被告人有权获得辩护。

第一百三十一条 人民法院依照法律规定独立行使审判权，不受行政机关、社会团体和个人的干涉。

第一百三十二条 最高人民法院是最高审判机关。

最高人民法院监督地方各级人民法院和专门人民法院的审判工作，上级人民法院监督下级人民法院的审判工作。

第一百三十三条 最高人民法院对全国人民代表大会和全国人民代表大

会常务委员会负责。地方各级人民法院对产生它的国家权力机关负责。

第一百三十四条　中华人民共和国人民检察院是国家的法律监督机关。

第一百三十五条　中华人民共和国设立最高人民检察院、地方各级人民检察院和军事检察院等专门人民检察院。

最高人民检察院检察长每届任期同全国人民代表大会每届任期相同，连续任职不得超过两届。

人民检察院的组织由法律规定。

第一百三十六条　人民检察院依照法律规定独立行使检察权，不受行政机关、社会团体和个人的干涉。

第一百三十七条　最高人民检察院是最高检察机关。

最高人民检察院领导地方各级人民检察院和专门人民检察院的工作，上级人民检察院领导下级人民检察院的工作。

第一百三十八条　最高人民检察院对全国人民代表大会和全国人民代表大会常务委员会负责。地方各级人民检察院对产生它的国家权力机关和上级人民检察院负责。

第一百三十九条　各民族公民都有用本民族语言文字进行诉讼的权利。人民法院和人民检察院对于不通晓当地通用的语言文字的诉讼参与人，应当为他们翻译。

在少数民族聚居或者多民族共同居住的地区，应当用当地通用的语言进行审理；起诉书、判决书、布告和其他文书应当根据实际需要使用当地通用的一种或者几种文字。

第一百四十条　人民法院、人民检察院和公安机关办理刑事案件，应当分工负责，互相配合，互相制约，以保证准确有效地执行法律。

第四章　国旗、国歌、国徽、首都

第一百四十一条　中华人民共和国国旗是五星红旗。

中华人民共和国国歌是《义勇军进行曲》。

第一百四十二条　中华人民共和国国徽，中间是五星照耀下的天安门，周围是谷穗和齿轮。

第一百四十三条　中华人民共和国首都是北京。

第一编
中华人民共和国宪法
（1982 年）

一、中华人民共和国宪法

（1982 年 12 月 4 日第五届全国人民代表大会第五次会议通过
1982 年 12 月 4 日全国人民代表大会公告公布施行）

目　　录

序　　言

中国是世界上历史最悠久的国家之一。中国各族人民共同创造了光辉灿烂的文化，具有光荣的革命传统。

一八四○年以后，封建的中国逐渐变成半殖民地、半封建的国家。中国人民为国家独立、民族解放和民主自由进行了前仆后继的英勇奋斗。

二十世纪，中国发生了翻天覆地的伟大历史变革。

一九一一年孙中山先生领导的辛亥革命，废除了封建帝制，创立了中华民国。但是，中国人民反对帝国主义和封建主义的历史任务还没有完成。

一九四九年，以毛泽东主席为领袖的中国共产党领导中国各族人民，在经历了长期的艰难曲折的武装斗争和其他形式的斗争以后，终于推翻了帝国主义、封建主义和官僚资本主义的统治，取得了新民主主义革命的伟大胜利，建立了中华人民共和国。从此，中国人民掌握了国家的权力，成为国家的主人。

中华人民共和国成立以后，我国社会逐步实现了由新民主主义到社会主义的过渡。生产资料私有制的社会主义改造已经完成，人剥削人的制度已经消灭，社会主义制度已经确立。工人阶级领导的、以工农联盟为基础的人民民主专政，实质上即无产阶级专政，得到巩固和发展。中国人民和中国人民解放军战胜了帝国主义、霸权主义的侵略、破坏和武装挑衅，维护了国家的独立和安全，增强了国防。经济建设取得了重大的成就，独立的、比较完整的社会主义工业体系已经基本形成，农业生产显著提高。教育、科学、文化等事业有了很大的发展，社会主义思想教育取得了明显的成效。广大人民的生活有了较大的改善。

中国新民主主义革命的胜利和社会主义事业的成就，都是中国共产党领导中国各族人民，在马克思列宁主义、毛泽东思想的指引下，坚持真理，修正错误，战胜许多艰难险阻而取得的。今后国家的根本任务是集中力量进行社会主义现代化建设。中国各族人民将继续在中国共产党领导下，在马克思列宁主义、毛泽东思想指引下，坚持人民民主专政，坚持社会主义道路，不断完善社会主义的各项制度，发展社会主义民主，健全社会主义法制，自力更生，艰苦奋斗，逐步实现工业、农业、国防和科学技术的现代化，把我国建设成为高度文明、高度民主的社会主义国家。

在我国，剥削阶级作为阶级已经消灭，但是阶级斗争还将在一定范围内长期存在。中国人民对敌视和破坏我国社会主义制度的国内外的敌对势力和敌对分子，必须进行斗争。

台湾是中华人民共和国的神圣领土的一部分。完成统一祖国的大业是包括台湾同胞在内的全中国人民的神圣职责。

社会主义的建设事业必须依靠工人、农民和知识分子，团结一切可以团结的力量。在长期的革命和建设过程中，已经结成由中国共产党领导的，有各民主党派和各人民团体参加的，包括全体社会主义劳动者、拥护社会主义的爱国者和拥护祖国统一的爱国者的广泛的爱国统一战线，这个统一战线将继续巩固和发展。中国人民政治协商会议是有广泛代表性的统一战线组织，过去发挥了重要的历史作用，今后在国家政治生活、社会生活和对外友好活动中，在进行社会主义现代化建设、维护国家的统一和团结的斗争中，将进一步发挥它的重要作用。

中华人民共和国是全国各族人民共同缔造的统一的多民族国家。平等、团结、互助的社会主义民族关系已经确立，并将继续加强。在维护民族团结的斗争中，要反对大民族主义，主要是大汉族主义，也要反对地方民族主义。国家尽一切努力，促进全国各民族的共同繁荣。

中国革命和建设的成就是同世界人民的支持分不开的。中国的前途是同世界的前途紧密地联系在一起的。中国坚持独立自主的对外政策，坚持互相尊重主权和领土完整、互不侵犯、互不干涉内政、平等互利、和平共处的五项原则，发展同各国的外交关系和经济、文化的交流；坚持反对帝国主义、霸权主义、殖民主义，加强同世界各国人民的团结，支持被压迫民族和发展中国家争取和维护民族独立、发展民族经济的正义斗争，为维护世界和平和促进人类进步事业而努力。

本宪法以法律的形式确认了中国各族人民奋斗的成果，规定了国家的根本制度和根本任务，是国家的根本法，具有最高的法律效力。全国各族人民、一切国家机关和武装力量、各政党和各社会团体、各企业事业组织，都必须以宪法为根本的活动准则，并且负有维护宪法尊严、保证宪法实施的职责。

第一章 总 纲

第一条 中华人民共和国是工人阶级领导的、以工农联盟为基础的人民民主专政的社会主义国家。

社会主义制度是中华人民共和国的根本制度。禁止任何组织或者个人破坏社会主义制度。

第二条 中华人民共和国的一切权力属于人民。

人民行使国家权力的机关是全国人民代表大会和地方各级人民代表大会。

人民依照法律规定，通过各种途径和形式，管理国家事务，管理经济和文化事业，管理社会事务。

第三条 中华人民共和国的国家机构实行民主集中制的原则。

全国人民代表大会和地方各级人民代表大会都由民主选举产生，对人民负责，受人民监督。

国家行政机关、审判机关、检察机关都由人民代表大会产生，对它负责，受它监督。

中央和地方的国家机构职权的划分，遵循在中央的统一领导下，充分发挥地方的主动性、积极性的原则。

第四条 中华人民共和国各民族一律平等。国家保障各少数民族的合法的权利和利益，维护和发展各民族的平等、团结、互助关系。禁止对任何民族的歧视和压迫，禁止破坏民族团结和制造民族分裂的行为。

国家根据各少数民族的特点和需要，帮助各少数民族地区加速经济和文化的发展。

各少数民族聚居的地方实行区域自治，设立自治机关，行使自治权。各民族自治地方都是中华人民共和国不可分离的部分。

各民族都有使用和发展自己的语言文字的自由，都有保持或者改革自己的风俗习惯的自由。

第五条 国家维护社会主义法制的统一和尊严。

一切法律、行政法规和地方性法规都不得同宪法相抵触。

一切国家机关和武装力量、各政党和各社会团体、各企业事业组织都必须遵守宪法和法律。一切违反宪法和法律的行为，必须予以追究。

任何组织或者个人都不得有超越宪法和法律的特权。

第六条 中华人民共和国的社会主义经济制度的基础是生产资料的社会主义公有制，即全民所有制和劳动群众集体所有制。

社会主义公有制消灭人剥削人的制度，实行各尽所能，按劳分配的原则。

第七条 国营经济是社会主义全民所有制经济，是国民经济中的主导力量。国家保障国营经济的巩固和发展。

第八条 农村人民公社、农业生产合作社和其他生产、供销、信用、消费等各种形式的合作经济，是社会主义劳动群众集体所有制经济。参加农村集体经济组织的劳动者，有权在法律规定的范围内经营自留地、自留山、家庭副业和饲养自留畜。

城镇中的手工业、工业、建筑业、运输业、商业、服务业等行业的各种形式的合作经济，都是社会主义劳动群众集体所有制经济。

国家保护城乡集体经济组织的合法的权利和利益，鼓励、指导和帮助集体经济的发展。

第九条　矿藏、水流、森林、山岭、草原、荒地、滩涂等自然资源，都属于国家所有，即全民所有；由法律规定属于集体所有的森林和山岭、草原、荒地、滩涂除外。

国家保障自然资源的合理利用，保护珍贵的动物和植物。禁止任何组织或者个人用任何手段侵占或者破坏自然资源。

第十条　城市的土地属于国家所有。

农村和城市郊区的土地，除由法律规定属于国家所有的以外，属于集体所有；宅基地和自留地、自留山，也属于集体所有。

国家为了公共利益的需要，可以依照法律规定对土地实行征用。

任何组织或者个人不得侵占、买卖、出租或者以其他形式非法转让土地。

一切使用土地的组织和个人必须合理地利用土地。

第十一条　在法律规定范围内的城乡劳动者个体经济，是社会主义公有制经济的补充。国家保护个体经济的合法的权利和利益。

国家通过行政管理，指导、帮助和监督个体经济。

第十二条　社会主义的公共财产神圣不可侵犯。

国家保护社会主义的公共财产。禁止任何组织或者个人用任何手段侵占或者破坏国家的和集体的财产。

第十三条　国家保护公民的合法的收入、储蓄、房屋和其他合法财产的所有权。

国家依照法律规定保护公民的私有财产的继承权。

第十四条　国家通过提高劳动者的积极性和技术水平，推广先进的科学技术，完善经济管理体制和企业经营管理制度，实行各种形式的社会主义责任制，改进劳动组织，以不断提高劳动生产率和经济效益，发展社会生产力。

国家厉行节约，反对浪费。

国家合理安排积累和消费，兼顾国家、集体和个人的利益，在发展生产的基础上，逐步改善人民的物质生活和文化生活。

第十五条　国家在社会主义公有制基础上实行计划经济。国家通过经济计划的综合平衡和市场调节的辅助作用，保证国民经济按比例地协调发展。

禁止任何组织或者个人扰乱社会经济秩序，破坏国家经济计划。

第十六条　国营企业在服从国家的统一领导和全面完成国家计划的前提下，在法律规定的范围内，有经营管理的自主权。

国营企业依照法律规定，通过职工代表大会和其他形式，实行民主管理。

第十七条　集体经济组织在接受国家计划指导和遵守有关法律的前提下，有独立进行经济活动的自主权。

集体经济组织依照法律规定实行民主管理，由它的全体劳动者选举和罢免管理人员，决定经营管理的重大问题。

第十八条　中华人民共和国允许外国的企业和其他经济组织或者个人依照中华人民共和国法律的规定在中国投资，同中国的企业或者其他经济组织进行各种形式的经济合作。

在中国境内的外国企业和其他外国经济组织以及中外合资经营的企业，都必须遵守中华人民共和国的法律。它们的合法的权利和利益受中华人民共和国法律的保护。

第十九条　国家发展社会主义的教育事业，提高全国人民的科学文化水平。

国家举办各种学校，普及初等义务教育，发展中等教育、职业教育和高等教育，并且发展学前教育。

国家发展各种教育设施，扫除文盲，对工人、农民、国家工作人员和其他劳动者进行政治、文化、科学、技术、业务的教育，鼓励自学成才。

国家鼓励集体经济组织、国家企业事业组织和其他社会力量依照法律规定举办各种教育事业。

国家推广全国通用的普通话。

第二十条　国家发展自然科学和社会科学事业，普及科学和技术知识，奖励科学研究成果和技术发明创造。

第二十一条　国家发展医疗卫生事业，发展现代医药和我国传统医药，鼓励和支持农村集体经济组织、国家企业事业组织和街道组织举办各种医疗卫生设施，开展群众性的卫生活动，保护人民健康。

国家发展体育事业，开展群众性的体育活动，增强人民体质。

第二十二条　国家发展为人民服务、为社会主义服务的文学艺术事业、新闻广播电视事业、出版发行事业、图书馆博物馆文化馆和其他文化事业，开展群众性的文化活动。

国家保护名胜古迹、珍贵文物和其他重要历史文化遗产。

第二十三条　国家培养为社会主义服务的各种专业人才，扩大知识分子的队伍，创造条件，充分发挥他们在社会主义现代化建设中的作用。

第二十四条　国家通过普及理想教育、道德教育、文化教育、纪律和法制教育，通过在城乡不同范围的群众中制定和执行各种守则、公约，加强社会主义精神文明的建设。

国家提倡爱祖国、爱人民、爱劳动、爱科学、爱社会主义的公德，在人民中进行爱国主义、集体主义和国际主义、共产主义的教育，进行辩证唯物主义和历史唯物主义的教育，反对资本主义的、封建主义的和其他的腐朽思想。

第二十五条　国家推行计划生育，使人口的增长同经济和社会发展计划相适应。

第二十六条　国家保护和改善生活环境和生态环境，防治污染和其他公害。

国家组织和鼓励植树造林，保护林木。

第二十七条　一切国家机关实行精简的原则，实行工作责任制，实行工作人员的培训和考核制度，不断提高工作质量和工作效率，反对官僚主义。

一切国家机关和国家工作人员必须依靠人民的支持，经常保持同人民的密切联系，倾听人民的意见和建议，接受人民的监督，努力为人民服务。

第二十八条　国家维护社会秩序，镇压叛国和其他反革命的活动，制裁危害社会治安、破坏社会主义经济和其他犯罪的活动，惩办和改造犯罪分子。

第二十九条　中华人民共和国的武装力量属于人民。它的任务是巩固国防，抵抗侵略，保卫祖国，保卫人民的和平劳动，参加国家建设事业，努力为人民服务。

国家加强武装力量的革命化、现代化、正规化的建设，增强国防力量。

第三十条　中华人民共和国的行政区域划分如下：

（一）全国分为省、自治区、直辖市；

（二）省、自治区分为自治州、县、自治县、市；

（三）县、自治县分为乡、民族乡、镇。

直辖市和较大的市分为区、县。自治州分为县、自治县、市。

自治区、自治州、自治县都是民族自治地方。

第三十一条 国家在必要时得设立特别行政区。在特别行政区内实行的制度按照具体情况由全国人民代表大会以法律规定。

第三十二条 中华人民共和国保护在中国境内的外国人的合法权利和利益，在中国境内的外国人必须遵守中华人民共和国的法律。

中华人民共和国对于因为政治原因要求避难的外国人，可以给予受庇护的权利。

第二章 公民的基本权利和义务

第三十三条 凡具有中华人民共和国国籍的人都是中华人民共和国公民。

中华人民共和国公民在法律面前一律平等。

任何公民享有宪法和法律规定的权利，同时必须履行宪法和法律规定的义务。

第三十四条 中华人民共和国年满十八周岁的公民，不分民族、种族、性别、职业、家庭出身、宗教信仰、教育程度、财产状况、居住期限，都有选举权和被选举权；但是依照法律被剥夺政治权利的人除外。

第三十五条 中华人民共和国公民有言论、出版、集会、结社、游行、示威的自由。

第三十六条 中华人民共和国公民有宗教信仰自由。

任何国家机关、社会团体和个人不得强制公民信仰宗教或者不信仰宗教，不得歧视信仰宗教的公民和不信仰宗教的公民。

国家保护正常的宗教活动。任何人不得利用宗教进行破坏社会秩序、损害公民身体健康、妨碍国家教育制度的活动。

宗教团体和宗教事务不受外国势力的支配。

第三十七条 中华人民共和国公民的人身自由不受侵犯。

任何公民，非经人民检察院批准或者决定或者人民法院决定，并由公安机关执行，不受逮捕。

禁止非法拘禁和以其他方法非法剥夺或者限制公民的人身自由，禁止非法搜查公民的身体。

第三十八条 中华人民共和国公民的人格尊严不受侵犯。禁止用任何方法对公民进行侮辱、诽谤和诬告陷害。

第三十九条 中华人民共和国公民的住宅不受侵犯。禁止非法搜查或者非法侵入公民的住宅。

第四十条 中华人民共和国公民的通信自由和通信秘密受法律的保护。除因国家安全或者追查刑事犯罪的需要，由公安机关或者检察机关依照法律规定的程序对通信进行检查外，任何组织或者个人不得以任何理由侵犯公民的通信自由和通信秘密。

第四十一条 中华人民共和国公民对于任何国家机关和国家工作人员，有提出批评和建议的权利；对于任何国家机关和国家工作人员的违法失职行为，有向有关国家机关提出申诉、控告或者检举的权利，但是不得捏造或者歪曲事实进行诬告陷害。

对于公民的申诉、控告或者检举，有关国家机关必须查清事实，负责处理。任何人不得压制和打击报复。

由于国家机关和国家工作人员侵犯公民权利而受到损失的人，有依照法律规定取得赔偿的权利。

第四十二条 中华人民共和国公民有劳动的权利和义务。

国家通过各种途径，创造劳动就业条件，加强劳动保护，改善劳动条件，并在发展生产的基础上，提高劳动报酬和福利待遇。

劳动是一切有劳动能力的公民的光荣职责。国营企业和城乡集体经济组织的劳动者都应当以国家主人翁的态度对待自己的劳动。国家提倡社会主义劳动竞赛，奖励劳动模范和先进工作者。国家提倡公民从事义务劳动。

国家对就业前的公民进行必要的劳动就业训练。

第四十三条 中华人民共和国劳动者有休息的权利。

国家发展劳动者休息和休养的设施，规定职工的工作时间和休假制度。

第四十四条 国家依照法律规定实行企业事业组织的职工和国家机关工作人员的退休制度。退休人员的生活受到国家和社会的保障。

第四十五条　中华人民共和国公民在年老、疾病或者丧失劳动能力的情况下，有从国家和社会获得物质帮助的权利。国家发展为公民享受这些权利所需要的社会保险、社会救济和医疗卫生事业。

国家和社会保障残废军人的生活，抚恤烈士家属，优待军人家属。

国家和社会帮助安排盲、聋、哑和其他有残疾的公民的劳动、生活和教育。

第四十六条　中华人民共和国公民有受教育的权利和义务。

国家培养青年、少年、儿童在品德、智力、体质等方面全面发展。

第四十七条　中华人民共和国公民有进行科学研究、文学艺术创作和其他文化活动的自由。国家对于从事教育、科学、技术、文学、艺术和其他文化事业的公民的有益于人民的创造性工作，给以鼓励和帮助。

第四十八条　中华人民共和国妇女在政治的、经济的、文化的、社会的和家庭的生活等各方面享有同男子平等的权利。

国家保护妇女的权利和利益，实行男女同工同酬，培养和选拔妇女干部。

第四十九条　婚姻、家庭、母亲和儿童受国家的保护。

夫妻双方有实行计划生育的义务。

父母有抚养教育未成年子女的义务，成年子女有赡养扶助父母的义务。

禁止破坏婚姻自由，禁止虐待老人、妇女和儿童。

第五十条　中华人民共和国保护华侨的正当的权利和利益，保护归侨和侨眷的合法的权利和利益。

第五十一条　中华人民共和国公民在行使自由和权利的时候，不得损害国家的、社会的、集体的利益和其他公民的合法的自由和权利。

第五十二条　中华人民共和国公民有维护国家统一和全国各民族团结的义务。

第五十三条　中华人民共和国公民必须遵守宪法和法律，保守国家秘密，爱护公共财产，遵守劳动纪律，遵守公共秩序，尊重社会公德。

第五十四条　中华人民共和国公民有维护祖国的安全、荣誉和利益的义务，不得有危害祖国的安全、荣誉和利益的行为。

第五十五条　保卫祖国、抵抗侵略是中华人民共和国每一个公民的神圣职责。

依照法律服兵役和参加民兵组织是中华人民共和国公民的光荣义务。

第五十六条　中华人民共和国公民有依照法律纳税的义务。

第三章　国家机构

第一节　全国人民代表大会

第五十七条　中华人民共和国全国人民代表大会是最高国家权力机关。它的常设机关是全国人民代表大会常务委员会。

第五十八条　全国人民代表大会和全国人民代表大会常务委员会行使国家立法权。

第五十九条　全国人民代表大会由省、自治区、直辖市和军队选出的代表组成。各少数民族都应当有适当名额的代表。

全国人民代表大会代表的选举由全国人民代表大会常务委员会主持。

全国人民代表大会代表名额和代表产生办法由法律规定。

第六十条　全国人民代表大会每届任期五年。

全国人民代表大会任期届满的两个月以前，全国人民代表大会常务委员会必须完成下届全国人民代表大会代表的选举。如果遇到不能进行选举的非常情况，由全国人民代表大会常务委员会以全体组成人员的三分之二以上的多数通过，可以推迟选举，延长本届全国人民代表大会的任期。在非常情况结束后一年内，必须完成下届全国人民代表大会代表的选举。

第六十一条　全国人民代表大会会议每年举行一次，由全国人民代表大会常务委员会召集。如果全国人民代表大会常务委员会认为必要，或者有五分之一以上的全国人民代表大会代表提议，可以临时召集全国人民代表大会会议。

全国人民代表大会举行会议的时候，选举主席团主持会议。

第六十二条　全国人民代表大会行使下列职权：

（一）修改宪法；

（二）监督宪法的实施；

（三）制定和修改刑事、民事、国家机构的和其他的基本法律；

（四）选举中华人民共和国主席、副主席；

（五）根据中华人民共和国主席的提名，决定国务院总理的人选；根据国务院总理的提名，决定国务院副总理、国务委员、各部部长、各委员会主任、审计长、秘书长的人选；

（六）选举中央军事委员会主席；根据中央军事委员会主席的提名，决定中央军事委员会其他组成人员的人选；

（七）选举最高人民法院院长；

（八）选举最高人民检察院检察长；

（九）审查和批准国民经济和社会发展计划和计划执行情况的报告；

（十）审查和批准国家的预算和预算执行情况的报告；

（十一）改变或者撤销全国人民代表大会常务委员会不适当的决定；

（十二）批准省、自治区和直辖市的建置；

（十三）决定特别行政区的设立及其制度；

（十四）决定战争和和平的问题；

（十五）应当由最高国家权力机关行使的其他职权。

第六十三条　全国人民代表大会有权罢免下列人员：

（一）中华人民共和国主席、副主席；

（二）国务院总理、副总理、国务委员、各部部长、各委员会主任、审计长、秘书长；

（三）中央军事委员会主席和中央军事委员会其他组成人员；

（四）最高人民法院院长；

（五）最高人民检察院检察长。

第六十四条　宪法的修改，由全国人民代表大会常务委员会或者五分之一以上的全国人民代表大会代表提议，并由全国人民代表大会以全体代表的三分之二以上的多数通过。

法律和其他议案由全国人民代表大会以全体代表的过半数通过。

第六十五条　全国人民代表大会常务委员会由下列人员组成：

委员长，

副委员长若干人，

秘书长，

委员若干人。

全国人民代表大会常务委员会组成人员中，应当有适当名额的少数民族代表。

全国人民代表大会选举并有权罢免全国人民代表大会常务委员会的组成人员。

全国人民代表大会常务委员会的组成人员不得担任国家行政机关、审判机关和检察机关的职务。

第六十六条　全国人民代表大会常务委员会每届任期同全国人民代表大会每届任期相同，它行使职权到下届全国人民代表大会选出新的常务委员会为止。

委员长、副委员长连续任职不得超过两届。

第六十七条　全国人民代表大会常务委员会行使下列职权：

（一）解释宪法，监督宪法的实施；

（二）制定和修改除应当由全国人民代表大会制定的法律以外的其他法律；

（三）在全国人民代表大会闭会期间，对全国人民代表大会制定的法律进行部分补充和修改，但是不得同该法律的基本原则相抵触；

（四）解释法律；

（五）在全国人民代表大会闭会期间，审查和批准国民经济和社会发展计划、国家预算在执行过程中所必须作的部分调整方案；

（六）监督国务院、中央军事委员会、最高人民法院和最高人民检察院的工作；

（七）撤销国务院制定的同宪法、法律相抵触的行政法规、决定和命令；

（八）撤销省、自治区、直辖市国家权力机关制定的同宪法、法律和行政法规相抵触的地方性法规和决议；

（九）在全国人民代表大会闭会期间，根据国务院总理的提名，决定部长、委员会主任、审计长、秘书长的人选；

（十）在全国人民代表大会闭会期间，根据中央军事委员会主席的提名，决定中央军事委员会其他组成人员的人选；

（十一）根据最高人民法院院长的提请，任免最高人民法院副院长、审判员、审判委员会委员和军事法院院长；

（十二）根据最高人民检察院检察长的提请，任免最高人民检察院副检察长、检察员、检察委员会委员和军事检察院检察长，并且批准省、自治区、直辖市的人民检察院检察长的任免；

（十三）决定驻外全权代表的任免；

（十四）决定同外国缔结的条约和重要协定的批准和废除；

（十五）规定军人和外交人员的衔级制度和其他专门衔级制度；

（十六）规定和决定授予国家的勋章和荣誉称号；

（十七）决定特赦；

（十八）在全国人民代表大会闭会期间，如果遇到国家遭受武装侵犯或者必须履行国际间共同防止侵略的条约的情况，决定战争状态的宣布；

（十九）决定全国总动员或者局部动员；

（二十）决定全国或者个别省、自治区、直辖市的戒严；

（二十一）全国人民代表大会授予的其他职权。

第六十八条 全国人民代表大会常务委员会委员长主持全国人民代表大会常务委员会的工作，召集全国人民代表大会常务委员会会议。副委员长、秘书长协助委员长工作。

委员长、副委员长、秘书长组成委员长会议，处理全国人民代表大会常务委员会的重要日常工作。

第六十九条 全国人民代表大会常务委员会对全国人民代表大会负责并报告工作。

第七十条 全国人民代表大会设立民族委员会、法律委员会、财政经济委员会、教育科学文化卫生委员会、外事委员会、华侨委员会和其他需要设立的专门委员会。在全国人民代表大会闭会期间，各专门委员会受全国人民代表大会常务委员会的领导。

各专门委员会在全国人民代表大会和全国人民代表大会常务委员会领导下，研究、审议和拟订有关议案。

第七十一条 全国人民代表大会和全国人民代表大会常务委员会认为必要的时候，可以组织关于特定问题的调查委员会，并且根据调查委员会的报告，作出相应的决议。

调查委员会进行调查的时候，一切有关的国家机关、社会团体和公民都有义务向它提供必要的材料。

第七十二条　全国人民代表大会代表和全国人民代表大会常务委员会组成人员，有权依照法律规定的程序分别提出属于全国人民代表大会和全国人民代表大会常务委员会职权范围内的议案。

第七十三条　全国人民代表大会代表在全国人民代表大会开会期间，全国人民代表大会常务委员会组成人员在常务委员会开会期间，有权依照法律规定的程序提出对国务院或者国务院各部、各委员会的质询案。受质询的机关必须负责答复。

第七十四条　全国人民代表大会代表，非经全国人民代表大会会议主席团许可，在全国人民代表大会闭会期间非经全国人民代表大会常务委员会许可，不受逮捕或者刑事审判。

第七十五条　全国人民代表大会代表在全国人民代表大会各种会议上的发言和表决，不受法律追究。

第七十六条　全国人民代表大会代表必须模范地遵守宪法和法律，保守国家秘密，并且在自己参加的生产、工作和社会活动中，协助宪法和法律的实施。

全国人民代表大会代表应当同原选举单位和人民保持密切的联系，听取和反映人民的意见和要求，努力为人民服务。

第七十七条　全国人民代表大会代表受原选举单位的监督。原选举单位有权依照法律规定的程序罢免本单位选出的代表。

第七十八条　全国人民代表大会和全国人民代表大会常务委员会的组织和工作程序由法律规定。

第二节　中华人民共和国主席

第七十九条　中华人民共和国主席、副主席由全国人民代表大会选举。

有选举权和被选举权的年满四十五周岁的中华人民共和国公民可以被选为中华人民共和国主席、副主席。

中华人民共和国主席、副主席每届任期同全国人民代表大会每届任期相同，连续任职不得超过两届。

第八十条　中华人民共和国主席根据全国人民代表大会的决定和全国人民代表大会常务委员会的决定，公布法律，任免国务院总理、副总理、国务委员、各部部长、各委员会主任、审计长、秘书长，授予国家的勋章和荣誉称号，发布特赦令，发布戒严令，宣布战争状态，发布动员令。

第八十一条 中华人民共和国主席代表中华人民共和国，接受外国使节；根据全国人民代表大会常务委员会的决定，派遣和召回驻外全权代表，批准和废除同外国缔结的条约和重要协定。

第八十二条 中华人民共和国副主席协助主席工作。

中华人民共和国副主席受主席的委托，可以代行主席的部分职权。

第八十三条 中华人民共和国主席、副主席行使职权到下届全国人民代表大会选出的主席、副主席就职为止。

第八十四条 中华人民共和国主席缺位的时候，由副主席继任主席的职位。

中华人民共和国副主席缺位的时候，由全国人民代表大会补选。

中华人民共和国主席、副主席都缺位的时候，由全国人民代表大会补选；在补选以前，由全国人民代表大会常务委员会委员长暂时代理主席职位。

第三节 国务院

第八十五条 中华人民共和国国务院，即中央人民政府，是最高国家权力机关的执行机关，是最高国家行政机关。

第八十六条 国务院由下列人员组成：

总理，

副总理若干人，

国务委员若干人，

各部部长，

各委员会主任，

审计长，

秘书长。

国务院实行总理负责制。各部、各委员会实行部长、主任负责制。

国务院的组织由法律规定。

第八十七条 国务院每届任期同全国人民代表大会每届任期相同。

总理、副总理、国务委员连续任职不得超过两届。

第八十八条 总理领导国务院的工作。副总理、国务委员协助总理工作。

总理、副总理、国务委员、秘书长组成国务院常务会议。

总理召集和主持国务院常务会议和国务院全体会议。

第八十九条 国务院行使下列职权：

（一）根据宪法和法律，规定行政措施，制定行政法规，发布决定和命令；

（二）向全国人民代表大会或者全国人民代表大会常务委员会提出议案；

（三）规定各部和各委员会的任务和职责，统一领导各部和各委员会的工作，并且领导不属于各部和各委员会的全国性的行政工作；

（四）统一领导全国地方各级国家行政机关的工作，规定中央和省、自治区、直辖市的国家行政机关的职权的具体划分；

（五）编制和执行国民经济和社会发展计划和国家预算；

（六）领导和管理经济工作和城乡建设；

（七）领导和管理教育、科学、文化、卫生、体育和计划生育工作；

（八）领导和管理民政、公安、司法行政和监察等工作；

（九）管理对外事务，同外国缔结条约和协定；

（十）领导和管理国防建设事业；

（十一）领导和管理民族事务，保障少数民族的平等权利和民族自治地方的自治权利；

（十二）保护华侨的正当的权利和利益，保护归侨和侨眷的合法的权利和利益；

（十三）改变或者撤销各部、各委员会发布的不适当的命令、指示和规章；

（十四）改变或者撤销地方各级国家行政机关的不适当的决定和命令；

（十五）批准省、自治区、直辖市的区域划分，批准自治州、县、自治县、市的建置和区域划分；

（十六）决定省、自治区、直辖市的范围内部分地区的戒严；

（十七）审定行政机构的编制，依照法律规定任免、培训、考核和奖惩行政人员；

（十八）全国人民代表大会和全国人民代表大会常务委员会授予的其他

职权。

第九十条 国务院各部部长、各委员会主任负责本部门的工作；召集和主持部务会议或者委员会会议、委务会议，讨论决定本部门工作的重大问题。

各部、各委员会根据法律和国务院的行政法规、决定、命令，在本部门的权限内，发布命令、指示和规章。

第九十一条 国务院设立审计机关，对国务院各部门和地方各级政府的财政收支，对国家的财政金融机构和企业事业组织的财务收支，进行审计监督。

审计机关在国务院总理领导下，依照法律规定独立行使审计监督权，不受其他行政机关、社会团体和个人的干涉。

第九十二条 国务院对全国人民代表大会负责并报告工作；在全国人民代表大会闭会期间，对全国人民代表大会常务委员会负责并报告工作。

第四节 中央军事委员会

第九十三条 中华人民共和国中央军事委员会领导全国武装力量。

中央军事委员会由下列人员组成：

主席，

副主席若干人，

委员若干人。

中央军事委员会实行主席负责制。

中央军事委员会每届任期同全国人民代表大会每届任期相同。

第九十四条 中央军事委员会主席对全国人民代表大会和全国人民代表大会常务委员会负责。

第五节 地方各级人民代表大会和地方各级人民政府

第九十五条 省、直辖市、县、市、市辖区、乡、民族乡、镇设立人民代表大会和人民政府。

地方各级人民代表大会和地方各级人民政府的组织由法律规定。

自治区、自治州、自治县设立自治机关。自治机关的组织和工作根据宪法第三章第五节、第六节规定的基本原则由法律规定。

第九十六条 地方各级人民代表大会是地方国家权力机关。

县级以上的地方各级人民代表大会设立常务委员会。

第九十七条　省、直辖市、设区的市的人民代表大会代表由下一级的人民代表大会选举；县、不设区的市、市辖区、乡、民族乡、镇的人民代表大会代表由选民直接选举。

地方各级人民代表大会代表名额和代表产生办法由法律规定。

第九十八条　省、直辖市、设区的市的人民代表大会每届任期五年。县、不设区的市、市辖区、乡、民族乡、镇的人民代表大会每届任期三年。

第九十九条　地方各级人民代表大会在本行政区域内，保证宪法、法律、行政法规的遵守和执行；依照法律规定的权限，通过和发布决议，审查和决定地方的经济建设、文化建设和公共事业建设的计划。

县级以上的地方各级人民代表大会审查和批准本行政区域内的国民经济和社会发展计划、预算以及它们的执行情况的报告；有权改变或者撤销本级人民代表大会常务委员会不适当的决定。

民族乡的人民代表大会可以依照法律规定的权限采取适合民族特点的具体措施。

第一百条　省、直辖市的人民代表大会和它们的常务委员会，在不同宪法、法律、行政法规相抵触的前提下，可以制定地方性法规，报全国人民代表大会常务委员会备案。

第一百零一条　地方各级人民代表大会分别选举并且有权罢免本级人民政府的省长和副省长、市长和副市长、县长和副县长、区长和副区长、乡长和副乡长、镇长和副镇长。

县级以上的地方各级人民代表大会选举并且有权罢免本级人民法院院长和本级人民检察院检察长。选出或者罢免人民检察院检察长，须报上级人民检察院检察长提请该级人民代表大会常务委员会批准。

第一百零二条　省、直辖市、设区的市的人民代表大会代表受原选举单位的监督；县、不设区的市、市辖区、乡、民族乡、镇的人民代表大会代表受选民的监督。

地方各级人民代表大会代表的选举单位和选民有权依照法律规定的程序罢免由他们选出的代表。

第一百零三条　县级以上的地方各级人民代表大会常务委员会由主任、副主任若干人和委员若干人组成，对本级人民代表大会负责并报告工作。

县级以上的地方各级人民代表大会选举并有权罢免本级人民代表大会常务委员会的组成人员。

县级以上的地方各级人民代表大会常务委员会的组成人员不得担任国家行政机关、审判机关和检察机关的职务。

第一百零四条 县级以上的地方各级人民代表大会常务委员会讨论、决定本行政区域内各方面工作的重大事项；监督本级人民政府、人民法院和人民检察院的工作；撤销本级人民政府的不适当的决定和命令；撤销下一级人民代表大会的不适当的决议；依照法律规定的权限决定国家机关工作人员的任免；在本级人民代表大会闭会期间，罢免和补选上一级人民代表大会的个别代表。

第一百零五条 地方各级人民政府是地方各级国家权力机关的执行机关，是地方各级国家行政机关。

地方各级人民政府实行省长、市长、县长、区长、乡长、镇长负责制。

第一百零六条 地方各级人民政府每届任期同本级人民代表大会每届任期相同。

第一百零七条 县级以上地方各级人民政府依照法律规定的权限，管理本行政区域内的经济、教育、科学、文化、卫生、体育事业、城乡建设事业和财政、民政、公安、民族事务、司法行政、监察、计划生育等行政工作，发布决定和命令，任免、培训、考核和奖惩行政工作人员。

乡、民族乡、镇的人民政府执行本级人民代表大会的决议和上级国家行政机关的决定和命令，管理本行政区域内的行政工作。

省、直辖市的人民政府决定乡、民族乡、镇的建置和区域划分。

第一百零八条 县级以上的地方各级人民政府领导所属各工作部门和下级人民政府的工作，有权改变或者撤销所属各工作部门和下级人民政府的不适当的决定。

第一百零九条 县级以上的地方各级人民政府设立审计机关。地方各级审计机关依照法律规定独立行使审计监督权，对本级人民政府和上一级审计机关负责。

第一百一十条 地方各级人民政府对本级人民代表大会负责并报告工作。县级以上的地方各级人民政府在本级人民代表大会闭会期间，对本级人民代表大会常务委员会负责并报告工作。

地方各级人民政府对上一级国家行政机关负责并报告工作。全国地方各级人民政府都是国务院统一领导下的国家行政机关，都服从国务院。

第一百一十一条　城市和农村按居民居住地区设立的居民委员会或者村民委员会是基层群众性自治组织。居民委员会、村民委员会的主任、副主任和委员由居民选举。居民委员会、村民委员会同基层政权的相互关系由法律规定。

居民委员会、村民委员会设人民调解、治安保卫、公共卫生等委员会，办理本居住地区的公共事务和公益事业，调解民间纠纷，协助维护社会治安，并且向人民政府反映群众的意见、要求和提出建议。

第六节　民族自治地方的自治机关

第一百一十二条　民族自治地方的自治机关是自治区、自治州、自治县的人民代表大会和人民政府。

第一百一十三条　自治区、自治州、自治县的人民代表大会中，除实行区域自治的民族的代表外，其他居住在本行政区域内的民族也应当有适当名额的代表。

自治区、自治州、自治县的人民代表大会常务委员会中应当有实行区域自治的民族的公民担任主任或者副主任。

第一百一十四条　自治区主席、自治州州长、自治县县长由实行区域自治的民族的公民担任。

第一百一十五条　自治区、自治州、自治县的自治机关行使宪法第三章第五节规定的地方国家机关的职权，同时依照宪法、民族区域自治法和其他法律规定的权限行使自治权，根据本地方实际情况贯彻执行国家的法律、政策。

第一百一十六条　民族自治地方的人民代表大会有权依照当地民族的政治、经济和文化的特点，制定自治条例和单行条例。自治区的自治条例和单行条例，报全国人民代表大会常务委员会批准后生效。自治州、自治县的自治条例和单行条例，报省或者自治区的人民代表大会常务委员会批准后生效，并报全国人民代表大会常务委员会备案。

第一百一十七条　民族自治地方的自治机关有管理地方财政的自治权。凡是依照国家财政体制属于民族自治地方的财政收入，都应当由民族自治地方的自治机关自主地安排使用。

第一百一十八条　民族自治地方的自治机关在国家计划的指导下，自主地安排和管理地方性的经济建设事业。

国家在民族自治地方开发资源、建设企业的时候，应当照顾民族自治地方的利益。

第一百一十九条　民族自治地方的自治机关自主地管理本地方的教育、科学、文化、卫生、体育事业，保护和整理民族的文化遗产，发展和繁荣民族文化。

第一百二十条　民族自治地方的自治机关依照国家的军事制度和当地的实际需要，经国务院批准，可以组织本地方维护社会治安的公安部队。

第一百二十一条　民族自治地方的自治机关在执行职务的时候，依照本民族自治地方自治条例的规定，使用当地通用的一种或者几种语言文字。

第一百二十二条　国家从财政、物资、技术等方面帮助各少数民族加速发展经济建设和文化建设事业。

国家帮助民族自治地方从当地民族中大量培养各级干部、各种专业人才和技术工人。

第七节　人民法院和人民检察院

第一百二十三条　中华人民共和国人民法院是国家的审判机关。

第一百二十四条　中华人民共和国设立最高人民法院、地方各级人民法院和军事法院等专门人民法院。

最高人民法院院长每届任期同全国人民代表大会每届任期相同，连续任职不得超过两届。

人民法院的组织由法律规定。

第一百二十五条　人民法院审理案件，除法律规定的特别情况外，一律公开进行。被告人有权获得辩护。

第一百二十六条　人民法院依照法律规定独立行使审判权，不受行政机关、社会团体和个人的干涉。

第一百二十七条　最高人民法院是最高审判机关。

最高人民法院监督地方各级人民法院和专门人民法院的审判工作，上级人民法院监督下级人民法院的审判工作。

第一百二十八条 最高人民法院对全国人民代表大会和全国人民代表大会常务委员会负责。地方各级人民法院对产生它的国家权力机关负责。

第一百二十九条 中华人民共和国人民检察院是国家的法律监督机关。

第一百三十条 中华人民共和国设立最高人民检察院、地方各级人民检察院和军事检察院等专门人民检察院。

最高人民检察院检察长每届任期同全国人民代表大会每届任期相同，连续任职不得超过两届。

人民检察院的组织由法律规定。

第一百三十一条 人民检察院依照法律规定独立行使检察权，不受行政机关、社会团体和个人的干涉。

第一百三十二条 最高人民检察院是最高检察机关。

最高人民检察院领导地方各级人民检察院和专门人民检察院的工作，上级人民检察院领导下级人民检察院的工作。

第一百三十三条 最高人民检察院对全国人民代表大会和全国人民代表大会常务委员会负责。地方各级人民检察院对产生它的国家权力机关和上级人民检察院负责。

第一百三十四条 各民族公民都有用本民族语言文字进行诉讼的权利。人民法院和人民检察院对于不通晓当地通用的语言文字的诉讼参与人，应当为他们翻译。

在少数民族聚居或者多民族共同居住的地区，应当用当地通用的语言进行审理；起诉书、判决书、布告和其他文书应当根据实际需要使用当地通用的一种或者几种文字。

第一百三十五条 人民法院、人民检察院和公安机关办理刑事案件，应当分工负责，互相配合，互相制约，以保证准确有效地执行法律。

第四章 国旗、国徽、首都

第一百三十六条 中华人民共和国国旗是五星红旗。

第一百三十七条 中华人民共和国国徽，中间是五星照耀下的天安门，周围是谷穗和齿轮。

第一百三十八条 中华人民共和国首都是北京。

（一）第五届全国人民代表大会第三次会议

中国共产党中央委员会关于
修改宪法和成立宪法修改委员会的建议

第五届全国人民代表大会第三次会议主席团：

一九七八年第五届全国人民代表大会第一次会议通过的中华人民共和国宪法，由于当时历史条件的限制和从那时以来情况的巨大变化，许多地方已经很不适应当前政治经济生活和人民对于建设现代化国家的需要。为了完善无产阶级专政的国家制度，发展社会主义民主，健全社会主义法制，巩固和健全国家的根本制度，切实保障人民的权利和各民族的权利，巩固和发展安定团结、生动活泼的政治局面，充分调动一切积极因素，发挥社会主义制度的优越性，加速四个现代化建设事业的发展，需要对宪法作比较系统的修改。中国共产党中央委员会建议全国人民代表大会成立宪法修改委员会，主持宪法的修改工作，并于一九八一年上半年公布修改宪法草案，交付全民讨论，以求本届全国人民代表大会第四次会议能够通过，第六届全国人民代表大会能够按照修改后的宪法产生和工作。中共中央这个建议和提出的中华人民共和国宪法修改委员会名单（草案），请大会审议决定。

中国共产党中央委员会

一九八〇年八月三十日

附：

中华人民共和国宪法修改委员会名单（草案）

主任委员

叶剑英

副主任委员

宋庆龄（女）　　　　　　彭　真

委员（一百零三人，按姓氏笔划为序）

丁光训　　　万　里　　　习仲勋　　　王　震　　王任重

王昆仑　　　王首道　　　韦国清（壮族）

乌兰夫（蒙古族）　　　　方　毅　　　邓小平

邓颖超（女）　　　　　　叶圣陶　　　史　良（女）

包尔汉（维吾尔族）　　　朱学范　　　朱蕴山　　伍觉天

华国锋　　　华罗庚　　　庄希泉　　　刘　斐　　刘念智

刘澜涛　　　江　华（瑶族）　　　　许世友　　许德珩

孙起孟　　　孙晓村　　　苏子衡　　　李井泉　　李先念

李维汉　　　李德生　　　杨秀峰　　　杨尚昆　　杨得志

杨静仁（回族）　　　　　肖　克　　　肖劲光

吴贻芳（女）　　　　　　余秋里　　　谷　牧　　何长工

沙千里　　　沈雁冰　　　宋任穷　　　张　冲（彝族）

张廷发　　　张爱萍　　　陆定一

阿沛·阿旺晋美（藏族）　　　　　陈　云　　陈此生

陈慕华（女）　　　　　　茅以升

帕巴拉·格列朗杰（藏族）　　　　季　方　　周　扬

周谷城　　　周叔弢　　　周建人　　　周培源　　赵朴初

赵紫阳　　　荣毅仁　　　胡子昂　　　胡子婴（女）

胡乔木　　　胡厥文　　　胡愈之　　　胡耀邦　　费孝通

费彝民　　　姚依林　　　耿　飚

班禅额尔德尼·却吉坚赞（藏族）　　　聂荣臻　　钱昌照

倪志福　　　徐向前　　　郭棣活　　　姬鹏飞　　黄　华

黄火青　　　黄克诚　　　黄鼎臣　　　康世恩

康克清（女）梁漱溟　　　韩　英　　　彭　冲　　彭迪先

董其武　　　粟　裕　　　程子华　　　程思远　　蔡　啸

廖承志　　　赛福鼎（维吾尔族）　　　谭震林　　缪云台

薄一波

中华人民共和国第五届全国
人民代表大会第三次会议关于修改宪法
和成立宪法修改委员会的决议

(1980 年 9 月 10 日第五届全国人民代表大会第三次会议通过)

中华人民共和国第五届全国人民代表大会第三次会议同意中国共产党中央委员会关于修改宪法和成立宪法修改委员会的建议，同意中国共产党中央委员会提出的中华人民共和国宪法修改委员会名单，决定由宪法修改委员会主持修改一九七八年第五届全国人民代表大会第一次会议制定的《中华人民共和国宪法》，提出中华人民共和国宪法修改草案，由全国人民代表大会常务委员会公布，交付全国各族人民讨论，再由宪法修改委员会根据讨论意见修改后，提交本届全国人民代表大会第四次会议审议。

中华人民共和国宪法修改委员会名单

(1980 年 9 月 10 日第五届全国人民代表大会第三次会议通过)

主任委员

　　叶剑英

副主任委员

　　宋庆龄（女）　　　　　　　彭　真

委员（一百零三人，按姓氏笔划为序）

丁光训	万　里	习仲勋	王　震	王任重
王昆仑	王首道	韦国清（壮族）		
乌兰夫（蒙古族）		方　毅	邓小平	

邓颖超（女）　　　　　叶圣陶　　　史　良（女）

包尔汉（维吾尔族）　　朱学范　　　朱蕴山　　　伍觉天

华国锋　　华罗庚　　庄希泉　　　刘　斐　　　刘念智

刘澜涛　　江　华（瑶族）　　　　许世友　　　许德珩

孙起孟　　孙晓村　　苏子衡　　　李井泉　　　李先念

李维汉　　李德生　　杨秀峰　　　杨尚昆　　　杨得志

杨静仁（回族）　　　　肖　克　　　肖劲光

吴贻芳（女）　　　　　余秋里　　　谷　牧　　　何长工

沙千里　　沈雁冰　　宋任穷　　　张　冲（彝族）

张廷发　　张爱萍　　陆定一

阿沛·阿旺晋美（藏族）　　　　　　陈　云　　　陈此生

陈慕华（女）　　　　　茅以升

帕巴拉·格列朗杰（藏族）　　　　　季　方　　　周　扬

周谷城　　周叔弢　　周建人　　　周培源　　　赵朴初

赵紫阳　　荣毅仁　　胡子昂　　　胡子婴（女）

胡乔木　　胡厥文　　胡愈之　　　胡耀邦　　　费孝通

费彝民　　姚依林　　耿　飚

班禅额尔德尼·却吉坚赞（藏族）　　聂荣臻　　　钱昌照

倪志福　　徐向前　　郭棣活　　　姬鹏飞　　　黄　华

黄火青　　黄克诚　　黄鼎臣　　　康世恩

康克清（女）梁漱溟　　韩　英　　　彭　冲　　　彭迪先

董其武　　粟　裕　　程子华　　　程思远　　　蔡　啸

廖承志　　赛福鼎（维吾尔族）　　谭震林　　　缪云台

薄一波

（二）宪法修改委员会会议

宪法修改委员会举行第一次全体会议①

（1980 年 9 月 16 日）

中华人民共和国宪法修改委员会今天下午举行第一次全体会议，宣布正式成立。

宪法修改委员会主任委员叶剑英主持会议，并在会上讲了话。他指出，根据中共中央的建议，五届人大三次会议决定系统地修改现行宪法，成立宪法修改委员会，主持宪法的修改工作。这是我们国家政治生活中的一件大事，它标志着我国社会主义民主和社会主义法制正在大踏步地向前发展。

叶剑英说，我国现行宪法，基本上是本届人大一次会议修改通过的。本届人大二次、三次会议都对宪法个别条文作了修改。而本届人大一次会议修改宪法的工作，是在粉碎"四人帮"之后不久进行的。由于当时历史条件的限制，来不及全面地总结建国三十年来社会主义革命和建设中的经验教训，也来不及彻底清理和清除十年动乱中某些"左"的思想对宪法条文的影响，以至现行宪法中还有一些反映已经过时的政治理论观点和不符合现实客观情况的条文规定。更重要的是，自本届人大一次会议以来，特别是中国共产党十一届三中全会以来，我们国家的政治生活、经济生活和文化生活都发生了巨大的变化和发展，特别是党和国家工作着重点的转移；中共中央对于国内阶级状况所作的新的科学分析；国家民主化的重大进展和进一步民主化的要求；国家领导体制和国民经济体制正在进行和将要进行的重大改革；各民族区域自治权的明确规定；等等，都没有也不可能在现行宪法中得到反映。而且，作为国家根本大法，现行宪法的许多条文规定也不够完备、严谨、具体和明确。总之，现行的宪法已经不能很好地适应我国社会主义现代化建设的

---

① 原载于《人民日报》1980 年 9 月 16 日，原题目为《宪法修改委员会举行首次会议》，现题目为编者所加，原文有删减。

客观需要，立即着手对它进行全面的修改，是完全必要的。

叶剑英说，这次修改宪法，应当在总结建国以来我国社会主义革命和社会主义建设经验的基础上进行。经过修改的宪法，应当反映并且有利于我国社会主义的政治制度、经济制度和文化制度的改革和完善。在新的宪法和法律的保障下，全国各族人民应当能够更加充分地行使管理国家、管理经济、管理文化和其他社会事务的权力。法制的原则应当得到更加充分的实现。我国人民代表大会制度，包括全国人民代表大会和地方各级人民代表大会的权力和工作，它们的常务委员会的权力和工作，应当怎样进一步健全和加强，也应当在修改后的宪法中作出适当的规定。总之，我们要努力做到，经过修改的宪法，能够充分体现我国历史发展新时期全国各族人民的利益和愿望。

叶剑英强调说，这次修改宪法，一定要坚持领导与群众相结合的正确方法，采取多种形式发动人民群众积极参加这项工作，在明年上半年公布修改宪法草案，交付全民讨论。我们这次修改宪法要认真总结建国以来制订和修改宪法的历史经验。一定要从我国的实际情况出发，以我们自己的经验为基础，同时也要参考当代外国宪法，尤其是一些社会主义国家的宪法，吸收其中好的先进的东西。一个是"领导与群众相结合"，一个是"本国经验与国际经验相结合"，这是毛泽东同志领导制订 1954 年我国第一部宪法时总结的两条立宪经验。我们应该仍然充分重视这两条经验。

叶剑英说，我们担负的修改宪法的工作是很艰巨的，但是我相信，只要我们抱着高度的对人民负责的精神，依靠中国共产党的领导，依靠群众，依靠专家，兢兢业业，谨慎从事，就一定能够把这一工作做好，如期完成全国人民赋予我们的光荣任务。

为了更好开展宪法修改工作，今天的全体会议决定设立宪法修改委员会秘书处，并通过了秘书长和副秘书长的名单。胡乔木为秘书长，吴冷西、胡绳、甘祠森、张友渔、叶笃义、邢亦民、王汉斌为副秘书长。

宪法修改委员会秘书处正式成立①

（1980 年 9 月 17 日）

中华人民共和国宪法修改委员会秘书处于 9 月 17 日下午召开会议，宣布秘书处正式成立，并决定自即日起开始进行工作。

会议由秘书长胡乔木主持。

副秘书长吴冷西、胡绳、甘祠森、张友渔、叶笃义、邢亦民、王汉斌，以及中国社会科学院法学研究所、北京大学法律系、人民大学法律系、全国人大常委会办公厅政法室的法律专家和法律工作者，出席了会议。

胡乔木同志首先传达了宪法修改委员会第一次会议的精神和对于秘书处的要求。大家对秘书处的工作交换了意见，认为从现在起到拿出初步修改草稿的时间非常紧迫，必须从即日起开始有计划地紧张地进行工作。在修改过程中，必须分别专题，邀请有关方面的专家进行座谈，聘请他们积极指导、协助和参加这一工作，并随时与中央各有关部门和各地区经常交换意见，还要广泛听取干部和各界人民群众的意见。这样，使提出的宪法修改草稿能够比较充分地反映全国人民的愿望，代表全国人民的意志和利益。会议商定，宪法修改委员会秘书处不专设办公室，办公室的各项日常工作由全国人大常委会办公厅有关部门分别兼办。秘书处办公室即设于人大常委会办公厅政法室。

---

① 原载于《人民日报》1980 年 9 月 20 日，原题目为《及早提出比较充分反映全国人民愿望、代表全国人民意志和利益的宪法修改草稿　宪法修改委员会秘书处正式成立并开始工作》，现题目为编者所加。

宪法修改委员会举行第二次全体会议①

（1982 年 2 月 27 日）

2 月 27 日，中华人民共和国宪法修改委员会今天下午在人民大会堂召开第二次全体会议，讨论审议宪法修改委员会秘书处拟订的《中华人民共和国宪法修改草案（讨论稿）》。

宪法修改委员会副主任委员彭真主持会议。他说，宪法修改委员会秘书处自 1980 年 9 月 17 日成立以来，做了大量的工作，广泛地征求了各地区各部门和各方面人士对修改宪法的意见，拟出了《中华人民共和国宪法修改草案（讨论稿）》。他请委员们就宪法修改草案讨论稿进行充分讨论和审议。

宪法修改委员会秘书长胡乔木在会上作了《中华人民共和国宪法修改草案（讨论稿）》的说明。

我国现在的宪法是 1978 年五届人大一次会议通过的。1980 年 9 月，五届人大三次会议决定由宪法修改委员会提出中华人民共和国宪法修改草案，经过全民讨论后，提交五届人大四次会议审议。由于宪法修改牵涉的范围很广，任务繁重，1981 年没有完成修改草案。为了求得修改工作尽可能完善些，1981 年 12 月 13 日，五届人大四次会议决定将宪法修改工作的期限推迟。现在宪法修改草案（讨论稿）已经提出，将按原定程序，经宪法修改委员会审议修改后，提请五届人大常委会作出决定，予以公布，全国各族人民进行讨论。然后，再由宪法修改委员会根据讨论意见修改，提交五届全国人大五次会议审议。

3 月 17 日，中华人民共和国宪法修改委员会第二次全体会议今天下午在人民大会堂结束。会议决定由宪法修改委员会秘书处根据这次会议讨论的意

---

① 原载于《人民日报》1982 年 2 月 28 日第 1 版、3 月 17 日第 1 版，现题目为编者所加。

见，对《中华人民共和国宪法修改草案（讨论稿）》作进一步的修改。

宪法修改委员会副主任委员彭真主持会议。他说，宪法修改委员会第二次全体会议在 3 月 9 日至 3 月 16 日进行了分组讨论，委员们对宪法修改草案（讨论稿）逐条进行了讨论，提出了修改意见。五届全国人大常委会第二十二次会议结束后，委员们座谈讨论了这个修改草案（讨论稿），也提出了不少修改意见。这期间，还收到了政协全国委员会常务委员，中央和国家机关各部门负责人，各省、自治区、直辖市负责人提出的修改意见。宪法修改委员会认为，许多修改意见提得很好，拟在今后的修改过程中充分考虑和吸收。彭真说，宪法修改委员会委员都认为，秘书处拟出的宪法修改草案（讨论稿）可以作为修改的基础，由秘书处根据这次会议和各方面提出的意见进一步修改后，提交宪法修改委员会第三次全体会议讨论修改。

宪法修改委员会举行第三次全体会议①

（1982 年 4 月 12 日）

4 月 12 日，中华人民共和国宪法修改委员会今天下午在人民大会堂举行第三次全体会议，讨论审议《中华人民共和国宪法修改草案（修改稿）》。

今天的会议由宪法修改委员会副主任委员彭真主持。

在 2 月 27 日至 3 月 16 日举行的宪法修改委员会第二次全体会议期间，委员们对秘书处拟订的宪法修改草案（讨论稿）逐章逐节逐条进行了讨论和审议。在这期间，全国人大常委会委员、政协全国委员会常务委员分别座谈讨论了宪法修改草案（讨论稿），并提出了许多修改意见。中共中央和国家机关各部门，中央军委领导机关，各省、自治区、直辖市负责同志也对讨论稿提出了修改意见。秘书处根据各方面的意见对宪法修改草案的讨论稿进行了修改。

---

① 原载于《人民日报》1982 年 4 月 13 日第 1 版、4 月 14 日第 4 版、4 月 17 日第 1 版、4 月 18 日第 1 版、4 月 21 日第 1 版、4 月 22 日第 1 版，现题目为编者所加。

宪法修改委员会秘书长胡乔木今天就重新修改的宪法修改草案向委员们作了扼要的介绍和说明。

这次会议从明天开始，将对宪法修改草案（修改稿）进行逐章逐节的讨论和审议。

（一）宪法修改委员会讨论审议修改稿序言部分

4 月 13 日，宪法修改委员会第三次会议今天上午继续举行全体会议，讨论审议宪法修改草案（修改稿）的序言部分。

宪法修改委员会副主任委员彭真主持了今天的会议。先后在会上发表意见的委员有：钱昌照、荣毅仁、胡子婴、孙晓村、梁漱溟、蔡啸、肖克、杨秀峰、程子华、耿飚、习仲勋、王首道、刘澜涛、乌兰夫、费孝通、胡子昂、王震、苏子蘅、江华、孙起孟、黄鼎臣、班禅额尔德尼·却吉坚赞。

（二）宪法修改委员会讨论审议草案《总纲》部分

4 月 16 日，宪法修改委员会第三次会议从 4 月 14 日到今天连续举行了三次全体会议，讨论审议宪法修改草案（修改稿）。

在这三次会议上，委员们对草案修改稿第一章《总纲》逐条进行了充分的讨论审议。

会议由宪法修改委员会副主任委员彭真主持。先后在会上发表意见的委员有：荣毅仁、孙起孟、杨秀峰、江华、王震、胡子昂、胡子婴、钱昌照、班禅额尔德尼·却吉坚赞、习仲勋、乌兰夫、阿沛·阿旺晋美、孙晓村、费彝民、刘澜涛、杨尚昆、耿飚、程思远、廖承志、程子华、刘念智、肖克、王首道、赵朴初。

（三）宪法修改委员会讨论审议草案《公民的基本权利和义务》

4 月 17 日，宪法修改委员会第三次会议今天上午继续举行全体会议，讨论审议宪法修改草案（修改稿）的第二章《公民的基本权利和义务》。

先后在会上发表意见的委员有：钱昌照、赵朴初、班禅额尔德尼·却吉坚赞、孙晓村、费彝民、习仲勋、杨秀峰、荣毅仁、梁漱溟、胡子婴、孙起孟、程子华、倪志福、黄鼎臣、程思远。

今天的会议由宪法修改委员会副主任委员彭真主持。

（四）宪法修改委员会审议宪法修改草案（修改稿）的第三章《国家机构》和第四章《国旗、国徽、首都》

4月20日，宪法修改委员会第三次会议于4月19日上午和20日上午、下午共举行了三次全体会议，讨论审议宪法修改草案（修改稿）的第三章《国家机构》和第四章《国旗、国徽、首都》。

到今天止，宪法修改委员会第三次会议对宪法修改草案（修改稿）已全部讨论审议完毕。

这两天的全体会议由宪法修改委员会副主任委员彭真主持。先后在会上发表意见的委员有：孙晓村、荣毅仁、耿飚、韩英、乌兰夫、班禅额尔德尼·却吉坚赞、王震、江华、程思远、胡子昂、刘澜涛、程子华、杨秀峰、刘念智、胡子婴、钱昌照、费彝民、肖克、苏子蘅、习仲勋、蔡啸、倪志福、杨静仁、阿沛·阿旺晋美。

（五）宪法修改委员会第三次会议一致通过宪法修改草案，通过了关于提请公布宪法修改草案交付全国各族人民讨论的建议

4月21日，宪法修改委员会第三次会议今天下午在人民大会堂结束。

会议一致通过了《中华人民共和国宪法修改草案》。

宪法修改委员会第三次会议从4月12日起共举行了九次全体会议，对宪法修改草案（修改稿）逐章逐条地进行了讨论审议。

今天下午的会议还一致通过了宪法修改委员会给全国人大常委会的《关于提请公布〈中华人民共和国宪法修改草案〉交付全国各族人民讨论的建议》。今天的会议由宪法修改委员会副主任委员彭真主持。

宪法修改委员会举行第四次全体会议①

（1982 年 11 月 4 日）

11 月 4 日，中华人民共和国宪法修改委员会今天下午开始举行第四次全体会议，讨论宪法修改草案。

这个修改草案是宪法修改委员会秘书处根据全民讨论的意见修改后提出的。宪法修改委员会副主任委员彭真主持了今天的会议。他说，宪法修改草案从广泛征求各方面意见、起草、讨论、修改到全民讨论和进一步修改，总共经过了 25 个月。现在的修改草案吸收了全民讨论中各方面的许多意见。这次全体会议将对这个草案进行充分的讨论，然后作进一步修改，最后提请五届全国人民代表大会第五次会议审议。

接着，宪法修改委员会副秘书长胡绳对宪法草案修改情况作了说明。他说，自从今年 4 月宪法草案公布后，各地 80—90% 的成年公民参加了讨论。

胡绳说，中共中央各部门、国务院各部委和直属机关、中国人民解放军、各民主党派、各人民团体共 90 多个单位，向宪法修改委员会送来了修改的意见和建议。许多海外华侨和港澳同胞也参加了讨论，并提出了不少宝贵的意见。

他说，通过这次全民讨论，广大人民对草案的指导思想、基本精神和基本内容有了了解，提高了对党和国家的方针政策、社会主义民主和社会主义法制的认识，增强了当家作主的思想，推动了生产和各项工作。

胡绳说，大家普遍认为，草案科学地总结了我国建国三十多年来社会主义革命和社会主义建设的正反两方面的经验，顺乎民心，合乎国情。它体现了党的十一届三中全会以来的路线、方针、政策，代表了全国人民的根本利

---

① 原载于《人民日报》1982 年 11 月 5 日第 1 版、11 月 6 日第 4 版、11 月 7 日第 1 版、11 月 10 日第 1 版，现题目为编者所加。

益，适合我国社会主义现代化建设的需要。

他说，宪法修改委员会秘书处已把全民讨论中提出的意见汇编成五大册，分发给每个委员，供讨论修改时参考。

在今天的会议上，委员们开始对宪法修改草案进行讨论。

（一）宪法修改委员会讨论序言和总纲部分

11月5日，宪法修改委员会第四次全体会议今天下午继续举行。在宪法修改委员会副主任委员彭真主持下，委员们对草案的序言和总纲部分进行了讨论，并提出了具体修改意见。在昨天和今天的会议上发言的有荣毅仁、钱昌照、孙晓村、蔡啸、赛福鼎、许德珩、胡子昂、周谷城、胡子婴、薄一波、伍觉天、黄鼎臣、程子华、杨秀峰、王任重、彭冲、习仲勋、周扬等。

（二）宪法修改委员会讨论《公民的基本权利和义务》

11月6日，宪法修改委员会第四次全体会议今天下午就宪法修改草案的第二章《公民的基本权利和义务》进行了讨论。宪法修改委员会副主任委员彭真主持了今天的会议。委员们在讨论中对一些条款提出了进一步的修改意见。在今天会议上发言的有：彭迪先、董其武、周扬、钱昌照、赵朴初、习仲勋、荣毅仁、赛福鼎、伍觉天、胡子婴、孙起孟。

第四次全体会议明天休会，8日下午将继续举行。

（三）宪法修改委员第四次全体会闭会

11月9日，中华人民共和国宪法修改委员会第四次全体会议今天下午在人民大会堂闭会。

宪法修改委员会副主任委员彭真主持了今天的全体会议并讲了话。他说，这次会议开得很好，大家对宪法修改委员会秘书处根据各地、各方面在全民讨论中所提的意见修改的草案，又从各个角度进行了仔细的考虑和斟酌。秘书处将根据大家的意见，对草案作进一步的修改，提交下次全体会议审议通过，然后提请五届全国人大五次会议审议决定。

彭真同志说，五届人大五次会议通过宪法后，需要有计划有步骤地进行系统的大量的宣传教育工作，这样才能使干部群众自觉地遵守、运用、掌握宪法。人民掌握了宪法，就会变成伟大的物质力量，保障十亿人民的团结和社会主义现代化建设的顺利进行。

他说，要使人民能够掌握宪法，首先必须使人民了解它，做到家喻户晓。这项重大的历史任务，很大一部分要由新闻、出版界来承担。因此，今天邀请了首都主要新闻单位的同志列席会议。他希望各新闻单位在宪法通过后，努力搞好这方面的宣传报道工作。

在昨天下午和今天下午的全体会议上，委员们对宪法修改草案的第三章《国家机构》和第四章《国旗、国徽、首都》进行了讨论审议。孙晓村、周谷城、荣毅仁、赛福鼎、杨秀峰、肖克、钱昌照、黄鼎臣、蔡啸、江华、张友渔、刘念智、伍觉天、孙起孟、彭冲、康克清、习仲勋、乌兰夫、阿沛·阿旺晋美先后发言，对草案中的一些条文提出了具体修改意见。

宪法修改委员会举行第五次全体会议①

（1982 年 11 月 23 日）

11 月 23 日，中华人民共和国宪法修改委员会今天下午在人民大会堂举行第五次全体会议。会议一致通过决定，将《中华人民共和国宪法修改草案》和关于宪法修改草案的报告提请五届全国人大五次会议审议。

宪法修改委员会副主任委员彭真主持了会议。他说，宪法修改委员会自1980 年 9 月成立以来，已经开过四次全体会议。在第三次会议上通过了一个宪法修改草案，于今年四月提请五届人大常委会公布，交付全国人民讨论。宪法修改委员会秘书处根据各地各方面在全民讨论中的意见，对原草案进行了修改，提请第四次全体会议审议。此后，秘书处又根据委员们在四次全体会议上提出的意见，拟出了现在的修改草案。宪法修改工作从开始征求意见

---

① 原载于《人民日报》1982 年 11 月 24 日。

到现在已经两年零两个月了，讨论是相当充分的。

宪法修改委员会副秘书长胡绳在会上就宪法修改草案的最后修改情况作了说明后，委员们一致通过了这个草案和关于草案的说明。

今天的会议还通过了关于提请五届全国人大五次会议审议《中华人民共和国宪法修改草案》的议案。

（三）第五届全国人民代表大会第四次会议

中华人民共和国第五届全国人民代表大会第四次会议关于推迟审议宪法修改草案的决议

（1981 年 12 月 13 日第五届全国人民代表大会第四次会议通过）

中华人民共和国第五届全国人民代表大会第四次会议决定：将中华人民共和国宪法修改草案的审议工作推迟到第五届全国人民代表大会第五次会议进行。

关于建议推迟修改宪法完成期限的说明

（1981 年 12 月 1 日）

中华人民共和国宪法修改委员会副主任委员　彭　真

一九八〇年九月第五届全国人民代表大会第三次会议决定：由宪法修改委员会提出中华人民共和国宪法修改草案，经过全民讨论后，提交第五届全国人民代表大会第四次会议审议。

一年多来，宪法修改委员会秘书处为宪法修改委员会做了大量的准备工作。由于宪法修改工作关系重大，牵涉到各方面一系列复杂的问题，需要进行大量的调查研究，广泛征求各地区、各方面的意见。同时，目前国家正在进行体制改革，有些重大问题正在实践研究解决过程中。原来对这些情况考虑不足，规定期限过于紧迫，没有能按期完成。为了慎重地进行宪法修改工作，尽可能把宪法修改得完善些，需要把修改宪法完成期限适当推迟。我们建议，在宪法修改委员会秘书处提出宪法修改草案初稿的基础上，经宪法修改委员会审议修改后，仍按原决定的步骤，由全国人民代表大会常务委员会公布，交付全国各族人民讨论，再由宪法修改委员会根据讨论意见修改后，提交一九八二年第五届全国人民代表大会第五次会议审议。

我们建议第五届全国人民代表大会第四次会议同意这个安排，并作出相应的决议。

（四）第五届全国人民代表大会常务委员会第二十三次会议、第二十四次会议

中华人民共和国宪法修改草案

（1982 年 4 月 26 日）

目　　录

序　　言

中国是世界上历史最悠久的国家之一。中国各族人民共同创造了光辉灿烂的民族文化，具有光荣的革命传统。

一八四〇年以后，封建的中国逐渐变成半殖民地、半封建的国家。中国人民为国家独立、民族解放和民主自由进行了前仆后继的英勇奋斗。

二十世纪，中国发生了翻天覆地的伟大历史变革。

一九一一年孙中山先生领导的辛亥革命，废除了封建帝制，创立了中华民国。但是革命成果被反动势力篡夺。中国仍然没有摆脱半殖民地、半封建的状态。

一九四九年，以毛泽东主席为领袖的中国共产党领导中国人民，经历了长期艰难曲折的武装斗争和其他形式的斗争，推翻了帝国主义、封建主义和官僚资本主义的统治，取得了新民主主义革命的伟大胜利，建立了中华人民共和国。从此，中国人民掌握了国家的权力，成为国家的主人。

中华人民共和国成立以后，我国社会逐步实现了由新民主主义到社会主义的过渡。人剥削人的制度已经消灭，社会主义制度已经确立。工人阶级领导的、以工农联盟为基础的人民民主专政即无产阶级专政得到巩固和发展。中国人民解放军和全国人民一道，战胜了帝国主义、霸权主义的武装挑衅和颠覆阴谋，维护了国家的独立和安全。经济建设取得了重大的成就，独立的、比较完整的社会主义工业体系和国民经济体系已经基本形成。广大人民的生活有了较大的改善。教育、科学、文化等事业有了很大的发展，社会主义思想教育取得了显著的成绩。

中国新民主主义革命的胜利和社会主义事业的胜利，都是中国共产党领导中国人民，在马克思列宁主义的普遍原理和中国的具体实际相结合的毛泽东思想的指引下，坚持真理，修正错误，战胜许多艰难险阻而取得的。今后中国人民的根本任务是集中力量进行社会主义现代化建设。中国人民将继续在中国共产党领导下，在马克思列宁主义、毛泽东思想指引下，坚持人民民主专政，坚持社会主义道路，不断完善社会主义的各项制度，发扬社会主义民主，健全社会主义法制，自力更生，艰苦奋斗，逐步把我国建设成为具有现代化工业、现代化农业、现代化国防和现代化科学技术的，高度民主的，高度文明的社会主义国家。

在我国，剥削阶级作为阶级消灭以后，阶级斗争还将在一定范围内长期存在。中国人民对敌视和破坏我国社会主义制度的国内外的敌对势力和敌对分子，必须进行斗争。

台湾是中华人民共和国的神圣领土的一部分。完成统一祖国的大业是包括台湾同胞在内的全中国人民的神圣职责。

在长期的革命和建设的进程中，已经结成由中国共产党领导的，有各民主党派和各人民团体参加的，包括全体社会主义劳动者、拥护社会主义的爱国者和拥护祖国统一的爱国者的广泛的统一战线，这个统一战线将继续巩固和扩大。中国人民政治协商会议是统一战线的重要组织，过去发挥了重要的历史作用，今后在国家的政治生活、社会生活和对外友好活动中，在进行社会主义现代化建设、维护国家团结和统一的斗争中，将进一步发挥它的重要作用。

中华人民共和国是全国各民族共同缔造的统一的多民族国家。平等、团结、互助的社会主义民族关系已经确立，并将继续加强。国家根据各少数民族的特点和需要，坚持不懈地帮助各少数民族地区加速经济和文化的发展，以促进全国各民族的共同繁荣。

中国革命和建设的成就是同世界人民的支持分不开的。中国的前途是同世界的光明前途紧密地联系在一起的。中国坚持互相尊重主权和领土完整、互不侵犯、互不干涉内政、平等互利、和平共处的五项原则，发展同各国的外交关系和经济、文化的交流；坚持反对帝国主义、霸权主义、殖民主义，加强同世界各国人民的团结，支持被压迫民族和发展中国家维护民族独立、发展民族经济的正义斗争，为维护世界和平和促进人类进步事业而努力。

本宪法记载了中国人民奋斗的成果，规定了国家的根本制度和根本任务，是国家的根本法，具有最高的法律效力。全国各族人民、一切国家机关和人民武装力量、各政党和各社会团体、各企业事业组织，都必须以宪法为根本的活动准则，并负有维护宪法的尊严、保证宪法的实施的职责。

第一章　总　　纲

第一条　中华人民共和国是工人阶级领导的、以工农联盟为基础的人民民主专政的社会主义国家。

社会主义制度是中华人民共和国的根本制度。禁止任何人以任何形式破坏社会主义制度。

第二条　中华人民共和国的一切权力属于人民。

人民行使国家权力的机关是全国人民代表大会和地方各级人民代表大会。

人民有权依照法律的规定，通过各种途径和形式，管理国家事务，管理经济和文化事业，管理社会事务。

第三条 中华人民共和国的国家机构实行民主集中制的原则。

全国人民代表大会和地方各级人民代表大会都由民主选举产生，对人民负责，受人民监督。

国家行政机关、审判机关、检察机关都由国家权力机关产生，对它负责，受它监督。

中央和地方的国家机构职权的划分，遵循在中央的统一领导下，充分发挥地方的主动性、积极性的原则。

第四条 中华人民共和国各民族一律平等。国家保障各少数民族的合法的权利和利益，维护和发展各民族的平等、团结、互助关系。禁止对任何民族的歧视和压迫，禁止破坏民族团结的行为，反对大民族主义和地方民族主义。

各少数民族聚居的地方实行区域自治，设立自治机关，行使自治权。各民族自治地方都是中华人民共和国不可分离的部分。

各民族都有使用和发展自己的语言文字的自由，都有保持或者改革自己的风俗习惯的自由。

第五条 国家维护社会主义法制的统一和尊严。

一切法律、法令和法规都不得与宪法相抵触。

一切国家机关和人民武装力量、各政党和各社会团体、各企业事业组织都必须遵守宪法和法律。任何组织或者个人都不得有超越宪法和法律的特权。

第六条 中华人民共和国的社会主义经济制度的基础是生产资料的社会主义公有制，即全民所有制和劳动群众集体所有制。它消灭了人剥削人的制度，实行各尽所能，按劳分配的原则。

第七条 国营经济是社会主义全民所有制经济，是国民经济中的主导力量。国家保障国营经济的巩固和发展。

第八条 矿藏、水流、森林、山地、草原、荒地、滩涂和其他海陆自然资源，都属于国家所有，即全民所有。由法律规定属于集体所有的森林和山地、草原、荒地、滩涂除外。

第九条 农村人民公社、农业生产合作社和其他各种形式的合作社经济，是社会主义劳动群众集体所有制经济。参加农村集体经济组织的劳动者有权在法律规定的范围内经营自留地、自留山、家庭副业和饲养自留畜。

城镇中的手工业、工业、建筑业、运输业、商业、服务业等行业的各种形式的合作社经济，也是社会主义劳动群众集体所有制经济。

国家保护城乡集体经济组织的合法的权利和利益，鼓励、指导和帮助集体经济的发展。

第十条 城市的土地属于国家所有。

农村、镇和城市郊区的土地，除由法律规定属于国家所有的以外，属于集体所有；宅基地和自留地、自留山，也属于集体所有。

国家为了公共利益的需要，可以依照法律的规定对土地实行征用。

任何组织或者个人不得侵占或者买卖、租赁土地。

第十一条 在法律规定范围内的城乡劳动者个体经济，是社会主义公有制经济的补充。国家保护个体经济的合法的权利和利益。

国家通过行政管理，并通过国营经济和集体经济对个体经济的经济联系，指导、帮助和监督个体经济。

第十二条 中华人民共和国允许外国的企业和其他经济组织或者个人依照中华人民共和国法律的规定在中国投资，同中国的企业或者其他经济组织进行各种形式的经济合作。

在中国境内的外国企业和其他外国经济组织以及中外合资经营企业，都必须遵守中华人民共和国的法律。它们的合法的权利和利益受中华人民共和国法律的保护。

第十三条 社会主义的公共财产神圣不可侵犯。

国家保护社会主义的公共财产，保障土地、林木、水和其他自然资源的合理利用，保护珍贵的动物和植物。

禁止任何组织或者个人利用任何手段侵占或者破坏国家的和集体的财产，侵占或者破坏矿藏、水流、森林、草原和其他海陆自然资源。

第十四条 国家保护公民的合法的收入、储蓄、房屋和其他合法财产的所有权。

第十五条 国家依照法律的规定保护公民的私有财产的继承权。

第十六条 国家通过提高劳动者的思想觉悟和文化、科学、技术水平，完善经济管理体制和企业经营管理制度，实行各种形式的社会主义责任制，厉行节约，反对浪费，以不断提高劳动生产率和经济效益，发展社会生产力。

国家合理安排积累和消费，兼顾国家、集体和个人的利益，在发展生产的基础上，逐步改善人民的物质生活和文化生活，增强国防力量。

第十七条　国家在社会主义公有制基础上实行计划经济。国家通过经济计划的综合平衡和市场调节的辅助作用，保证国民经济按比例地协调发展。

禁止任何组织或者个人利用任何手段扰乱社会经济秩序，破坏国家的经济计划。

第十八条　国营企业在服从国家的统一领导和全面完成国家计划的前提下，在法律规定的范围内，有经营管理的自主权。

国营企业职工依照法律规定，通过职工代表大会和其他形式，参加企业管理。

第十九条　集体经济组织在接受国家计划的指导，遵守有关法律的前提下，有独立进行经济活动的自主权。

集体经济组织依照法律规定实行民主管理，由它的全体劳动者选举和罢免管理人员，决定经营管理的重大问题。

第二十条　国家有计划地发展社会主义的教育事业、科学事业、卫生体育事业、文艺事业、出版发行事业、新闻广播电视事业、图书馆博物馆文化馆事业和其他文化事业。

国家举办并鼓励社会力量举办各种学校，扫除文盲，普及初级教育，发展中等教育、职业教育和高等教育。

国家发展各种文化教育设施，对工人、农民和其他劳动者进行政治、文化、科学、技术、业务教育。

国家推行全国通用的普通话，以利于文化教育事业的发展。

第二十一条　国家有计划地培养为社会主义服务的知识分子，扩大知识分子的队伍，充分发挥知识分子在社会主义现代化建设中的作用。

第二十二条　国家提倡爱祖国、爱人民、爱劳动、爱科学、爱社会主义的公德，在人民中进行爱国主义、集体主义和国际主义、共产主义的思想道德教育，反对资本主义思想、封建残余思想和其他腐朽思想的影响。

第二十三条　国家提倡和推行计划生育，使人口同经济和社会发展的各项计划相适应。

第二十四条　国家保护生活环境和生态平衡，组织和鼓励植树造林，防治污染和其他公害。

第二十五条 国家保护名胜古迹、珍贵文物和其他重要历史文化遗产。

第二十六条 一切国家机关必须严格实行工作责任制，不断改进工作，提高工作效率，反对官僚主义。

一切国家机关和国家工作人员必须依靠人民的支持，经常保持同人民的密切联系，倾听人民的意见和建议，接受人民的监督，努力为人民服务。

第二十七条 国家维护社会秩序，镇压叛国的和反革命的活动，制裁危害社会治安、破坏社会主义经济和其他犯罪的活动，惩办和改造刑事犯罪分子。

第二十八条 中华人民共和国的武装力量属于人民。它的任务是巩固国防，抵抗侵略，保卫祖国，保卫人民的和平劳动，参加国家建设事业，随时随地为人民的利益服务。

国家加强武装力量的革命化、现代化、正规化的建设。

第二十九条 中华人民共和国的行政区域划分如下：

（一）全国分为省、自治区、直辖市；

（二）省、自治区分为自治州、县、自治县、市；

（三）县、自治县分为乡、民族乡、镇。

直辖市和较大的市分为区、县。自治州分为县、自治县、市。

自治区、自治州、自治县都是民族自治地方。

第三十条 国家在必要时得设立特别行政区。在特别行政区内实行的制度按照具体情况由法律规定。

第三十一条 中华人民共和国对于因为争取人类进步、维护和平事业、进行科学工作而受到迫害的外国人，给以居留的权利。

第二章 公民的基本权利和义务

第三十二条 中华人民共和国公民在法律面前一律平等。

公民的权利和义务不可分离。任何公民享有宪法和法律规定的权利，同时有遵守宪法和法律的义务。

第三十三条 中华人民共和国年满十八周岁的公民，不分民族、种族、性别、职业、家庭成分、宗教信仰、教育程度、财产状况、居住期限，都有选举权和被选举权。但是依照法律被剥夺政治权利的人除外。

第三十四条　中华人民共和国公民有言论、出版、集会、结社、游行、示威的自由。

第三十五条　中华人民共和国公民有宗教信仰的自由。

任何国家机关、社会团体和个人不得强制公民信仰宗教或者不信仰宗教，不得歧视信仰宗教的公民和不信仰宗教的公民。

国家保护正常的宗教活动。任何人不得利用宗教进行反革命活动，或者进行破坏社会秩序、损害公民身体健康、妨碍国家教育制度的活动。

宗教不受外国的支配。

第三十六条　中华人民共和国公民的人身自由不受侵犯。

任何公民，非经人民检察院批准或者人民法院决定，并由公安机关执行，不受逮捕。

禁止非法拘禁或者以其他方法非法剥夺或者限制公民的人身自由，禁止非法搜查公民的身体。

第三十七条　中华人民共和国公民的人格尊严不受侵犯。禁止用任何方法对公民进行侮辱和诽谤。

第三十八条　中华人民共和国公民的住宅不受侵犯。禁止非法搜查或者非法侵入公民的住宅。

第三十九条　中华人民共和国公民的通信自由和秘密受法律的保护。除因国家安全或者追查刑事犯罪的需要，由公安机关或者检察机关依照法律规定的程序对通信进行检查外，任何组织或者个人不得以任何理由妨碍公民的通信自由和秘密。

第四十条　中华人民共和国公民对于任何国家机关和国家工作人员，有提出批评和建议的权利；对于任何国家机关和国家工作人员的违法失职行为，有向有关国家机关提出申诉、控告或者检举的权利。但是任何人不得捏造或者歪曲事实蓄意进行诬告陷害。

对于公民的申诉、控告或者检举，有关国家机关必须查清事实，负责处理。任何人不得压制和打击报复。

由于国家机关和国家工作人员侵犯公民权利而受到损失的人，有依照法律规定取得赔偿的权利。

第四十一条　中华人民共和国公民有劳动的权利和义务。

国家通过各种途径，创造劳动就业条件，并在发展生产的基础上，逐步改善劳动条件，加强劳动保护，提高劳动报酬。

劳动是一切有劳动能力的公民的光荣职责。国营企业和城乡集体经济组织的劳动者，要以国家主人翁的态度对待自己的劳动。国家提倡社会主义劳动竞赛，奖励劳动模范和先进工作者，保护和奖励发明。国家提倡公民从事义务劳动。

国家对就业前的公民进行必要的劳动就业训练。

第四十二条　中华人民共和国劳动者有休息的权利。

国家发展劳动者休息和休养的设施，规定职工的工作时间和休假制度。

第四十三条　中华人民共和国公民在年老、疾病或者丧失劳动能力的情况下，有从国家和社会获得物质帮助的权利。国家发展为公民享受这些权利所需要的社会保险、社会救济和医疗卫生事业。

国家实行职工的退休制度。

国家保障残废军人的生活，抚恤烈士家属，优待军人家属。

国家帮助安排盲、聋、哑等残废人的生活，对他们进行专门的教育。

第四十四条　中华人民共和国公民有受教育的权利和义务。

国家培养青年、少年、儿童在德育、智育、体育等方面全面发展。

第四十五条　中华人民共和国公民有进行科学研究、文学艺术创作和其他文化活动的自由。国家对于从事教育、科学、技术、文学、艺术和其他文化事业的公民的有利于人民利益和人类进步事业的创造性工作，给以鼓励和帮助。

第四十六条　中华人民共和国妇女在政治的、经济的、文化的、社会的和家庭的生活等各方面享有同男子平等的权利。男女同工同酬。

婚姻、家庭、母亲和儿童受国家的保护。子女有赡养父母的义务。禁止破坏婚姻自由，禁止虐待老人、妇女和儿童。

第四十七条　中华人民共和国保护华侨的正当的权利和利益，保护归侨和侨眷的合法的权利和利益。

第四十八条　中华人民共和国公民在行使自由和权利的时候，不得损害国家的、社会的、集体的利益和其他公民的合法的自由和权利。

第四十九条 中华人民共和国公民有维护国家统一和全国各民族团结的义务。

第五十条 中华人民共和国公民必须保守国家秘密，爱护公共财产，遵守劳动纪律，遵守公共秩序，尊重社会公德和优良风俗习惯。

第五十一条 中华人民共和国公民有维护祖国的安全、荣誉和利益的义务，不得有危害祖国的安全、荣誉和利益的行为。

第五十二条 保卫祖国、抵抗侵略是中华人民共和国每一个公民的神圣职责。

依照法律服兵役和参加民兵组织是中华人民共和国公民的光荣义务。

第五十三条 中华人民共和国公民有依照法律纳税的义务。

第三章 国家机构

第一节 全国人民代表大会

第五十四条 中华人民共和国全国人民代表大会是最高国家权力机关。它的常设机关是全国人民代表大会常务委员会。

第五十五条 全国人民代表大会和全国人民代表大会常务委员会行使国家立法权，制定法律和法令。

全国人民代表大会和全国人民代表大会常务委员会通过的除了法律以外的决定、决议统称法令，法令具有同法律同等的约束力。

第五十六条 全国人民代表大会由省、自治区、直辖市和军队选出的代表组成。各少数民族都应当有适当名额的代表。

全国人民代表大会代表的选举由全国人民代表大会常务委员会主持。

全国人民代表大会代表名额和代表产生办法由选举法规定。

第五十七条 全国人民代表大会每届任期五年。

全国人民代表大会任期届满的两个月以前，全国人民代表大会常务委员会必须完成下届全国人民代表大会代表的选举。如果遇到不能进行选举的非常情况，由全国人民代表大会常务委员会以全体委员的三分之二以上的多数通过，全国人民代表大会延长任期到下届全国人民代表大会举行第一次会议为止。

第五十八条 全国人民代表大会会议每年举行一次，由全国人民代表大会常务委员会召集。如果全国人民代表大会常务委员会认为必要，或者有五分之一以上的代表提议，可以临时召集全国人民代表大会会议。

第五十九条　全国人民代表大会举行会议的时候，选举主席团主持会议。

第六十条　全国人民代表大会行使下列职权：

（一）修改宪法；

（二）制定和修改刑事、民事、国家机构的和其他的基本法律；

（三）选举中华人民共和国主席、副主席；

（四）根据中华人民共和国主席的提名，决定国务院总理的人选；根据国务院总理的提名，决定国务院副总理、国务委员、各部部长、各委员会主任、审计长、国务院秘书长的人选；

（五）选举中央军事委员会主席；根据中央军事委员会主席的提名，决定中央军事委员会其他组成人员的人选；

（六）选举最高人民法院院长；

（七）选举最高人民检察院检察长；

（八）审查和批准国民经济和社会发展计划和计划执行情况的报告；

（九）审查和批准国家的预算和预算执行情况的报告；

（十）批准省、自治区和直辖市的建置；

（十一）决定特别行政区的设立及其制度；

（十二）决定战争和和平的问题；

（十三）应当由最高国家权力机关行使的其他职权。

第六十一条　全国人民代表大会有权罢免下列人员：

（一）中华人民共和国主席、副主席；

（二）国务院总理、副总理、国务委员、各部部长、各委员会主任、审计长、国务院秘书长；

（三）中央军事委员会主席和中央军事委员会其他组成人员；

（四）最高人民法院院长；

（五）最高人民检察院检察长。

第六十二条　宪法的修改，由全国人民代表大会常务委员会或者五分之一以上的全国人民代表大会代表提议，并由全国人民代表大会以全体代表的三分之二以上的多数通过。

法律、法令和其他议案由全国人民代表大会以全体代表的过半数通过。

第六十三条 全国人民代表大会常务委员会由下列人员组成：

委员长，

副委员长若干人，

秘书长，

委员若干人。

全国人民代表大会常务委员会组成人员中，应当有适当名额的少数民族代表。

全国人民代表大会选举并且有权罢免全国人民代表大会常务委员会的组成人员。

全国人民代表大会常务委员会的组成人员不得担任国家行政机关、审判机关和检察机关的职务。

第六十四条 全国人民代表大会常务委员会每届任期同全国人民代表大会每届任期相同，它行使职权到下届全国人民代表大会选出新的常务委员会为止。

委员长、副委员长连选得连任，但是连续任职不得超过两届。

第六十五条 全国人民代表大会常务委员会行使下列职权：

（一）解释宪法，监督宪法的实施；

（二）制定和修改除应由全国人民代表大会制定的法律以外的其他法律；

（三）在全国人民代表大会闭会期间，对全国人民代表大会制定的基本法律，进行部分的修改和补充；

（四）解释法律和法令；

（五）在全国人民代表大会闭会期间，审查和批准国民经济和社会发展计划、国家预算在执行过程中所必须作的部分调整方案；

（六）监督国务院、中央军事委员会、最高人民法院和最高人民检察院的工作；

（七）撤销国务院制定的同宪法、法律和法令相抵触的行政法规、决议和命令；

（八）撤销省、自治区、直辖市国家权力机关制定的同宪法、法律、法令、行政法规相抵触的地方性法规和决议；

（九）在全国人民代表大会闭会期间，根据国务院总理的提名，决定各部部长、各委员会主任、审计长、国务院秘书长的任免；

（十）在全国人民代表大会闭会期间，根据中央军事委员会主席的提名，决定中央军事委员会主席以外的其他组成人员的任免；

（十一）根据最高人民法院院长的提请，任免最高人民法院副院长、审判员和审判委员会委员；

（十二）根据最高人民检察院检察长的提请，任免最高人民检察院副检察长、检察员和检察委员会委员，并批准省、自治区、直辖市的人民检察院检察长的任免；

（十三）根据审计长的提请，任免副审计长和审计员，并批准省、自治区、直辖市的审计长的任免；

（十四）决定驻外全权代表的任免；

（十五）决定同外国缔结的条约和重要协定的批准和废除；

（十六）规定军人和外交人员的衔级制度和其他专门衔级制度；

（十七）规定和决定授予国家的勋章和荣誉称号；

（十八）决定特赦；

（十九）在全国人民代表大会闭会期间，如果遇到国家遭受武装侵略或者必须履行国际间共同防止侵略的条约的情况，决定战争状态的宣布；

（二十）决定全国总动员或者局部动员；

（二十一）决定全国或者个别省、自治区、直辖市的戒严；

（二十二）全国人民代表大会授予的其他职权。

第六十六条　全国人民代表大会常务委员会委员长主持全国人民代表大会常务委员会的工作，召集全国人民代表大会常务委员会会议。副委员长、秘书长协助委员长工作。

委员长、副委员长、秘书长组成委员长会议，处理全国人民代表大会常务委员会的重要日常工作。

第六十七条　全国人民代表大会常务委员会举行会议的时候，各省、自治区、直辖市人民代表大会常务委员会主任或者副主任一人参加。

第六十八条　全国人民代表大会常务委员会对全国人民代表大会负责并报告工作。

第六十九条　全国人民代表大会设立民族委员会、法律委员会、财政经济委员会、教育科学委员会、外事委员会和其他需要设立的专门委员会。在全国人民代表大会闭会期间，各专门委员会受全国人民代表大会常务委员会的领导。

各专门委员会在全国人民代表大会和全国人民代表大会常务委员会领导下审议和拟订有关议案。

第七十条　全国人民代表大会和全国人民代表大会常务委员会认为必要的时候，可以组织关于特定问题的调查委员会，并且根据调查委员会的报告，作出相应的决议。

调查委员会进行调查的时候，一切有关的国家机关、社会团体和公民都有义务向它提供必要的材料。

第七十一条　全国人民代表大会代表和全国人民代表大会常务委员会委员，有权依照法律规定的程序提出属于全国人民代表大会和全国人民代表大会常务委员会职权范围内的立法性议案。

第七十二条　全国人民代表大会代表在全国人民代表大会开会期间，全国人民代表大会常务委员会委员在常务委员会开会期间，有权依照法律规定的程序，向国务院、最高人民法院、最高人民检察院和国务院各部、各委员会提出质询案。受质询的机关必须负责答复。

第七十三条　全国人民代表大会代表，非经全国人民代表大会会议主席团许可，在全国人民代表大会闭会期间非经全国人民代表大会常务委员会许可，不受逮捕或者刑事审判。

第七十四条　全国人民代表大会代表在全国人民代表大会各种会议上的发言和表决，不受法律追究。

第七十五条　全国人民代表大会代表同原选举单位和人民保持密切联系，听取和反映人民的意见和要求，并且在自己参加的生产、工作和社会活动中，协助宪法和法律的实施。

第七十六条　全国人民代表大会代表受原选举单位的监督。原选举单位有权依照法律规定的程序随时撤换本单位选出的代表。

第七十七条　全国人民代表大会和全国人民代表大会常务委员会的组织和工作程序由法律规定。

第二节　中华人民共和国主席

第七十八条　中华人民共和国主席对内对外代表国家。

中华人民共和国副主席协助主席工作。

第七十九条　有选举权和被选举权的年满四十五周岁的中华人民共和国公民可以被选为中华人民共和国主席、副主席。

中华人民共和国主席、副主席每届任期五年，连选得连任，但是连续任职不得超过两届。

第八十条　中华人民共和国主席根据全国人民代表大会的决定和全国人民代表大会常务委员会的决定，公布法律，任免国务院总理、副总理、国务委员、各部部长、各委员会主任、审计长、国务院秘书长，授予国家的勋章和荣誉称号，发布特赦令，发布戒严令，宣布战争状态，发布动员令。

第八十一条　中华人民共和国主席接受外国使节；根据全国人民代表大会常务委员会的决定，派遣和召回驻外全权代表，批准和废除同外国缔结的条约和重要协定。

第八十二条　中华人民共和国副主席受主席的委托，可以代行主席的部分职权。

第八十三条　中华人民共和国主席、副主席行使职权到下届全国人民代表大会选出的主席、副主席就职为止。

第八十四条　中华人民共和国主席缺位的时候，由副主席继任主席的职位。

中华人民共和国副主席缺位的时候，由全国人民代表大会补选。

中华人民共和国主席、副主席都缺位的时候，由全国人民代表大会补选；在补选以前，由全国人民代表大会常务委员会委员长暂时代理主席的职位。

第三节　国务院

第八十五条　中华人民共和国国务院，即中央人民政府，是最高国家权力机关的执行机关，是最高国家行政机关。

第八十六条　国务院由下列人员组成：

总理，

副总理二至四人，

国务委员若干人，

各部部长，

各委员会主任，

审计长，

秘书长。

国务院实行总理负责制。各部、各委员会实行部长、主任负责制。

国务院的组织由法律规定。

第八十七条 国务院每届任期同全国人民代表大会每届任期相同。

总理、副总理、国务委员连续任职不得超过两届。

第八十八条 总理领导国务院的工作。副总理、国务委员协助总理工作。

总理、副总理、国务委员、秘书长组成国务院常务会议。

总理召集和主持国务院常务会议和国务院全体会议。

第八十九条 国务院行使下列职权：

（一）根据宪法、法律和法令，规定行政措施，制定和批准行政法规，发布决议和命令；

（二）规定各部和各委员会的任务和职责，统一领导各部和各委员会的工作，并且领导不属于各部和各委员会的全国性的行政工作；

（三）统一领导全国地方各级国家行政机关的工作，规定中央和省、自治区、直辖市的国家行政机关的职权的具体划分；

（四）编制和执行国民经济和社会发展计划和国家预算；

（五）领导和管理经济工作和城乡建设；

（六）领导和管理教育、科学、文化、卫生、体育和计划生育工作；

（七）领导和管理民族事务，保障少数民族的平等权利和民族自治地方的自治权利；

（八）保护华侨的正当的权利和利益；

（九）领导和管理民政、公安、司法行政和监察工作；

（十）管理对外事务，同外国缔结条约和协定；

（十一）领导武装力量的建设；

（十二）改变或者撤销各部部长、各委员会主任发布的不适当的行政法规、命令和指示；

（十三）改变或者撤销地方各级国家行政机关的不适当的决议和命令；

（十四）批准省、自治区、直辖市的区域划分，批准自治州、县、自治县、市的建置和区域划分；

（十五）决定省、自治区、直辖市范围内部分地区的戒严；

（十六）审定行政机构的编制，依照法律的规定，任免、培训、考核和奖惩行政人员；

（十七）全国人民代表大会和全国人民代表大会常务委员会授予的其他职权。

第九十条　国务院向全国人民代表大会或者全国人民代表大会常务委员会就下列事项提出议案：

（一）国民经济和社会发展计划和计划执行情况；

（二）国家的预算和预算执行的情况；

（三）必须由全国人民代表大会常务委员会批准和废除的同外国缔结的条约和重要协定；

（四）必须由全国人民代表大会或者全国人民代表大会常务委员会决定的任免；

（五）其他必须由全国人民代表大会或者全国人民代表大会常务委员会以法律或者法令规定的事项。

第九十一条　国务院各部部长、各委员会主任负责本部门的工作；召集和主持部务会议或者委务会议；根据法律、法令和国务院的行政法规、决议、命令，在本部门的权限内，发布命令、指示和部门性质的行政法规。

第九十二条　国务院设立审计机关，对各级政府和它们所属的财政金融机构、企业事业组织的财政、财务收支活动进行审计监督。

审计机关依照法律规定独立行使审计监督权，不受其他行政机关、团体和个人的干涉。

第九十三条　国务院对全国人民代表大会负责并报告工作；在全国人民代表大会闭会期间，对全国人民代表大会常务委员会负责并报告工作。

第四节　中央军事委员会

第九十四条　中华人民共和国设立中央军事委员会，领导全国武装力量。

第九十五条 中央军事委员会实行主席负责制。

第九十六条 中央军事委员会主席每届任期五年，连选得连任，但是连续任职不得超过两届。

第九十七条 中央军事委员会主席对全国人民代表大会负责；在全国人民代表大会闭会期间，对全国人民代表大会常务委员会负责。

第五节　地方各级人民代表大会和地方各级人民政府

第九十八条 省、直辖市、县、市、市辖区、乡、民族乡、镇设立人民代表大会和人民政府。

地方各级人民代表大会和地方各级人民政府的组织由法律规定。

自治区、自治州、自治县设立自治机关。自治机关的组织和工作由宪法第三章第六节规定。

第九十九条 地方各级人民代表大会是地方国家权力机关。

县级以上的地方各级人民代表大会设立常务委员会。

第一百条 省、直辖市、设区的市的人民代表大会代表由下一级的人民代表大会选举；县、不设区的市、市辖区、乡、民族乡、镇的人民代表大会代表由选民直接选举。

地方各级人民代表大会代表名额和代表产生办法由选举法规定。

第一百零一条 省、直辖市、设区的市的人民代表大会每届任期五年。县、不设区的市、市辖区、乡、民族乡、镇的人民代表大会每届任期三年。

第一百零二条 地方各级人民代表大会在本行政区域内，保证宪法、法律、法令、行政法规的遵守和执行；依照法律规定的权限，通过和发布决议，审查和决定地方的经济建设、文化建设和公共事业建设的计划。

县级以上的地方各级人民代表大会审查和批准本行政区域内的国民经济和社会发展计划、预算以及它们的执行情况。

民族乡的人民代表大会可以依照法律规定的权限采取适合民族特点的具体措施。

第一百零三条 省、直辖市的人民代表大会和它们的常务委员会，在不同宪法、法律、法令、行政法规相抵触的前提下，可以制定和颁布地方性法规，报全国人民代表大会常务委员会备案。

第一百零四条 地方各级人民代表大会分别选举并且有权罢免本级人民政府的省长和副省长、市长和副市长、县长和副县长、区长和副区长、乡长和副乡长、镇长和副镇长。

县级以上的地方各级人民代表大会选举并且有权罢免本级人民法院院长和本级人民检察院检察长。选出或者罢免人民检察院检察长，须报上级人民检察院检察长提请该级人民代表大会常务委员会批准。

第一百零五条 省、直辖市、设区的市的人民代表大会代表受原选举单位的监督；县、不设区的市、市辖区、乡、民族乡、镇的人民代表大会代表受选民的监督。

地方各级人民代表大会代表的选举单位和选民有权依照法律规定的程序随时撤换自己选出的代表。

第一百零六条 县级以上的地方各级人民代表大会常务委员会由主任、副主任和委员组成，对本级人民代表大会负责并报告工作。

县级以上的地方各级人民代表大会选举并且有权罢免本级人民代表大会常务委员会的组成人员。

第一百零七条 县级以上的地方各级人民代表大会常务委员会主持本级人民代表大会代表的选举；讨论、决定本行政区域内各方面工作的重大事项；监督本级人民政府、人民法院和人民检察院的工作；撤销本级人民政府和下一级人民政府的不适当的决议和命令；撤销下一级人民代表大会的不适当的决议；依照法律规定的权限决定国家机关工作人员的任免；在本级人民代表大会闭会期间，补选上一级人民代表大会出缺的代表和撤换上一级人民代表大会的个别代表。

设区的市、县的人民代表大会常务委员会主持市辖区、乡、民族乡、镇的人民代表大会代表的选举。

第一百零八条 地方各级人民政府，是地方各级国家权力机关的执行机关，是地方各级国家行政机关。

地方各级人民政府每届任期同本级人民代表大会每届任期相同。

第一百零九条 地方各级人民政府依照法律规定的权限，管理本行政区域的经济、教育、科学、文化、卫生、体育事业、城乡建设事业和财政、公安、民政、计划生育等行政工作，发布决议和命令，任免、培训、考核和奖惩行政工作人员。

第一百一十条　县级以上的地方各级人民政府领导所属各工作部门和下级人民政府的工作，有权改变或者撤销所属各工作部门的不适当的命令、指示和下级人民政府的不适当的决议、命令。

第一百一十一条　县级以上的地方各级人民政府设立审计机关。地方各级审计机关依照法律规定独立行使审计监督权，向本级人民政府和上一级审计机关负责。

第一百一十二条　地方各级人民政府对本级人民代表大会负责并报告工作。县级以上的地方各级人民政府在本级人民代表大会闭会期间，对本级人民代表大会常务委员会负责并报告工作。

地方各级人民政府对上一级国家行政机关负责并报告工作。全国地方各级人民政府都是国务院统一领导下的国家行政机关，都服从国务院。

第一百一十三条　城市和农村按居民居住地区设居民委员会或者村民委员会，作为基层群众性自治组织。居民委员会、村民委员会的主任、副主任和委员由居民直接选举和罢免。这些群众性自治组织同基层政权的相互关系由法律规定。

居民委员会、村民委员会设人民调解、治安保卫、公共卫生等委员会，办理本居住地区的公共事务和公益事业，调解民间纠纷，协助维护社会治安，并且向人民政府反映群众的意见和要求，提出建议和进行监督。

第六节　民族自治地方的自治机关

第一百一十四条　民族自治地方的自治机关是自治区、自治州、自治县的人民代表大会和人民政府。

民族自治地方的自治机关的组织，应当根据宪法第三章第五节规定的关于地方国家机关的组织的基本原则。

第一百一十五条　自治区、自治州、自治县的人民代表大会中，除实行区域自治的民族的代表外，其他居住在本行政区域内的民族也应当有适当名额的代表，各民族代表的具体名额由民族自治地方的自治条例规定。

第一百一十六条　自治区主席、自治州州长、自治县县长由实行区域自治的民族人员担任。

第一百一十七条　自治区、自治州、自治县的自治机关依照宪法、民族区域自治法和其他法律规定的权限行使自治权，同时行使宪法第三章第五节规定的地方国家机关的职权。

第一百一十八条　民族自治地方的人民代表大会有权依照当地民族的政治、经济和文化的特点，制定自治条例和单行条例。自治区的自治条例和单行条例，报全国人民代表大会常务委员会批准后生效。自治州、自治县的自治条例和单行条例，报省或者自治区的人民代表大会常务委员会批准后生效，并报全国人民代表大会常务委员会备案。

第一百一十九条　民族自治地方的自治机关有管理地方财政的自治权。凡是依照国家财政体制的规定属于民族自治地方的财政收入，都应当由民族自治地方的自治机关自主地安排使用。

第一百二十条　民族自治地方的自治机关在国家计划的指导下，自主地管理地方性的经济建设事业。

国家在民族自治地方开发资源、建设企业的时候，应当照顾民族自治地方的利益。

第一百二十一条　民族自治地方的自治机关自主地管理本地方的教育、科学、文化、卫生、体育事业，保护和整理民族的文化遗产，发展和繁荣优良的民族文化。

第一百二十二条　民族自治地方的自治机关依照国家的军事制度和当地的实际需要，经国务院批准，可以组织本地方维护社会治安的公安部队。

第一百二十三条　民族自治地方的自治机关在执行职务的时候，依照本民族自治地方自治条例的规定，使用当地民族通用的一种或者几种语言文字。

第一百二十四条　国家保障各民族自治地方的自治机关根据本地方实际情况贯彻执行国家的法律和政策的自治权，并且从财政、物资、技术等方面帮助各少数民族加速发展经济建设和文化建设事业。

国家帮助民族自治地方从当地各民族中大量培养各级干部、各种专业人才和技术工人。

第七节　人民法院和人民检察院

第一百二十五条　中华人民共和国人民法院是国家审判机关。

第一百二十六条　中华人民共和国设立最高人民法院、地方各级人民法院和专门人民法院。

最高人民法院院长每届任期五年，连选得连任，但是连续任职不得超过两届。

人民法院的组织由法律规定。

第一百二十七条　人民法院审理案件，除法律规定的特别情况外，一律公开进行。被告人有权获得辩护。

第一百二十八条　人民法院依照法律规定独立行使审判权，不受行政机关、团体和个人的干涉。

第一百二十九条　最高人民法院是最高审判机关。

最高人民法院监督地方各级人民法院和专门人民法院的审判工作，上级人民法院监督下级人民法院的审判工作。

第一百三十条　最高人民法院对全国人民代表大会和全国人民代表大会常务委员会负责。地方各级人民法院对产生它的国家权力机关负责。

第一百三十一条　中华人民共和国人民检察院是国家的法律监督机关。

第一百三十二条　中华人民共和国设立最高人民检察院、地方各级人民检察院和专门人民检察院。

最高人民检察院检察长每届任期五年，连选得连任，但是连续任职不得超过两届。

人民检察院的组织由法律规定。

第一百三十三条　人民检察院依照法律规定独立行使检察权，不受行政机关、团体和个人的干涉。

第一百三十四条　最高人民检察院是最高检察机关。

最高人民检察院领导地方各级人民检察院和专门人民检察院的工作，上级人民检察院领导下级人民检察院的工作。

第一百三十五条　最高人民检察院对全国人民代表大会和全国人民代表大会常务委员会负责。地方各级人民检察院对本级国家权力机关和上级人民检察院负责。

第一百三十六条　各民族公民都有用本民族语言文字进行诉讼的权利。人民法院和人民检察院对于不通晓当地通用的语言文字的诉讼参与人，应当为他们翻译。

在少数民族聚居或者多民族共同居住的地区，应当用当地通用的语言进行审讯；起诉书、判决书、布告和其他文件应当使用当地通用的文字。

第一百三十七条　人民法院、人民检察院和公安机关办理刑事案件，应当分工负责，互相配合，互相制约，以保证准确有效地执行法律。

第四章　国旗、国徽、首都

第一百三十八条　中华人民共和国国旗是五星红旗。

第一百三十九条　中华人民共和国国徽，中间是五星照耀下的天安门，周围是谷穗和齿轮。

第一百四十条　中华人民共和国首都是北京。

关于提请公布《中华人民共和国宪法修改草案》交付全国各族人民讨论的建议

第五届全国人民代表大会常务委员会：

现送上宪法修改委员会第三次全体会议一九八二年四月二十一日通过的《中华人民共和国宪法修改草案》，请议决公布，交付全国各族人民讨论。

中华人民共和国宪法修改委员会

一九八二年四月二十一日

全国人民代表大会常务委员会关于公布《中华人民共和国宪法修改草案》的决议

（1982 年 4 月 26 日通过）

（一）第五届全国人民代表大会常务委员会第二十三次会议同意中华人民共和国宪法修改委员会的建议，决定公布《中华人民共和国宪法修改草案》，交付全国各族人民讨论。

（二）全国各级国家机关、军队、政党组织、人民团体以及学校、企业事业组织和街道、农村社队等基层单位，在一九八二年五月至一九八二年八月期间，安排必要时间，组织讨论《中华人民共和国宪法修改草案》，提出修改意见，并逐级上报。

（三）全国各族人民在讨论《中华人民共和国宪法修改草案》中提出的修改意见，由各省、自治区、直辖市人民代表大会常务委员会以及人民解放军总政治部、中央国家机关各部门、各政党组织、各人民团体分别于一九八二年八月底以前报送宪法修改委员会，由宪法修改委员会根据所提意见对《中华人民共和国宪法修改草案》作进一步修改后，提请第五届全国人民代表大会第五次会议审议。

全国人民代表大会常务委员会关于召开第五届全国人民代表大会第五次会议的决定

（1982 年 8 月 23 日通过）

第五届全国人民代表大会常务委员会第二十四次会议决定：中华人民共和国第五届全国人民代表大会第五次会议于一九八二年十一月在北京召开；拟定会议的主要议程是：审议中华人民共和国宪法修改草案、听取国务院总理赵紫阳关于政府工作的报告等。开会日期另行通知。

全民讨论宪法修改草案工作结束①

为期 4 个月的宪法修改草案的全民讨论已在 8 月 31 日结束。29 个省、市、自治区和中央机关、人民解放军总政治部，都已把讨论情况和修改意见

---

① 原载于《人民日报》1982 年 9 月 6 日。

报送到宪法修改委员会秘书处。海外华侨和港澳同胞也纷纷报来了他们对宪法修改草案的意见。

各地在讨论中普遍认为，这部宪法修改草案既符合我国的现实情况，也考虑了比较长远的发展前景，是全国人民根本利益的反映。这一草案经过全国人民代表大会审议通过后，必将成为我国立法史上一部较为完善的根本大法，指引全国各族人民为把我国建设成为社会主义的现代化强国而奋斗。

各地群众在审议宪法修改草案有关政治制度和经济制度的重要规定时认为，这一草案在全面总结建国三十多年正反两方面经验的基础上，把四项基本原则作为立国之本写进序言里、贯串到全部条文中，并且明确规定今后中国人民的根本任务是集中力量进行社会主义现代化建设，这就给了人们以明确的方向，对于保证我国今后沿着社会主义道路发展有着十分重要的意义。大家指出，宪法修改草案中关于国家领导人职务任期、精简机构、扩大社会主义民主、尊重人民民主权利、加强人民代表大会制度以及国务院实行总理负责制等规定，既符合马克思主义国家学说的基本原理，又适合我国的国情，充分反映了各族人民的共同愿望和根本利益。广大群众还认为，修改草案中关于恢复设置国家主席和设立中央军事委员会领导全国武装力量的规定，标志着我国国家制度的进一步完善。许多群众还说，宪法修改草案规定公民的权利与义务不可分离，这对于防止"文化大革命"中出现的无政府主义或是只要权利、不履行义务等现象的重演，将有积极的作用。

全民讨论期间，宪法修改委员会秘书处收到 2,000 多封对宪法修改草案提出意见和建议的人民来信。

（五）第五届全国人民代表大会第五次会议

关于提请审议
《中华人民共和国宪法修改草案》的议案

第五届全国人民代表大会第五次会议：

《中华人民共和国宪法修改草案》已于一九八二年十一月二十三日由宪法修改委员会第五次会议通过，现在提请第五届全国人民代表大会第五次会议审议。

中华人民共和国宪法修改委员会

一九八二年十一月二十三日

关于中华人民共和国宪法修改草案的报告
——一九八二年十一月二十六日在第五届
全国人民代表大会第五次会议上

中华人民共和国宪法修改委员会副主任委员　彭　真

主席团、各位代表：

我受叶剑英主任委员的委托，代表宪法修改委员会，作关于宪法修改草案的报告。

现行宪法是一九七八年三月第五届全国人民代表大会第一次会议通过的。从那时以来的几年，正是我们国家处在历史性转变的重要时期。一九七八年十二月中国共产党十一届三中全会以后，党和国家领导全国人民全面清理"文化大革命"的错误，深入总结建国以来的历史经验，恢复并根据新情况制订一系列正确的方针和政策，使国家的政治生活、经济生活和文化生活发生了巨大的变化。现行宪法在许多方面已经同现实的情况和国家生活的需要不相适应，有必要对它进行全面的修改。中国共产党去年召开的十一届六中全会通过的《关于建国以来党的若干历史问题的决议》和今年召开的第十二次全国代表大会的文件，得到全国人民的拥护，为宪法修改提供了重要的依据。

这次宪法的修改、讨论工作前后进行了两年之久，是做得相当认真、慎重和周到的。一九八〇年九月十日，第五届全国人民代表大会第三次会议接受中共中央的建议，决定成立宪法修改委员会，主持修改现行宪法。宪法修改委员会和它的秘书处成立以后，经过广泛征集和认真研究各地方、各部门、各方面的意见，于今年二月提出《中华人民共和国宪法修改草案》讨论稿。宪法修改委员会第二次会议，用九天的时间对那个讨论稿进行了讨论和修改。全国人大常委会委员、全国政协常委会部分委员、各民主党派和人民团体领导人，中共中央各部门、国务院各部门、人民解放军各领导机关以及各省、自治区、直辖市的负责人，也都提出了修改意见。四月，宪法修改委员会第三次会议又进行了九天的讨论并通过了宪法修改草案，由全国人大常务委员会公布，交付全国各族人民讨论。

这次全民讨论的规模之大、参加人数之多、影响之广，足以表明全国工人、农民、知识分子和其他各界人士管理国家事务的政治热情的高涨。通过全民讨论，发扬民主，使宪法的修改更好地集中了群众的智慧。这次全民讨论，实际上也是一次全国范围的群众性的法制教育，增强了干部和群众遵守宪法和维护宪法尊严的自觉性。讨论中普遍认为，这个宪法修改草案科学地总结了我国社会主义发展的历史经验，反映了全国各族人民的共同意志和根本利益，是合乎国情，适应社会主义现代化建设的需要的。全民讨论中也提出了大量的各种类型的意见和建议。宪法修改委员会秘书处根据这些意见和建议，对草案又进行了一次修改。许多重要的合理的意见都得到采纳，原来草案的基本内容没有变动，具体规定作了许多补充和修改，总共有近百处，纯属文字的改动还没有计算在内。还有一些意见，虽然是好的，但实施的条件不具备、经验不够成熟，或者宜于写在其他法律和文件中，不需要写进国家的根本大法，因而没有写上。这个草案，经宪法修改委员会第四次会议历时五天逐条讨论，又作了一些修改，于十一月二十三日在宪法修改委员会第五次会议上通过，现在提交全国人民代表大会审议。

这次修改宪法是按照什么指导思想进行的呢？

宪法修改草案的总的指导思想是四项基本原则，这就是坚持社会主义道路，坚持人民民主专政，坚持中国共产党的领导，坚持马克思列宁主义、毛泽东思想。这四项基本原则是全国各族人民团结前进的共同的政治基础，也是社会主义现代化建设顺利进行的根本保证。

宪法修改草案的《序言》回顾了一百多年来中国革命的历史。《序言》指出，二十世纪中国发生了翻天覆地的伟大历史变革，其中有四件最重大的历史事件。除了一九一一年的辛亥革命是孙中山先生领导的以外，其他三件都是以毛泽东主席为领袖的中国共产党领导全国人民进行的。这三件大事是：推翻帝国主义、封建主义和官僚资本主义的统治，建立了中华人民共和国；消灭延续几千年的剥削制度，建立了社会主义制度；基本上形成独立的、比较完整的工业体系，发展了社会主义的经济、政治和文化。辛亥革命有重大的历史意义，但那次革命没有完成中国的民族民主革命任务。以后的三件大事，使中国人民的命运，使中国社会和国家的状况，发生了根本的变化。从这些伟大的历史变革中，中国人民得出的最基本的结论是：没有中国共产党就没有新中国，只有社会主义才能救中国。四项基本原则既反映了不以人们的意志为转移的历史发展规律，又是中国亿万人民在长期斗争中作出的决定性选择。

在中国确立社会主义制度以后，历史进入新的发展时期。新时期的基本特点是，剥削阶级作为阶级整体已经消灭，阶级斗争不再是社会的主要矛盾。国家工作的重点和方针，必须适应这个基本特点作出重大的改变。在新的历史条件下坚持四项基本原则，必须把马克思主义的普遍真理同中国社会主义建设的具体实践结合起来，走出一条具有中国特色的社会主义建设的道路。从五十年代中期开始，我们寻找这条正确道路，既取得了重大的成就，也犯过许多错误。"文化大革命"的发动和延续，是极严重的错误。我们犯错误，当然不是由于坚持了四项基本原则，而是由于没有正确地执行这些原则。至于"文化大革命"中林彪、江青反革命集团的破坏，那完全是打着这些原则的旗号，根本背叛这些原则。粉碎林彪、江青反革命集团和纠正"文化大革命"的错误，都是四项基本原则的胜利。现在，我们完成了指导思想上的拨乱反正，确立了全面开创社会主义现代化建设新局面的正确纲领。这对于我们国家的兴旺发达，具有非常重大和深远的意义。实现这一历史性转变的过程，就是恢复四项基本原则的本来面目，坚持和发展四项基本原则的过程。四项基本原则在新的历史时期得到了极大的充实，具有更加丰富和新鲜的内容。

拨乱反正的一项重大战略方针，就是把国家的工作重点坚决转移到社会主义现代化经济建设上来。一切工作都要围绕这个重点，为这个重点服务。国家的巩固强盛，社会的安定繁荣，人民物质文化生活的改善提高，最终都取决于生产的发展，取决于现代化建设的成功。今后必须坚定不移地贯彻执行这个战略方针，除非敌人大规模入侵；即使那时，也必须进行为战争所需要和实际可能的经济建设。把这个方针记载在宪法中，是十分必要的。在强调以经济建设作为工作重点的同时，还必须充分重视社会主义精神文明的建设，充分重视发展社会主义民主。宪法修改草案的《序言》明确规定，"今后国家的根本任务是集中力量进行社会主义现代化建设"，"逐步实现工业、农业、国防和科学技术的现代化，把我国建设成为高度文明、高度民主的社会主义国家"。全国各族人民一定要齐心协力为实现这个伟大任务而奋斗！

中华人民共和国的第一部宪法，即一九五四年宪法，是一部很好的宪法。但是，那时我国还刚刚开始社会主义改造和社会主义建设。现在我们国家和社会的情况已经有了很大变化，一九五四年宪法当然不能完全适用于现在。这个宪法修改草案继承和发展了一九五四年宪法的基本原则，充分注意总结我国社会主义发展的丰富经验，也注意吸取国际的经验；既考虑到当前的现实，又考虑到发展的前景。因此，我们这次代表大会一定能够制定出一部有中国特色的、适应新的历史时期社会主义现代化建设需要的、长期稳定的新宪法。

现在，我就宪法修改草案的基本内容，联系全民讨论中提出的意见和问题，作一些说明。

一、关于我国的人民民主专政制度

宪法修改草案第一条规定："中华人民共和国是工人阶级领导的、以工农联盟为基础的人民民主专政的社会主义国家。"这是关于我们国家性质的规定，是我国的国体。

我国的人民民主专政实质上就是无产阶级专政。宪法修改草案在《序言》里指明了这一点。无产阶级专政在不同国家可以有不同形式，人民民主专政是中国共产党领导人民所创造的适合我国情况和革命传统的一种形式。在一九四九年《共同纲领》中，在一九五四年宪法中，在一九五六年中国共产党第八次全国代表大会的文件中，我们一直把我国的国家政权称为人民民主专政。现在的宪法修改草案仍然这样规定。工人阶级是我国的领导阶级，它在总人口中是少数，但有广大农民作为巩固的同盟者，并且在长期的革命和建设过程中形成了共产党领导的极其广泛的统一战线。我们国家能够在最广大的人民内部实行民主，专政的对象只是极少数人。人民民主专政的提法，确切地表明我国的这种阶级状况和政权的广泛基础，明白地表示出我们国家政权的民主性质。

对于现在的宪法修改草案规定的人民民主专政，不能理解为只是简单地恢复一九五四年宪法的提法和内容。中华人民共和国成立的初期，人民民主专政是同过渡时期的情况和任务相适应的。那个时候，国家政权的主要任务是继续完成新民主主义革命，进而实行对生产资料私有制的社会主义改造，实现由新民主主义向社会主义的过渡。在社会主义制度确立以后，我国人民民主专政的国家政权的任务，主要是保卫社会主义制度，领导和组织社会主义建设。组成这个政权的阶级结构，已经发生了明显的变化。工人阶级队伍进一步壮大，人数增长了许多倍，在国家政治生活中的比重进一步增大。广大农民经过社会主义改造，已经从个体农民变成集体农民。知识分子的人数也增长了许多倍，从总体上说，他们已经成为工人阶级的一部分。剥削阶级已经不再存在，原来这些阶级的成员绝大多数已经改造成为自食其力的劳动者。

在建设社会主义的事业中，工人、农民、知识分子是三支基本的社会力量。宪法修改草案根据全民讨论中提出的意见，在《序言》中概括地加写了："社会主义的建设事业必须依靠工人、农民和知识分子，团结一切可以团结的力量。"这里，把知识分子同工人、农民并列，是从劳动方式上讲的。那么，为什么草案第一条不提"工人、农民、知识分子联盟"？这是因为，在社会主义制度下，知识分子和工人、农民的差别并不是阶级的差别，就他们对生产资料的占有状况即阶级性质来说，知识分子并不是工人、农民以外的一个阶级。这一条是规定我国的国家性质即国体，是从阶级关系上讲的。"以工农联盟为基础"，这里就包括了广大的知识分子在内。

人民民主专政的国家性质决定，在我国，人民，只有人民，才是国家和社会的主人。宪法修改草案明确规定："中华人民共和国的一切权力属于人民。"这是我国国家制度的核心内容和根本准则。草案并具体规定："人民行使国家权力的机关是全国人民代表大会和地方各级人民代表大会。""人民依照法律规定，通过各种途径和形式，管理国家事务，管理经济和文化事业，管理社会事务。"十亿人民掌握国家权力，是维护人民的根本利益的可靠保证，也是我们的国家能够经得起各种风险的可靠保证。

宪法修改草案关于公民的基本权利和义务的规定，是《总纲》关于人民民主专政的国家制度和社会主义的社会制度的原则规定的延伸。我们的国家制度和社会制度从法律上和事实上保证我国公民享有广泛的、真实的自由和权利。草案恢复了一九五四年宪法关于公民在法律面前一律平等的规定。我国的法律是工人阶级领导全国人民制定的，是广大人民的意志和利益的集中表现。在这样的法律面前，在它的实施上，所有公民都是平等的，任何公民都不允许有超越宪法和法律的特权。恢复这项规定是十分必要的。这是保证社会主义民主和社会主义法制实施的一条基本原则。选举权和被选举权，是人民行使国家权力的重要标志。在剥削阶级消灭以后，有选举权和被选举权的人数在总人口中的比重日益扩大。据一九八一年全国县级直接选举统计，享有这种权利的人占十八周岁以上公民人数的百分之九十九点九七，这充分说明了我国社会主义民主的广泛性。根据历史的经验和"文化大革命"的教训，草案关于公民的各项基本权利的规定，不仅恢复了一九五四年宪法的内容，而且规定得更加切实和明确，还增加了新的内容。例如关于公民的人格尊严不受侵犯的条文，是新增加的；关于公民的人身自由，宗教信仰自由，公民住宅不受侵犯，通信自由和通信秘密受法律保护，以及公民对于任何国家机关和国家工作人员有提出批评和建议的权利，对于任何国家机关和国家工作人员的违法失职行为有提出申诉、控告或检举的权利，等等，都比过去规定得更加具体。为了保证公民权利的实现和逐步扩大，草案还规定了国家相应的基本政策和措施。

世界上从来不存在什么绝对的、不受任何限制的自由和权利。我们是社会主义国家，国家的、社会的利益同公民个人利益在根本上是一致的。只有广大人民的民主权利和根本利益都得到保障和发展，公民个人的自由和权利才有可能得到切实保障和充分实现。因此宪法修改草案规定："中华人民共和国公民在行使自由和权利的时候，不得损害国家的、社会的、集体的利益和其他公民的合法的自由和权利。"

宪法修改草案规定："任何公民享有宪法和法律规定的权利，同时必须履行宪法和法律规定的义务。"根据这个基本原则，草案规定了公民对于国家和社会应尽的各项义务。大家都遵守和履行公民的这些基本义务，才能保障大家都享受宪法规定的公民权利。

人民民主专政，除了在人民内部实行民主的一面，还有全体人民对于人民的敌人实行专政的一面。在剥削制度和剥削阶级消灭以后，专政的对象已经不是完整的反动阶级，人数也大为减少。但是，由于国内的因素和国际的影响，阶级斗争还将在一定范围内长期存在，并且在某种条件下还有可能激化。我国人民对于敌视和破坏我国社会主义制度的国内外敌对势力和敌对分子，还必须进行斗争。因此，国家的专政职能还不能取消。依照宪法和法律，镇压叛国和其他反革命的活动，打击经济领域和其他领域的蓄意破坏和推翻社会主义制度的严重犯罪分子，都属于国家的专政职能。坚持这种专政的职能，是顺利进行社会主义现代化建设的保障，也是保卫和发展社会主义民主所必需的。

二、关于我国的社会主义经济制度

宪法修改草案正确地反映了社会主义经济制度在我国已经确立起来和正在发展壮大的事实，肯定了生产资料的社会主义公有制是我国社会主义经济制度的基础。

我国的社会主义公有制有全民所有制和劳动群众集体所有制这两种形式。宪法修改草案规定："国营经济是社会主义全民所有制经济，是国民经济中的主导力量。"这是保证劳动群众集体所有制经济沿着社会主义方向前进，保证个体经济为社会主义服务，保证整个国民经济的发展符合于劳动人民的整体利益和长远利益的决定性条件。草案规定，在自然资源中，矿藏、水流完全属于国家所有；森林、山岭、草原、荒地、滩涂等除由法律规定属于集体所有的以外，都属于国家所有。国家所有的某些资源，经国家允许，还可以划出一定范围由集体经济组织以至个人使用。

劳动群众集体所有制是我国农村的主要经济形式，它适合于我国现阶段农业生产力的状况。在农村，除了人民公社的形式以外，还存在和发展着农业生产合作社和其他生产、供销、信用、消费等各种形式的合作经济。在城镇，也不能由国营经济包办一切，无论是在商业和服务业中，还是在手工业、工业、建筑业和运输业等行业中，都有相当的部分适合于发展集体所有制的合作经济。宪法修改草案规定："国家保护城乡集体经济组织的合法的权利和利益，鼓励、指导和帮助集体经济的发展。"

关于土地的所有权问题，宪法修改草案从我国的现实状况出发，作出了明确规定。城市的土地属于国家所有。农村和城市郊区的土地，除由法律规定属于国家所有的以外，属于集体所有。宅基地和自留地、自留山，归农户长期使用，但是不属于农户私有。对于集体所有的土地，国家为了公共利益的需要，可以依照法律实行征用。"任何组织或者个人不得侵占、买卖、出租或者以其他形式非法转让土地。"这些原则规定，对于保证国家的社会主义经济建设，特别是保证农业经济发展的社会主义方向，具有重大的意义。这里需要说明一下，草案第十条中原来是把镇的土地和农村、城市郊区一律看待的。全民讨论中有人指出，全国各地情况不同，有些地方镇的建制较大，今后还要发展，实际上是小城市。因此删去了有关镇的规定。镇的土地所有权问题，可以根据实际情况分别处理。

在城市和农村，劳动者个体经济在相当长的时期内还有必要存在并有一定程度的发展。宪法修改草案确认，在法律规定范围内的城乡劳动者个体经济，是社会主义公有制经济的补充；国家保护个体经济的合法的权利和利益，并通过行政管理，对个体经济进行指导、帮助和监督。草案还规定："参加农村集体经济组织的劳动者，有权在法律规定的范围内经营自留地、自留山、家庭副业和饲养自留畜。"

总起来说，国营、集体和个体这三种经济，各在一定范围内有其优越性，虽然它们的地位和作用不同，但都是不可缺少的。个体经济在整个国民经济中所占比重不大，它的存在并不妨碍社会主义公有制是我国经济制度的基础和它的顺利发展。我们要在坚持国营经济占主导地位的前提下，发展多种形式的经济，以利于整个国民经济的繁荣。

社会主义公有制的确立，为消除社会生产的无政府状态，实行计划经济，提供了客观的可能性。计划经济是社会主义经济的基本制度，也是社会主义制度优越于资本主义制度的重要标志。我国的国民经济必须有计划地发展，而计划管理体制又必须适合于我国存在着多种经济形式的具体情况和经济发展的现实水平。宪法修改草案在明确肯定"国家在社会主义公有制基础上实行计划经济"的同时，规定"国家通过经济计划的综合平衡和市场调节的辅助作用，保证国民经济按比例地协调发展"。这就是说，国家应当把基本的生产和流通纳入统一的计划，包括指令性计划和指导性计划；至于在统一计划以外的其他产品，则允许生产这些产品的企业根据市场供求的变化灵活地自行安排生产。为了保证社会经济的正常运行和国家计划的权威性，草案规定："禁止任何组织或者个人扰乱社会经济秩序，破坏国家经济计划。"

鉴于过去国家在计划管理上存在着统得过多、过死的毛病，除了需要根据不同情况采取多种计划形式以外，还需要把国家计划的统一领导和生产单位的自主性结合起来，给企业以不同范围的自主权。宪法修改草案规定："国营企业在服从国家的统一领导和全面完成国家计划的前提下，在法律规定的范围内，有经营管理的自主权。""集体经济组织在接受国家计划指导和遵守有关法律的前提下，有独立进行经济活动的自主权。"此外，草案还规定要"实行各种形式的社会主义责任制"。所有这些，对于调动生产单位和劳动者的积极性、主动性，搞活经济，群策群力推进社会主义现代化建设，具有重大的意义。

社会主义公有制的确立，消灭了人剥削人的制度，各尽所能、按劳分配成为社会主义经济的一项基本制度。宪法修改草案再一次把它肯定下来。按劳分配是同各尽所能相联系的。实行按劳分配，应当从思想上要求劳动者并且从物质利益上鼓励劳动者尽其所能地为社会劳动。在社会主义社会中，固然还没有条件使所有人的才能都得到全面的发展，但是同剥削制度的社会相比，劳动的性质已经发生了根本的变化。草案规定："国营企业和城乡集体经济组织的劳动者都应当以国家主人翁的态度对待自己的劳动。"从社会方面来说，劳动是有计划有组织的，既要使劳动者按照他们劳动的数量和质量取得应得的报酬，又要为劳动者发展他们的才能尽可能地创造条件。

我国经济比较落后，要尽快改变这种状况，把我国建设成为现代化的社会主义国家，必须发挥社会主义制度的优越性，充分动员广大人民，自力更生，艰苦奋斗。同时，我国地域辽阔，各地区、各部门、各企业经济技术文化发展很不平衡。我们的社会主义经济既要有原则性、又要有灵活性，既要是统一的、又要是多样的。这样做有利于在中央的集中统一领导下，充分发挥地方、部门、企业和劳动者的积极性，因地制宜，因时制宜，因事制宜，因人制宜，做到人尽其才，地尽其利，物尽其用，货畅其流。宪法修改草案是本着这样的精神来规定有关经济方面的条文的。当前我国正在进行经济体制的改革，并取得了很大的成绩，今后还要全面、深入地进行下去。草案有关规定为这种改革确定了原则。按照这个方向前进，我们一定能够建设和发展有中国特色的社会主义经济，使我国逐步地富强起来。

三、关于社会主义精神文明

在建设高度物质文明的同时，努力建设高度的社会主义精神文明，是我国人民建设社会主义的一项根本任务。充实了有关社会主义精神文明建设的条款，是这次修改宪法的重要进展之一。

关于社会主义精神文明建设中的文化建设这个方面，这次宪法修改草案的《总纲》，根据全民讨论中提出的意见，将教育、科学、卫生体育、文化各自单列一条。这比原来草案中合为一条，加重了份量，也充实了内容。

教育的发展，一方面要努力普及，一方面要努力提高，以促进工人、农民的知识化和干部队伍的知识化，扩大知识分子队伍，培养各种专业人才。这不仅是整个科学文化发展的基础和人民群众思想觉悟提高的条件，而且是物质文明发展的不可缺少的前提。接受教育，是公民应享的权利，也是公民应尽的义务，包括适龄儿童接受初等教育的义务，还包括成年劳动者接受适当形式的政治、文化、科学、技术、业务教育的义务，以及就业前的公民接受劳动就业训练的义务。我国文化比较落后，为了较快地发展教育，既要靠正规的学校教育，又要靠各种形式的业余教育。国家一定要用足够的力量举办教育事业，同时又要发动各种社会力量，包括集体经济组织、国家企业事业组织、其他社会组织以至经国家批准的私人办学者，采取多种形式和依靠广大群众来举办教育事业。科学技术现代化是四个现代化的关键。发展自然科学和社会科学，发展基础研究、应用研究和普及工作，对于社会主义建设有极大的重要性。卫生和体育事业对于保护人民健康、增强人民体质、提高学习和工作效率的重要性，文学艺术、新闻、出版等各项文化事业对于丰富和提高人民精神生活的重要性，都是很明显的。它们的发展，也不能单靠国家的力量，都需要依靠各种社会力量，需要开展广泛的群众性的活动。这些原则和要求，都已写进了有关条文。

文化建设的条文中没有写"百花齐放、百家争鸣"方针，这是考虑到：第一，作为公民的权利，宪法修改草案已经写了言论、出版自由，写了进行科学研究、文学艺术创作和其他文化活动的自由，就是说，已经用法律的语言，并且从更广的角度，表达了这个方针的内容；第二，科学和文化工作中，除了这项方针以外，还有其他一些基本方针，不必要也不可能一一写入宪法。当然，"百花齐放、百家争鸣"是我们国家指导科学和文化工作的基本方针之一，必须坚定不移地贯彻执行，以促进社会主义的科学文化事业的繁荣，这是没有疑问的。

关于社会主义精神文明建设中的思想建设这个方面，首先应当提到，马克思列宁主义、毛泽东思想是我们的根本指导思想，这已经作为四项基本原则之一写在宪法修改草案的《序言》中。

宪法修改草案第二十四条规定："国家通过普及理想教育、道德教育、文化教育、纪律和法制教育，通过在城乡不同范围的群众中制定和执行各种守则、公约，加强社会主义精神文明的建设。"这就是要努力使越来越多的公民成为有理想、有道德、有文化、守纪律的公民，从而树立起新的社会道德风尚，形成我们民族的革命的朝气蓬勃的精神面貌。

这一条还规定："国家提倡爱祖国、爱人民、爱劳动、爱科学、爱社会主义的公德"。这是建国初期的《共同纲领》中关于国民公德的"五爱"要求的发展。《共同纲领》中提出的"五爱"要求，鲜明、朴实，起过很好的教育作用，广大人民对它有深刻的印象。在当时的历史条件下，还没有向全国人民提出"爱社会主义"的要求。现在，提出这样的要求就是理所当然的了，因此原来"五爱"中的"爱护公共财物"现在改为"爱社会主义"。"爱社会主义"不是抽象的，爱护公共财物正是爱社会主义的一项重要内容。

这一条还提出要在人民中进行共产主义的思想教育。共产主义思想是社会主义精神文明的核心。还在新民主主义革命时期，毛泽东同志就明确地指出："当作国民文化的方针来说，居于指导地位的是共产主义的思想"。现在，我们已经建立了社会主义制度，就应该而且能够在全国范围内和全体规模上加强对干部和群众的共产主义教育，只有这样才能指导我们的现代化建设坚持社会主义的方向，使我们社会的发展保持前进的目标和精神的动力。共产主义的思想教育应该体现在帮助越来越多的公民树立辩证唯物主义和历史唯物主义的世界观，培养全心全意为人民服务的劳动态度和工作态度，把个人利益同集体利益、国家利益结合起来，把目前利益同长远利益结合起来，并使个人的目前的利益服从共同的长远的利益。这种教育当然不是要超越历史发展的阶段去推行只在生产力高度发展的共产主义高级阶段才能实行的经济和社会制度。相反，这种教育必须同现阶段在经济和社会生活中坚持实行按劳分配和明确的经济责任制等各项社会主义原则相结合，也只有在这样的思想教育的指导下，各项社会主义的原则和政策才能得到充分的和正确的贯彻。

这一条还规定要"反对资本主义的、封建主义的和其他的腐朽思想"，从而提出了思想战线上的斗争任务。由于历史的和现实的原因，由于国内的因素和国际的环境，这个斗争任务是长期的，决不可以稍有松懈。

这里还要说明一点：宪法修改草案中关于公民的基本权利和义务的许多条款，实际上同时包含着建设社会主义精神文明的要求。在我们的社会主义国家里，思想教育、社会舆论、道德要求和法律规定，这几个方面是相互结合的。我们的宪法规定了公民享有的权利，同时要求公民提高自己作为国家和社会主人翁的自觉性，正确地维护和行使自己的各项权利。维护自己的权利和尊重他人的权利不可分离。这就要求每个公民在维护自身权利的同时，维护国家、社会和集体的利益，尊重他人的自由和权利。宪法规定的公民义务，具有法律强制的性质，但更重要的是要求公民提高自己作为主人翁对国家、社会和其他公民的责任感，自觉地履行自己的各项义务，包括维护社会主义制度的义务，维护国家统一和全国各民族团结的义务，维护祖国的安全、荣誉和利益的义务，遵守宪法、法律、纪律和公共秩序的义务，爱护公共财产的义务，等等。提高这样的自觉性和责任感，按照社会主义、集体主义原则来处理公民个人同国家和社会的关系、同其他公民的关系，建立同社会主义政治制度相适应的权利义务观念和组织纪律观念，养成社会主义的公民意识，正是在全社会建设社会主义精神文明的重要内容。

四、关于国家机构

宪法修改草案规定："中华人民共和国的国家机构实行民主集中制的原则。"根据这一原则和我国三十多年来政权建设的经验，草案对国家机构作了许多重要的新规定，主要有以下几个方面。

（一）加强人民代表大会制度。将原来属于全国人大的一部分职权交由它的常委会行使，扩大全国人大常委会的职权和加强它的组织。全国人大和它的常委会行使国家立法权；除基本法律应当由全国人大制定以外，其他法律由全国人大常委会制定。人大常委会委员不得担任国家行政机关、审判机关和检察机关的职务，实际上将有相当数量的委员是专职的。为了加强全国人大的工作，还将增设一些专门委员会，在全国人大和它的常委会领导下，研究、审议和拟订有关议案。

（二）恢复设立国家主席和副主席。建国以来的实践证明，设立国家主席对健全国家体制是必要的，也比较符合我国各族人民的习惯和愿望。

（三）国家设立中央军事委员会，领导全国武装力量。中央军委实行主席负责制。军委主席由全国人大选举，对全国人大和它的常委会负责。中国共产党缔造和领导的人民解放军，在中华人民共和国成立以后，就是国家的军队。宪法修改草案总结了建国以来的历史经验，根据我国现在的实际情况和需要，恰当地规定了军队在国家体制中的地位。在国家的中央军委成立以后，中国共产党对军队的领导并不会改变。《序言》里明确肯定了党在国家生活中的领导作用，当然也包括党对军队的领导。

（四）国务院实行总理负责制；总理、副总理、国务委员和秘书长组成国务院常务会议；总理召集和主持国务院全体会议和国务院常务会议。各部、各委员会实行部长、主任负责制；部长、委员会主任召集和主持部务会议或者委员会会议、委务会议。

为了加强对财政、财务活动的监督，国务院增设审计机关，依照法律规定独立行使审计监督权。地方各级人民政府也相应地设立审计机关。

（五）在中央的统一领导下，加强地方政权的建设。县级以上的地方各级人大设立常委会。省、直辖市的人大和它的常委会有权制定和颁布地方性法规。地方各级人民政府分别实行省长、市长、县长、区长、乡长、镇长负责制。这些规定同样适用于民族自治地方。

（六）改变农村人民公社的政社合一的体制，设立乡政权。人民公社将只是农村集体经济的一种组织形式。这种改变将有利于加强农村基层政权建设，也有利于集体经济的发展。至于政社分开的具体实施，这是一件细致的工作，各地要从实际出发，因地制宜，有领导、有计划、有步骤地进行，不要草率行事。

我国长期行之有效的居民委员会、村民委员会等群众性自治组织的地位和作用，现在列入了宪法。

（七）规定国家主席、副主席，全国人大常委会委员长、副委员长，国务院总理、副总理等国家领导人连续任职不得超过两届。这就取消了实际上存在的领导职务的终身制。

现在，着重说明一下作出这些规定所遵循的方向和所体现的要求。

第一，使全体人民能够更好地行使国家权力。

我们国家政治体制的改革和国家机构的设置，都应当是从政治上和组织上保证全体人民掌握国家权力，真正成为国家的主人。根据这个原则，从中央来说，主要是加强全国人民代表大会。我国国大人多，全国人大代表的人数不宜太少；但是人数多了，又不便于进行经常的工作。全国人大常委会是人大的常设机关，它的组成人员也可以说是人大的常务代表，人数少，可以经常开会，进行繁重的立法工作和其他经常工作。所以适当扩大全国人大常委会的职权是加强人民代表大会制度的有效办法。从地方来说，主要是加强各级地方政权（包括基层政权）的民主基础，同时适当扩大他们的职权，以便各地能够在中央统一领导下因地制宜地发展本地的建设事业。在基层社会生活中，还要加强群众性自治组织的建设，以便发动群众自己管理自己的公共事务和公益事业。实现这些规定，将使我国社会主义民主得到进一步的发展。

全民讨论中，有人提出，在扩大全国人大常委会的职权时，应当充分保证全国人大作为最高权力机关的地位。这个意见是对的。因此，宪法修改草案第六十七条关于全国人大常委会的职权第三项原来规定，在全国人大闭会期间，对全国人大制定的法律进行部分补充和修改，现在加上了"不得同该法律的基本原则相抵触"这样的限制。在第六十二条关于全国人大的职权又加上了第十一项，即"改变或者撤销全国人民代表大会常务委员会不适当的决定"。

第二，使国家机关能够更有效地领导和组织社会主义建设事业。

国家机构的设置和职责权限的规定，要体现这样的精神：在法律的制定和重大问题的决策上，必须由国家权力机关，即全国人大和地方各级人大，充分讨论，民主决定，以求真正集中和代表人民的意志和利益；而在它们的贯彻执行上，必须实行严格的责任制，以求提高工作效率。这种责任制对于发展社会主义民主，保证人民行使国家权力，是不可缺少的。人民通过国家权力机关作出决定以后，只有这些决定得到行政机关的迅速有效的执行，人民的意志才能得到实现。

第三，使各个国家机关更好地分工合作、相互配合。

在社会主义制度下，形成了全体人民根本利益的一致。因此，我们国家可以而且必须由人民代表大会统一地行使国家权力；同时在这个前提下，对于国家的行政权、审判权、检察权和武装力量的领导权，也都有明确的划分，使国家权力机关和行政、审判、检察机关等其他国家机关能够协调一致地工作。国家主席、国务院、中央军委、最高人民法院和最高人民检察院，都由全国人大产生并对它负责，受它监督。全国人大、国家主席和其他国家机关都在他们各自的职权范围内进行工作。国家机构的这种合理分工，既可以避免权力过分集中，又可以使国家的各项工作有效地进行。

当前我国正在进行国家机构的改革，宪法修改草案关于国家机构的规定，反映了这方面改革的方针和成果，并将推动这方面的改革继续前进。

五、关于国家的统一和民族的团结

建国三十多年来的历史表明，我国已经实现的国家统一和民族团结，对于我们社会主义事业的发展，对于整个中华民族的兴旺发达，具有十分重大的意义。正如毛泽东同志所说的："国家的统一，人民的团结，国内各民族的团结，这是我们的事业必定要胜利的基本保证。"

现在，我们伟大的祖国还有未完成的统一事业，需要我们去努力完成。宪法修改草案的《序言》指出："台湾是中华人民共和国的神圣领土的一部分。完成统一祖国的大业是包括台湾同胞在内的全中国人民的神圣职责。"近三十多年台湾同祖国的分离，完全是违反我们民族利益和人民要求的。早日结束这种分裂局面，无论对于台湾地方和整个祖国的繁荣富强，对于维护远东和世界和平，都是极为有利的。这是大势所趋，人心所向，任何党派、势力和个人都无法抗拒。这是中国的内政，任何外国都无权干预。去年国庆节前夕，全国人民代表大会常务委员会委员长叶剑英同志发表谈话指出，实现和平统一后，台湾可作为特别行政区，享有高度的自治权。这种自治权，包括台湾现行社会、经济制度不变，生活方式不变，同外国的经济、文化关系不变等等。考虑到这种特殊情况的需要，宪法修改草案第三十一条规定："国家在必要时得设立特别行政区。在特别行政区内实行的制度按照具体情况由全国人民代表大会以法律规定。"在维护国家的主权、统一和领土完整的原则方面，我们是决不含糊的。同时，在具体政策、措施方面，我们又有很大的灵活性，充分照顾台湾地方的现实情况和台湾人民以及各方面人士的意愿。这是我们处理这类问题的基本立场。

实现各民族平等、团结和共同繁荣，是中国共产党和我们国家奉行的基本原则。建国三十多年来在这方面取得的成就是巨大的。其间也犯过"左"的错误，特别是"文化大革命"中，党和国家的民族政策被歪曲和破坏，许多少数民族干部和群众受到伤害，是一个严重的教训。这次修改宪法，高度重视总结这方面的历史经验，吸取近几年民族工作中拨乱反正的重大成果。

宪法修改草案的《序言》指出："在维护民族团结的斗争中，要反对大民族主义，主要是大汉族主义，也要反对地方民族主义。"因为它们都是损害民族团结的。反对大民族主义，主要是反对大汉族主义，这是由汉族占全国人口的绝大多数，在全国政治、经济和文化生活中有最大影响这一现实情况所决定的。汉族同志在警惕和克服大汉族主义方面，应当高度自觉和经常注意。反对地方民族主义，和反对大民族主义一样，对于保证国内各民族团结也是必需的。但是在这方面过去有严重扩大化的错误，一是反对了许多并没有犯地方民族主义错误的同志，二是把思想认识的错误当作敌我矛盾来处理。如同大民族主义一样，地方民族主义也是思想认识范围的问题，除了勾结外国势力进行叛乱和分裂活动的以外，都属于人民内部矛盾。反对大民族主义和地方民族主义应当正确地进行，主要靠思想教育和各项必要的政治、经济、文化措施。

民族区域自治制度是经过实践考验适合我国国情的正确制度。我国是中华各民族共同缔造的统一的多民族国家。解放前共同遭受帝国主义的侵略，使汉族人民与少数民族人民结成了患难相助的紧密联系。建国后在共同的社会主义道路上，各民族在政治、经济、文化方面结成了相互依存、相互帮助的亲密关系。在统一的国家内实行民族区域自治，既能保障各少数民族的合法的权利和利益，加速各少数民族地区经济和文化的发展，又能抵御外来的侵略和颠覆，保障整个国家的独立和繁荣。所以宪法修改草案规定："各民族自治地方都是中华人民共和国不可分离的部分。""中华人民共和国公民有维护国家统一和全国各民族团结的义务。"这是完全符合全国各民族的根本利益和共同意志的。

这次修改宪法，关于民族区域自治的规定，不但恢复了一九五四年宪法中一些重要的原则，而且根据国家情况的变化增加了新的内容。宪法修改草案在《国家机构》的第六节"民族自治地方的自治机关"中规定：民族自治地方的人大常委会中应当有实行区域自治的民族的公民担任主任或者副主任；自治区主席、自治州州长、自治县县长由实行区域自治的民族的公民担任；自治机关在国家计划的指导下，自主地安排和管理地方性的经济建设事业；自治机关自主地管理本地方的教育、科学、文化、卫生、体育事业；国家在民族自治地方开发资源、建设企业的时候，应当照顾民族自治地方的利益；国家从财政、物资、技术等方面帮助各少数民族加速发展经济建设和文化建设事业，国家帮助民族自治地方从当地民族中大量培养各级干部、各种专业人才和技术工人。草案关于民族自治地方自治权的规定，体现了国家充分尊重和保障各少数民族管理本民族内部事务的民主权利的精神。

六、关于独立自主的对外政策

宪法修改草案在《序言》中规定了我国的对外政策的基本原则，这就是独立自主，就是在互相尊重主权和领土完整、互不侵犯、互不干涉内政、平等互利、和平共处的五项原则的基础上发展同各国的外交关系和经济、文化的交流；就是反对帝国主义、霸权主义、殖民主义，加强同世界各国人民的团结，支持被压迫民族和发展中国家争取和维护民族独立、发展民族经济的正义斗争，为维护世界和平和促进人类进步事业而努力。

我国坚持这样的对外政策的原则是由我国的国家和社会性质决定的。中国人民从中华人民共和国成立以前一百年的苦难历程中深深懂得，没有国家的独立，就不可能有人民的民主权利，不可能建设一个富强的国家。中国人民从长期的革命和建设的过程中，又深深懂得，中国人民的命运是同世界人民的命运息息相关的。社会主义制度的建立，从根本上消灭了我国屈服于任何外国压迫的社会根源，也从根本上消除了以任何形式对外实行侵略的社会根源。现在的世界处于剧烈的动荡不安中，今后只要世界上还存在着帝国主义、霸权主义，动荡不安的局面就不会终止。在我国外部无论出现什么情况，我们一定要坚持独立自主的政策，如同邓小平同志在中国共产党第十二次全国代表大会上所说："任何外国不要指望中国做他们的附庸，不要指望中国会吞下损害我国利益的苦果。"我们也一定要坚持以平等态度对待一切大小国家，始终不渝地同一切被压迫民族和发展中国家以及其他一切维护世界和平的国家和人民站在一起。中国永远不称霸，也绝不允许任何霸权主义者压在我们的头上。

在独立自主的原则下对外开放，是我国已经实行并将坚持实行的政策。我国将根据平等互利的原则继续扩大同世界各国的经济、技术和文化交流。外国的经济组织或者个人可以在中国投资，同中国的经济组织进行经济合作，这在宪法修改草案中作了规定。当然，在中国境内的任何外国经济组织都必须遵守中华人民共和国的法律；它们的合法权利和利益也受到中华人民共和国法律的保护。

我国根据国际的通例维护在外国居住的中国籍侨民的正当的权利和利益，同时要求他们遵守所在国的法律，同所在国的人民和睦相处。我国对于居住在中国的外国人的合法的权利和利益给以保护，同时要求他们遵守中华人民共和国的法律。这些也都载明在宪法修改草案中。

中国人民为争得和维护国家的独立自主的权利，进行过长期艰难的斗争。我国的对外政策代表中国人民的根本利益，也是同世界人民的根本利益一致的。宪法修改草案规定，国家要在广大人民中既进行爱国主义的教育，也进行国际主义的教育。我们一定要使中国人民中的爱国主义和国际主义的传统代代相传，这是坚持我国的独立自主的对外政策的根本保证。

各位代表！宪法修改草案经过这次全国人民代表大会审议和正式通过以后，就要作为具有最大权威性和最高法律效力的国家根本大法，付诸实施了。它将成为我国新的历史时期治国安邦的总章程。我们相信，新的宪法必定能够得到严格遵守和贯彻执行。《序言》总结建国以来制定和执行宪法的正反两方面的历史经验，明确指出："全国各族人民、一切国家机关和武装力量、各政党和各社会团体、各企业事业组织，都必须以宪法为根本的活动准则，并且负有维护宪法尊严、保证宪法实施的职责。"全国人大和它的常委会都有监督宪法实施的职权，地方各级人大在本行政区域内保证宪法的遵守和执行。胡耀邦同志在中国共产党第十二次全国代表大会上的报告中庄严宣告："特别要教育和监督广大党员带头遵守宪法和法律。新党章关于'党必须在宪法和法律的范围内活动'的规定，是一项极其重要的原则。从中央到基层，一切党组织和党员的活动都不能同国家的宪法和法律相抵触。"中国人民和中国共产党都已经深知，宪法的权威关系到政治的安定和国家的命运，决不容许对宪法根基的任何损害。我们国家的权力属于人民，国家的命运由觉悟了的人民来掌握。中国共产党是代表中国人民利益，执行人民意志的工人阶级政党，除了人民的利益之外，没有自己的特殊利益。中国共产党对这次宪法修改工作十分重视，中共中央政治局和书记处都专门讨论过。中共中央政治局和书记处的成员大都是宪法修改委员会的委员，中共中央的意见已经充分地反映在宪法修改草案中。中国共产党领导中国人民制定了新宪法，中国共产党也将同全国各族人民一道，同各民主党派和各人民团体一道，共同维护宪法尊严和保证宪法实施。宪法通过以后，要采取各种形式广泛地进行宣传，做到家喻户晓。十亿人民养成人人遵守宪法、维护宪法的观念和习惯，同违反和破坏宪法的行为进行斗争，这是一个伟大的力量。体现了人民意志和中国共产党的正确主张的新宪法，又由全体人民和中国共产党的努力来保证它的实施，就一定能够在促进我国社会主义现代化事业的胜利发展中发挥伟大的作用。

五届全国人大
五次会议主席团举行第一次会议①

（1982 年 11 月 25 日）

11 月 25 日，五届全国人大五次会议主席团今天上午在人民大会堂举行第一次会议。

会议推选了主席团 20 名常务主席，他们是：叶剑英、彭真、邓颖超、乌兰夫、韦国清、谭震林、李井泉、彭冲、赛福鼎、廖承志、阿沛·阿旺晋美、许德珩、胡厥文、肖劲光、史良、习仲勋、粟裕、杨尚昆、班禅额尔德尼·却吉坚赞、朱学范。

人大常委会副委员长兼秘书长杨尚昆主持了这次主席团会议。

由于宪法修改委员会向代表大会提出宪法修改草案后就完成了它的任务，今天的主席团会议决定在这次会议期间，在主席团领导下成立一个宪法工作小组，根据代表们在讨论中提出的意见，对宪法修改草案进行必要的修改，并向主席团提出工作报告。主席团会议决定由胡绳担任这个工作小组的组长。

五届全国人大代表资格审查委员会主任委员宋任穷受代表资格审查委员会委托，在会上作了关于代表情况和补选的代表资格的审查报告。他说，自五届全国人大四次会议以来，代表逝世的有 32 人，由原选举单位撤销代表资格的有 8 人；补选代表 9 人，其中已经逝世的 1 人。审查结果，确认新补选的代表资格有效。他说，现在五届全国人大共有代表 3421 人。

会议通过了代表资格审查委员会的这个报告；通过了大会执行主席分组名单；决定习仲勋、彭冲、武新宇、王汉斌、曾涛为五届人大五次会议副秘

---

① 原载于《人民日报》1982 年 11 月 26 日，原题目为《五届人大五次会议主席团举行首次会议 推送了主席团 20 名常务主席；通过了大会日程和代表资格审查委员会报告；决定成立宪法工作小组，根据代表意见对宪法草案进行必要修改》，现题目为编者所加。

书长；通过将关于本届全国人大常委会职权的决议草案、关于中华人民共和国国歌的决议草案提请大会审议。

会议通过了这次大会的日程，还通过了本次大会通过宪法和各项议案办法草案，提请大会审议。

会议决定了列席人员名单。

会议还决定 12 月 4 日下午 6 时为代表向本次大会提交提案的截止时间。

这次主席团会议之前，举行了代表资格审查委员会会议。

宪法工作小组名单

（1982 年 11 月 25 日第五届全国人民代表大会第五次会议主席团第一次会议通过）

组　　长　　胡　绳
副 组 长　　王汉斌
成　　员　　张友渔　项淳一　龚育之

五届全国人大
五次会议主席团举行第二次会议①

（1982 年 12 月 3 日）

12 月 3 日，五届全国人大五次会议主席团今天上午在人民大会堂举行第二次会议，决定将宪法修改草案提请大会通过。

今天的会议由大会主席团党务主席杨尚昆主持。

---

① 原载于《人民日报》1982 年 12 月 4 日，原题目为《五届全国人大五次会议主席团举行第二次会议　决定将宪法修改草案提请大会通过》，现题目为编者所加。

宪法工作小组组长胡绳在会上作了工作报告。他说，从 11 月 27 日下午起，各代表团对宪法修改草案和彭真副主任委员关于宪法修改草案的报告进行了讨论审议，总的说是满意的。代表们在讨论中也提出了对宪法修改草案的补充和修改的各种意见，宪法工作小组详细地研究了这些意见，对宪法修改草案又进行了修改。他接着就修改的情况作了说明。

主席团常务主席彭真就这次修改的基本原则和宪法实施的保证问题讲了话。

主席团成员们在会上进行了讨论。洪丝丝、刘志坚、李人林、关山月、吕骥发了言。会议决定将经过修改的宪法修改草案提请大会通过。

今天的主席团会议还通过了关于本届全国人大常委会职权的决议草案和关于中华人民共和国国歌的决议草案，提请本次大会通过。

主席团决定本次大会用代表无记名投票的办法通过宪法。今天的会议根据各代表团推选的人选，通过了监票人、总监票人名单草案，建议以陈志彬、杜棣华（女）两位代表为总监票人，提请大会通过。

出席会议的主席团常务主席还有乌兰夫、韦国清、李井泉、赛福鼎、廖承志、阿沛·阿旺晋美、许德珩、胡厥文、史良、习仲勋。

第五届全国人民代表大会
第五次会议通过中华人民共和国宪法
监票人名单（六十二人）

（1982 年 12 月 4 日第五届全国人民代表大会第五次会议通过）

总监票人：陈志彬　　　杜棣华（女）

监票人：（按姓氏笔划排列）

丁金国	马寿喜（回族，女）	马烈孙（回族）
王一纯	王中祥	王廷荣（布依族）
王启杰	王宝纯	王炳琴

占布拉扎布（蒙古族）	田士毅	多　巴（藏族）
刘玉玲（女）	刘应泽	次　仁（藏族）
江水生	许丽华（女）	孙迎芳（女）
李友华（女）	李长荣（女）	李巧云（女）
李永进	李自新	李　杰（女）
李德逊	杨秀玉（女）	杨采妹（女）
杨　频	吴应槐	张士珍（女）
陆卫东（壮族，女）	陈乃欣（女）	陈亨辉
陈国忠	陈桂真（女）	林开钦
林德时	金明奎（朝鲜族）	金宝生（瑶族）
周尔辉	郑　英（藏族）	赵延华（女）
赵　毅	胡安夫	柏玉兰（女）
洪程科	姚锦钟	秦凤仙（女）
袁美莲（女）	热比亚·买买提（维吾尔族，女）	
徐殿明	凌志德	高庆狮
唐利群（女）	黄仕机	
康买尔·阿不都热合满（维吾尔族，女）		韩行生
颜龙安	潘道崇	魏亚平（女）

第五届全国人民代表大会第五次会议
通过宪法和各项议案办法

（1982 年 12 月 4 日第五届全国人民代表大会第五次会议通过）

　　一、第五届全国人民代表大会第五次会议通过中华人民共和国宪法，采用无记名投票表决的方式，以全体代表的三分之二以上的多数通过。

　　投票表决时，如同意，即在表决票的空格内划一个"○"；如不同意，可在表决票的空格内划一个"×"。

　　写票要用钢笔或铅笔，符号要准确，笔迹要清楚。

表决票用汉、蒙古、藏、维吾尔、哈萨克、朝鲜六种文字印制，不识以上文字的代表，可请人翻译。不能写票的代表，可请人代写。

大会设监票人六十二名，其中二名为总监票人，在大会主席团的领导下，对发票、投票、计票进行监督。

监票人分别由各代表团推选，由主席团提交代表大会通过。

会场共设票箱三十一个。

在主席台上前排就座的代表投一号票箱，其他座区的代表按座区分别到指定的票箱投票。

年高体弱不能到会场投票的代表，可在流动票箱投票。

投票时，总监票人、监票人在自己的座区先投票，随后其他代表按照座区和投票的路线投票。

投票结束后，当众打开票箱，由计票人清点票数，并将清点结果报告大会执行主席。票数等于或者少于投票人数，表决有效；票数多于投票人数，表决无效。

计票完毕，总监票人向大会执行主席报告表决结果。

二、第五届全国人民代表大会第五次会议通过其他各项议案，采用举手表决方式，以全体代表的过半数通过。

中华人民共和国
全国人民代表大会公告

《中华人民共和国宪法》已由中华人民共和国第五届全国人民代表大会第五次会议于 1982 年 12 月 4 日通过，现予公布施行。

中华人民共和国第五届全国人民

代表大会第五次会议主席团

1982 年 12 月 4 日于北京

二、中华人民共和国宪法修正案

(1988 年 4 月 12 日第七届全国人民代表大会第一次会议通过)

第一条 宪法第十一条增加规定："国家允许私营经济在法律规定的范围内存在和发展。私营经济是社会主义公有制经济的补充。国家保护私营经济的合法的权利和利益，对私营经济实行引导、监督和管理。"

第二条 宪法第十条第四款"任何组织或者个人不得侵占、买卖、出租或者以其他形式非法转让土地。"修改为："任何组织或者个人不得侵占、买卖或者以其他形式非法转让土地。土地的使用权可以依照法律的规定转让。"

（一）六届全国人大常委会第二十五次会议听取和讨论中共中央关于修改宪法个别条款的建议

中国共产党中央委员会
关于修改中华人民共和国宪法个别条款的建议

　　根据几年来经济体制改革和对外开放进一步发展的实践，中国共产党中央委员会提出修改中华人民共和国宪法的个别条款的建议：一、在宪法第十一条的原文后增加一款："国家允许私营经济在法律规定的范围内存在和发展。私营经济是社会主义公有制经济的补充。国家保护私营经济的合法的权利和利益，对私营经济实行引导、监督和管理。"二、宪法第十条第四款："任何组织或者个人不得侵占、买卖、出租或者以其他形式非法转让土地。"修改为："任何组织或者个人不得侵占、买卖或者以其他形式非法转让土地。土地的使用权可以依照法律的规定转让。"请全国人民代表大会常务委员会审议决定提请第七届全国人民代表大会第一次会议审议。

中国共产党中央委员会
一九八八年二月二十八日

全国人民代表大会常务委员会
关于中华人民共和国宪法修正案草案

（1988 年 3 月 12 日通过）

　　第六届全国人民代表大会常务委员会第二十五次会议讨论了中国共产党中央委员会关于修改中华人民共和国宪法个别条款的建议，依照中华人民共和国宪法第六十四条的规定，提出中华人民共和国宪法个别条款的修正案草案，提请第七届全国人民代表大会第一次会议审议：

一、宪法第十一条增加规定："国家允许私营经济在法律规定的范围内存在和发展。私营经济是社会主义公有制经济的补充。国家保护私营经济的合法的权利和利益，对私营经济实行引导、监督和管理。"

二、宪法第十条第四款"任何组织或者个人不得侵占、买卖、出租或者以其他形式非法转让土地。"修改为："任何组织或者个人不得侵占、买卖或者以其他形式非法转让土地。土地的使用权可以依照法律的规定转让。"

六届全国人大常委会举行第二十五次会议①

（1988 年 3 月 5 日）

第六届全国人民代表大会常务委员会第 25 次会议今天开始在人民大会堂举行。这次常委会议的主要任务是为即将召开的七届全国人大一次会议作准备。

彭真委员长主持了今天上午的全体会议。

会议开始时，全国人大常委会秘书长王汉斌就这次常委会议的议程草案作了说明。委员们通过了这个议程。

根据会议通过的议程，这次常委会议将审议中共中央关于修改中华人民共和国宪法个别条款的建议，审议通过中华人民共和国宪法修正草案、审议中华人民共和国全民所有制工业企业法草案、审议中华人民共和国中外合作经营企业法草案、审议国务院关于提请审议建立海南经济特区的议案、审议全国人大常委会工作报告草稿，决定将上述法案、议案、报告提请七届全国人大一次会议审议。

根据议程，这次常委会议还将审议关于七届全国人大代表的代表资格

---

① 原载于《人民日报》1988 年 3 月 6 日，原题目为《为即将召开的七届人大会议作准备　六届人大常委会 25 次会议开始举行　审议中共中央关于修改宪法个别条款的建议　同时审议通过宪法修正草案审议有关法案议案和报告》，现题目为编者所加。

的审查报告，公布七届全国人大代表名单；审议七届全国人大一次会议主席团和秘书长候选人名单草案，提请七届全国人大一次会议预备会议选举；审议七届全国人大一次会议议程草案，提请七届全国人大一次会议预备会议审议。

在今天的全体会议上，全国人大法律委员会副主任委员宋汝棼、项淳一分别代表法律委员会作了关于全民所有制工业企业法草案的修改建议的说明和中外合作经营企业法草案的修改建议的说明。宋汝棼谈到，从全国广泛征求到的意见看，大家普遍认为全民所有制工业企业法是一部重要的基本法律，草案基本成熟，也对草案提出了很多很好的修改意见。

国务院代总理李鹏向这次会议提出了关于提请审议建立海南经济特区的议案。议案中说，国务院 1987 年 8 月 24 日关于提请审议设立海南省的议案，已经人大常委会审议提请第七届全国人民代表大会第一次会议议决。海南建省后，最重要的任务是发展生产力。必须大力加强基础设施建设，开发利用丰富的自然资源，逐步建立具有海南特色的产业结构。海南经济建设，要积极吸收利用外资，引进国外先进技术，面向国际市场，拓展对外贸易，发展外向型经济，在国际大循环中加快经济的发展。为此，建议：（一）划定海南岛为经济特区，实行特殊的经济政策和新的经济管理体制。（二）为了使海南经济特区的经济管理充分适应开发建设的需要，授权海南省人民代表大会及其常务委员会，根据国家有关的法律、法令和政策规定，按照海南经济特区的具体情况和工作需要，制定特区的各项单行经济法规，并报全国人民代表大会常务委员会和国务院备案。

受国务院委托，国务委员谷牧今天向委员们作了关于提请审议建立海南经济特区的议案的说明。

副委员长陈丕显、耿飚、彭冲、王任重、朱学范、阿沛·阿旺晋美、班禅额尔德尼·确吉坚赞、赛福鼎·艾则孜、周谷城、严济慈、荣毅仁、叶飞、廖汉生、黄华、楚图南出席了会议。

最高人民法院院长郑天翔列席了会议。

六届全国人大常委会讨论中共中央
关于修改宪法个别条款的建议^①

出席六届全国人大常委会第 25 次会议的委员们今天在讨论中共中央关于修改宪法个别条款的建议、审议宪法修正案草案时普遍认为，现在在宪法中补充关于私营经济的规定，修改关于土地的规定，允许土地使用权可以依法转让，是适时的和必要的，对我国社会主义现代化建设具有重要意义。

早修改对改革开放有利

委员们在发言中谈到，我国现行宪法体现了党的十一届三中全会以来的路线、方针和政策，是一部符合我国国情、有中国特色、适应新的历史时期社会主义现代化建设需要的好宪法。随着建设实践的发展，对宪法个别条款作补充和修改是正常的。

叶林委员说，我国现行宪法体现了党的十一届三中全会的精神，总结了我国政治、经济以及民主与法制建设的经验，实践证明，这是一部指导我国沿着社会主义现代化方向前进的根本大法。但随着改革、开放的发展，现行宪法的某些条款需要加以充实，作必要修改。

白寿彝委员认为，过去一向认为私营经济和公有经济是对立的，现在认识到私营经济是公有经济的补充，这是辩证法在经济领域的运用，是经济领域的统战形式。何英委员说，几年来，我国的经济生活有了很大变化，商品经济有了很大发展，私营经济和土地使用权转让现象已经存在，为了适应开放、改革和进一步发展社会生产力的需要，对宪法个别条款作相应修改是必要的，建议提交七届全国人大一次会议审议通过。他们认为，把这两点在宪

---

① 原载于《人民日报》1988 年 3 月 8 日，原题目为《全国人大常委在讨论中央建议时普遍认为修改宪法个别条款很适时》，现题目为编者所加。

法中明确下来是完全正确的。

孙敬文、王甫两位委员认为，这次对宪法的修改，是根据改革、开放实践提出的，并不影响宪法的基本精神，只是对个别条款作了进一步的补充和说明。

要保持宪法的稳定性

委员们在发言中认为，修改宪法是国家的一件大事，需要很严肃、很慎重。在宪法中补充关于私营经济的规定，规定允许土地使用权可以依法转让，这是非改不可的，但对于一些可改可不改，或者不改并不妨碍改革、开放的，尽可能不作修改，以保证宪法的稳定性、连续性。叶飞副委员长说，关于宪法修改，可改可不改的条文不改，尽量把有些条文的修改放在附则中，以保持宪法的稳定性。

还有的委员认为，修改宪法应慎重考虑。宪法制定以后，不要随便变动。现行宪法对个体经济有比较明确的规定，对于私营经济和土地使用权转让问题，是不是再看一看再作修改。

配套立法要尽快跟上

一些委员指出，宪法中关于私营经济和土地使用权转让问题的修改案通过以后，与之相配套的法律也应尽快跟上。

沈鸿委员提出，土地不能买卖，但使用权可以转让，转让时是原价呢，还是可以涨价？如果可以涨价，就是买卖，变成地产商了。因此，有关的配套法律一定要跟上。

黄玉昆委员说，保护私营经济的合法权利，什么是合法需要明确；私营经济与个体经济的区别和联系是什么，要弄清楚；私营经济中是否有剥削现象，怎样解释、限制？这些，都需要通过立法加以明确。

周占鳌委员认为，对私营经济加以引导、监督和管理，是一个很重要的问题。要制定一个私营企业法，对严禁雇用童工等问题作出规定。

段苏权委员提出，对私营经济的发展要有节制措施。一是资本，二是雇工数量，三是工人劳动保护，四是借贷利息，五是缴纳遗产税。

徐运北委员建议，将修正案草案中关于"私营经济是社会主义公有制经济的补充"，改成"对私营经济实行引导、监督和管理，使之成为社会主义公有制经济的补充"。因为，并不是任何时候、任何条件下，私营经济都是社会主义公有制经济的补充。

（二）七届全国人大一次会议审议通过宪法修正案

七届全国人大一次会议举行第四次全体会议[①]

（1988 年 3 月 31 日）

七届全国人大一次会议今天下午在人民大会堂举行第四次全体会议，审议中华人民共和国宪法修正案草案，听取几个法案、议案的说明和六届全国人大常委会工作报告。

下午 3 时，大会执行主席荣毅仁宣布开会。

经中共中央建议、六届全国人大常委会第 25 次会议审议提出的中华人民共和国宪法修正案草案，今天正式提请大会审议。中共中央关于修改宪法个别条款的建议和全国人大常委会关于宪法修正案草案两个文件，会前已印发给代表们，今天的大会上宣读了这两个文件。

经过近年来较长时间的酝酿、调查、试点之后产生的中华人民共和国全民所有制工业企业法草案，今天正式提请大会审议。这个 8 章 68 条的法律草案经过六届全国人大常委会前后五次会议的审议，并曾在各报上公开发表征求全民意见，征得各方面对草案提出的修改意见和建议 1800 多条。今年 3 月，六届全国人大常委会第 25 次会议根据全国人民的讨论情况，进行审议修改，形成了提交这次大会审议的草案。

受国务院委托，国家经委主任吕东今天向大会作了关于中华人民共和国全民所有制工业企业法草案的说明。他介绍了这个草案的起草过程、立法宗旨和指导思想、草案的基本内容。

自 1980 年开始起草、经六届全国人大常委会第 24 次、25 次会议审议的

---

① 原载于《人民日报》1988 年 4 月 1 日，原题目为《人大会议举行第四次全会 审议宪法修正案工业企业法中外合作经营企业法等草案 听取几个法案议案说明和六届全国人大常委会工作报告》，现题目为编者所加。

中华人民共和国中外合作经营企业法草案，今天也正式提请大会审议。草案共28条。

对外经济贸易部部长郑拓彬受国务院委托，向大会说明了中华人民共和国中外合作经营企业法草案的起草过程和起草时着重考虑的几个问题。

会上宣读了关于成立中华人民共和国澳门特别行政区基本法起草委员会的决定草案。这个草案连同彭冲在主席团第二次会议上关于这个决定草案的说明已在今天的大会前发给代表们，请代表们审议。

关于设立海南省和关于建立海南经济特区的两项议案，今天也提请大会审议。

1987年8月六届全国人大常委会第22次会议审议了国务院提请设立海南省的议案，决定将这一议案提请七届全国人大一次会议审议、批准，同时授权国务院成立海南建省筹备组。现在海南建省的筹备工作已经就绪。今天民政部长崔乃夫受国务院委托向大会作了关于设立海南省的议案的说明。

国务院关于提请审议建立海南经济特区的议案是今年3月国务院代总理李鹏向六届全国人大常委会提交的。这个议案建议划定海南岛为经济特区，实行特殊的经济政策和新的经济管理体制。六届全国人大常委会第25次会议审议了这项议案，决定提请七届全国人大一次会议审议。国务委员谷牧今天在会上代表国务院就这一议案作了说明。

六届全国人大常委会副委员长陈丕显受六届全国人大常委会和彭真委员长委托，今天向大会作了六届全国人大常委会工作报告。他说，5年来，常委会在彭真委员长的主持下，在地方人大及其常委会的支持下，严肃认真地履行宪法所赋予的职责，坚持按民主集中制原则办事，充分发扬民主，集体决定重大问题，在上届人大常委会工作的基础上，各方面的工作都取得了新进展，更有效地发挥了最高国家权力机关的作用，促进和保证了社会主义现代化建设的顺利进行。

今天大会的执行主席还有赛福鼎·艾则孜、叶飞、王汉斌、王光中、甘苦、田富达、朱世保、刘延东、许勤、李吉林、杨白冰、何郝炬、张再旺、陆文夫、陈锦华、罗天、胡传治、贾志杰、陶大镛、章文晋、霍英东。

七届全国人大一次会议
代表分组审议宪法修正案草案[①]

宪法修正案草案正提请全国人大代表审议。代表们普遍赞成宪法中增加
"国家允许私营经济在法律规定的范围内存在和发展"这一规定。

福建上杭县农民、人大代表赖永兴，前几年同乡亲们筹集资金办起一座
水泥厂，现在拥有固定资产102 万元，年产水泥能力为1 万吨，经济效益很
好。可是，一些好心人对他说，你办的厂是私营企业，政策一变，你可就成
了资本家了。这次，他看了宪法修正案后高兴地说，把国家保护私营经济的
合法权利写进国家根本大法，我心里的一块石头落了地。

依靠兴办孵鸭场致富的胡丽华代表说，孵鸭是她的祖传手艺，可是在
"文化大革命"中，她的孵鸭场被打成"地下黑店"，丈夫给判 10 年刑，包
括房屋在内的全部财产被没收。1979 年，她从兴国县来到自己哥哥所在的吉
水县八都镇又办起了孵鸭场，年孵鸭 30 多万只，纯收入 7000 至 8000 元。但
是，她丈夫由于害怕政策多变，不敢同她一块去办孵鸭场。她对记者说，这
次宪法修正案允许私营经济在法律规定的范围内存在和发展，使我们打消了
顾虑，我准备回去就把丈夫从家里动员出来，与我一块把孵鸭场的规模办得
更大些，效益更好些。

前些年，有人把温州发展私营经济看成是"资本主义"，说："谁没有见
过资本主义，请到温州去"。温州市委书记董朝才代表在审议宪法修正案草
案时说，尽管私营经济对促进温州经济发展起了重大作用，可是个体经营者
不敢放开手脚干，干部也心有余悸。现在宪法对私营经济的地位和作用作了
规定，我们可以大胆地干了。他告诉记者，目前温州市私营企业达到 14 万多
个。去年，全市地方财政收入比 1983 年翻了两番多，有一半来自私营经济。

[①]　原载于《人民日报》1988 年4 月4 日，原题目为《人大代表分组审议宪法修正案草案　普遍赞成保障私营经济存在和发展　希望政策规定计划管理等方面工作尽快跟上》，现题目为编者所加。

今后将采取措施促进私营经济更快地发展，使之成为地方经济发展的生力军。

一些代表在审议中对私营经济的发展前景也表示了不尽相同的担忧。

代表中的个体经营者说：国家把私营经济通过宪法加以保护，对此我们从内心深处非常感激。但是我们还不能高枕无忧。现在，社会上"红眼病"厉害得很，从生产和生活各个方面为难我们。尽管宪法中明确了我们的社会地位，但是要转变人们固有的思想观念并非易事。况且宪法中又没有具体规定，要想从经济上保证私营企业在社会上的平等地位是很难的。

一些来自国营企业的代表说：国家把私营经济在宪法中加以承认，对此我们举手赞同。实际上，私营经济早已在与我们相互合作和竞争了。现在从政治上把私营企业放在与我们平等的地位上很必要，可是事情又不能到此为止，还必须采取措施，从税收、财务等方面对私营经济加以具体规定。从经济管理上把二者放在平等的地位上，否则，二者在经济上的竞争将是不公平的。

一些干部和专家说：保护私营经济发展是对的，但"有法可依，无章可循"不行。如果缺乏具体规定，在制订经济规划、购销原材料和产品，以及安排信贷等方面就很难办。一些经济专家认为，私营经济内部管理方式、利润分配方式、社会活动方式等许多方面与国营、集体经济不同，我们既不能简单地斥之为"资本主义"、"剥削"加以否定，也不能光冠以合法的帽子放任自流，而必须加以引导和利用。因此，只在政治上承认私营经济的合法地位还不够，政策规定、计划管理、思想观念等方面的工作也应尽快地跟上去，以免在社会上引起混乱。

许多代表认为，我国的私营经济还不发达，现在私营企业不是多了，而是太少。国家不仅应该允许其存在，还应该因势利导，帮助私营经济健康发展，使之真正成为社会主义公有制经济的补充。代表们希望，除"宪法"以外，国家有关私营经济方面的具体法规要尽快出台。

七届全国人大一次会议主席团举行第六次会议①

（1988 年 4 月 9 日）

七届全国人大一次会议主席团今天下午在人民大会堂举行第六次会议，通过了提请大会通过的若干事项。

132 名主席团成员出席了会议。会议由常务主席万里主持。

会议通过了关于政府工作报告的决议草案，通过了中华人民共和国宪法修正案草案，决定将这两个草案提请大会通过。

全国人大法律委员会主任委员王汉斌代表法律委员会在会上作了关于中华人民共和国全民所有制工业企业法草案和中华人民共和国中外合作经营企业法草案审议结果的报告。

会议通过了王汉斌所作的这个报告，决定会后将这个审查报告印发全体代表。

这次大会期间，代表们对全民所有制工业企业法草案和中外合作经营企业法草案进行了审议，提出了一些修改意见和建议。根据代表们提出的这些意见和建议，对这两个法律草案又作了修改。

在今天的会议上，刘延东、孙鸿烈、黄知真、廖晖、班禅额尔德尼·确吉坚赞、林兰英、蒋一苇、王淑贤、李瑞环、倪志福、叶飞等发言，就全民所有制工业企业法草案中应规定共青团、妇联、科协等群众组织的地位和作用，企业法与国务院有关规定的关系，少数民族职工的培养，职工群众在企业中的地位和作用，女职工的特殊困难，发挥职工中青年、妇女的作用等方面的问题，发表了意见。

常务主席彭冲建议，大家的意见可以在会后找有关方面的负责同志议一次，提交主席团常务主席研究。大家同意彭冲的这个建议。

---

① 原载于《人民日报》1988 年 4 月 10 日，原题目为《人大会议主席团举行第六次会议通过政府工作报告决议草案宪法修正案草案等事项》，现题目为编者所加。

会议原则通过了全民所有制工业企业法草案，提请大会通过。

会议决定将修改过的中外合作经营企业法草案印发各代表团审议，提请大会通过。

今天的会议通过了关于成立中华人民共和国澳门特别行政区基本法起草委员会的决定草案、关于设立海南省的决定草案、关于建立海南经济特区的决议草案、关于全国人大常委会工作报告的决议草案、关于最高人民法院工作报告的决议草案、关于最高人民检察院工作报告的决议草案，决定将这些决定、决议草案提请大会通过。

会议还通过了大会秘书处关于代表提出的议案和建议的处理意见的报告。

七届全国人大一次会议举行第八次全体会议①

（1988 年 4 月 12 日）

新一届国务院组成人员今天上午经七届全国人大一次会议第八次大会表决产生：姚依林、田纪云、吴学谦任副总理，国务委员是李铁映、秦基伟、王丙乾、宋健、王芳、邹家华、李贵鲜、陈希同、陈俊生。秘书长和 41 个部、委、行、署的部长、主任、行长、审计长也表决通过。

这是 2859 名全国人大代表在人民大会堂进行无记名投票表决的结果。

上午 9 时 08 分，大会执行主席彭冲宣布开会。

今天的会议有两项议程：决定国务院组成人员，表决宪法修正案。

会上宣读了国务院总理李鹏提名国务院组成人员人选的来文，计票工作人员核对了出席会议的代表人数，监票人验了全场的 25 个票箱。

今天，代表们使用的表决票有两张：杏黄色的是国务院组成人员的表决票，桃红色的是宪法修正案的表决票。少数民族代表还拿到一份国务院组成人员人选姓名少数民族文字对照表，以便写票时对照。

---

① 原载于《人民日报》1988 年 4 月 13 日，原题目为《七届人大一次会议举行第八次大会　产生国务院成员　通过宪法修正案》，现题目为编者所加。

根据宪法规定，国务院组成人员由国务院总理提名，所以，代表们对李鹏总理提出的人选可以表示赞成、反对或弃权，但不能另提他人。

9 时 22 分，代表们开始写票，9 时 46 分投票完毕。

9 时 48 分，大会执行主席彭冲宣布：根据总监票人报告，决定国务院组成人员人选的表决票发出 2859 张，收回 2859 张，表决宪法修正案的表决票发出 2859 张，收回 2859 张，收回票与发出票张数相符，本次投票有效。

10 时 51 分，彭冲宣布表决结果：

李鹏总理提名的国务院组成人员人选全部通过；

中华人民共和国宪法修正案获得 2/3 以上票数通过。

今天的大会执行主席还有万里、宋平、韦钰、叶如棠、吕叔湘、任建新、关山月、孙维本、李慎之、宋汝棼、张国基、陈作霖、林兰英、赵梓森、洪学智、唐达成、常宗琳、董建华、蔡子民。

中华人民共和国
全国人民代表大会公告

第八号

中华人民共和国宪法修正案已由中华人民共和国第七届全国人民代表大会第一次会议于 1988 年 4 月 12 日通过，现予公布施行。

中华人民共和国第七届全国人民
代表大会第一次会议主席团
1988 年 4 月 12 日于北京

三、中华人民共和国宪法修正案

(1993 年 3 月 29 日第八届全国人民代表大会第一次会议通过)

第三条 宪法序言第七自然段后两句："今后国家的根本任务是集中力量进行社会主义现代化建设。中国各族人民将继续在中国共产党领导下，在马克思列宁主义、毛泽东思想指引下，坚持人民民主专政，坚持社会主义道路，不断完善社会主义的各项制度，发展社会主义民主，健全社会主义法制，自力更生，艰苦奋斗，逐步实现工业、农业、国防和科学技术的现代化，把我国建设成为高度文明、高度民主的社会主义国家。"修改为："我国正处于社会主义初级阶段。国家的根本任务是，根据建设有中国特色社会主义的理论，集中力量进行社会主义现代化建设。中国各族人民将继续在中国共产党领导下，在马克思列宁主义、毛泽东思想指引下，坚持人民民主专政，坚持社会主义道路，坚持改革开放，不断完善社会主义的各项制度，发展社会主义民主，健全社会主义法制，自力更生，艰苦奋斗，逐步实现工业、农业、国防和科学技术的现代化，把我国建设成为富强、民主、文明的社会主义国家。"

第四条 宪法序言第十自然段末尾增加："中国共产党领导的多党合作和政治协商制度将长期存在和发展。"

第五条 宪法第七条："国营经济是社会主义全民所有制经济，是国民经济中的主导力量。国家保障国营经济的巩固和发展。"修改为："国有经济，即社会主义全民所有制经济，是国民经济中的主导力量。国家保障国有经济的巩固和发展。"

第六条 宪法第八条第一款："农村人民公社、农业生产合作社和其他生产、供销、信用、消费等各种形式的合作经济，是社会主义劳动群众集体所有制经济。参加农村集体经济组织的劳动者，有权在法律规定的范围内经营自留地、自留山、家庭副业和饲养自留畜。"修改为："农村中的家庭联产承包为主的责任制和生产、供销、信用、消费等各种形式的合作经济，是社会主义劳动群众集体所有制经济。参加农村集体经济组织的劳动者，有权在法律规定的范围内经营自留地、自留山、家庭副业和饲养自留畜。"

第七条　宪法第十五条："国家在社会主义公有制基础上实行计划经济。国家通过经济计划的综合平衡和市场调节的辅助作用，保证国民经济按比例地协调发展。""禁止任何组织或者个人扰乱社会经济秩序，破坏国家经济计划。"修改为："国家实行社会主义市场经济。""国家加强经济立法，完善宏观调控。""国家依法禁止任何组织或者个人扰乱社会经济秩序。"

第八条　宪法第十六条："国营企业在服从国家的统一领导和全面完成国家计划的前提下，在法律规定的范围内，有经营管理的自主权。""国营企业依照法律规定，通过职工代表大会和其他形式，实行民主管理。"修改为："国有企业在法律规定的范围内有权自主经营。""国有企业依照法律规定，通过职工代表大会和其他形式，实行民主管理。"

第九条　宪法第十七条："集体经济组织在接受国家计划指导和遵守有关法律的前提下，有独立进行经济活动的自主权。""集体经济组织依照法律规定实行民主管理，由它的全体劳动者选举和罢免管理人员，决定经营管理的重大问题。"修改为："集体经济组织在遵守有关法律的前提下，有独立进行经济活动的自主权。""集体经济组织实行民主管理，依照法律规定选举和罢免管理人员，决定经营管理的重大问题。"

第十条　宪法第四十二条第三款："劳动是一切有劳动能力的公民的光荣职责。国营企业和城乡集体经济组织的劳动者都应当以国家主人翁的态度对待自己的劳动。国家提倡社会主义劳动竞赛，奖励劳动模范和先进工作者。国家提倡公民从事义务劳动。"修改为："劳动是一切有劳动能力的公民的光荣职责。国有企业和城乡集体经济组织的劳动者都应当以国家主人翁的态度对待自己的劳动。国家提倡社会主义劳动竞赛，奖励劳动模范和先进工作者。国家提倡公民从事义务劳动。"

第十一条　宪法第九十八条："省、直辖市、设区的市的人民代表大会每届任期五年。县、不设区的市、市辖区、乡、民族乡、镇的人民代表大会每届任期三年。"修改为："省、直辖市、县、市、市辖区的人民代表大会每届任期五年。乡、民族乡、镇的人民代表大会每届任期三年。"

（一）七届全国人大常委会第三十次会议听取和讨论中共中央关于修改宪法部分内容的建议

中国共产党中央委员会
关于修改宪法部分内容的建议

第七届全国人民代表大会常务委员会：

根据我国改革开放和社会主义现代化建设事业进一步发展的实践，中国共产党中央委员会提出修改中华人民共和国宪法部分内容的建议：

一、宪法序言第七自然段后两句："今后国家的根本任务是集中力量进行社会主义现代化建设。中国各族人民将继续在中国共产党领导下，在马克思列宁主义、毛泽东思想指引下，坚持人民民主专政，坚持社会主义道路，不断完善社会主义的各项制度，发展社会主义民主，健全社会主义法制，自力更生，艰苦奋斗，逐步实现工业、农业、国防和科学技术的现代化，把我国建设成为高度文明、高度民主的社会主义国家。"修改为："我国正处于社会主义初级阶段。国家的根本任务是，根据建设有中国特色社会主义的理论，集中力量进行社会主义现代化建设。中国各族人民将继续在中国共产党领导下，在马克思列宁主义、毛泽东思想指引下，坚持人民民主专政，坚持社会主义道路，坚持改革开放，不断完善社会主义的各项制度，发展社会主义民主，健全社会主义法制，自力更生，艰苦奋斗，逐步实现工业、农业、国防和科学技术的现代化，把我国建设成为富强、民主、文明的社会主义国家。"

二、宪法第七条："国营经济是社会主义全民所有制经济，是国民经济中的主导力量。国家保障国营经济的巩固和发展。"修改为："国有经济，即社会主义全民所有制经济，是国民经济中的主导力量。国家保障国有经济的巩固和发展。"

三、宪法第八条第一款："农村人民公社、农业生产合作社和其他生产、供销、信用、消费等各种形式的合作经济，是社会主义劳动群众集体所有制经济。参加农村集体经济组织的劳动者，有权在法律规定的范围内经营自留地、自留山、家庭副业和饲养自留畜。"修改为："农村中的家庭联产承包为主的责任制和生产、供销、信用、消费等各种形式的合作经济，是社会主义劳动群众集体所有制经济。参加农村集体经济组织的劳动者，有权在法律规定的范围内经营自留地、自留山、家庭副业和饲养自留畜。"

四、宪法第十五条："国家在社会主义公有制基础上实行计划经济。国家通过经济计划的综合平衡和市场调节的辅助作用，保证国民经济按比例地协调发展。""禁止任何组织或者个人扰乱社会经济秩序，破坏国家经济计划。"修改为："国家实行社会主义市场经济。""国家加强经济立法，改善宏观调控，依法禁止任何组织或者个人扰乱社会经济秩序。"

五、宪法第十六条："国营企业在服从国家的统一领导和全面完成国家计划的前提下，在法律规定的范围内，有经营管理的自主权。""国营企业依照法律规定，通过职工代表大会和其他形式，实行民主管理。"修改为："国有企业在法律规定的范围内有权自主经营。""国有企业依照法律规定，通过职工代表大会和其他形式，实行民主管理。"

六、宪法第十七条："集体经济组织在接受国家计划指导和遵守有关法律的前提下，有独立进行经济活动的自主权。""集体经济组织依照法律规定实行民主管理，由它的全体劳动者选举和罢免管理人员，决定经营管理的重大问题。"修改为："集体经济组织在遵守有关法律的前提下，有独立进行经济活动的自主权。""集体经济组织依照法律规定实行民主管理。"

七、宪法第四十二条第三款："劳动是一切有劳动能力的公民的光荣职责。国营企业和城乡集体经济组织的劳动者都应当以国家主人翁的态度对待自己的劳动。国家提倡社会主义劳动竞赛，奖励劳动模范和先进工作者。国家提倡公民从事义务劳动。"修改为："劳动是一切有劳动能力的公民的光荣职责。国有企业和城乡集体经济组织的劳动者都应当以国家主人翁的态度对待自己的劳动。国家提倡社会主义劳动竞赛，奖励劳动模范和先进工作者。国家提倡公民从事义务劳动。"

八、宪法第九十八条："省、直辖市、设区的市的人民代表大会每届任期五年。县、不设区的市、市辖区、乡、民族乡、镇的人民代表大会每届任期三年。"修改为:"省、直辖市、县、市、市辖区的人民代表大会每届任期五年。乡、民族乡、镇的人民代表大会每届任期三年。"

以上建议,请第七届全国人民代表大会常务委员会审议决定提请第八届全国人民代表大会第一次会议审议。

附:宪法原条文与修改后条文对照表

中国共产党中央委员会

1993 年 2 月 14 日

附:

宪法原条文与修改后条文对照表

	原条文	修改后条文
序言第七自然段后两句	"今后国家的根本任务是集中力量进行社会主义现代化建设。中国各族人民将继续在中国共产党领导下,在马克思列宁主义、毛泽东思想指引下,坚持人民民主专政,坚持社会主义道路,不断完善社会主义的各项制度,发展社会主义民主,健全社会主义法制,自力更生,艰苦奋斗,逐步实现工业、农业、国防和科学技术的现代化,把我国建设成为高度文明、高度民主的社会主义国家。"	"**我国正处于社会主义初级阶段。**国家的根本任务是,**根据建设有中国特色社会主义的理论,**集中力量进行社会主义现代化建设。中国各族人民将继续在中国共产党领导下,在马克思列宁主义、毛泽东思想指引下,坚持人民民主专政,坚持社会主义道路,**坚持改革开放,**不断完善社会主义的各项制度,发展社会主义民主,健全社会主义法制,自力更生,艰苦奋斗,逐步实现工业、农业、国防和科学技术的现代化,把我国建设成为**富强、民主、文明**的社会主义国家。"
第七条	"国营经济是社会主义全民所有制经济,是国民经济中的主导力量。国家保障国营经济的巩固和发展。"	"**国有经济,即社会主义全民所有制经济,**是国民经济中的主导力量。国家保障**国有经济**的巩固和发展。"

续表

	原条文	修改后条文
第八条第一款	"农村人民公社、农业生产合作社和其他生产、供销、信用、消费等各种形式的合作经济，是社会主义劳动群众集体所有制经济。参加农村集体经济组织的劳动者，有权在法律规定的范围内经营自留地、自留山、家庭副业和饲养自留畜"。	**"农村中的家庭联产承包为主的责任制和生产**、供销、信用、消费等各种形式的合作经济，是社会主义劳动群众集体所有制经济。参加农村集体经济组织的劳动者，有权在法律规定的范围内经营自留地、自留山、家庭副业和饲养自留畜。"
第十五条	"国家在社会主义公有制基础上实行计划经济。国家通过经济计划的综合平衡和市场调节的辅助作用，保证国民经济按比例地协调发展。""禁止任何组织或者个人扰乱社会经济秩序，破坏国家经济计划。"	**"国家实行社会主义市场经济。"** **"国家加强经济立法，改善宏观调控**，依法禁止任何组织或者个人扰乱社会经济秩序。"
第十六条	"国营企业在服从国家的统一领导和全面完成国家计划的前提下，在法律规定的范围内，有经营管理的自主权。""国营企业依照法律规定，通过职工代表大会和其他形式，实行民主管理。"	**"国有企业在法律规定的范围内有权自主经营。"** **"国有企业依照法律规定，通过职工代表大会和其他形式，实行民主管理。"**
第十七条	"集体经济组织在接受国家计划指导和遵守有关法律的前提下，有独立进行经济活动的自主权。""集体经济组织依照法律规定实行民主管理，由它的全体劳动者选举和罢免管理人员，决定经营管理的重大问题。"	**"集体经济组织在遵守有关法律的前提下**，有独立进行经济活动的自主权。" **"集体经济组织依照法律规定实行民主管理。"**
第四十二条第三款	"劳动是一切有劳动能力的公民的光荣职责。国营企业和城乡集体经济组织的劳动者都应当以国家主人翁的态度对待自己的劳动。国家提倡社会主义劳动竞赛，奖励劳动模范和先进工作者。国家提倡公民从事义务劳动。"	"劳动是一切有劳动能力的公民的光荣职责。**国有企业**和城乡集体经济组织的劳动者都应当以国家主人翁的态度对待自己的劳动。国家提倡社会主义劳动竞赛，奖励劳动模范和先进工作者。国家提倡公民从事义务劳动。"

续表

	原条文	修改后条文
第九十八条	"省、直辖市、设区的市的人民代表大会每届任期五年。县、不设区的市、市辖区、乡、民族乡、镇的人民代表大会每届任期三年。"	**"省、直辖市、县、市、市辖区的人民代表大会每届任期五年。乡、民族乡、镇的人民代表大会每届任期三年。"**

七届全国人大常委会
第三十次会议分组讨论宪法修正案草案①

七届全国人大常委会第 30 次会议昨天下午和今天连续举行分组讨论。出席会议的委员们普遍对中共中央提出的修改宪法部分内容的建议表示赞成。

在审议宪法修正案草案时，委员们认为，对现行宪法进行适当的修改，是必要的、及时的。他们认为，1982 年的宪法，是在十二大召开之后，根据当时的情况制定的。经过十几年的改革开放实践，对于如何建设社会主义现代化，我们有了许多新的认识和行之有效的经验和政策，很多方面有了重大突破，如邓小平同志建设有中国特色的社会主义理论；社会主义初级阶段理论；在坚持四项基本原则的同时，必须坚持改革开放；企业所有权和经营权的分离；农村家庭联产承包以及社会主义市场经济等等。同时，随着改革开放的继续深入，我国经济形势发生了很大变化，现行宪法中有些提法已经不符合当前形势的需要，也不能与今后的改革开放相适应。

---

① 原载于《人民日报》1993 年 2 月 17 日，原题目为《全国人大常委会委员审议宪法修正案草案时认为适当修改现行宪法是必要的》，现题目为编者所加。

委员们认为，党中央提出的宪法部分内容的修改，包含了新的内容。序言中明确提出我国处于社会主义初级阶段，国家的根本任务是经济建设，并提出改革开放，这体现了邓小平同志建设有中国特色的社会主义的思想，也体现了党的十四大提出的建立社会主义市场经济体制的精神。宪法修正案草案完全符合我国当前的实际，同时也为建设中国特色的社会主义提供了更加完备的法律保障。

委员们对宪法修正案草案中的具体修改条款基本持肯定态度，认为修改得比较得当。有的委员说，改革开放的实践证明，建立社会主义市场经济体制有利于大大解放生产力，促进物质产品不断丰裕。修正案草案中明确规定"国家实行社会主义市场经济"，这将极大地推动我国经济的发展。

一些委员说，将"国营经济"改为"国有经济"，虽只有一字之改，但意义重大，这意味着将经济的所有权与经营权分开了，可以采用国家、集体、个体等多种经营方式，这更有利于调动各方面的积极性，把经济建设搞得更活、更快。

一些委员说，修正案草案中提出"把我国建设成为富强、民主、文明的社会主义国家"，加上了"富强"二字，一来突出了经济的重要性，二来也更能反映经济建设与民主、文明建设的关系。如果不能实现"富强"，民主、文明建设将缺乏相应的经济基础，而民主、文明建设又必定会促进"富强"的进一步实现。可见，富强、民主、文明三者是统一的、缺一不可的。

有的委员提出，修正案草案中明确地写入农村的家庭联产承包责任制，将会大大有助于稳定农村家庭联产承包制，大大有利于农业的发展。

审议中，一些委员还就社会主义市场经济的具体内涵、集体经济组织的经营方式、乡镇人大的任期等问题提出了一些修改意见。

委员们普遍同意在本次常委会对宪法修正案草案进行审议后，提交八届全国人大一次会议审议。

全国人民代表大会常务委员会
关于中华人民共和国宪法修正案草案

（1993 年 2 月 22 日通过）

第七届全国人民代表大会常务委员会第三十次会议讨论了中国共产党中央委员会关于修改中华人民共和国宪法部分内容的建议，依照中华人民共和国宪法第六十四条的规定，提出中华人民共和国宪法部分内容的修正案草案，提请第八届全国人民代表大会第一次会议审议：

一、宪法序言第七自然段后两句："今后国家的根本任务是集中力量进行社会主义现代化建设。中国各族人民将继续在中国共产党领导下，在马克思列宁主义、毛泽东思想指引下，坚持人民民主专政，坚持社会主义道路，不断完善社会主义的各项制度，发展社会主义民主，健全社会主义法制，自力更生，艰苦奋斗，逐步实现工业、农业、国防和科学技术的现代化，把我国建设成为高度文明、高度民主的社会主义国家。"修改为："我国正处于社会主义初级阶段。国家的根本任务是，根据建设有中国特色社会主义的理论，集中力量进行社会主义现代化建设。中国各族人民将继续在中国共产党领导下，在马克思列宁主义、毛泽东思想指引下，坚持人民民主专政，坚持社会主义道路，坚持改革开放，不断完善社会主义的各项制度，发展社会主义民主，健全社会主义法制，自力更生，艰苦奋斗，逐步实现工业、农业、国防和科学技术的现代化，把我国建设成为富强、民主、文明的社会主义国家。"

二、宪法第七条："国营经济是社会主义全民所有制经济，是国民经济中的主导力量。国家保障国营经济的巩固和发展。"修改为："国有经济，即社会主义全民所有制经济，是国民经济中的主导力量。国家保障国有经济的巩固和发展。"

三、宪法第八条第一款："农村人民公社、农业生产合作社和其他生产、供销、信用、消费等各种形式的合作经济，是社会主义劳动群众集体所有制经济。参加农村集体经济组织的劳动者，有权在法律规定的范围内经营自留地、自留山、家庭副业和饲养自留畜。"修改为："农村中的家庭联产承包为主的责任制和生产、供销、信用、消费等各种形式的合作经济，是社会主义劳动群众集体所有制经济。参加农村集体经济组织的劳动者，有权在法律规定的范围内经营自留地、自留山、家庭副业和饲养自留畜。"

四、宪法第十五条："国家在社会主义公有制基础上实行计划经济。国家通过经济计划的综合平衡和市场调节的辅助作用，保证国民经济按比例地协调发展。""禁止任何组织或者个人扰乱社会经济秩序，破坏国家经济计划。"修改为："国家实行社会主义市场经济。""国家加强经济立法，改善宏观调控，依法禁止任何组织或者个人扰乱社会经济秩序。"

五、宪法第十六条："国营企业在服从国家的统一领导和全面完成国家计划的前提下，在法律规定的范围内，有经营管理的自主权。""国营企业依照法律规定，通过职工代表大会和其他形式，实行民主管理。"修改为："国有企业在法律规定的范围内有权自主经营。""国有企业依照法律规定，通过职工代表大会和其他形式，实行民主管理。"

六、宪法第十七条："集体经济组织在接受国家计划指导和遵守有关法律的前提下，有独立进行经济活动的自主权。""集体经济组织依照法律规定实行民主管理，由它的全体劳动者选举和罢免管理人员，决定经营管理的重大问题。"修改为："集体经济组织在遵守有关法律的前提下，有独立进行经济活动的自主权。""集体经济组织依照法律规定实行民主管理。"

七、宪法第四十二条第三款："劳动是一切有劳动能力的公民的光荣职责。国营企业和城乡集体经济组织的劳动者都应当以国家主人翁的态度对待自己的劳动。国家提倡社会主义劳动竞赛，奖励劳动模范和先进工作者。国家提倡公民从事义务劳动。"修改为："劳动是一切有劳动能力的公民的光荣职责。国有企业和城乡集体经济组织的劳动者都应当以国家主人翁的态度对待自己的劳动。国家提倡社会主义劳动竞赛，奖励劳动模范和先进工作者。国家提倡公民从事义务劳动。"

八、宪法第九十八条："省、直辖市、设区的市的人民代表大会每届任期五年。县、不设区的市、市辖区、乡、民族乡、镇的人民代表大会每届任期三年。"修改为："省、直辖市、县、市、市辖区的人民代表大会每届任期五年。乡、民族乡、镇的人民代表大会每届任期三年。"

（二）八届全国人大一次会议审议通过宪法修正案

中国共产党中央委员会
关于修改宪法部分内容的补充建议

第八届全国人民代表大会第一次会议主席团：

现对中共中央提出的修改宪法部分内容的建议，作如下补充和调整：

一、宪法序言第十自然段末尾增加："中国共产党领导的多党合作和政治协商制度将长期存在和发展。"

二、宪法第十五条原修改建议第二款中的"改善宏观调控"，修改为"完善宏观调控"。这一款中的"依法禁止任何组织或者个人扰乱社会经济秩序"，修改为"国家依法禁止任何组织或者个人扰乱社会经济秩序。"列为第三款。

三、宪法第十七条原修改建议第二款的"集体经济组织依照法律规定实行民主管理"，修改为："集体经济组织实行民主管理，依照法律规定选举和罢免管理人员，决定经营管理的重大问题。"

以上建议，请第八届全国人民代表大会第一次会议主席团印发大会。

附件一：根据中共中央建议修改后的宪法部分内容全文

附件二：关于修改宪法部分内容的建议的说明

中国共产党中央委员会

1993 年 3 月 14 日

附件一

根据中共中央建议修改后的宪法部分内容全文

一、宪法序言第七自然段后两句："今后国家的根本任务是集中力量进行社会主义现代化建设。中国各族人民将继续在中国共产党领导下，在马克思列宁主义、毛泽东思想指引下，坚持人民民主专政，坚持社会主义道路，不断完善社会主义的各项制度，发展社会主义民主，健全社会主义法制，自力更生，艰苦奋斗，逐步实现工业、农业、国防和科学技术的现代化，把我国建设成为高度文明、高度民主的社会主义国家。"修改为："我国正处于社会主义初级阶段。国家的根本任务是，根据建设有中国特色社会主义的理论，集中力量进行社会主义现代化建设。中国各族人民将继续在中国共产党领导下，在马克思列宁主义、毛泽东思想指引下，坚持人民民主专政，坚持社会主义道路，坚持改革开放，不断完善社会主义的各项制度，发展社会主义民主，健全社会主义法制，自力更生，艰苦奋斗，逐步实现工业、农业、国防和科学技术的现代化，把我国建设成为富强、民主、文明的社会主义国家。"

二、宪法序言第十自然段末尾增加："中国共产党领导的多党合作和政治协商制度将长期存在和发展。"

三、宪法第七条："国营经济是社会主义全民所有制经济，是国民经济中的主导力量。国家保障国营经济的巩固和发展。"修改为："国有经济，即社会主义全民所有制经济，是国民经济中的主导力量。国家保障国有经济的巩固和发展。"

四、宪法第八条第一款："农村人民公社、农业生产合作社和其他生产、供销、信用、消费等各种形式的合作经济，是社会主义劳动群众集体所有制经济。参加农村集体经济组织的劳动者，有权在法律规定的范围内经营自留地、自留山、家庭副业和饲养自留畜。"修改为："农村中的家庭联产承包为主的责任制和生产、供销、信用、消费等各种形式的合作经济，是社会主义劳动群众集体所有制经济。参加农村集体经济组织的劳动者，有权在法律规定的范围内经营自留地、自留山、家庭副业和饲养自留畜。"

五、宪法第十五条："国家在社会主义公有制基础上实行计划经济。国家通过经济计划的综合平衡和市场调节的辅助作用，保证国民经济按比例地协调发展。""禁止任何组织或者个人扰乱社会经济秩序，破坏国家经济计划。"修改为："国家实行社会主义市场经济。""国家加强经济立法，完善宏观调控。""国家依法禁止任何组织或者个人扰乱社会经济秩序。"

六、宪法第十六条："国营企业在服从国家的统一领导和全面完成国家计划的前提下，在法律规定的范围内，有经营管理的自主权。""国营企业依照法律规定，通过职工代表大会和其他形式，实行民主管理。"修改为："国有企业在法律规定的范围内有权自主经营。""国有企业依照法律规定，通过职工代表大会和其他形式，实行民主管理。"

七、宪法第十七条："集体经济组织在接受国家计划指导和遵守有关法律的前提下，有独立进行经济活动的自主权。""集体经济组织依照法律规定实行民主管理，由它的全体劳动者选举和罢免管理人员，决定经营管理的重大问题。"修改为："集体经济组织在遵守有关法律的前提下，有独立进行经济活动的自主权。""集体经济组织实行民主管理，依照法律规定选举和罢免管理人员，决定经营管理的重大问题。"

八、宪法第四十二条第三款："劳动是一切有劳动能力的公民的光荣职责。国营企业和城乡集体经济组织的劳动者都应当以国家主人翁的态度对待自己的劳动。国家提倡社会主义劳动竞赛，奖励劳动模范和先进工作者。国家提倡公民从事义务劳动。"修改为："劳动是一切有劳动能力的公民的光荣职责。国有企业和城乡集体经济组织的劳动者都应当以国家主人翁的态度对待自己的劳动。国家提倡社会主义劳动竞赛，奖励劳动模范和先进工作者。国家提倡公民从事义务劳动。"

九、宪法第九十八条："省、直辖市、设区的市的人民代表大会每届任期五年。县、不设区的市、市辖区、乡、民族乡、镇的人民代表大会每届任期三年。"修改为："省、直辖市、县、市、市辖区的人民代表大会每届任期五年。乡、民族乡、镇的人民代表大会每届任期三年。"

附件二

关于修改宪法部分内容的建议的说明

1982 年制定的宪法是一部好宪法，在国家的政治、经济和社会生活等方面发挥了重要作用。但是，随着我国改革开放和社会主义现代化建设事业的不断发展，宪法的有些规定已经同国家政治、经济和社会生活的现实情况不相适应，需要依照法定程序作必要修改和补充。

这次宪法修改，以党的十四大精神为指导，对涉及国家经济、政治、社会生活的重大问题的有关规定，必须进行修改的加以修改。修改中突出了建设有中国特色社会主义的理论和党的基本路线，并根据十多年来我国社会主义现代化建设和改革开放的新经验，着重对社会主义经济制度的有关规定作了修改和补充，使其更加符合现实情况和发展的需要。这次修改宪法不是作全面修改，可改可不改的不改，有些问题今后可以采取宪法解释的方式予以解决。宪法修改方式，继续沿用 1988 年的修正案方式，同时在出版的文本中按修正案把原文改过来。

下面对中共中央关于修改宪法部分内容的建议作几点说明。

一、关于宪法序言第七自然段后两句，建议增加"我国正处在社会主义初级阶段"，"建设有中国特色社会主义的理论"和"坚持改革开放"的内容，将"高度文明、高度民主"改为"富强、民主、文明"。这样修改，表明了建设有中国特色社会主义理论的指导地位，比较集中、完善地表述了党的基本路线。中国共产党领导全国人民在党的十一届三中全会以来的伟大实践中，坚持把马克思主义基本原理同中国具体实际相结合，逐步形成和发展了建设有中国特色社会主义的理论。这一理论符合广大人民的利益和要求。十四年来的实践经验，集中到一点，就是要毫不动摇地坚持以建设有中国特色社会主义理论为指导的党的基本路线。这是我们事业能够经受风险考验，顺利达到目标的最可靠保证。把建设有中国特色社会主义的理论和基本路线，明确载入宪法，具有重大的现实意义和深远的历史意义。

二、关于宪法序言第十自然段，建议增加"中国共产党领导的多党合作和政治协商制度将长期存在和发展"。中国共产党领导的多党合作和政治协商制度，是由我国具体历史条件和现实条件所决定的，在建设有中国特色社会主义中发挥着重要的作用。把它写进宪法，肯定了这一制度将长期存在，不断完善和发展。

三、关于宪法第八条第一款，建议删去"人民公社、农业生产合作社"，增加"家庭联产承包为主的责任制"的内容。家庭联产承包为主的责任制，是在农村土地集体所有的前提下生产资料与劳动者结合的一种方式，是社会主义劳动群众集体所有制经济的一种形式，并且是现阶段农村中农业生产合作经济的主要形式。实行家庭联产承包为主的责任制，不是解决温饱问题的权宜之计，而要作为农村集体所有制经济的一种基本形式和制度长期稳定下来，并不断加以完善。

四、关于宪法第十五条第一款，建议修改为"国家实行社会主义市场经济"。改革开放的实践证明，社会主义市场经济是促进物质产品不断丰裕的经济机制，它有利于解放和发展生产力。党的十四大提出我国经济体制改革的目标是建立社会主义市场经济体制。宪法第十五条第一款的这一修改，必将极大地推动我国经济的发展。在征求意见中，一些同志建议对社会主义市场经济的内容作出具体规定。考虑到社会主义市场经济正在发展中，目前还很难用法律语言对它作出具体规定。江泽民同志在党的十四大报告中对社会主义市场经济作了阐述。必要时可以据此对社会主义市场经济的具体内涵作出宪法解释。

这一条的第二款建议修改为："国家加强经济立法，完善宏观调控。"第三款建议修改为："国家依法禁止任何组织或者个人扰乱社会经济秩序。"发展社会主义市场经济，要有比较完备的法律作保障。因此抓紧建立有关市场经济运行方面的法律是国家的一项迫切任务。国家的宏观调控，包括采取经济的、法律的、行政的等手段。这里没有写计划指导，是因为计划指导本身就是宏观调控的基本内容。为了保障社会主义市场经济的顺利发展，规定"国家依法禁止任何组织或者个人扰乱社会经济秩序"，是必要的。

五、关于宪法第十六条、第十七条，由于宪法第十五条作了根本性的改动，这两条也须作相应的修改。建议将"国营企业"改为"国有企业"，更加突出国有企业的经营自主权和集体经济组织独立进行经济活动的自主权。

由于第十六条中的"国营企业"改为"国有企业"，建议第七条、第四十二条中的"国营经济"、"国营企业"也相应改为"国有经济"、"国有企业"。这一字之改，准确地体现了全民所有制经济的所有权和经营权的区别，为我国国有企业改革的发展和深化提供了宪法依据。

第十七条第二款，建议修改为"集体经济组织实行民主管理，依照法律规定选举和罢免管理人员，决定经营管理的重大问题。"这是考虑到我国集体经济体制已经发生了很大变化，"它的全体劳动者"是指企业全体职工还是指企业所有者，目前没有明确的界定。现在集体经济组织的形式正在发展中，出现了各种各样的股份制公司、合作制经济等，其内部的民主管理形式也是多种多样的。将由法律、行政法规规定，宪法不必作出具体规定。

六、关于宪法第九十八条，建议将县级人大的任期由三年改为五年。近几年来各省、自治区、直辖市和许多全国人大代表要求延长县级人大和政府任期。这样修改与党章中关于县级党委的任期规定也相适应。由于民族自治地方的自治机关在宪法第三章中已有专节规定，因此第九十八条中未作规定。县级人大任期五年，包括了自治县人大任期同样改为五年。修改后第九十八条的"市"，既包括设区的市、也包括不设区的市。

征求意见中，大多数省、自治区、直辖市赞成这一修改，有几个省主张乡级人大任期也改为五年，以减少换届选举的工作量。考虑到乡级政权是最基层的政权组织，任期不宜过长，并且目前乡镇长保持三年稳定尚不能完全做到，因此，乡镇人大任期以不改动为好。至于换届选举工作量过大问题，可在实践中进一步研究改进。

此外，在征求意见和讨论中，有的地方或单位还提出了另外一些修改意见。现对未采纳的几条意见，简要说明如下：

1. 有的建议，在序言或总纲中增加规定"一国两制"方针的表述。

宪法第三十一条已为香港基本法和正在制定的澳门基本法提供了依据，可以不再作其他修改补充。

2. 有的提出，宪法第六条第二款关于按劳分配原则的规定修改为"实行按劳分配为主，其它分配方式为补充的分配制度。"

宪法第六条规定社会主义公有制实行按劳分配的原则，并不排除按劳分配以外的其它分配方式。必要时可作宪法解释。

3. 有的建议，增加规定中央军委立法权的内容。

中央军委可以而且已经制定适用于军队内部的军事法规，宪法中可以不再作规定。

4. 有的建议，将第六十二条关于全国人大审查和批准国家预算的规定修改为审查和批准中央预算，将第九十九条关于地方各级人大审查和批准本行政区域内的预算的规定，修改为审查和批准本级政府预算。

这个问题可在《预算法》中作具体规定，也可在国务院向全国人大提交的预算报告中作出解释、说明。宪法可以不作修改。

5. 有的建议，在第七十条中增加规定全国人大设立宪法监督委员会的内容。

根据宪法第七十条的规定，全国人大可以设立专门委员会性质的宪法监督委员会，宪法可以不再作规定。

八届全国人大一次会议主席团举行第二次会议①

(1993 年 3 月 18 日)

八届全国人大一次会议主席团今天下午在人民大会堂举行第二次会议。会议决定将 3 月 14 日中共中央向大会主席团提出的关于修改宪法部分内容的补充建议，2 月 14 日中共中央关于修改宪法部分内容的建议和七届全国人大常委会提出的宪法修正草案，提请全国人民代表大会表决。

会议由常务主席乔石主持。

中共中央关于修改宪法部分内容的补充建议主要内容有三条：

一、宪法序言第十自然段末尾增加："中国共产党领导的多党合作和政治协商制度将长期存在和发展。"二、宪法第十五条原修改建议第二款中的"改善宏观调控"，修改为"完善宏观调控"。这一款中的"依法禁止任何组织或者个人扰乱社会经济秩序"，修改为"国家依法禁止任何组织或者个人扰乱社会经济秩序"。列为第三款。三、宪法第十七条原修改建议第二款的"集体经济组织依照法律规定实行民主管理"，修改为："集体经济组织实行民主管理，依照法律规定选举和罢免管理人员，决定经营管理的重大问题。"

中共中央关于修改宪法部分内容的建议的说明指出，1982 年制定的宪法是一部好宪法，在国家的政治、经济和社会生活等方面发挥了重要作用。但是，随着我国改革开放和社会主义现代化建设事业的不断发展，宪法的有些规定已经同国家政治、经济和社会生活的现实情况不相适应，需要依照法定程序作必要的修改和补充。

说明指出，这次宪法修改，以党的十四大精神为指导，对涉及国家经济、

---

① 原载于《人民日报》1993 年 3 月 19 日，原题目为《人大会议主席团举行第二次会议 决定将关于修改宪法部分内容的补充建议等提请大会表决 人大代表政协委员继续分组审议讨论政府工作报告》，现题目为编者所加。原文有删减。

政治、社会生活的重大问题的有关规定，必须进行修改的加以修改。修改中突出了建设有中国特色社会主义的理论和党的基本路线，并根据十多年来我国社会主义现代化建设和改革开放的新经验，着重对社会主义经济制度的有关规定作了修改和补充，使其更加符合现实情况和发展的需要。这次修改宪法不是作全面修改，可改可不改的不改，有些问题今后可以采取宪法解释的方式予以解决。宪法修改方式，继续沿用 1988 年的修正案方式，同时在出版的文本中按修正案把原文改过来。

会议还分别表决通过了将关于国务院机构改革方案的决定草案、会议选举和决定任命办法草案、关于澳门特别行政区基本法草案的审议程序和表决办法草案，提请大会通过。

八届全国人大一次会议举行第三次全体会议①

（1993 年 3 月 20 日）

八届全国人大一次会议今天下午举行第三次大会，审议中华人民共和国宪法修正案草案、听取关于中华人民共和国澳门特别行政区基本法草案及有关文件的说明、全国人大常委会副委员长兼秘书长彭冲作全国人民代表大会常务委员会工作报告、通过八届全国人大一次会议选举和决定任命办法、通过关于《中华人民共和国澳门特别行政区基本法（草案）》的审议程序和表决办法。

大会宣读了全国人民代表大会常务委员会关于中华人民共和国宪法修正案草案、中共中央关于修改宪法部分内容的建议和补充建议。第七届全国人民代表大会常务委员会第三十次会议讨论了中国共产党中央委员会关于修改中华人民共和国宪法部分内容的建议，依照中华人民共和国宪法第六十四条的规定，提出中华人民共和国宪法部分内容的修正案草案，提请第八届全国

---

① 原载于《人民日报》1993 年 3 月 21 日，原题目为《人大会议举行第三次大会 审议宪法修正案草案 听取彭冲作工作报告 通过选举和决定任命办法等》，现题目为编者所加。

人民代表大会第一次会议审议。经过各代表团审议后，将由大会主席团根据代表意见通过宪法修正案草案，最后提请大会表决。

中华人民共和国澳门特别行政区基本法起草委员会主任委员姬鹏飞作关于《中华人民共和国澳门特别行政区基本法（草案）》和有关文件及起草工作的说明。他说，中华人民共和国澳门特别行政区基本法起草委员会经过四年零四个月的工作，现已全部完成起草基本法的任务。由于国家对香港和澳门的基本方针政策是相同的，香港和澳门两个特别行政区的基本法都根据我国宪法第 31 条和"一国两制"的总方针以及国家对港澳的基本政策来制定，所以澳门特别行政区基本法草案的总体结构和主要原则与香港特别行政区基本法是一致的。姬鹏飞受起草委员会的委托就这些法律文件作了具体说明。

全国人民代表大会常务委员会副委员长兼秘书长彭冲受七届全国人民代表大会常务委员会的委托，向大会作了《全国人民代表大会常务委员会工作报告》。他报告了本届常委会五年来的主要工作：一、增强立法工作计划性，加快立法步伐；二、开展对法律实施的检查，改进监督工作；三、加强制度建设，促进常委会工作规范化程序化；四、各专门委员会努力履行职责，做好各项工作；五、坚持依法办事，搞好换届选举；六、积极开展外事活动，发展同外国议会的交往与合作关系。

会议经过表决，通过了八届全国人大一次会议选举和决定任命办法。办法规定，全国人大常委会委员长、副委员长、秘书长、委员的人选，国家主席、副主席的人选，中央军事委员会主席的人选，最高人民法院院长和最高人民检察院检察长的人选，由主席团提名，经各代表团酝酿协商后，再由主席团根据多数代表的意见确定正式候选人名单。国务院总理的人选由国家主席提名；国务院副总理、国务委员、各部部长、各委员会主任、审计长、秘书长的人选由国务院总理提名；中央军事委员会副主席、委员的人选由中央军事委员会主席提名。

办法规定，第八届全国人民代表大会常务委员会组成人员的名额与第七届相同，为 155 人。委员长、副委员长、秘书长提名 21 人，实行等额选举。委员实行差额选举，应选名额 134 人，提名 141 人，差额 7 人。国家主席、副主席，中央军事委员会主席，最高人民法院院长，最高人民检察院检察长，实行等额选举。第八届全国人民代表大会第一次会议进行选举和决定任命，采用无记名投票方式。

　　会议还通过了关于澳门特别行政区基本法草案的审议程序和表决办法。办法规定，澳门基本法草案整个草案以按表决器方式一次表决，由全体代表的过半数通过。

　　今天的大会由执行主席王汉斌主持，其他执行主席孙起孟、王群、叶公琦、白清才、李泽民、赵东宛、贾志杰在主席台前排就座。

八届全国人大一次会议分组审议
讨论宪法修正案草案①

　　连日来，参加八届人大一次会议和政协八届一次会议的代表、委员，分组审议讨论《宪法修正案草案》。他们普遍认为，这次修宪把建设有中国特色社会主义的理论和以经济建设为中心的党的基本路线正式写进宪法，是 10 多年改革开放经验的科学总结，具有重大的现实意义和深远的历史意义。同时，代表、委员也提出了一些具体的修改意见。

　　有的代表说，1982 年五届全国人大五次会议制订、1988 年七届全国人大作了部分修改的我国现行宪法，已被实践证明是一部有中国特色的、适应现代化建设需要的好宪法，但随着改革开放和现代化建设的发展，其中有些条文已经不能适应今天的现实生活。因此这次修改宪法是改革开放和现代化建设的客观要求，是国家改革和发展中顺理成章的事情。此次修改宪法虽然改动文字不多，但是反映了国家政治、经济和社会生活的重大变化。

　　湖南代表刘夫生说，宪法修正草案对国家发展和建设的若干重大问题给予确认，特别是把"社会主义初级阶段"、"坚持改革开放"和"国家实行社会主义市场经济"写进宪法，准确充分地反映了现阶段的实际。把"高度文明、高度民主"改为"富强、民主、文明"，突出了经济建设，把经济基础

---

　　①　原载于《人民日报》1993 年 3 月 25 日，原题目为《人大代表政协委员分组讨论认为修改宪法意义重大影响深远》，现题目为编者所加。

与上层建筑的关系阐述得更加清晰。江苏代表曹鸿鸣说，修正案草案将"联产承包责任制"写入宪法，体现了我们国家将在农村长期实施并且发展这一制度；将"国营经济"改为"国有经济"，一字之差，非同小可，它将使国有企业的经营权与所有权分离，为转换企业的经营机制提供了法律保障，有利于我们采取多种经营管理形式搞活国有企业。北京代表浦洁修说，修改中增加了中国共产党领导的多党合作和政治协商制度将长期存在和发展，这有利于社会的长期安定，是十分必要的。

中华全国律师协会理事张斌生代表说，市场经济也是法制经济。外商来中国投资，最关心的是有没有法律保护投资者的利益。市场是有风险的，需要社会保障体系，而法律建设是最重要的保障建设。他强调立法之后更要抓执法和普法，要维护法律威严和尊严。领导干部要带头尊重法律，维护法律。

许多经济界、法律界的政协委员认为，现行宪法中的某些条款已经老化，其中对国营经济、人民公社等的表述与当今中国的现实明显不符，有关经济制度所依据的观念，需要根据现实生活的发展作适当改变。

中国社会科学院法学所研究员陈春龙委员认为，宪法是国家的根本大法，要保证其权威性，不能随意改动。但现在与以前相比，社会已发生重大的变化，特别是确立了建立社会主义市场经济的目标。新的经济模式需要宪法给它确立地位，如果片面强调宪法的稳定，也会失去其权威性。

中共中央党校副校长、经济学家苏星委员指出，市场经济是法制经济，本质上要用法律的形式来规范和调整。确定市场经济在宪法中的地位，意味着中国开始大规模完善以宪法为依据的各种经济法规，从而把以市场为取向的改革完全纳入以宪法为核心的法制体系中。

对中华人民共和国
宪法修正案草案的补充修正案

我们赞同中共中央关于修改宪法部分内容的补充建议，依照中华人民共和国宪法第六十四条的规定，提出对中华人民共和国宪法修正案草案的补充修正案草案：

一、宪法序言第十自然段末尾增加："中国共产党领导的多党合作和政治协商制度将长期存在和发展。"

二、宪法第十五条原修改建议第二款中的"改善宏观调控"，修改为"完善宏观调控"。这一款中的"依法禁止任何组织或者个人扰乱社会经济秩序"，修改为"国家依法禁止任何组织或者个人扰乱社会经济秩序。"列为第三款。

三、宪法第十七条原修改建议第二款的"集体经济组织依照法律规定实行民主管理"，修改为："集体经济组织实行民主管理，依照法律规定选举和罢免管理人员，决定经营管理的重大问题。"

北京市等 32 个代表团

2383 名代表（名单略）

1993 年 3 月 23 日

八届全国人大一次会议主席团举行第三次会议①

(1993 年 3 月 24 日)

八届全国人大一次会议主席团于今天下午举行第三次会议。

今天的会议由大会主席团常务主席乔石主持。

从 3 月 22 日起，八届全国人民代表大会第一次会议各代表团讨论了七届全国人大常委会关于中华人民共和国宪法修正案草案和中共中央关于修改宪法部分内容的补充建议。代表们表示同意全国人大常委会关于修改宪法修正案草案和中共中央关于修改宪法部分内容的补充建议。经过讨论，有 2383 名代表根据中共中央关于修改宪法部分内容的补充建议，提出了对宪法修正案草案的补充修正案。主席团建议将全国人大常委会关于中华人民共和国宪法修正案草案和代表们提出的对宪法修正案草案的补充修正案合并为宪法修正案草案，请各代表团审议。

由于 1988 年 4 月 12 日七届全国人大一次会议通过了宪法修正案第一条、第二条，所以这次提出的宪法修正案草案从第三条开始。会议表决通过将宪法修正案草案提交各代表团审议。

会议还表决通过了关于政府工作报告的决议草案，提请各代表团审议；通过了财经委员会主任委员柳随年作的关于 1992 年国民经济和社会发展情况与 1993 年计划草案的审查报告、关于 1992 年国家预算执行情况和 1993 年国家预算草案的审查报告，将这两个审查报告印发全体代表；通过了关于 1992 年国民经济和社会发展情况与 1993 年计划的决议草案、关于 1992 年国家预算执行情况和 1993 年国家预算的决议草案，提请各代表团审议，最后提请大会表决。

广东省代表团向大会提出了建议八届全国人大一次会议通过决议，成立香港特别行政区筹备委员会的预备工作委员会的议案。经主席团常务主席讨

---

① 原载于《人民日报》1993 年 3 月 25 日，原题目为《人大会议主席团举行第三次会议建议将宪法修正案草案提交各代表团审议；表决通过关于政府工作报告的决议草案和五个候选人名单草案等，乔石主持会议》，现题目为编者所加。

论，建议将这一议案列入大会议程。根据广东省代表团的这个议案，大会秘书处草拟了一个决定草案，经主席团常务主席研究同意，提请主席团审议。会议分别表决通过了广东省代表团的议案和大会秘书处草拟的决定草案，并将这两个文件印发各代表团审议。

会议还听取了主席团常务主席胡锦涛作的关于中共中央推荐提出的八届全国人大常委会委员长、副委员长、秘书长、委员，国家主席、副主席，中央军事委员会主席，最高人民法院院长，最高人民检察院检察长候选人名单草案的说明。会议分别表决通过了这5个名单草案，作为主席团提名，交各代表团酝酿协商。

八届全国人大一次会议主席团举行第五次会议①

（1993 年 3 月 29 日）

八届全国人大一次会议主席团于今天上午在人民大会堂举行第五次会议。会议由主席团常务主席乔石主持。

今天的会议通过了中华人民共和国宪法修正案草案，将草案印发各代表团，提请大会通过。

会议通过了全国人大法律委员会主任委员薛驹作的关于澳门特别行政区基本法草案审议结果的报告。

今天的会议还通过了《中华人民共和国澳门特别行政区基本法（草案）》，包括三个附件和区旗图案、区徽图案草案；会议听取了主席团常务主席王汉斌关于设立澳门特别行政区的决定草案和《关于中华人民共和国澳门特别行政区基本法的决定（草案）》的说明后，通过了这两项草案；会议还通过了关于澳门特别行政区第一届政府、立法会和司法机关产生办法的决定草案，关于批准澳门特别行政区基本法起草委员会，关于设立全国人民代表

---

① 原载于《人民日报》1993 年 3 月 30 日，原题目为《人大会议主席团举行第五次会议　通过宪法修正案草案和澳门特别行政区基本法草案等》，现题目为编者所加。

大会常务委员会澳门特别行政区基本法委员会的建议的决定草案，会议决定将以上几个草案提请大会表决。

关于七届全国人大常委会工作报告的决议草案，关于最高人民法院工作报告的决议草案，关于最高人民检察院工作报告的决议草案，也在会议上经表决通过。会议决定，会后将以上几个文件印发各代表团审议，提请大会表决。

会议通过了八届全国人大一次会议副秘书长曹志在会上作的关于八届全国人大一次会议代表提出的议案和建议的处理意见的报告，将报告印发全体代表。

八届全国人大一次会议举行第七次大会①

（1993 年 3 月 29 日）

八届全国人大一次会议今天下午举行第七次大会。会议根据国务院总理李鹏的提名，决定了新一届国务院组成人员；表决通过了宪法修正案。（见第四版）

今天的大会由执行主席田纪云主持。他宣布：2898 名代表出席会议，符合法定人数。

会议首先宣读了李鹏总理提名国务院副总理、国务委员、各部部长、各委员会主任、审计长、秘书长人选的信，宣读了宪法修正案草案。

经过监票人验查票箱、工作人员发票，代表们写票，下午 3 时 38 分投票开始。代表们分别走到设置在会场内的 22 个票箱前，将粉红色、黄色两种颜色的选票依次投入票箱，分别就国务院组成人员人选、宪法修正案草案进行表决。

下午 4 时 35 分，大会宣布表决结果：李鹏总理提名的国务院组成人员人选全部通过。这时，会场里响起热烈的掌声。

---

① 原载于《人民日报》1993 年 3 月 30 日，原题目为《八届全国人大一次会议举行第七次大会 决定国务院组成人员 通过宪法修正案 朱镕基、邹家华、钱其琛、李岚清为国务院副总理 李铁映、迟浩田、宋健、李贵鲜、陈俊生、司马义·艾买提、彭珮云、罗干为国务委员》，现题目为编者所加。

根据表决结果，朱镕基、邹家华、钱其琛、李岚清为国务院副总理；李铁映、迟浩田、宋健、李贵鲜、陈俊生、司马义·艾买提、彭珮云、罗干为国务委员。

大会还宣布：会议通过中华人民共和国宪法修正案。这时，会场里又响起热烈的掌声。

根据本次会议通过各专门委员会组成人员人选办法的规定，今天的会议以按表决器方式，分别通过了八届全国人大民族委员会、内务司法委员会、教育科学文化卫生委员会、外事委员会、华侨委员会、环境保护委员会的主任委员、副主任委员、委员名单。当上述各项名单通过时，代表们热烈鼓掌。

今天在主席台前排就座的大会执行主席还有倪志福、马万祺、曲格平、孙维本、赵富林、顾金池、普朝柱。

中华人民共和国
全国人民代表大会公告

第八号

中华人民共和国宪法修正案已由中华人民共和国第八届全国人民代表大会第一次会议于 1993 年 3 月 29 日通过，现予公布施行。

中华人民共和国第八届全国人民
代表大会第一次会议主席团
1993 年 3 月 29 日于北京

四、中华人民共和国宪法修正案

(1999 年 3 月 15 日第九届全国人民代表大会第二次会议通过)

第十二条　宪法序言第七自然段："中国新民主主义革命的胜利和社会主义事业的成就，都是中国共产党领导中国各族人民，在马克思列宁主义、毛泽东思想的指引下，坚持真理，修正错误，战胜许多艰难险阻而取得的。我国正处于社会主义初级阶段。国家的根本任务是，根据建设有中国特色社会主义的理论，集中力量进行社会主义现代化建设。中国各族人民将继续在中国共产党领导下，在马克思列宁主义、毛泽东思想指引下，坚持人民民主专政，坚持社会主义道路，坚持改革开放，不断完善社会主义的各项制度，发展社会主义民主，健全社会主义法制，自力更生，艰苦奋斗，逐步实现工业、农业、国防和科学技术的现代化，把我国建设成为富强、民主、文明的社会主义国家。"修改为："中国新民主主义革命的胜利和社会主义事业的成就，是中国共产党领导中国各族人民，在马克思列宁主义、毛泽东思想的指引下，坚持真理，修正错误，战胜许多艰难险阻而取得的。我国将长期处于社会主义初级阶段。国家的根本任务是，沿着建设有中国特色社会主义的道路，集中力量进行社会主义现代化建设。中国各族人民将继续在中国共产党领导下，在马克思列宁主义、毛泽东思想、邓小平理论指引下，坚持人民民主专政，坚持社会主义道路，坚持改革开放，不断完善社会主义的各项制度，发展社会主义市场经济，发展社会主义民主，健全社会主义法制，自力更生，艰苦奋斗，逐步实现工业、农业、国防和科学技术的现代化，把我国建设成为富强、民主、文明的社会主义国家。"

第十三条　宪法第五条增加一款，作为第一款，规定："中华人民共和国实行依法治国，建设社会主义法治国家。"

第十四条　宪法第六条："中华人民共和国的社会主义经济制度的基础是生产资料的社会主义公有制，即全民所有制和劳动群众集体所有制。""社会主义公有制消灭人剥削人的制度，实行各尽所能，按劳分配的原则。"修

改为："中华人民共和国的社会主义经济制度的基础是生产资料的社会主义
公有制，即全民所有制和劳动群众集体所有制。社会主义公有制消灭人剥削
人的制度，实行各尽所能、按劳分配的原则。""国家在社会主义初级阶段，
坚持公有制为主体、多种所有制经济共同发展的基本经济制度，坚持按劳分
配为主体、多种分配方式并存的分配制度。"

第十五条　宪法第八条第一款："农村中的家庭联产承包为主的责任制
和生产、供销、信用、消费等各种形式的合作经济，是社会主义劳动群众集
体所有制经济。参加农村集体经济组织的劳动者，有权在法律规定的范围内
经营自留地、自留山、家庭副业和饲养自留畜。"修改为："农村集体经济组
织实行家庭承包经营为基础、统分结合的双层经营体制。农村中的生产、供
销、信用、消费等各种形式的合作经济，是社会主义劳动群众集体所有制经
济。参加农村集体经济组织的劳动者，有权在法律规定的范围内经营自留地、
自留山、家庭副业和饲养自留畜。"

第十六条　宪法第十一条："在法律规定范围内的城乡劳动者个体经
济，是社会主义公有制经济的补充。国家保护个体经济的合法的权利和利
益。""国家通过行政管理，指导、帮助和监督个体经济。""国家允许私营
经济在法律规定的范围内存在和发展。私营经济是社会主义公有制经济的
补充。国家保护私营经济的合法的权利和利益，对私营经济实行引导、监
督和管理。"修改为："在法律规定范围内的个体经济、私营经济等非公有
制经济，是社会主义市场经济的重要组成部分。""国家保护个体经济、私
营经济的合法的权利和利益。国家对个体经济、私营经济实行引导、监督
和管理。"

第十七条　宪法第二十八条："国家维护社会秩序，镇压叛国和其他反
革命的活动，制裁危害社会治安、破坏社会主义经济和其他犯罪的活动，惩
办和改造犯罪分子。"修改为："国家维护社会秩序，镇压叛国和其他危害国
家安全的犯罪活动，制裁危害社会治安、破坏社会主义经济和其他犯罪的活
动，惩办和改造犯罪分子。"

（一）中国共产党中央委员会提出修改宪法部分内容的建议

中国共产党中央委员会
关于修改宪法部分内容的建议

根据我国改革开放和社会主义现代化建设事业进一步发展的实践，中国共产党中央委员会提出修改中华人民共和国宪法部分内容的建议：

一、宪法序言第七自然段："中国新民主主义革命的胜利和社会主义事业的成就，都是中国共产党领导中国各族人民，在马克思列宁主义、毛泽东思想的指引下，坚持真理，修正错误，战胜许多艰难险阻而取得的。我国正处于社会主义初级阶段。国家的根本任务是，根据建设有中国特色社会主义的理论，集中力量进行社会主义现代化建设。中国各族人民将继续在中国共产党领导下，在马克思列宁主义、毛泽东思想指引下，坚持人民民主专政，坚持社会主义道路，坚持改革开放，不断完善社会主义的各项制度，发展社会主义民主，健全社会主义法制，自力更生，艰苦奋斗，逐步实现工业、农业、国防和科学技术的现代化，把我国建设成为富强、民主、文明的社会主义国家。"修改为："中国新民主主义革命的胜利和社会主义事业的成就，是中国共产党领导中国各族人民，在马克思列宁主义、毛泽东思想的指引下，坚持真理，修正错误，战胜许多艰难险阻而取得的。我国将长期处于社会主义初级阶段。国家的根本任务是，沿着建设有中国特色社会主义的道路，集中力量进行社会主义现代化建设。中国各族人民将继续在中国共产党领导下，在马克思列宁主义、毛泽东思想、邓小平理论指引下，坚持人民民主专政，坚持社会主义道路，坚持改革开放，不断完善社会主义的各项制度，发展社会主义市场经济，发展社会主义民主，健全社会主义法制，自力更生，艰苦奋斗，逐步实现工业、农业、国防和科学技术的现代化，把我国建设成为富强、民主、文明的社会主义国家。"

二、宪法第五条增加一款，作为第一款，规定："中华人民共和国实行依法治国，建设社会主义法治国家。"

三、宪法第六条："中华人民共和国的社会主义经济制度的基础是生产资料的社会主义公有制，即全民所有制和劳动群众集体所有制。""社会主义公有制消灭人剥削人的制度，实行各尽所能，按劳分配的原则。"修改为："中华人民共和国的社会主义经济制度的基础是生产资料的社会主义公有制，即全民所有制和劳动群众集体所有制。社会主义公有制消灭人剥削人的制度，实行各尽所能、按劳分配的原则。""国家在社会主义初级阶段，坚持公有制为主体、多种所有制经济共同发展的基本经济制度，坚持按劳分配为主体、多种分配方式并存的分配制度。"

四、宪法第八条第一款："农村中的家庭联产承包为主的责任制和生产、供销、信用、消费等各种形式的合作经济，是社会主义劳动群众集体所有制经济。参加农村集体经济组织的劳动者，有权在法律规定的范围内经营自留地、自留山、家庭副业和饲养自留畜。"修改为："农村集体经济组织实行家庭承包经营为基础、统分结合的双层经营体制。农村中的生产、供销、信用、消费等各种形式的合作经济，是社会主义劳动群众集体所有制经济。参加农村集体经济组织的劳动者，有权在法律规定的范围内经营自留地、自留山、家庭副业和饲养自留畜。"

五、宪法第十一条："在法律规定范围内的城乡劳动者个体经济，是社会主义公有制经济的补充。国家保护个体经济的合法的权利和利益。""国家通过行政管理，指导、帮助和监督个体经济。""国家允许私营经济在法律规定的范围内存在和发展。私营经济是社会主义公有制经济的补充。国家保护私营经济的合法的权利和利益，对私营经济实行引导、监督和管理。"修改为："在法律规定范围内的个体经济、私营经济等非公有制经济，是社会主义市场经济的重要组成部分。""国家保护个体经济、私营经济的合法的权利和利益。国家对个体经济、私营经济实行引导、监督和管理。"

六、宪法第二十八条："国家维护社会秩序，镇压叛国和其他反革命的活动，制裁危害社会治安、破坏社会主义经济和其他犯罪的活动，惩办和改造犯罪分子。"修改为："国家维护社会秩序，镇压叛国和其他危害国家安全的犯罪活动，制裁危害社会治安、破坏社会主义经济和其他犯罪的活动，惩办和改造犯罪分子。"

以上建议，请全国人民代表大会常务委员会依照法定程序提出宪法修正案议案，提请第九届全国人民代表大会第二次会议审议。

附：宪法原条文与修改后条文对照表（略）

中国共产党中央委员会

1999 年 1 月 22 日

中共中央召开党外人士座谈会
征求对修改宪法部分内容的意见①

（1998 年 12 月 21 日）

中共中央近日召开党外人士座谈会，征求各民主党派中央、全国工商联负责人和无党派代表人士对修改宪法部分内容的意见。

中共中央总书记、国家主席江泽民主持座谈会并发表重要讲话。他强调指出，把邓小平理论的指导思想地位，把依法治国这一党领导人民治理国家的基本方略，把社会主义初级阶段的基本经济制度和分配制度，提升到宪法的高度，是中国共产党的主张，也是全国各族人民的共同愿望。这对于我们永远高举邓小平理论伟大旗帜，坚持党在社会主义初级阶段的基本路线，发展社会主义市场经济，发展社会主义民主政治，发展社会主义精神文明，建设富强、民主、文明的社会主义现代化国家，具有重要意义。这也向全世界庄严宣告，中国人民将在宪法的保障下，坚定不移地继续沿着建设有中国特色社会主义的道路前进，为中国的繁荣昌盛和人类的进步事业作出更大的贡献。

座谈会在中南海勤政殿举行。中共中央政治局常委、全国人大常委会委员长李鹏，中共中央政治局常委、全国政协主席李瑞环和田纪云、姜春云、

---

① 原载于《人民日报》1999 年 2 月 1 日，原题目为《中共中央召开党外人士座谈会》，现题目为编者所加。

温家宝、曾庆红、王兆国等出席座谈会。

座谈会开始时，江泽民首先介绍了修改宪法工作的有关情况。他说，中共十五大以后，中国的改革开放和现代化建设出现了新的局面。社会各界的许多人士建议，根据这次会议的精神和实践的发展，对宪法作必要的修改。中共中央对宪法修改非常重视，经过认真研究、慎重考虑，准备向全国人大常委会提出修改宪法部分内容的建议，请全国人大常委会依照法定程序提请九届全国人大二次会议审议。他说，这次修宪总的指导思想，是根据中国共产党的十五大精神和实践的发展，只对需要修改的并已成熟的问题作出修改，可改可不改的问题不作修改。

会上，民革中央主席何鲁丽、民盟中央主席丁石孙、民建中央主席成思危、民进中央主席许嘉璐、农工党中央主席蒋正华、致公党中央主席罗豪才、九三学社中央常务副主席王文元、台盟中央主席张克辉、全国工商联主席经叔平、无党派人士程思远先后发言。民进中央名誉主席赵朴初作了书面发言。他们认为，中国共产党十五大高举邓小平理论的旗帜，总结改革开放和社会主义现代化建设的新经验，为我国跨世纪的发展作出了全面部署。根据客观实际的发展变化，依据十五大总结的新经验，对现行宪法作相应修改是完全必要的。大家普遍赞成中共中央《关于修改宪法部分内容的初步意见和说明》。

党外人士在发言中提出，把十五大精神写进宪法，符合全国各族人民的愿望。这样，就使十五大精神用根本大法的条文固定下来，成为国家的意志，人民的意志，也使我国宪法更加切合社会主义初级阶段的实际，从而更好地动员和团结全国各族人民为建设有中国特色社会主义而奋斗，更加激发全国各族人民的历史使命感和政治责任感，更紧密地团结在以江泽民同志为核心的中共中央周围，把建设有中国特色社会主义的伟大事业全面推向 21 世纪。大家在发言中还就一些具体修改条文提出了意见和建议。

在听取了大家的发言后，江泽民总书记发表了重要讲话。他说，宪法是国家的根本大法，在国家生活中具有极其重要的作用。1982 年制定的我国现行宪法，规定了我们国家的根本制度和根本任务，确定了四项基本原则和改革开放的基本方针，是新时期治国安邦的总章程。宪法具有最大的权威性和最高的法律效力。全国各族人民、一切国家机关和武装力量、各政党和社会团体、各企业事业组织，都必须以宪法为根本的活动准则，并且负有维护宪法尊严、保证宪法实施的职责。宪法是法律体系的核心和基础，是依法治国的根本依据。

江泽民指出，我们讲依法治国，建设社会主义法治国家，首先是依据宪法治理国家、建设国家。改革开放以来，我国经济建设和各项事业的发展，都离不开宪法的保证和推动。我国社会主义民主法制建设取得的重大进展和成就，也无不闪耀着宪法精神的光辉。这些年来的实践表明，现行宪法，对于加强我国社会主义民主法制建设，维护国家的安定团结，保障改革开放和现代化建设的顺利进行，起了十分重要的作用，是一部符合我国国情的好宪法。

江泽民说，随着客观实际的变化，宪法本身也需要向前发展。根据我国政治、经济和社会生活等各方面发展的需要，总结改革开放和社会主义现代化建设发展的实践经验，对宪法个别同现实脱节的内容进行修改，是必要的。这种修改，将使宪法更加完备，更加符合实际，有利于维护宪法的权威，更好地发挥宪法的作用。这一点，已经为 1988 年和 1993 年的两次修宪所证明。

江泽民强调，维护宪法的尊严、保证宪法的实施极为重要。这首先需要建立健全保障宪法实施的法律体系，把宪法的一系列原则性规定通过立法落到实处。要进一步加强立法工作，提高立法质量，为到 2010 年形成有中国特色社会主义法律体系而不懈努力。同时，要下大力量加强执法工作。他说，我国社会主义民主法制建设不断发展，不仅立法成绩显著，而且执法工作也有了很大的进步，法治的社会环境正在逐步形成。"文革"时期发生的那种公然践踏宪法的事情已经一去不复返了。但我们也必须清醒地看到，在现实生活中，宪法的权威还没有得到完全的体现，宪法的实现还存在这样那样的问题。有的地方和部门有法不依、执法不严、违法不究的现象相当严重，极少数干部公然置宪法和法律于不顾，以言代法、以权压法、徇私枉法、执法犯法，一些地方和部门的保护主义也时有抬头，还存在着其他严重的腐败现象和行为。这些现象和行为，损害宪法和法律的尊严，也给改革开放和现代化建设带来干扰。人民群众对此十分不满，必须认真加以解决。

江泽民指出，我们要在全社会进一步树立宪法的权威，建立健全保障宪法实施的强有力的监督机制。最重要的，是依法规范和制约国家机关的权力，确保国家权力严格按照宪法的规定去行使。一切国家机关及其工作人员，都必须按照宪法和法律的规定进行活动，都不能滥用权力。一定要十分明确，任何国家机关、组织和个人，都没有超越宪法和法律的特权。违宪是最严重的违法。一切违反宪法和法律的行为，都必须予以追究。在这方面，我们要采取更加有力的措施，加强宪法实施的有效保障，包括健全宪法实施的具体制度，开展对宪法实施的经常性检查监督，及时地纠正违反宪法的现象，切实把宪法的各项规定落到实处。

江泽民说，维护宪法尊严，保证宪法实施，关键是要加强和改善党对这项工作的领导。中国共产党领导人民制定和执行宪法，自身也在宪法的范围内活动。宪法是人民意志的体现，也是党的主张的体现。执行宪法，是按广大人民群众的意愿办事，也是贯彻党的主张。我们党没有自己的特殊利益，也决不应当使党员在国家生活中享有任何特殊的权利。中国共产党及其党员要在遵守宪法和其他一切法律中起模范作用，并同广大人民群众团结在一起，为宪法的实施而积极努力。

江泽民指出，1993 年修改宪法，增加了"中国共产党领导的多党合作和政治协商制度将长期存在和发展"的内容。多党合作、政治协商的基础，是作为国家根本大法的宪法。各民主党派和团体肩负着维护宪法尊严、保证宪法实施的重要职责，对宪法和法律的实施有重要的监督作用。他希望大家继续本着"长期共存、互相监督、肝胆相照、荣辱与共"的方针，更好地发挥这方面的作用，为维护宪法尊严、保证宪法实施作出更大的努力，为推动我国建设社会主义法治国家的进程，推进我国社会主义现代化事业，作出新的贡献。

出席座谈会的各民主党派、全国工商联负责人和无党派人士还有王光英、阿沛·阿旺晋美、卢嘉锡、孙孚凌、万国权、周铁农、张绪武等。中央有关部门负责人和参与宪法修改工作的有关同志也参加了座谈会。

中共中央宪法修改小组召开法律专家
和经济专家修改宪法征求意见座谈会①

(1998 年 12 月 22 日、24 日)

中共中央政治局常委、全国人大常委会委员长李鹏指出，将邓小平理论的指导思想地位、依法治国的基本方略、非公有制经济的重要作用等内容在宪法中予以体现，是客观实践发展的需要，也是全国各族人民的共同愿望。这对于我们高举邓小平理论伟大旗帜，坚持社会主义初级阶段的基本路线，发展社会主义市场经济，发展社会主义民主政治和加强精神文明建设，都具有十分重要的意义。

李鹏是在修改宪法征求意见座谈会上讲这番话的。

近日，李鹏先后两次在人民大会堂主持召开修改宪法征求意见座谈会，分别听取法律界和经济界的专家、学者对修改宪法的意见。中共中央政治局委员、全国人大常委会副委员长田纪云、姜春云，中共中央政治局委员、国务院副总理温家宝，全国人大常委会秘书长何椿霖等出席座谈会。

座谈会上，李鹏首先向与会人士介绍了中共中央关于修改宪法部分内容的初步意见。他说，1982 年通过的现行宪法，在 1988 年和 1993 年经过两次修改。这是一部符合中国国情的好宪法。它规定了我们国家的根本制度和根本任务，确定了四项基本原则和改革开放的基本方针，是新时期治国安邦的总章程。党的十五大以后，我国改革开放和现代化建设事业出现了新的局面，我们党在治理国家方面有了新的经验总结，如把邓小平理论同马列主义、毛泽东思想一起，作为我国各族人民的指导思想，把依法治国、建设社会主义法治国家作为基本治国方略，对社会主义初级阶段的基本经济制度和分配制度作出新的认识，肯定非公有制经济的地位和作用等等，这些重大的原则问

---

① 原载于《人民日报》1999 年 2 月 2 日，原题目为《李鹏主持召开修改宪法征求意见座谈会听取法律界经济界专家学者修宪意见》，现题目为编者所加。

题，必须在宪法上有所反映。因此，对宪法个别条文的内容进行修改是必要的，不仅使宪法更加完备，更加符合实际，而且有利于维护宪法的权威，更好地发挥宪法作为国家根本大法的作用。

李鹏说，中共中央对宪法修改非常重视，经过认真研究、慎重考虑，形成了《关于修改宪法部分内容的初步意见和说明》，在广泛征求各方面的意见后，将提出修改宪法部分内容的建议，请全国人大常委会依照法定程序形成宪法修正案草案，提请九届全国人大二次会议审议。

会上，专家学者们踊跃发言，各抒己见。大家普遍认为，将邓小平理论、依法治国、社会主义初级阶段的基本经济制度和分配制度等重大问题写进宪法，体现了我们党对社会主义初级阶段认识的不断深化，对建设有中国特色社会主义道路认识的不断深化。对宪法进行必要的修改，把党的十五大精神用根本大法固定下来，成为国家的意志，人民的意志，可以更好地增强全国各族人民的历史使命感和政治责任感，动员和团结全国各族人民把建设有中国特色社会主义的伟大事业全面推向 21 世纪。与会人士还对宪法提出了其他一些修改意见。

在听取了大家的发言后，李鹏感谢专家学者们对修改宪法提出了很多好的意见和建议。他说，我们将认真考虑大家意见，吸收合理建议。李鹏说，修改宪法事关重大，这次修改只对需要修改的并已成熟的部分内容进行修改，可不改和有争议的问题不改。宪法赋予全国人大常委会解释宪法的职权，因此有些问题将来可以通过全国人大常委会关于宪法的解释来解决。

李鹏说，宪法是国家的根本法，具有最高的法律效力。依法治国，首先是依宪治国。通过这次对宪法部分内容的修改，不仅要使广大干部、群众进一步深刻领会和认真贯彻落实十五大精神，而且要在全社会更加牢固地树立起宪法的权威，切实做到以宪法为根本的活动准则，维护宪法的尊严，保证宪法的实施。

（二）九届全国人大常委会第七次会议听取和讨论中共中央关于修改宪法部分内容的建议的说明

九届全国人大常委会举行第七次会议①

（1999 年 1 月 29 日）

今天上午，九届全国人大常委会第七次会议在人民大会堂新的常委会会议厅举行。李鹏委员长主持了会议。

在今天的会议上，中共中央政治局委员、中共中央宪法修改小组成员田纪云受中共中央的委托，作了中共中央关于修改宪法部分内容的建议的说明。

会议还听取了全国人大法律委员会副主任委员顾昂然作关于中华人民共和国合同法草案修改情况的汇报；听取了全国人大常委会法制工作委员会副主任乔晓阳受委员长会议委托作关于澳门特别行政区第九届全国人民代表大会代表的产生办法草案和关于香港特别行政区第九届全国人民代表大会代表辞去代表职务的办法的决定草案的说明。

会议还分别听取了最高人民法院院长肖扬、最高人民检察院检察长韩杼滨作关于人民法院、检察机关开展集中整顿工作情况的汇报。肖扬和韩杼滨在汇报中说，九届全国人大一次会议代表本着对法院和检察院工作和队伍建设的关心、支持和爱护，提出了许多中肯的意见和建议。根据全国人大代表的意见和建议，按照中央政法委的统一部署，全国法院和检察院系统以对人民极端负责的精神，高度重视代表们的意见、批评和建议，改进和加强法院、检察院工作，积极开展集中教育整顿，取得良好效果。

---

① 原载于《人民日报》1999 年 1 月 30 日，原题目为《人大常委会举行第七次会议　李鹏主持田纪云受中共中央委托作关于修改宪法部分内容的建议的说明》，现题目为编者所加，原文有删减。

今天上午会议的最后一项议程是，审议全国人大常委会关于召开九届全国人大二次会议的决定草案。田纪云、姜春云、邹家华、布赫、铁木尔·达瓦买提、彭珮云、周光召、成克杰、曹志、丁石孙、成思危、蒋正华副委员长，何椿霖秘书长出席了会议，国务委员迟浩田列席了会议。

全国人民代表大会常务委员会
关于中华人民共和国宪法修正案（草案）

（1999 年 1 月 30 日第九届全国人民代表大会常务委员会第七次会议通过）

第九届全国人民代表大会常务委员会第七次会议讨论了中国共产党中央委员会关于修改中华人民共和国宪法部分内容的建议，依照中华人民共和国宪法第六十四条的规定，提出关于中华人民共和国宪法修正案草案，提请第九届全国人民代表大会第二次会议审议：

一、宪法序言第七自然段："中国新民主主义革命的胜利和社会主义事业的成就，都是中国共产党领导中国各族人民，在马克思列宁主义、毛泽东思想的指引下，坚持真理，修正错误，战胜许多艰难险阻而取得的。我国正处于社会主义初级阶段。国家的根本任务是，根据建设有中国特色社会主义的理论，集中力量进行社会主义现代化建设。中国各族人民将继续在中国共产党领导下，在马克思列宁主义、毛泽东思想指引下，坚持人民民主专政，坚持社会主义道路，坚持改革开放，不断完善社会主义的各项制度，发展社会主义民主，健全社会主义法制，自力更生，艰苦奋斗，逐步实现工业、农业、国防和科学技术的现代化，把我国建设成为富强、民主、文明的社会主义国家。"修改为："中国新民主主义革命的胜利和社会主义事业的成就，是中国共产党领导中国各族人民，在马克思列宁主义、毛泽东思想的指引下，坚持真理，修正错误，战胜许多艰难险阻而取得的。我国将长期处于社会主义初级阶段。国家的根本任务是，沿着建设有中国特色社会主义的道路，集中力量进行社会主义现代化建设。中国各族人民将继续在中国共产党领导下，在马克思列宁主义、毛泽东思想、邓小平理论指引下，坚持人民民主专政，坚持社会主义道路，坚持改革开放，不断完善社会主义的各项制度，发展社会主义市场经济，发展社会主义民主，健全社会主义法制，自力更生，艰苦奋斗，逐步实现工业、农业、国防和科学技术的现代化，把我国建设成为富强、民主、文明的社会主义国家。"

二、宪法第五条增加一款，作为第一款，规定："中华人民共和国实行依法治国，建设社会主义法治国家。"

三、宪法第六条："中华人民共和国的社会主义经济制度的基础是生产资料的社会主义公有制，即全民所有制和劳动群众集体所有制。""社会主义公有制消灭人剥削人的制度，实行各尽所能，按劳分配的原则。"修改为："中华人民共和国的社会主义经济制度的基础是生产资料的社会主义公有制，即全民所有制和劳动群众集体所有制。社会主义公有制消灭人剥削人的制度，实行各尽所能、按劳分配的原则。""国家在社会主义初级阶段，坚持公有制为主体、多种所有制经济共同发展的基本经济制度，坚持按劳分配为主体、多种分配方式并存的分配制度。"

四、宪法第八条第一款："农村中的家庭联产承包为主的责任制和生产、供销、信用、消费等各种形式的合作经济，是社会主义劳动群众集体所有制经济。参加农村集体经济组织的劳动者，有权在法律规定的范围内经营自留地、自留山、家庭副业和饲养自留畜。"修改为："农村集体经济组织实行家庭承包经营为基础、统分结合的双层经营体制。农村中的生产、供销、信用、消费等各种形式的合作经济，是社会主义劳动群众集体所有制经济。参加农村集体经济组织的劳动者，有权在法律规定的范围内经营自留地、自留山、家庭副业和饲养自留畜。"

五、宪法第十一条："在法律规定范围内的城乡劳动者个体经济，是社会主义公有制经济的补充。国家保护个体经济的合法的权利和利益。""国家通过行政管理，指导、帮助和监督个体经济。""国家允许私营经济在法律规定的范围内存在和发展。私营经济是社会主义公有制经济的补充。国家保护私营经济的合法的权利和利益，对私营经济实行引导、监督和管理。"修改为："在法律规定范围内的个体经济、私营经济等非公有制经济，是社会主义市场经济的重要组成部分。""国家保护个体经济、私营经济的合法的权利和利益。国家对个体经济、私营经济实行引导、监督和管理。"

　　六、宪法第二十八条："国家维护社会秩序，镇压叛国和其他反革命的活动，制裁危害社会治安、破坏社会主义经济和其他犯罪的活动，惩办和改造犯罪分子。"修改为："国家维护社会秩序，镇压叛国和其他危害国家安全的犯罪活动，制裁危害社会治安、破坏社会主义经济和其他犯罪的活动，惩办和改造犯罪分子。"

（三）九届全国人大二次会议审议通过宪法修正案

关于中华人民共和国宪法修正案（草案）的说明

——1999年3月9日在第九届全国人民代表大会第二次会议上

全国人民代表大会常务委员会副委员长　田纪云

各位代表：

根据全国人大常委会的决定，我向大会作关于中华人民共和国宪法修正案（草案）的说明。

1982年通过的中华人民共和国宪法是一部好宪法，在国家的政治、经济和社会生活等方面发挥了重要作用。随着我国改革开放和社会主义现代化建设事业的不断发展，1988年和1993年先后两次对宪法的部分内容作了修改。1997年召开的中国共产党第十五次全国代表大会，高举邓小平理论伟大旗帜，总结我国改革和建设的新经验，对建设有中国特色社会主义事业的跨世纪发展作出全面部署。中共中央提出应当以党的十五大报告为依据，对宪法部分内容作适当修改，并提出修改的原则是，只对需要修改的并已成熟的问题作出修改，可改可不改的问题不作修改。为此，中共中央成立了宪法修改小组，李鹏同志任组长，组织草拟了关于修改宪法部分内容的初步意见，经中共中央政治局常委审定并经中央政治局会议原则通过后，于1998年12月5日发给各省、自治区、直辖市党委，中央各部委，国家机关各部委党组（党委），军委总政治部，各人民团体党组和中央委员、中央候补委员征求意见。12月21日，江泽民同志主持中共中央召开的党外人士座谈会，就中共中央提出的修改宪法部分内容的初步意见，征求各民主党派中央、全国工商联负责人和无党派代表人士的意见。12 月 22 日和 24 日，李鹏同志主持中共中央宪法修改小组召开的法律专家和经济专家座谈会，就宪法修改问题征求意见。中共中央认真研究了各方面的意见，对下发征求意见的初步意见又作了修改，经中共中央政治局常委会议和政治局会议讨论通过，形成了中共中央关于修改中华人民共和国宪法部分内容的建议。1999 年 1 月 22 日，中共中央向全国人大常委会提出了关于修改中华人民共和国宪法部分内容的建议。九届全国人大常委会第七次会议讨论了中共中央的建议，依照中华人民共和国宪法第六十四条的规定，提出关于中华人民共和国宪法修正案（草案），提请九届全国人大二次会议审议。这次宪法修改，继续沿用 1988 年和 1993 年的修正案方式，同时在出版的文本中按修正案把原文改过来。现对中华人民共和国宪法修正案（草案）的内容说明如下：

一、关于宪法序言第七自然段，增加"邓小平理论"的内容，相应地将"根据建设有中国特色社会主义的理论"修改为"沿着建设有中国特色社会主义的道路"，并将"我国正处于社会主义初级阶段"修改为"我国将长期处于社会主义初级阶段"，增加"发展社会主义市场经济"的内容。这样修改，表明了邓小平理论在我国社会主义现代化建设事业中的指导地位，反映了全国人民的共识和心愿。邓小平理论是毛泽东思想的继承和发展，是指导中国人民在改革开放中胜利实现社会主义现代化的理论，是马克思主义在中国发展的新阶段。在社会主义改革开放和现代化建设的进程中，一定要高举邓小平理论的伟大旗帜，用邓小平理论来指导我们整个事业和各项工作。这是全国各族人民从历史和现实中得出的不可动摇的结论。将邓小平理论载入宪法，对于建设有中国特色社会主义事业的胜利发展，具有重大的现实意义和深远的历史意义。

二、关于宪法第五条，增加规定："中华人民共和国实行依法治国，建设社会主义法治国家。"依法治国，是中国共产党领导人民治理国家的基本方略，是国家长治久安的重要保障。将"依法治国，建设社会主义法治国家"写进宪法，对于坚持依法治国的基本方略，不断健全社会主义法制，发展社会主义民主政治，促进经济体制改革和经济建设，具有重要的意义。

三、关于宪法第六条，增加规定："国家在社会主义初级阶段，坚持公有制为主体、多种所有制经济共同发展的基本经济制度，坚持按劳分配为主体、多种分配方式并存的分配制度。"在宪法中明确规定社会主义初级阶段的基本经济制度和分配制度，有利于在改革开放和社会主义现代化建设的实践中，坚持和完善上述制度，进一步解放和发展社会生产力。

四、关于宪法第八条第一款，增加规定："农村集体经济组织实行家庭承包经营为基础、统分结合的双层经营体制。"相应地删去"家庭联产承包为主的责任制"的提法。统分结合的双层经营体制，是指在农村集体经济组织内部实行的集体统一经营和家庭承包经营相结合的经营体制，家庭承包经营是双层经营体制的基础。在宪法中对家庭承包经营为基础、统分结合的双层经营体制作出规定，有利于这一经营制度的长期稳定、不断完善和农村集体经济的健康发展。

五、关于宪法第十一条，增加规定："在法律规定范围内的个体经济、私营经济等非公有制经济，是社会主义市场经济的重要组成部分。"相应地删去个体经济、私营经济"是社会主义公有制经济的补充"的提法，同时将本条的其他文字修改为"国家保护个体经济、私营经济的合法的权利和利益。国家对个体经济、私营经济实行引导、监督和管理。"这样修改，进一步明确了个体经济、私营经济等非公有制经济在我国社会主义市场经济中的地位和作用，有利于个体经济、私营经济等非公有制经济的健康发展。

六、关于宪法第二十八条，将其中"反革命的活动"修改为"危害国家安全的犯罪活动"。

我的说明完了，请审议。

第九届全国人民代表大会第二次会议
主席团关于中华人民共和国宪法
修正案（草案）审议情况的说明

3月9日至11日，第九届全国人民代表大会第二次会议各代表团对中华人民共和国宪法修正案（草案）进行了审议。

代表们普遍认为，根据中共中央的建议，全国人大常委会提出中华人民共和国宪法修正案（草案），对宪法部分内容作适当修改，把改革开放和社会主义现代化建设的新经验在宪法中肯定下来，这是完全必要和适时的。宪法修正案草案在宪法序言中确定邓小平理论的指导思想地位；把依法治国、建设社会主义法治国家这一治理国家的基本方略写进宪法；规定国家在社会主义初级阶段坚持公有制为主体、多种所有制经济共同发展的基本经济制度和坚持按劳分配为主体、多种分配方式并存的分配制度；规定农村集体经济组织实行家庭承包经营为基础、统分结合的双层经营体制；规定在法律规定范围内的个体经济、私营经济等非公有制经济是社会主义市场经济的重要组成部分等，这些内容是把建设有中国特色社会主义事业全面推向二十一世纪的需要，对于高举邓小平理论伟大旗帜，坚持社会主义初级阶段的基本路线，发展社会主义市场经济，发展社会主义民主政治，发展社会主义精神文明，建设富强、民主、文明的社会主义国家，具有重大和深远的意义。

代表们同意这次修改宪法的原则，认为只对需要修改的并已成熟的问题作出修改，可改可不改的问题不作修改，有利于维护宪法的稳定和权威。

代表们认为，在宪法修正案草案的起草过程中，广泛征求了各方面的意见，对修改的内容进行了反复、深入的研究，草案是成熟的、可行的。代表们普遍对宪法修正案草案表示赞成，同意交付本次大会全体会议表决通过。

在审议过程中，有些代表对宪法修正案草案提出了一些修改意见和建议。经主席团研究认为，这些意见和建议，有的内容在宪法中已经体现，或者可以通过宪法解释予以解决；有的内容在有关法律中已经作了规定，或者可以通过有关的法律作出规定；还有一些文字修改意见，属于可改可不改的内容，可以不作修改。

根据各代表团的审议意见，主席团决定将中华人民共和国宪法修正案（草案）提请大会全体会议表决。

第九届全国人民代表大会第二次会议主席团

1999 年 3 月 14 日

第九届全国人民代表大会
第二次会议主席团举行第三次会议^①

（1999 年 3 月 14 日）

　　九届全国人大二次会议主席团今天上午在人民大会堂举行第三次会议。会议通过了宪法修正案草案，决定将宪法修正案草案印发各代表团审议后，提请大会表决。

　　主席团常务主席李鹏主持了会议。

　　九届全国人大二次会议期间，代表们对全国人大常委会提出的中华人民共和国宪法修正案草案进行了认真审议，充分肯定了这次修改宪法的必要性和重要性。今天的主席团会议要根据代表们的审议意见，提出提请大会表决的宪法修正案草案，并向代表们作出说明。经主席团常务主席会议研究，委托全国人大法律委员会起草了大会主席团关于宪法修正案草案审议情况的说明稿。

　　会议首先听取并通过了全国人大法律委员会代拟的大会主席团关于中华人民共和国宪法修正案草案审议情况的说明。说明中说，代表们在审议中普遍认为，根据中共中央的建议，全国人大常委会提出中华人民共和国宪法修正案草案，对宪法部分内容作适当修改，把改革开放和社会主义现代化建设的新经验在宪法中肯定下来，这是完全必要和适时的。代表们同意这次修改宪法的原则，认为只对需要修改的并已成熟的问题作出修改，可改可不改的问题不作修改，有利于维护宪法的稳定和权威。代表们普遍对宪法修正案草案表示赞成，同意交付本次大会全体会议表决通过。

　　会后，主席团的这个说明将印发全体代表。会议经表决，通过了中华人民共和国宪法修正案草案。这个草案将印发各代表团审议，提请大会表决。

---

　　① 原载于《人民日报》1999 年 3 月 15 日，原题目为《人大二次会议主席团举行第三次会议 李鹏主持 通过宪法修正案草案并决定各代表团审议后提交大会表决》，现题目为编者所加。

　　全国人大法律委员会主任委员王维澄代表法律委员会向主席团会议分别作了关于合同法草案审议结果、关于澳门特别行政区第九届全国人民代表大会代表的产生办法草案审议结果的报告。王维澄说，本次大会上，各代表团对两部法律草案进行了认真审议。代表们认为，两部草案的内容是可行的，建议本次会议予以审议通过，同时也提出了一些修改意见。法律委员会根据各代表团的审议意见，对法律草案进行了审议，提出了修改意见。王维澄向主席团会议报告了具体修改意见。

　　会议随后通过了这两个报告，经表决通过了这两部法律草案。会后，审议结果报告将印发全体代表，两部法律草案将印发各代表团审议，提请大会表决。

　　今天的会议分别表决通过了关于全国人大常委会工作报告的决议草案、关于最高人民法院工作报告的决议草案、关于最高人民检察院工作报告的决议草案。这三个决议草案将印发各代表团审议，提请大会表决。

　　九届全国人大二次会议副秘书长何椿霖向会议报告了代表提出的议案的处理意见。他说，本次会议收到议案共 759 件，其中：代表团提出的议案 19 件，30 名以上代表联名提出的议案 740 件。经大会秘书处同各专门委员会商议，建议将 229 件议案交各专门委员会审议，并提出是否列入全国人民代表大会会议或全国人大常委会会议议程的意见，由全国人大常委会审议决定。另外 530 件作为建议、批评和意见，连同大会期间收到的代表提出的建议、批评和意见，由全国人大常委会办公厅交由有关机关、组织认真研究处理，并负责答复代表。

　　会议通过了这个报告。会后，这个报告将印发全体代表。

　　为了完成宪法修正案投票工作，各代表团共推选出监票人 34 人。今天的主席团会议表决通过了监票人名单草案，主席团常务主席建议指定胡平平代表为总监票人。这个名单草案将印发全体代表，提请大会表决。

　　主席团常务主席田纪云、姜春云、邹家华、帕巴拉·格列朗杰、王光英、布赫、吴阶平、彭珮云、何鲁丽、周光召、成克杰、曹志、丁石孙、成思危、许嘉璐、蒋正华、何椿霖出席了会议。

中华人民共和国
全国人民代表大会公告

  中华人民共和国宪法修正案已由中华人民共和国第九届全国人民代表大会第二次会议于 1999 年 3 月 15 日通过，现予公布施行。

中华人民共和国第九届全国人民

代表大会第二次会议主席团

1999 年 3 月 15 日于北京

五、中华人民共和国宪法修正案

(2004 年 3 月 14 日第十届全国人民代表大会第二次会议通过)

第十八条 宪法序言第七自然段中"在马克思列宁主义、毛泽东思想、邓小平理论指引下"修改为"在马克思列宁主义、毛泽东思想、邓小平理论和'三个代表'重要思想指引下","沿着建设有中国特色社会主义的道路"修改为"沿着中国特色社会主义道路","逐步实现工业、农业、国防和科学技术的现代化"之后增加"推动物质文明、政治文明和精神文明协调发展"。这一自然段相应地修改为:"中国新民主主义革命的胜利和社会主义事业的成就,是中国共产党领导中国各族人民,在马克思列宁主义、毛泽东思想的指引下,坚持真理,修正错误,战胜许多艰难险阻而取得的。我国将长期处于社会主义初级阶段。国家的根本任务是,沿着中国特色社会主义道路,集中力量进行社会主义现代化建设。中国各族人民将继续在中国共产党领导下,在马克思列宁主义、毛泽东思想、邓小平理论和'三个代表'重要思想指引下,坚持人民民主专政,坚持社会主义道路,坚持改革开放,不断完善社会主义的各项制度,发展社会主义市场经济,发展社会主义民主,健全社会主义法制,自力更生,艰苦奋斗,逐步实现工业、农业、国防和科学技术的现代化,推动物质文明、政治文明和精神文明协调发展,把我国建设成为富强、民主、文明的社会主义国家。"

第十九条 宪法序言第十自然段第二句"在长期的革命和建设过程中,已经结成由中国共产党领导的,有各民主党派和各人民团体参加的,包括全体社会主义劳动者、拥护社会主义的爱国者和拥护祖国统一的爱国者的广泛的爱国统一战线,这个统一战线将继续巩固和发展。"修改为:"在长期的革命和建设过程中,已经结成由中国共产党领导的,有各民主党派和各人民团体参加的,包括全体社会主义劳动者、社会主义事业的建设者、拥护社会主义的爱国者和拥护祖国统一的爱国者的广泛的爱国统一战线,这个统一战线将继续巩固和发展。"

第二十条　宪法第十条第三款"国家为了公共利益的需要，可以依照法律规定对土地实行征用。"修改为："国家为了公共利益的需要，可以依照法律规定对土地实行征收或者征用并给予补偿。"

第二十一条　宪法第十一条第二款"国家保护个体经济、私营经济的合法的权利和利益。国家对个体经济、私营经济实行引导、监督和管理。"修改为："国家保护个体经济、私营经济等非公有制经济的合法的权利和利益。国家鼓励、支持和引导非公有制经济的发展，并对非公有制经济依法实行监督和管理。"

第二十二条　宪法第十三条"国家保护公民的合法的收入、储蓄、房屋和其他合法财产的所有权。""国家依照法律规定保护公民的私有财产的继承权。"修改为："公民的合法的私有财产不受侵犯。""国家依照法律规定保护公民的私有财产权和继承权。""国家为了公共利益的需要，可以依照法律规定对公民的私有财产实行征收或者征用并给予补偿。"

第二十三条　宪法第十四条增加一款，作为第四款："国家建立健全同经济发展水平相适应的社会保障制度。"

第二十四条　宪法第三十三条增加一款，作为第三款："国家尊重和保障人权。"第三款相应地改为第四款。

第二十五条　宪法第五十九条第一款"全国人民代表大会由省、自治区、直辖市和军队选出的代表组成。各少数民族都应当有适当名额的代表。"修改为："全国人民代表大会由省、自治区、直辖市、特别行政区和军队选出的代表组成。各少数民族都应当有适当名额的代表。"

第二十六条　宪法第六十七条全国人民代表大会常务委员会职权第二十项"（二十）决定全国或者个别省、自治区、直辖市的戒严"修改为"（二十）决定全国或者个别省、自治区、直辖市进入紧急状态"。

第二十七条　宪法第八十条"中华人民共和国主席根据全国人民代表大会的决定和全国人民代表大会常务委员会的决定，公布法律，任免国务院总理、副总理、国务委员、各部部长、各委员会主任、审计长、秘书长，授予国家的勋章和荣誉称号，发布特赦令，发布戒严令，宣布战争状态，发布动员令。"修改为："中华人民共和国主席根据全国人民代表大会的决定和全国人民代表大会常务委员会的决定，公布法律，任免国务院总理、副总理、国务委员、各部部长、各委员会主任、审计长、秘书长，授予国家的勋章和荣誉称号，发布特赦令，宣布进入紧急状态，宣布战争状态，发布动员令。"

第二十八条 宪法第八十一条"中华人民共和国主席代表中华人民共和国，接受外国使节；根据全国人民代表大会常务委员会的决定，派遣和召回驻外全权代表，批准和废除同外国缔结的条约和重要协定。"修改为："中华人民共和国主席代表中华人民共和国，进行国事活动，接受外国使节；根据全国人民代表大会常务委员会的决定，派遣和召回驻外全权代表，批准和废除同外国缔结的条约和重要协定。"

第二十九条 宪法第八十九条国务院职权第十六项"（十六）决定省、自治区、直辖市的范围内部分地区的戒严"修改为"（十六）依照法律规定决定省、自治区、直辖市的范围内部分地区进入紧急状态"。

第三十条 宪法第九十八条"省、直辖市、县、市、市辖区的人民代表大会每届任期五年。乡、民族乡、镇的人民代表大会每届任期三年。"修改为："地方各级人民代表大会每届任期五年。"

第三十一条 宪法第四章章名"国旗、国徽、首都"修改为"国旗、国歌、国徽、首都"。宪法第一百三十六条增加一款，作为第二款："中华人民共和国国歌是《义勇军进行曲》。"

（一）中国共产党中央委员会提出修改宪法部分内容的建议

中国共产党中央委员会
关于修改宪法部分内容的建议

全国人民代表大会常务委员会：

根据我国改革开放和社会主义现代化建设事业发展的实践，中国共产党中央委员会提出关于修改《中华人民共和国宪法》部分内容的建议如下：

一、宪法序言第七自然段中"在马克思列宁主义、毛泽东思想、邓小平理论指引下"修改为"在马克思列宁主义、毛泽东思想、邓小平理论和'三个代表'重要思想指引下"，"沿着建设有中国特色社会主义的道路"修改为"沿着建设中国特色社会主义道路"，"逐步实现工业、农业、国防和科学技术的现代化"之后增加"推动物质文明、政治文明和精神文明协调发展"。这一自然段相应地修改为："中国新民主主义革命的胜利和社会主义事业的成就，是中国共产党领导中国各族人民，在马克思列宁主义、毛泽东思想的指引下，坚持真理，修正错误，战胜许多艰难险阻而取得的。我国将长期处于社会主义初级阶段。国家的根本任务是，沿着建设中国特色社会主义道路，集中力量进行社会主义现代化建设。中国各族人民将继续在中国共产党领导下，在马克思列宁主义、毛泽东思想、邓小平理论和'三个代表'重要思想指引下，坚持人民民主专政，坚持社会主义道路，坚持改革开放，不断完善社会主义的各项制度，发展社会主义市场经济，发展社会主义民主，健全社会主义法制，自力更生，艰苦奋斗，逐步实现工业、农业、国防和科学技术的现代化，推动物质文明、政治文明和精神文明协调发展，把我国建设成为富强、民主、文明的社会主义国家。"

二、宪法序言第十自然段第二句"在长期的革命和建设过程中，已经结成由中国共产党领导的，有各民主党派和各人民团体参加的，包括全体社会主义劳动者、拥护社会主义的爱国者和拥护祖国统一的爱国者的广泛的爱国统一战线，这个统一战线将继续巩固和发展。"修改为："在长期的革命和建设过程中，已经结成由中国共产党领导的，有各民主党派和各人民团体参加的，包括全体社会主义劳动者、社会主义事业的建设者、拥护社会主义的爱国者和拥护祖国统一的爱国者的广泛的爱国统一战线，这个统一战线将继续巩固和发展。"

三、宪法第十条第三款"国家为了公共利益的需要，可以依照法律规定对土地实行征用。"修改为："国家为了公共利益的需要，可以依照法律规定对土地实行征收或者征用，并给予补偿。"

四、宪法第十一条第二款"国家保护个体经济、私营经济的合法的权利和利益。国家对个体经济、私营经济实行引导、监督和管理。"修改为："国家保护个体经济、私营经济等非公有制经济的合法的权利和利益。国家鼓励、支持和引导非公有制经济的发展，并对非公有制经济依法实行监督和管理。"

五、宪法第十三条"国家保护公民的合法的收入、储蓄、房屋和其他合法财产的所有权。""国家依照法律规定保护公民的私有财产的继承权。"修改为："公民的合法的私有财产不受侵犯。""国家依照法律规定保护公民的私有财产权和继承权。""国家为了公共利益的需要，可以依照法律规定对公民的私有财产实行征收或者征用，并给予补偿。"

六、宪法第十四条增加一款，作为第四款："国家建立健全同经济发展水平相适应的社会保障制度。"

七、宪法第三十三条增加一款，作为第三款："国家尊重和保障人权。"第三款相应地改为第四款。

八、宪法第五十九条第一款"全国人民代表大会由省、自治区、直辖市和军队选出的代表组成。各少数民族都应当有适当名额的代表。"修改为："全国人民代表大会由省、自治区、直辖市、特别行政区和军队选出的代表组成。各少数民族都应当有适当名额的代表。"

九、宪法第六十七条全国人民代表大会常务委员会职权第二十项"（二十）决定全国或者个别省、自治区、直辖市的戒严"修改为"（二十）决定全国或者个别省、自治区、直辖市进入紧急状态"。

十、宪法第八十条"中华人民共和国主席根据全国人民代表大会的决定和全国人民代表大会常务委员会的决定，公布法律，任免国务院总理、副总理、国务委员、各部部长、各委员会主任、审计长、秘书长，授予国家的勋章和荣誉称号，发布特赦令，发布戒严令，宣布战争状态，发布动员令。"修改为："中华人民共和国主席根据全国人民代表大会的决定和全国人民代表大会常务委员会的决定，公布法律，任免国务院总理、副总理、国务委员、各部部长、各委员会主任、审计长、秘书长，授予国家的勋章和荣誉称号，发布特赦令，宣布进入紧急状态，宣布战争状态，发布动员令。"

十一、宪法第八十一条"中华人民共和国主席代表中华人民共和国，接受外国使节；根据全国人民代表大会常务委员会的决定，派遣和召回驻外全权代表，批准和废除同外国缔结的条约和重要协定。"修改为："中华人民共和国主席代表中华人民共和国，进行国事活动，接受外国使节；根据全国人民代表大会常务委员会的决定，派遣和召回驻外全权代表，批准和废除同外国缔结的条约和重要协定。"

十二、宪法第八十九条国务院职权第十六项"（十六）决定省、自治区、直辖市的范围内部分地区的戒严"修改为"（十六）依照法律规定决定省、自治区、直辖市的范围内部分地区进入紧急状态"。

十三、宪法第九十八条"省、直辖市、县、市、市辖区的人民代表大会每届任期五年。乡、民族乡、镇的人民代表大会每届任期三年。"修改为："地方各级人民代表大会每届任期五年。"

十四、宪法第四章章名"国旗、国徽、首都"修改为"国旗、国歌、国徽、首都"。第一百三十六条增加一款，作为第二款："中华人民共和国国歌是《义勇军进行曲》。"

以上建议，请全国人民代表大会常务委员会依照法定程序提出宪法修正案议案，提请第十届全国人民代表大会第二次会议审议。

中国共产党中央委员会
2003 年 12 月 12 日

中共中央召开党外人士座谈会征求对中共中央关于修改宪法部分内容的建议的意见[①]

（2003 年 8 月 28 日）

中共中央 8 月 26 日和 28 日在中南海先后召开党外人士座谈会，听取各民主党派中央、全国工商联的领导人和无党派人士对《中共中央关于完善社会主义市场经济体制若干问题的决定（征求意见稿）》和《中共中央关于修改宪法部分内容的建议（征求意见稿）》的意见和建议。中共中央总书记胡锦涛主持座谈会并发表重要讲话。

中共中央政治局常委吴邦国、温家宝、贾庆林、曾庆红等分别出席座谈会。

座谈会上，胡锦涛首先介绍了《决定（征求意见稿）》和《建议（征求意见稿）》的形成过程，他希望各民主党派中央、全国工商联的领导人和无党派人士对这两个文件提出意见和建议。

参加座谈会的何鲁丽、丁石孙、成思危、许嘉璐、蒋正华、罗豪才、韩启德、张克辉、黄孟复、陈章良、叶朗等分别发言。他们认为，《决定（征求意见稿）》对于深化经济体制改革和其他改革，指导经济社会发展，加快现代化建设，具有重大意义。《建议（征求意见稿）》体现了中共十三届四中全会以来的基本经验，体现了中共十六大确定的重大方针政策。大家赞同文件稿的基本框架和主要内容，他们还就推动经济社会协调发展、建立突发灾害应急管理机制、增加农民收入、做好就业再就业工作、加强财产保护、巩固爱国统一战线等提出了意见和建议。

各方面人士畅所欲言，各抒己见。胡锦涛等中共中央领导人认真做着笔记，并不时插话同大家一起讨论。

[①]　原载于《人民日报》2003 年 10 月 17 日，原题目为《征求对中共中央关于完善社会主义市场经济体制若干问题的决定和关于修改宪法部分内容的建议的意见　中共中央召开党外人士座谈会》，现题目为编者所加。

在听取了他们的发言后，胡锦涛说，大家提出了很好的意见和建议，对完善文件稿很有帮助。

胡锦涛指出，完善社会主义市场经济体制是我们在新世纪新阶段必须完成的任务，也是各民主党派共同努力的目标。希望各民主党派、工商联和无党派人士充分发挥人才荟萃、联系广泛、自我教育的优势，围绕建成完善的社会主义市场经济体制，围绕我国经济社会发展中的重大问题，开展形式多样、富有成效的调查研究，积极参政议政、建言献策，最大限度地调动各自所联系的成员的积极性、主动性和创造性。有包括各民主党派、工商联和无党派人士在内的全国各族人民的团结奋斗，我们一定能建成完善的社会主义市场经济体制和更具活力、更加开放的经济体系。

胡锦涛强调，宪法是我国的根本法，是治国安邦的总章程。我国现行宪法，是包括广大统一战线成员在内的全国各族人民共同意志的体现。维护宪法的尊严，保证宪法的实施，既是中国共产党的神圣职责，也是各民主党派、全国工商联和无党派人士的神圣职责。中国共产党的各级组织和全体党员要模范遵守宪法，严格按照宪法办事，团结带领广大人民群众为保证宪法的实施而不懈努力。各民主党派、全国工商联和无党派人士要为维护宪法尊严，保障宪法实施献计献策，为推进社会主义政治文明建设作出自己的贡献。王兆国、曾培炎、王刚、盛华仁、华建敏、刘延东和中央有关部门负责人分别出席座谈会。出席座谈会的党外人士还有阿沛·阿旺晋美、周铁农、王选、张怀西、李蒙和张梅颖、张榕明、杜宜瑾、陈抗甫、林文漪、冯之浚等。

中国共产党第十六届
中央委员会第三次全体会议公报

（2003 年 10 月 14 日中国共产党第十六届中央委员会第三次全体会议通过）

中国共产党第十六届中央委员会第三次全体会议，于 2003 年 10 月 11 日至 14 日在北京举行。

出席这次全会的有，中央委员 188 人，候补中央委员 154 人。中央纪律检查委员会常务委员会委员和有关方面的负责同志列席了会议。

全会由中央政治局主持。中央委员会总书记胡锦涛作了重要讲话。

全会听取和讨论了胡锦涛受中央政治局委托作的工作报告，审议通过了《中共中央关于完善社会主义市场经济体制若干问题的决定》，审议通过了《中共中央关于修改宪法部分内容的建议》并决定提交第十届全国人民代表大会常务委员会审议。吴邦国、温家宝分别就《建议（讨论稿）》和《决定（讨论稿）》向全会作了说明。

全会充分肯定十六届一中全会以来中央政治局的工作。一致认为，中央政治局坚持以邓小平理论和"三个代表"重要思想为指导，全面贯彻十六大精神，既保持了党的路线方针政策的连续性和稳定性，又从实际出发研究新情况、解决新问题，积极开创改革开放和社会主义现代化建设的新局面，团结带领全党全国人民战胜前进道路上的各种困难和风险，夺取了防治非典工作的阶段性重大胜利，保持了经济较快增长和各项事业全面发展的良好势头，巩固了奋发向上、安定团结的政治局面。

全会高度评价十一届三中全会特别是十四大确定社会主义市场经济体制改革目标以来我国经济体制改革在理论和实践上取得的重大进展。强调为适应经济全球化和科技进步加快的国际环境，适应全面建设小康社会的新形势，必须按照十六大提出的建成完善的社会主义市场经济体制和更具活力、更加开放的经济体系的战略部署，加快推进改革，进一步解放和发展生产力，为经济发展和社会全面进步注入强大动力。要按照统筹城乡发展、统筹区域发展、统筹经济社会发展、统筹人与自然和谐发展、统筹国内发展和对外开放的要求，更大程度地发挥市场在资源配置中的基础性作用，为全面建设小康社会提供强有力的体制保障。

全会强调，完善社会主义市场经济体制的主要任务是：完善公有制为主体、多种所有制经济共同发展的基本经济制度，建立有利于逐步改变城乡二元经济结构的体制，形成促进区域经济协调发展的机制，建设统一开放竞争有序的现代市场体系，完善宏观调控体系、行政管理体制和经济法律制度，健全就业、收入分配和社会保障制度，建立促进经济社会可持续发展的机制。深化经济体制改革，必须以邓小平理论和"三个代表"重要思想为指导，全面落实十六大精神，解放思想、实事求是、与时俱进，坚持社会主义市场经济的改革方向，坚持尊重群众的首创精神，坚持正确处理改革发展稳定的关系，坚持统筹兼顾，坚持以人为本，树立全面、协调、可持续的发展观，促进经济社会和人的全面发展。

全会认为，要坚持公有制的主体地位，发挥国有经济的主导作用，积极推行公有制的多种有效实现形式，加快调整国有经济布局和结构。要适应经济市场化不断发展的趋势，进一步增强公有制经济的活力，大力发展国有资本、集体资本和非公有资本等参股的混合所有制经济，实现投资主体多元化，使股份制成为公有制的主要实现形式。需要由国有资本控股的企业，应区别不同情况实行绝对控股或相对控股。要建立健全国有资产管理和监督体制，深化国有企业改革，完善公司法人治理结构，加快推进和完善垄断行业改革。要大力发展和积极引导非公有制经济，允许非公有资本进入法律法规未禁入的基础设施、公用事业及其他行业和领域。非公有制企业在投融资、税收、土地使用和对外贸易等方面，与其他企业享受同等待遇。要改进对非公有制企业的服务和监管。全会认为，产权是所有制的核心和主要内容。建立归属清晰、权责明确、保护严格、流转顺畅的现代产权制度，有利于维护公有财产权，巩固公有制经济的主体地位；有利于保护私有财产权，促进非公有制经济发展；有利于各类资本的流动和重组，推动混合所有制经济发展；有利于增强企业和公众创业创新的动力，形成良好的信用基础和市场秩序。这是完善基本经济制度的内在要求，是构建现代企业制度的重要基础。要依法保护各类产权，健全产权交易规则和监管制度，推动产权有序流转。

全会认为，土地家庭承包经营是农村基本经营制度的核心，要长期稳定并不断完善以家庭承包经营为基础、统分结合的双层经营体制，依法保障农民对土地承包经营的各项权利。农户在承包期内可依法、自愿、有偿流转土地承包经营权，完善流转办法，逐步发展适度规模经营。要实行最严格的耕地保护制度，保证国家粮食安全。按照保障农民权益、控制征地规模的原则，改革征地制度，完善征地程序。要完善农产品市场体系，把通过流通环节的间接补贴改为对农民的直接补贴，切实保护种粮农民的利益。要加大国家对农业的支持保护，深化农村税费改革，切实减轻农民负担。要大力发展县域经济，加快城镇化进程，逐步统一城乡劳动力市场，形成城乡劳动者平等就业的制度，为农民创造更多就业机会。

全会认为，要加快建设全国统一市场，大力推进市场对内对外开放，大力发展资本和其他要素市场，促进商品和各种要素在全国范围自由流动和充分竞争。要增强全社会的信用意识，形成以道德为支撑、产权为基础、法律为保障的社会信用制度。要继续完善国家宏观调控体系，加快转变政府职能，深化行政审批制度改革，切实把政府经济管理职能转到主要为市场主体服务和创造良好发展环境上来。要加强对区域发展的协调和指导，积极推进西部大开发，有效发挥中部地区综合优势，支持中西部地区加快改革发展，振兴东北地区等老工业基地，鼓励东部有条件地区率先基本实现现代化。要深化投资体制改革，分步实施税收制度改革，推进财政管理体制改革，深化金融企业改革，健全金融调控机制，完善金融监管体制。要深化涉外经济体制改革，完善对外开放的制度保障，更好地发挥外资的作用，增强参与国际合作和竞争的能力。

全会认为，要把扩大就业放在经济社会发展更加突出的位置，坚持劳动者自主择业、市场调节就业和政府促进就业的方针，实施积极的就业政策，努力改善创业和就业环境，鼓励企业创造更多的就业岗位。要完善按劳分配为主体、多种分配方式并存的分配制度，加大收入分配调节力度，重视解决部分社会成员收入差距过分扩大问题。要加快建设与经济发展水平相适应的社会保障体系，完善企业职工基本养老保险制度，健全失业保险制度，继续改革城镇职工基本医疗保险制度，完善城市居民最低生活保障制度。

全会认为，要深化科技教育文化卫生体制改革，创新工作机制，营造实施人才强国战略的体制环境，加快国家创新体系建设，构建现代国民教育体系和终身教育体系，促进文化事业和文化产业协调发展，提高公共卫生服务水平和突发性公共卫生事件应急能力。要深化行政管理体制改革，合理划分中央和地方经济社会事务的管理责权，加快形成行为规范、运转协调、公正透明、廉洁高效的行政管理体制。全面推进经济法制建设，加强执法和监督，确保法律法规的有效实施。

全会认为，建成完善的社会主义市场经济体制，是我们党在新世纪新阶段作出的具有重大现实意义和深远历史意义的决策，是对全党新的重大考验。全党要充分认识肩负的历史责任，自觉适应社会主义市场经济发展的新形势，改革和完善领导方式和执政方式，不断学习新知识、研究新情况、解决新问题，继续探索社会主义制度和市场经济有机结合的途径和方式。要切实加强和改进党风廉政建设，坚持立党为公、执政为民，保持艰苦奋斗的作风，坚决抵制各种不良风气的侵蚀，建立健全与社会主义市场经济体制相适应的教育、制度、监督并重的惩治和预防腐败体系，为完善社会主义市场经济体制营造良好的社会氛围。要着眼于我国基本国情，坚持一切从实际出发，因地制宜，把改革的力度、发展的速度和社会可承受的程度统一起来，确保社会稳定和工作有序进行。要积极稳妥地推进政治体制改革，扩大社会主义民主，健全社会主义法制，巩固和壮大爱国统一战线，加强思想政治工作，为发展社会主义市场经济提供强有力的政治保证。

全会强调，中华人民共和国宪法是国家的根本法，是治国安邦的总章程，是保持国家统一、民族团结、经济发展、社会进步和长治久安的法制基础。实施证明，现行宪法是一部符合我国国情的好宪法，在国家经济、政治、文化和社会生活中发挥了极其重要的作用，保障了我国改革开放和社会主义现代化建设的顺利进行，应该保持稳定。同时，根据经济社会发展的客观要求，依照法定程序，把十六大确定的重大理论观点和重大方针政策写入宪法，有利于宪法更好地发挥国家根本法的作用。

全会指出，修改宪法必须坚持四项基本原则，立足我国国情，充分发扬民主，广泛听取各方面的意见，严格依法办事，做到有利于加强和改善党的领导，有利于发挥社会主义制度的优越性，有利于调动广大人民群众的积极性，有利于维护国家统一、民族团结和社会稳定，有利于促进经济发展和社会全面进步。

全会强调，当前，我国的发展正处在一个关键时期，全党同志特别是各级领导干部要按照中央的要求和部署，切实抓好发展这个党执政兴国的第一要务，切实做好关心群众生产生活的工作，切实维护社会安定团结，切实加强和改进党的建设，尤其要加强作风建设，做到为民、务实、清廉，团结带领广大人民群众扎扎实实地做好改革发展稳定的各项工作。

全会号召，全党同志和全国各族人民，在马克思列宁主义、毛泽东思想、邓小平理论和"三个代表"重要思想指引下，全面贯彻十六大精神，紧密团结在以胡锦涛同志为总书记的党中央周围，开拓进取，扎实工作，不断促进社会主义物质文明、政治文明和精神文明协调发展，为建成完善的社会主义市场经济体制、实现全面建设小康社会的宏伟目标而努力奋斗。

（二）十届全国人大常委会第六次会议听取和讨论中共中央关于修改宪法部分内容的建议的说明

十届全国人大常委会第六次会议听取中共中央关于修改宪法部分内容的建议的说明①

（2003 年 12 月 22 日）

十届全国人大常委会第六次会议 22 日在人民大会堂开始举行。在吴邦国委员长的主持下，会议听取了关于中共中央关于修改宪法部分内容的建议的说明。中共中央的建议将在本次会议讨论后，由全国人大常委会依照法定程序提出宪法修正案议案，提请十届全国人大二次会议审议。

受中共中央委托，中共中央政治局委员王兆国就建议作了说明。他说，现行宪法是 1982 年 12 月由五届全国人大五次会议通过的。根据形势发展的需要，1988 年 4 月七届全国人大一次会议、1993 年 3 月八届全国人大一次会议、1999 年 3 月九届全国人大二次会议先后 3 次对宪法部分内容作了修改。

王兆国说，这次修改宪法总的原则是：坚持以马克思列宁主义、毛泽东思想、邓小平理论和"三个代表"重要思想为指导，贯彻十六大精神，体现十三届四中全会以来的基本经验，把十六大确定的重大理论观点和重大方针政策写入宪法。根据这个原则，这次修宪不是大改，而是部分修改，对实践证明是成熟的、需要用宪法规范的、非改不可的进行修改，可改可不改的、可以通过宪法解释予以明确的不改。

王兆国说，修改宪法是国家政治生活中的一件大事，党中央十分重视。

---

① 原载于《人民日报》2003 年 12 月 23 日，原题目为《十届全国人大常委会第六次会议听取关于中共中央关于修改宪法部分内容的建议的说明 吴邦国主持》，现题目为编者所加。

2003 年 3 月 27 日，中央政治局常委会会议研究和部署了修改宪法工作，确定了这次修改宪法总的原则，并成立了中央宪法修改小组，在中央政治局常委会领导下工作。建议是在中央政治局常委会直接领导下，充分发扬民主，广泛听取各方面的意见，经过半年多工作形成的。

银行业监督管理法草案、中国人民银行法修正案草案、商业银行法修正案草案已经十届全国人大常委会第四次会议、第五次会议审议，全国人大法律委员会副主任委员蒋黔贵在会上报告了这 3 部法律草案的审议结果。

国务院向全国人大常委会提交议案，提请审议对外贸易法修订草案。受国务院委托，商务部副部长于广洲就这部草案作了说明。

会议审议了委员长会议关于提请审议全国人大常委会关于召开十届全国人大二次会议的决定草案的议案。

会议还审议了国务院关于提请审议批准中国和俄罗斯关于移管被判刑人的条约的议案和中国和泰国关于刑事司法协助的条约的议案。受国务院委托，外交部副部长张业遂分别就这两个议案作了说明。

副委员长王兆国、李铁映、司马义·艾买提、何鲁丽、丁石孙、成思危、许嘉璐、蒋正华、顾秀莲、盛华仁、路甬祥、乌云其木格、韩启德、傅铁山出席会议。国务委员华建敏、最高人民法院院长肖扬、最高人民检察院检察长贾春旺列席会议。

全国人大常委会分组讨论中共中央
关于修改宪法部分内容的建议①

十届全国人大常委会第六次会议 23 日上午在人民大会堂举行分组会议，讨论中共中央关于修改宪法部分内容的建议。委员们表示完全赞同建议的内容，并建议经本次常委会讨论后，依照法定程序提出宪法修正案议案，提请

---

① 原载于《人民日报》2003 年 12 月 24 日，原题目为《全国人大常委会组成人员分组讨论中共中央关于修改宪法部分内容的建议》，现题目为编者所加。

十届全国人大二次会议审议。

委员们认为，20 年来，现行宪法既保持了稳定，又在实践中不断完善，为我国进行改革开放和社会主义现代化建设，发展社会主义民主政治，推进依法治国、建设社会主义法治国家进程，维护最广大人民的根本利益，发挥了重要作用。十五大以来，经过全党全国人民团结奋斗，我国改革开放和社会主义现代化建设取得历史性进展，积累了十分宝贵的经验。在新的形势下，把这些经验用国家根本大法的形式固定下来，是非常必要的。

委员们认为，党的十六大把"三个代表"重要思想同马克思列宁主义、毛泽东思想、邓小平理论一道确立为党必须长期坚持的指导思想。根据十六大精神，在宪法中确立"三个代表"重要思想在国家政治和社会生活中的指导地位，反映了全党全国人民的共同意愿，为全党全国人民在新世纪新阶段继续团结奋斗提供了共同的思想基础，具有重大的现实意义和深远的历史意义。

委员们认为，建议是在中央政治局常委会直接领导下，充分发扬民主，反复认真研究，广泛听取各方面的意见，经过半年多工作形成的，凝聚了全党全国人民的集体智慧，是党的主张和人民意志相统一的体现。根据建议对现行宪法进行修改，有利于加强和改善党的领导，有利于发挥社会主义制度的优越性，有利于调动广大人民群众的积极性，有利于维护国家统一、民族团结和社会稳定，有利于促进经济发展和社会全面进步。

委员们还就建议的具体内容进行了讨论。

在下午举行的分组会议上，全国人大常委会组成人员还就银行业监督管理法草案、中国人民银行法修正案草案、商业银行法修正案草案等法律草案进行了审议。委员们表示，这 3 部法律草案经多次审议、修改，已基本可行，建议本次常委会审议通过。

全国人大常委会全体会议审议
宪法修正案草案代拟稿①

十届全国人大常委会第六次会议今天下午举行全体会议，审议全国人大常委会关于提请审议《中华人民共和国宪法修正案（草案）》的议案（代拟稿）等。

吴邦国委员长出席会议。

22 日举行的本次常委会第一次全体会议，听取了中共中央政治局委员王兆国关于《中国共产党中央委员会关于修改宪法部分内容的建议》的说明，随后，常委会分组讨论了《建议》。常委会组成人员对《建议》一致给予了高度评价。委员长会议根据大家的共同意见，以《建议》为基础，拟定了《全国人民代表大会常务委员会关于提请审议〈中华人民共和国宪法修正案（草案）〉的议案》（代拟稿）和宪法修正案（草案代拟稿），提请常委会审议。

今年 9 至 10 月，全国人大常委会执法检查组对农村土地承包法的实施情况进行了检查，副委员长乌云其木格在今天的会议上报告了这次执法检查的情况。她说，从总体上看，全国农村土地承包关系稳定，农民土地承包经营权得到了有效保护，促进了农业和农村经济发展，维护了农村社会稳定。针对农村土地承包法实施中存在的违法批地用地、乱占滥用耕地等一些不容忽视的问题，检查组提出了进一步贯彻落实农村土地承包法的建议，并建议要尽快修改土地管理法。

今天的会议还审议了十届全国人大常委会代表资格审查委员会关于补选代表的代表资格的审查报告，全国人大民族委员会、法律委员会、外事委员会、华侨委员会、环境与资源保护委员会关于十届全国人大一次会议主席团交付审议的代表提出的议案审议结果的报告。审议了全国人大代表团访问西班牙、德国、英国三国情况的书面报告，全国人大代表团访问毛里求斯、喀

---

① 原载于《人民日报》2003 年 12 月 27 日。

麦隆、利比亚、突尼斯四国情况的书面报告，全国人大代表团出席各国议会联盟第 109 届大会和访问比利时、卢森堡两国情况的书面报告，全国人大代表团访问伊朗、肯尼亚、尼日利亚三国情况的书面报告，关于我国承办亚欧年轻议员会议第五届年会情况的书面报告，关于银行业监督管理法等三个法律草案修改意见的报告。

成思危副委员长主持会议，副委员长王兆国、李铁映、司马义·艾买提、何鲁丽、丁石孙、许嘉璐、蒋正华、顾秀莲、盛华仁、路甬祥、韩启德、傅铁山出席会议。国务委员陈至立、最高人民法院院长肖扬、最高人民检察院检察长贾春旺等列席会议。

（三）十届全国人大二次会议审议通过宪法修正案

关于《中华人民共和国宪法修正案（草案）》的说明

——2004 年 3 月 8 日在第十届全国人民代表大会第二次会议上

全国人民代表大会常务委员会副委员长　王兆国

各位代表：

我受全国人大常委会委托，现对《中华人民共和国宪法修正案（草案）》作说明。

一、这次修改宪法总的原则和宪法修正案（草案）的形成

现行宪法是根据党的十一届三中全会确定的路线方针政策，总结新中国成立以来建设社会主义的长期实践经验，经过全民讨论，于 1982 年 12 月由五届全国人大五次会议通过的。根据形势发展的需要，1988 年 4 月七届全国人大一次会议、1993 年 3 月八届全国人大一次会议、1999 年 3 月九届全国人大二次会议先后三次对宪法部分内容作了修改。二十多年来，这部宪法既保持了稳定，又在实践中与时俱进、不断完善，为我们进行改革开放和社会主义现代化建设，发展社会主义民主政治，推进依法治国、建设社会主义法治国家进程，维护最广大人民的根本利益，发挥了重要作用。

党的十五大以来，经过全党全国各族人民团结奋斗，我国改革开放和社会主义现代化建设取得历史性进展，积累了十分宝贵的经验。从本世纪开始，我国进入全面建设小康社会、加快推进社会主义现代化的新的发展阶段。党的十六大全面分析了新世纪新阶段我们党和国家面临的新形势新任务，科学

总结了改革开放以来特别是党的十三届四中全会以来党团结带领全国人民建设中国特色社会主义的基本经验，把"三个代表"重要思想同马克思列宁主义、毛泽东思想、邓小平理论一道确立为党必须长期坚持的指导思想，明确提出了本世纪头二十年的奋斗目标和重大方针政策。党的十六届三中全会根据新形势新经验，提出《中共中央关于修改宪法部分内容的建议》，主张把实践中取得的、并被实践证明是成熟的重要认识和基本经验写入宪法，反映了全党全国各族人民的共同意愿，将使宪法更加完善，更加适应全面建设小康社会、开创建设中国特色社会主义事业新局面的要求，更加能够发挥宪法作为国家的根本法的作用。

这次修改宪法总的原则是，坚持以马克思列宁主义、毛泽东思想、邓小平理论和"三个代表"重要思想为指导，贯彻党的十六大精神，体现党的十三届四中全会以来的基本经验，把党的十六大确定的重大理论观点和重大方针政策写入宪法。根据这个原则，这次修改宪法不是大改，而是部分修改，对实践证明是成熟的、需要用宪法规范的、非改不可的进行修改，可改可不改的、可以通过宪法解释予以明确的不改。

修改宪法是国家政治生活中的一件大事，党中央十分重视。《中央政治局常委会 2003 年工作要点》明确提出，要根据新形势下党和国家事业发展的要求，着手进行宪法修改工作。2003 年 3 月 27 日，中央政治局常委会会议研究和部署了修改宪法工作，确定了这次修改宪法总的原则；强调在整个修改宪法过程中，要切实加强党的领导，充分发扬民主，广泛听取各方面的意见，严格依法办事；成立了以吴邦国同志为组长的中央宪法修改小组，在中央政治局常委会领导下工作。中央《建议》就是在中央政治局常委会直接领导下，按照中央确定的这次修改宪法总的原则和工作方针，经过半年多工作形成的。

这次中央《建议》的形成，有两个显著的特点：一是，充分发扬民主、广泛征求意见，自下而上、两下两上，经过反复认真研究，形成修改方案。去年 4 月，中央请各省、自治区、直辖市在调查研究的基础上提出修改宪法的建议上报中央。5 月、6 月，中央宪法修改小组先后召开六次座谈会，听取地方、部门和部分企业负责人、专家的意见。在此基础上拟订出中央《建议》征求意见稿，由中央下发一定范围征求意见；同时，胡锦涛总书记于 8

月 28 日主持召开各民主党派中央、全国工商联的负责人和无党派人士座谈会，吴邦国同志于 9 月 12 日召开部分理论工作者、法学专家和经济学专家座谈会，征求意见。在征求意见过程中，各地方、各部门、各方面提出了许多很好的意见和建议，而且意见和建议比较集中。根据各地方、各部门、各方面的意见对中央《建议》征求意见稿进一步修改后，形成中央《建议》草案。二是，中央《建议》经中央政治局常委会会议和中央政治局会议多次讨论研究，提请党的十六届三中全会审议通过后，由党中央提请全国人大常委会依照法定程序提出宪法修正案（草案）的议案。

去年 12 月 22 日至 27 日举行的十届全国人大常委会第六次会议将中央《建议》列入议程。常委会组成人员以高度负责的精神，对中央《建议》进行了认真讨论，一致赞成中央确定的这次修改宪法总的原则，认为以马克思列宁主义、毛泽东思想、邓小平理论和"三个代表"重要思想为指导，贯彻党的十六大精神，根据我国改革开放和社会主义现代化建设事业发展的需要，修改宪法部分内容，十分必要，非常及时。中央《建议》立意高远，内涵深刻，体现了党的主张和人民意志的有机统一，凝聚了全党全国各族人民的智慧，都是关系国家发展和长治久安的重大问题。会议根据常委会组成人员的共同意见，依照宪法第六十四条规定的修改宪法的特别程序，以《建议》为基础，形成并全票通过了全国人大常委会关于提请审议宪法修正案（草案）的议案和宪法修正案（草案），决定提请十届全国人大二次会议审议。

从中央《建议》到宪法修正案（草案）的形成，始终坚持正确的政治方向，坚持四项基本原则，立足我国国情。讲法和讲政治是统一的。宪法和法律是党的主张和人民意志相统一的体现。修改宪法，必须有利于加强和改善党的领导，有利于发挥社会主义制度的优越性，有利于调动广大人民群众的积极性，有利于维护国家统一、民族团结和社会稳定，有利于促进经济发展和社会全面进步。

二、宪法修正案（草案）的主要内容

1. 确立"三个代表"重要思想在国家政治和社会生活中的指导地位。宪法修正案（草案）将宪法序言第七自然段中"在马克思列宁主义、毛泽东思想、邓小平理论指引下"修改为"在马克思列宁主义、毛泽东思想、邓小平理论和'三个代表'重要思想指引下"，并将"沿着建设有中国特色社会主义的道路"修改为"沿着建设中国特色社会主义道路"。"三个代表"重要思想同马克思列宁主义、毛泽东思想、邓小平理论是一脉相承而又与时俱进的科学体系，是马克思主义在中国发展的最新成果，是面向二十一世纪的中国化的马克思主义，是引导全党全国人民为实现新世纪新阶段的发展目标和宏伟蓝图而奋斗的根本指针。把"三个代表"重要思想同马克思列宁主义、毛泽东思想、邓小平理论一道写入宪法，确立其在国家政治和社会生活中的指导地位，反映了全党全国各族人民的共同意愿，体现了党的主张和人民意志的统一，为全党全国各族人民在新世纪新阶段继续团结奋斗提供了共同的思想基础，具有重大的现实意义和深远的历史意义。

2. 增加推动物质文明、政治文明和精神文明协调发展的内容。宪法修正案（草案）在宪法序言第七自然段中"逐步实现工业、农业、国防和科学技术的现代化"之后，增加"推动物质文明、政治文明和精神文明协调发展"的内容。党的十六大提出"不断促进社会主义物质文明、政治文明和精神文明的协调发展"，反映了我们党对共产党执政规律、社会主义建设规律和人类社会发展规律认识的深化，既是对社会主义文明内涵的极大丰富，又是对社会主义现代化建设理论的重大发展，具有重要意义。把"三个文明"及其相互关系写入宪法，并同这一自然段中确定的"把我国建设成为富强、民主、文明的社会主义国家"的社会主义现代化建设总目标紧密相连，不仅意思比较连贯、逻辑比较严谨，而且为"三个文明"协调发展提供了宪法保障。

3. 在统一战线的表述中增加社会主义事业的建设者。宪法序言第十自然段第一句明确规定，"社会主义的建设事业必须依靠工人、农民和知识分子，团结一切可以团结的力量。"随着改革的深化、开放的扩大和经济社会的发展，我国的统一战线不断扩大。党的十六大明确提出，在社会变革中出现的新的社会阶层"都是中国特色社会主义事业的建设者"。据此，宪法修正案（草案）在宪法关于统一战线的表述中增加"社会主义事业的建设者"，将宪法序言这一自然段第二句关于统一战线的表述修改为："在长期的革命和建设过程中，已经结成由中国共产党领导的，有各民主党派和各人民团体参加的，包括全体社会主义劳动者、社会主义事业的建设者、拥护社会主义的爱国者和拥护祖国统一的爱国者的广泛的爱国统一战线，这个统一战线将继续巩固和发展。"统一战线包括的"劳动者"、"建设者"和两种"爱国者"，一层比一层更广泛，社会主义事业的建设者包括全体社会主义劳动者和在社会变革中出现的新的社会阶层。这样修改，有利于最广泛、最充分地调动一切积极因素。

4. 完善土地征用制度。宪法修正案（草案）将宪法第十条第三款"国家为了公共利益的需要，可以依照法律规定对土地实行征用。"修改为："国家为了公共利益的需要，可以依照法律规定对土地实行征收或者征用，并给予补偿。"这样修改，主要的考虑是：征收和征用既有共同之处，又有不同之处。共同之处在于，都是为了公共利益需要，都要经过法定程序，都要依法给予补偿。不同之处在于，征收主要是所有权的改变，征用只是使用权的改变。宪法第十条第三款关于土地征用的规定，以及依据这一规定制定的土地管理法，没有区分上述两种不同情形，统称"征用"。从实际内容看，土地管理法既规定了农村集体所有的土地转为国有土地的情形，实质上是征收；又规定了临时用地的情形，实质上是征用。为了理顺市场经济条件下因征收、征用而发生的不同的财产关系，区分征收和征用两种不同情形是必要的。

5. 进一步明确国家对发展非公有制经济的方针。国家在社会主义初级阶段，坚持和完善公有制为主体、多种所有制经济共同发展的基本经济制度。作为社会主义市场经济重要组成部分的个体、私营等非公有制经济在促进经济增长、扩大就业、活跃市场等方面的重要作用日益显现。根据党的十六大关于"必须毫不动摇地鼓励、支持和引导非公有制经济发展"，"依法加强监督和管理，促进非公有制经济健康发展"的精神，宪法修正案（草案）将宪法第十一条第二款"国家保护个体经济、私营经济的合法的权利和利益。国家对个体经济、私营经济实行引导、监督和管理。"修改为："国家保护个体经济、私营经济等非公有制经济的合法的权利和利益。国家鼓励、支持和引导非公有制经济的发展，并对非公有制经济依法实行监督和管理。"这样修改，全面、准确地体现了党的十六大关于对非公有制经济既鼓励、支持、引导，又依法监督、管理，以促进非公有制经济健康发展的精神；也反映了我国社会主义初级阶段基本经济制度的实际情况，符合生产力发展的客观要求。

6. 完善对私有财产保护的规定。我国改革开放以来，随着经济发展和人民生活水平提高，公民拥有的私人财产普遍有了不同程度的增加，特别是越来越多的公民有了私人的生产资料，群众对用法律保护自己的财产有了更加迫切的要求。根据党的十六大关于"完善保护私人财产的法律制度"的精神，宪法修正案（草案）将宪法第十三条"国家保护公民的合法的收入、储蓄、房屋和其他合法财产的所有权。""国家依照法律规定保护公民的私有财产的继承权。"修改为："公民的合法的私有财产不受侵犯。""国家依照法律规定保护公民的私有财产权和继承权。""国家为了公共利益的需要，可以依照法律规定对公民的私有财产实行征收或者征用，并给予补偿。"这样修改，主要基于三点考虑：一是，进一步明确国家对全体公民的合法的私有财产都给予保护，保护范围既包括生活资料，又包括生产资料。二是，用"财产权"代替原条文中的"所有权"，在权利含意上更加准确、全面。三是，我国几个现行法律根据不同情况已经作出了征收或者征用的规定，在宪法中增加规定对私有财产的征收、征用制度，有利于正确处理私有财产保护和公共利益需要的关系，许多国家的宪法都有类似的规定。

7. 增加建立健全社会保障制度的规定。根据党的十六大精神，宪法修正案（草案）在宪法第十四条中增加一款，作为第四款："国家建立健全同经济发展水平相适应的社会保障制度。"社会保障直接关系广大人民群众的切身利益。建立健全同经济发展水平相适应的社会保障制度，是深化经济体制改革、完善社会主义市场经济体制的重要内容，是发展社会主义市场经济的客观要求，是社会稳定和国家长治久安的重要保证。

8. 增加尊重和保障人权的规定。宪法修正案（草案）在宪法第二章"公民的基本权利和义务"头一条即第三十三条中增加一款，作为第三款："国家尊重和保障人权。"这样修改，主要基于两点考虑：一是，尊重和保障人权是我们党和国家的一贯方针，这次把它写入宪法，可以进一步为这一方针的贯彻执行提供宪法保障。二是，党的十五大、十六大都明确地提出了"尊重和保障人权"。在宪法中作出尊重和保障人权的宣示，体现了社会主义制度的本质要求，有利于推进我国社会主义人权事业的发展，有利于我们在国际人权事业中进行交流和合作。

9. 完善全国人民代表大会组成的规定。宪法修正案（草案）在宪法第五十九条第一款关于全国人民代表大会组成的规定中增加"特别行政区"，将这一款修改为："全国人民代表大会由省、自治区、直辖市、特别行政区和军队选出的代表组成。各少数民族都应当有适当名额的代表。"在香港、澳门回归祖国后，作这样的修改，符合全国人民代表大会组成的实际情况。

10. 关于紧急状态的规定。宪法对"戒严"作了规定，但没有规定"紧急状态"。戒严法根据宪法，规定戒严是"在发生严重危及国家的统一、安全或者社会公共安全的动乱、暴乱或者严重骚乱，不采取非常措施不足以维护社会秩序、保护人民的生命和财产安全的紧急状态时"采取的一种非常措施。总结去年抗击非典的经验教训，并借鉴国际上的普遍做法，需要完善应对严重自然灾害、突发公共卫生事件、人为重大事故等紧急状态的法律制度。现行的防洪法、防震减灾法、传染病防治法等单行法律规定的措施，实际上也是在各种紧急状态下采取的不同的非常措施。在紧急状态下采取的非常措施，通常要对公民的权利和自由不同程度地加以限制。多数国家宪法中都有关于"紧急状态"的规定。因此，宪法修正案（草案）将宪法第六十七条规定的全国人大常委会职权第二十项"决定全国或者个别省、自治区、直辖市的戒严"修改为"决定全国或者个别省、自治区、直辖市进入紧急状态"，并相应地将宪法第八十条规定的中华人民共和国主席根据全国人大常委会的决定"发布戒严令"修改为"宣布进入紧急状态"；将宪法第八十九条规定的国务院职权第十六项"决定省、自治区、直辖市的范围内部分地区的戒严"修改为"依照法律规定决定省、自治区、直辖市的范围内部分地区进入紧急状态"。这样修改，"紧急状态"包括"戒严"又不限于"戒严"，适用范围更宽，既便于应对各种紧急状态，也同国际上通行的做法相一致。

11. 关于国家主席职权的规定。宪法修正案（草案）将宪法第八十一条中"中华人民共和国主席代表中华人民共和国，接受外国使节"修改为"中华人民共和国主席代表中华人民共和国，进行国事活动，接受外国使节"。作这样的规定，主要的考虑是：当今世界，元首外交是国际交往中的一种重要形式，需要在宪法中对此留有空间。

12. 修改乡镇政权任期的规定。宪法修正案（草案）把乡、镇人大的任期由三年改为五年，将宪法第九十八条"省、直辖市、县、市、市辖区的人民代表大会每届任期五年。乡、民族乡、镇的人民代表大会每届任期三年。"修改为："地方各级人民代表大会每届任期五年。"这样修改，各级人大任期一致，有利于协调各级经济社会发展规划、计划和人事安排。

13. 增加对国歌的规定。宪法修正案（草案）将宪法第四章的章名"国旗、国徽、首都"修改为"国旗、国歌、国徽、首都"；在这一章第一百三十六条中增加一款，作为第二款："中华人民共和国国歌是《义勇军进行曲》。"赋予国歌的宪法地位，有利于维护国歌的权威性和稳定性，增强全国各族人民的国家认同感和国家荣誉感。

关于宪法文本问题。为了维护宪法的权威和尊严，保证宪法文本的统一，同时有利于学习和实施宪法，建议本次会议通过宪法修正案后，由大会秘书处根据宪法修正案对宪法有关内容作相应的修正，将一九八二年宪法原文、历次宪法修正案和根据宪法修正案修正的文本同时公布。

《中华人民共和国宪法修正案（草案）》和以上说明，请审议。

第十届全国人民代表大会第二次会议主席团关于《中华人民共和国宪法修正案（草案）》审议情况的报告

（2004 年 3 月 12 日第十届全国人民代表大会第二次会议主席团第二次会议通过）

3 月 8 日下午、9 日，十届全国人大二次会议各代表团对《中华人民共和国宪法修正案（草案）》（以下简称修正案草案）进行了认真审议。代表们赞成党中央确定的这次修改宪法总的原则和修改内容，普遍认为：修正案草案以邓小平理论和"三个代表"重要思想为指导，把党的十六大确定的重大理论观点和重大方针政策写入宪法，特别是把"三个代表"重要思想同马克思列宁主义、毛泽东思想、邓小平理论一道确立其在国家政治和社会生活中的指导地位，具有重大而深远的意义。普遍反映，修正案草案体现了宪法的稳定性与适应性的统一，党的主张与人民意志的统一，讲法与讲政治的统一，充分发扬民主与严格依法办事的统一，凝聚着全党全国各族人民的集体智慧，立意高远，内涵深刻，顺乎民意，都是关系国家发展和长治久安的重大问题，符合最广大人民的根本利益，可以说是我国宪政史上的又一个里程碑，建议本次会议审议通过。

代表们在充分肯定修正案草案的同时，有些代表也提出了一些意见和建议。大会主席团根据代表审议意见，建议就以下两个问题对修正案草案中的三条加以修改：

一是关于对土地和私有财产的征收、征用及补偿问题。修正案草案将宪法第十条第三款"国家为了公共利益的需要，可以依照法律规定对土地实行征用。"修改为："国家为了公共利益的需要，可以依照法律规定对土地实行征收或者征用，并给予补偿。"并在宪法第十三条中增加规定："国家为了公共利益的需要，可以依照法律规定对公民的私有财产实行征收或者征用，并给予补偿。"有的代表提出，以上两处规定中的"依照法律规定"是只规范征收、征用行为，还是也规范补偿行为，应予明确。由于对此有不同的理解，有些代表建议将"补偿"明确为"公正补偿"、"合理补偿"、"充分补偿"、"相应补偿"，等等。大会主席团经研究认为，修正案草案上述两处规定的本意是，"依照法律规定"既规范征收、征用行为，包括征收、征用的主体和程序；也规范补偿行为，包括补偿的项目和标准。为了避免理解上的歧义，建议将上述两处规定中"并给予补偿"前面的逗号删去，将上述两处规定修改为："国家为了公共利益的需要，可以依照法律规定对土地实行征收或者征用并给予补偿。""国家为了公共利益的需要，可以依照法律规定对公民的私有财产实行征收或者征用并给予补偿。"

二是关于中国特色社会主义道路的表述问题。修正案草案将宪法序言第七自然段中的"沿着建设有中国特色社会主义的道路"修改为"沿着建设中国特色社会主义道路"。有的代表建议将上述表述中的"建设"两个字删去。大会主席团经研究，建议采纳这一意见，与党的十六大报告的有关提法一致起来，将上述表述修改为"沿着中国特色社会主义道路"。

此外，有些代表还提出了一些其他意见和建议。这些意见和建议，在这次宪法修改工作开始后，有的地方、部门和专家就提出过，已经过反复研究、论证，其中有的可以通过宪法解释予以明确，有的可以在有关法律中加以规定，目前可以不对宪法有关规定作修改或者补充。

宪法修正案草案（修改稿）和以上报告，请审议。

十届全国人大二次会议主席团举行第二次会议①

（2004 年 3 月 12 日）

十届全国人大二次会议主席团 12 日上午在人民大会堂举行第二次会议，听取关于宪法修正案草案审议情况的汇报，就拟提交各代表团审议的关于宪法修正案草案审议情况的报告和宪法修正案草案修改稿等进行表决。

主席团常务主席吴邦国主持会议。

十届全国人大二次会议期间，代表们对宪法修正案草案进行了认真审议。根据代表们的审议意见，主席团常务主席代拟了大会主席团关于宪法修正案草案审议情况的报告和宪法修正案草案修改稿。会上，主席团常务主席王兆国汇报了宪法修正案草案的审议情况。

会议表决通过，将大会主席团关于宪法修正案草案审议情况的报告和宪法修正案草案修改稿，提交各代表团审议。

根据各代表团的审议意见，主席团常务主席提出了关于政府工作报告的决议草案。会议表决通过，将关于政府工作报告的决议草案，提交各代表团审议，提请大会全体会议表决。

全国人大财政经济委员会主任委员傅志寰向会议作了财经委员会关于2003 年国民经济和社会发展计划执行情况与 2004 年国民经济和社会发展计划草案的审查结果报告。傅志寰说，财经委员会认为，2003 年，在中国共产党的领导下，全国各族人民团结奋斗，战胜各种困难，取得了改革开放和现

---

① 原载于《人民日报》2004 年 3 月 13 日，原题目为《十届全国人大二次会议主席团举行第二次会议　吴邦国主持　听取关于宪法修正案草案审议情况的汇报等》，现题目为编者所加。

代化建设事业的显著成就，实现了十届全国人大一次会议批准的国民经济和社会发展预期目标。2004 年国民经济和社会发展计划草案和报告体现了中央经济工作会议精神，主要调控目标和措施基本可行。财经委员会建议批准国务院提出的 2004 年国民经济和社会发展计划草案，批准国家发展和改革委员会主任马凯受国务院委托所作的《关于 2003 年国民经济和社会发展计划执行情况与 2004 年国民经济和社会发展计划草案的报告》。

全国人大财政经济委员会副主任委员刘积斌向会议作了财经委员会关于 2003 年中央和地方预算执行情况及 2004 年中央和地方预算草案的审查结果报告。刘积斌说，财经委员会认为，2003 年预算执行情况是好的。2004 年中央和地方预算草案体现了党中央确定的方针，按照全面、协调、可持续发展的要求，继续实施积极财政政策，加大财政宏观调控力度，优化财政支出结构，增加支持"三农"、就业和再就业、社会保障、公共卫生、科技教育等重点支出，增加了对地方的补助支出。国务院提出的预算草案是可行的。财经委员会建议批准国务院提出的 2004 年中央预算草案，批准财政部部长金人庆受国务院委托所作的《关于 2003 年中央和地方预算执行情况及 2004 年中央和地方预算草案的报告》。地方各级政府预算由本级人民代表大会审查批准。

会议经过表决，通过了这两个审查报告。会后，将这两个审查报告印发全体代表。

会议表决通过，将关于 2003 年国民经济和社会发展计划执行情况与 2004 年国民经济和社会发展计划的决议草案、关于 2003 年中央和地方预算执行情况及 2004 年中央和地方预算的决议草案，提交各代表团审议，提请大会全体会议表决。

各代表团共推选出监票人 35 人，经主席团常务主席研究，建议提名公保尚代表、孙洁代表为总监票人。会议表决通过，将总监票人、监票人名单草案，印发全体代表，提请大会全体会议决定。

主席团常务主席李铁映、司马义·艾买提、何鲁丽、丁石孙、成思危、许嘉璐、蒋正华、顾秀莲、热地、盛华仁、路甬祥、乌云其木格、韩启德、傅铁山出席会议。

十届全国人大二次会议主席团举行第三次会议①

（2004 年 3 月 13 日）

十届全国人大二次会议主席团 13 日下午在人民大会堂举行第三次会议，决定将中华人民共和国宪法修正案草案表决稿等提请大会全体会议表决。

主席团常务主席吴邦国主持会议。

各代表团对大会主席团关于宪法修正案草案审议情况的报告和宪法修正案草案修改稿进行了审议，对宪法修正案草案修改稿普遍表示赞同，建议提请大会全体会议表决。主席团常务主席代拟了宪法修正案草案表决稿，提请主席团审议。会议表决通过，将宪法修正案草案表决稿印发全体代表，提请大会全体会议表决。

会议逐项表决通过，分别将关于全国人大常委会工作报告的决议草案、关于最高人民法院工作报告的决议草案、关于最高人民检察院工作报告的决议草案，提交各代表团审议，提请大会全体会议表决。

根据全国人大议事规则的规定，全国人大常委会接受常委会组成人员辞职的，应当报请全国人民代表大会下次会议确认。此前，十届全国人大常委会第四次、第五次会议分别通过了关于接受华福周、张耕辞去全国人大常委会委员职务的请求的决定。会议表决通过，将关于确认全国人大常委会接受华福周、张耕辞去全国人大常委会委员职务的请求的决定草案，印发全体代表，提请大会全体会议表决。

十届全国人大二次会议副秘书长盛华仁向会议作了关于代表提出议案处理意见的报告。盛华仁说，截止到 3 月 10 日 18 时，大会秘书处共收到代表团和代表联名提出的议案 1374 件。其中，代表团提出的议案 13 件，30 名以

---

① 原载于《人民日报》2004 年 3 月 14 日，原题目为《十届全国人大二次会议主席团举行第三次会议　吴邦国主持　决定将宪法修正案草案表决稿等提请大会全体会议表决》，现题目为编者所加。

上代表联名提出的议案 1361 件，是 1983 年六届全国人大一次会议实行代表议案制度以来最多的一次。经过逐件分析，建议对其中符合或者基本符合议案规范要求的 641 件作为议案处理，分别交由有关专门委员会进行审议。其余的 733 件，建议转为代表提出的建议、批评和意见，连同大会期间收到的代表提出的建议、批评和意见，由全国人大常委会办事机构依法交由有关机关、组织研究处理，并负责答复代表，同时将答复内容向全国人大常委会办事机构反馈，以便进行督促和检查。

　　会议经过表决，通过了这个报告。会后，将这个报告印发全体代表。

　　主席团常务主席王兆国、李铁映、司马义·艾买提、何鲁丽、丁石孙、成思危、许嘉璐、蒋正华、顾秀莲、热地、路甬祥、乌云其木格、韩启德、傅铁山出席会议。

中华人民共和国
全国人民代表大会公告

　　中华人民共和国宪法修正案已由中华人民共和国第十届全国人民代表大会第二次会议于 2004 年 3 月 14 日通过，现予公布施行。

中华人民共和国第十届全国人民

代表大会第二次会议主席团

2004 年 3 月 14 日于北京

六、中华人民共和国宪法修正案

（2018 年 3 月 11 日第十三届全国人民代表大会第一次会议通过）

第三十二条 宪法序言第七自然段中"在马克思列宁主义、毛泽东思想、邓小平理论和'三个代表'重要思想指引下"修改为"在马克思列宁主义、毛泽东思想、邓小平理论、'三个代表'重要思想、科学发展观、习近平新时代中国特色社会主义思想指引下"；"健全社会主义法制"修改为"健全社会主义法治"；在"自力更生，艰苦奋斗"前增写"贯彻新发展理念"；"推动物质文明、政治文明和精神文明协调发展，把我国建设成为富强、民主、文明的社会主义国家"修改为"推动物质文明、政治文明、精神文明、社会文明、生态文明协调发展，把我国建设成为富强民主文明和谐美丽的社会主义现代化强国，实现中华民族伟大复兴"。这一自然段相应修改为："中国新民主主义革命的胜利和社会主义事业的成就，是中国共产党领导中国各族人民，在马克思列宁主义、毛泽东思想的指引下，坚持真理，修正错误，战胜许多艰难险阻而取得的。我国将长期处于社会主义初级阶段。国家的根本任务是，沿着中国特色社会主义道路，集中力量进行社会主义现代化建设。中国各族人民将继续在中国共产党领导下，在马克思列宁主义、毛泽东思想、邓小平理论、'三个代表'重要思想、科学发展观、习近平新时代中国特色社会主义思想指引下，坚持人民民主专政，坚持社会主义道路，坚持改革开放，不断完善社会主义的各项制度，发展社会主义市场经济，发展社会主义民主，健全社会主义法治，贯彻新发展理念，自力更生，艰苦奋斗，逐步实现工业、农业、国防和科学技术的现代化，推动物质文明、政治文明、精神文明、社会文明、生态文明协调发展，把我国建设成为富强民主文明和谐美丽的社会主义现代化强国，实现中华民族伟大复兴。"

第三十三条 宪法序言第十自然段中"在长期的革命和建设过程中"修改为"在长期的革命、建设、改革过程中"；"包括全体社会主义劳动者、社会主义事业的建设者、拥护社会主义的爱国者和拥护祖国统一的爱国者的广泛的爱国统一战线"修改为"包括全体社会主义劳动者、社会主义事业的建设者、拥护社会主义的爱国者、拥护祖国统一和致力于中华民族伟大复兴的爱国者的广泛的爱国统一战线"。这一自然段相应修改为:"社会主义的建设事业必须依靠工人、农民和知识分子,团结一切可以团结的力量。在长期的革命、建设、改革过程中,已经结成由中国共产党领导的,有各民主党派和各人民团体参加的,包括全体社会主义劳动者、社会主义事业的建设者、拥护社会主义的爱国者、拥护祖国统一和致力于中华民族伟大复兴的爱国者的广泛的爱国统一战线,这个统一战线将继续巩固和发展。中国人民政治协商会议是有广泛代表性的统一战线组织,过去发挥了重要的历史作用,今后在国家政治生活、社会生活和对外友好活动中,在进行社会主义现代化建设、维护国家的统一和团结的斗争中,将进一步发挥它的重要作用。中国共产党领导的多党合作和政治协商制度将长期存在和发展。"

第三十四条　宪法序言第十一自然段中"平等、团结、互助的社会主义民族关系已经确立,并将继续加强。"修改为:"平等团结互助和谐的社会主义民族关系已经确立,并将继续加强。"

第三十五条　宪法序言第十二自然段中"中国革命和建设的成就是同世界人民的支持分不开的"修改为"中国革命、建设、改革的成就是同世界人民的支持分不开的";"中国坚持独立自主的对外政策,坚持互相尊重主权和领土完整、互不侵犯、互不干涉内政、平等互利、和平共处的五项原则"后增加"坚持和平发展道路,坚持互利共赢开放战略";"发展同各国的外交关系和经济、文化的交流"修改为"发展同各国的外交关系和经济、文化交流,推动构建人类命运共同体"。这一自然段相应修改为:"中国革命、建设、改革的成就是同世界人民的支持分不开的。中国的前途是同世界的前途紧密地联系在一起的。中国坚持独立自主的对外政策,坚持互相尊重主权和领土完整、互不侵犯、互不干涉内政、平等互利、和平共处的五项原则,坚持和平发展道路,坚持互利共赢开放战略,发展同各国的外交关系和经济、文化交流,推动构建人类命运共同体;坚持反对帝国主义、霸权主义、殖民主义,加强同世界各国人民的团结,支持被压迫民族和发展中国家争取和维护民族独立、发展民族经济的正义斗争,为维护世界和平和促进人类进步事业而努力。"

第三十六条　宪法第一条第二款"社会主义制度是中华人民共和国的根本制度。"后增写一句，内容为："中国共产党领导是中国特色社会主义最本质的特征。"

第三十七条　宪法第三条第三款"国家行政机关、审判机关、检察机关都由人民代表大会产生，对它负责，受它监督。"修改为："国家行政机关、监察机关、审判机关、检察机关都由人民代表大会产生，对它负责，受它监督。"

第三十八条　宪法第四条第一款中"国家保障各少数民族的合法的权利和利益，维护和发展各民族的平等、团结、互助关系。"修改为："国家保障各少数民族的合法的权利和利益，维护和发展各民族的平等团结互助和谐关系。"

第三十九条　宪法第二十四条第二款中"国家提倡爱祖国、爱人民、爱劳动、爱科学、爱社会主义的公德"修改为"国家倡导社会主义核心价值观，提倡爱祖国、爱人民、爱劳动、爱科学、爱社会主义的公德"。这一款相应修改为："国家倡导社会主义核心价值观，提倡爱祖国、爱人民、爱劳动、爱科学、爱社会主义的公德，在人民中进行爱国主义、集体主义和国际主义、共产主义的教育，进行辩证唯物主义和历史唯物主义的教育，反对资本主义的、封建主义的和其他的腐朽思想。"

第四十条　宪法第二十七条增加一款，作为第三款："国家工作人员就职时应当依照法律规定公开进行宪法宣誓。"

第四十一条　宪法第六十二条"全国人民代表大会行使下列职权"中增加一项，作为第七项"（七）选举国家监察委员会主任"，第七项至第十五项相应改为第八项至第十六项。

第四十二条　宪法第六十三条"全国人民代表大会有权罢免下列人员"中增加一项，作为第四项"（四）国家监察委员会主任"，第四项、第五项相应改为第五项、第六项。

第四十三条　宪法第六十五条第四款"全国人民代表大会常务委员会的组成人员不得担任国家行政机关、审判机关和检察机关的职务。"修改为："全国人民代表大会常务委员会的组成人员不得担任国家行政机关、监察机关、审判机关和检察机关的职务。"

第四十四条 宪法第六十七条"全国人民代表大会常务委员会行使下列职权"中第六项"（六）监督国务院、中央军事委员会、最高人民法院和最高人民检察院的工作"修改为"（六）监督国务院、中央军事委员会、国家监察委员会、最高人民法院和最高人民检察院的工作"；增加一项，作为第十一项"（十一）根据国家监察委员会主任的提请，任免国家监察委员会副主任、委员"，第十一项至第二十一项相应改为第十二项至第二十二项。

宪法第七十条第一款中"全国人民代表大会设立民族委员会、法律委员会、财政经济委员会、教育科学文化卫生委员会、外事委员会、华侨委员会和其他需要设立的专门委员会。"修改为："全国人民代表大会设立民族委员会、宪法和法律委员会、财政经济委员会、教育科学文化卫生委员会、外事委员会、华侨委员会和其他需要设立的专门委员会。"

第四十五条 宪法第七十九条第三款"中华人民共和国主席、副主席每届任期同全国人民代表大会每届任期相同，连续任职不得超过两届。"修改为："中华人民共和国主席、副主席每届任期同全国人民代表大会每届任期相同。"

第四十六条 宪法第八十九条"国务院行使下列职权"中第六项"（六）领导和管理经济工作和城乡建设"修改为"（六）领导和管理经济工作和城乡建设、生态文明建设"；第八项"（八）领导和管理民政、公安、司法行政和监察等工作"修改为"（八）领导和管理民政、公安、司法行政等工作"。

第四十七条 宪法第一百条增加一款，作为第二款："设区的市的人民代表大会和它们的常务委员会，在不同宪法、法律、行政法规和本省、自治区的地方性法规相抵触的前提下，可以依照法律规定制定地方性法规，报本省、自治区人民代表大会常务委员会批准后施行。"

第四十八条 宪法第一百零一条第二款中"县级以上的地方各级人民代表大会选举并且有权罢免本级人民法院院长和本级人民检察院检察长。"修改为："县级以上的地方各级人民代表大会选举并且有权罢免本级监察委员会主任、本级人民法院院长和本级人民检察院检察长。"

第四十九条 宪法第一百零三条第三款"县级以上的地方各级人民代表大会常务委员会的组成人员不得担任国家行政机关、审判机关和检察机关的职务。"修改为："县级以上的地方各级人民代表大会常务委员会的组成人员不得担任国家行政机关、监察机关、审判机关和检察机关的职务。"

第五十条　宪法第一百零四条中"监督本级人民政府、人民法院和人民检察院的工作"修改为"监督本级人民政府、监察委员会、人民法院和人民检察院的工作"。这一条相应修改为："县级以上的地方各级人民代表大会常务委员会讨论、决定本行政区域内各方面工作的重大事项；监督本级人民政府、监察委员会、人民法院和人民检察院的工作；撤销本级人民政府的不适当的决定和命令；撤销下一级人民代表大会的不适当的决议；依照法律规定的权限决定国家机关工作人员的任免；在本级人民代表大会闭会期间，罢免和补选上一级人民代表大会的个别代表。"

第五十一条　宪法第一百零七条第一款"县级以上地方各级人民政府依照法律规定的权限，管理本行政区域内的经济、教育、科学、文化、卫生、体育事业、城乡建设事业和财政、民政、公安、民族事务、司法行政、监察、计划生育等行政工作，发布决定和命令，任免、培训、考核和奖惩行政工作人员。"修改为："县级以上地方各级人民政府依照法律规定的权限，管理本行政区域内的经济、教育、科学、文化、卫生、体育事业、城乡建设事业和财政、民政、公安、民族事务、司法行政、计划生育等行政工作，发布决定和命令，任免、培训、考核和奖惩行政工作人员。"

第五十二条　宪法第三章"国家机构"中增加一节，作为第七节"监察委员会"；增加五条，分别作为第一百二十三条至第一百二十七条。内容如下：

第七节　监察委员会

第一百二十三条　中华人民共和国各级监察委员会是国家的监察机关。

第一百二十四条　中华人民共和国设立国家监察委员会和地方各级监察委员会。

监察委员会由下列人员组成：

主任，

副主任若干人，

委员若干人。

监察委员会主任每届任期同本级人民代表大会每届任期相同。国家监察委员会主任连续任职不得超过两届。

监察委员会的组织和职权由法律规定。

第一百二十五条 中华人民共和国国家监察委员会是最高监察机关。

国家监察委员会领导地方各级监察委员会的工作，上级监察委员会领导下级监察委员会的工作。

第一百二十六条 国家监察委员会对全国人民代表大会和全国人民代表大会常务委员会负责。地方各级监察委员会对产生它的国家权力机关和上一级监察委员会负责。

第一百二十七条 监察委员会依照法律规定独立行使监察权，不受行政机关、社会团体和个人的干涉。

监察机关办理职务违法和职务犯罪案件，应当与审判机关、检察机关、执法部门互相配合，互相制约。

第七节相应改为第八节，第一百二十三条至第一百三十八条相应改为第一百二十八条至第一百四十三条。

（一）中国共产党中央委员会提出修改宪法部分内容的建议

中国共产党中央委员会关于修改宪法部分内容的建议①

全国人民代表大会常务委员会：

根据新时代坚持和发展中国特色社会主义的新形势新实践，中国共产党中央委员会提出关于修改《中华人民共和国宪法》部分内容的建议如下：

一、宪法序言第七自然段中"在马克思列宁主义、毛泽东思想、邓小平理论和'三个代表'重要思想指引下"修改为"在马克思列宁主义、毛泽东思想、邓小平理论、'三个代表'重要思想、科学发展观、习近平新时代中国特色社会主义思想指引下"；"健全社会主义法制"修改为"健全社会主义法治"；在"自力更生，艰苦奋斗"前增写"贯彻新发展理念"；"推动物质文明、政治文明和精神文明协调发展，把我国建设成为富强、民主、文明的社会主义国家"修改为"推动物质文明、政治文明、精神文明、社会文明、生态文明协调发展，把我国建设成为富强民主文明和谐美丽的社会主义现代化强国，实现中华民族伟大复兴"。这一自然段相应修改为："中国新民主主义革命的胜利和社会主义事业的成就，是中国共产党领导中国各族人民，在马克思列宁主义、毛泽东思想的指引下，坚持真理，修正错误，战胜许多艰难险阻而取得的。我国将长期处于社会主义初级阶段。国家的根本任务是，沿着中国特色社会主义道路，集中力量进行社会主义现代化建设。中国各族人民将继续在中国共产党领导下，在马克思列宁主义、毛泽东思想、邓小平理论、'三个代表'重要思想、科学发展观、习近平新时代中国特色社会主

---

① 原载于《人民日报》2018 年 2 月 26 日。

义思想指引下，坚持人民民主专政，坚持社会主义道路，坚持改革开放，不断完善社会主义的各项制度，发展社会主义市场经济，发展社会主义民主，健全社会主义法治，贯彻新发展理念，自力更生，艰苦奋斗，逐步实现工业、农业、国防和科学技术的现代化，推动物质文明、政治文明、精神文明、社会文明、生态文明协调发展，把我国建设成为富强民主文明和谐美丽的社会主义现代化强国，实现中华民族伟大复兴。"

二、宪法序言第十自然段中"在长期的革命和建设过程中"修改为"在长期的革命、建设、改革过程中"；"包括全体社会主义劳动者、社会主义事业的建设者、拥护社会主义的爱国者和拥护祖国统一的爱国者的广泛的爱国统一战线"修改为"包括全体社会主义劳动者、社会主义事业的建设者、拥护社会主义的爱国者、拥护祖国统一和致力于中华民族伟大复兴的爱国者的广泛的爱国统一战线"。这一自然段相应修改为："社会主义的建设事业必须依靠工人、农民和知识分子，团结一切可以团结的力量。在长期的革命、建设、改革过程中，已经结成由中国共产党领导的，有各民主党派和各人民团体参加的，包括全体社会主义劳动者、社会主义事业的建设者、拥护社会主义的爱国者、拥护祖国统一和致力于中华民族伟大复兴的爱国者的广泛的爱国统一战线，这个统一战线将继续巩固和发展。中国人民政治协商会议是有广泛代表性的统一战线组织，过去发挥了重要的历史作用，今后在国家政治生活、社会生活和对外友好活动中，在进行社会主义现代化建设、维护国家的统一和团结的斗争中，将进一步发挥它的重要作用。中国共产党领导的多党合作和政治协商制度将长期存在和发展。"

三、宪法序言第十一自然段中"平等、团结、互助的社会主义民族关系已经确立，并将继续加强。"修改为："平等团结互助和谐的社会主义民族关系已经确立，并将继续加强。"

四、宪法序言第十二自然段中"中国革命和建设的成就是同世界人民的支持分不开的"修改为"中国革命、建设、改革的成就是同世界人民的支持分不开的"；"中国坚持独立自主的对外政策，坚持互相尊重主权和领土完整、互不侵犯、互不干涉内政、平等互利、和平共处的五项原则"后增加"坚持和平发展道路，坚持互利共赢开放战略"；"发展同各国的外交关系和经济、文化的交流"修改为"发展同各国的外交关系和经济、文化交流，推动构建人类命运共同体"。这一自然段相应修改为："中国革命、建设、改革的成就是同世界人民的支持分不开的。中国的前途是同世界的前途紧密地联系在一起的。中国坚持独立自主的对外政策，坚持互相尊重主权和领土完整、互不侵犯、互不干涉内政、平等互利、和平共处的五项原则，坚持和平发展道路，坚持互利共赢开放战略，发展同各国的外交关系和经济、文化交流，推动构建人类命运共同体；坚持反对帝国主义、霸权主义、殖民主义，加强同世界各国人民的团结，支持被压迫民族和发展中国家争取和维护民族独立、发展民族经济的正义斗争，为维护世界和平和促进人类进步事业而努力。"

五、宪法第一条第二款"社会主义制度是中华人民共和国的根本制度。"后增写一句，内容为："中国共产党领导是中国特色社会主义最本质的特征。"

六、宪法第三条第三款"国家行政机关、审判机关、检察机关都由人民代表大会产生，对它负责，受它监督。"修改为："国家行政机关、监察机关、审判机关、检察机关都由人民代表大会产生，对它负责，受它监督。"

七、宪法第四条第一款中"国家保障各少数民族的合法的权利和利益，维护和发展各民族的平等、团结、互助关系。"修改为："国家保障各少数民族的合法的权利和利益，维护和发展各民族的平等团结互助和谐关系。"

八、宪法第二十四条第二款中"国家提倡爱祖国、爱人民、爱劳动、爱科学、爱社会主义的公德"修改为"国家倡导社会主义核心价值观，提倡爱祖国、爱人民、爱劳动、爱科学、爱社会主义的公德"。这一款相应修改为："国家倡导社会主义核心价值观，提倡爱祖国、爱人民、爱劳动、爱科学、爱社会主义的公德，在人民中进行爱国主义、集体主义和国际主义、共产主义的教育，进行辩证唯物主义和历史唯物主义的教育，反对资本主义的、封建主义的和其他的腐朽思想。"

九、宪法第二十七条增加一款，作为第三款："国家工作人员就职时应当依照法律规定公开进行宪法宣誓。"

十、宪法第六十二条"全国人民代表大会行使下列职权"中增加一项，作为第七项"（七）选举国家监察委员会主任"，第七项至第十五项相应改为第八项至第十六项。

十一、宪法第六十三条"全国人民代表大会有权罢免下列人员"中增加一项，作为第四项"（四）国家监察委员会主任"，第四项、第五项相应改为第五项、第六项。

十二、宪法第六十五条第四款"全国人民代表大会常务委员会的组成人员不得担任国家行政机关、审判机关和检察机关的职务。"修改为："全国人民代表大会常务委员会的组成人员不得担任国家行政机关、监察机关、审判机关和检察机关的职务。"

十三、宪法第六十七条"全国人民代表大会常务委员会行使下列职权"中第六项"（六）监督国务院、中央军事委员会、最高人民法院和最高人民检察院的工作"修改为"（六）监督国务院、中央军事委员会、国家监察委员会、最高人民法院和最高人民检察院的工作"；增加一项，作为第十一项"（十一）根据国家监察委员会主任的提请，任免国家监察委员会副主任、委员"，第十一项至第二十一项相应改为第十二项至第二十二项。

十四、宪法第七十九条第三款"中华人民共和国主席、副主席每届任期同全国人民代表大会每届任期相同，连续任职不得超过两届。"修改为："中华人民共和国主席、副主席每届任期同全国人民代表大会每届任期相同。"

十五、宪法第八十九条"国务院行使下列职权"中第六项"（六）领导和管理经济工作和城乡建设"修改为"（六）领导和管理经济工作和城乡建设、生态文明建设"；第八项"（八）领导和管理民政、公安、司法行政和监察等工作"修改为"（八）领导和管理民政、公安、司法行政等工作"。

十六、宪法第一百条增加一款，作为第二款："设区的市的人民代表大会和它们的常务委员会，在不同宪法、法律、行政法规和本省、自治区的地方性法规相抵触的前提下，可以依照法律规定制定地方性法规，报本省、自治区人民代表大会常务委员会批准后施行。"

十七、宪法第一百零一条第二款中"县级以上的地方各级人民代表大会选举并且有权罢免本级人民法院院长和本级人民检察院检察长。"修改为："县级以上的地方各级人民代表大会选举并且有权罢免本级监察委员会主任、本级人民法院院长和本级人民检察院检察长。"

十八、宪法第一百零三条第三款"县级以上的地方各级人民代表大会常务委员会的组成人员不得担任国家行政机关、审判机关和检察机关的职务。"修改为："县级以上的地方各级人民代表大会常务委员会的组成人员不得担任国家行政机关、监察机关、审判机关和检察机关的职务。"

十九、宪法第一百零四条中"监督本级人民政府、人民法院和人民检察院的工作"修改为"监督本级人民政府、监察委员会、人民法院和人民检察院的工作"。这一条相应修改为："县级以上的地方各级人民代表大会常务委员会讨论、决定本行政区域内各方面工作的重大事项；监督本级人民政府、监察委员会、人民法院和人民检察院的工作；撤销本级人民政府的不适当的决定和命令；撤销下一级人民代表大会的不适当的决议；依照法律规定的权限决定国家机关工作人员的任免；在本级人民代表大会闭会期间，罢免和补选上一级人民代表大会的个别代表。"

二十、宪法第一百零七条第一款"县级以上地方各级人民政府依照法律规定的权限，管理本行政区域内的经济、教育、科学、文化、卫生、体育事业、城乡建设事业和财政、民政、公安、民族事务、司法行政、监察、计划生育等行政工作，发布决定和命令，任免、培训、考核和奖惩行政工作人员。"修改为："县级以上地方各级人民政府依照法律规定的权限，管理本行政区域内的经济、教育、科学、文化、卫生、体育事业、城乡建设事业和财政、民政、公安、民族事务、司法行政、计划生育等行政工作，发布决定和命令，任免、培训、考核和奖惩行政工作人员。"

二十一、宪法第三章"国家机构"中增加一节，作为第七节"监察委员会"；增加五条，分别作为第一百二十三条至第一百二十七条。内容如下：

第七节　监察委员会

第一百二十三条　中华人民共和国各级监察委员会是国家的监察机关。

第一百二十四条　中华人民共和国设立国家监察委员会和地方各级监察委员会。

监察委员会由下列人员组成：

主任，

副主任若干人，

委员若干人。

监察委员会主任每届任期同本级人民代表大会每届任期相同。国家监察委员会主任连续任职不得超过两届。

监察委员会的组织和职权由法律规定。

第一百二十五条　中华人民共和国国家监察委员会是最高监察机关。

国家监察委员会领导地方各级监察委员会的工作，上级监察委员会领导下级监察委员会的工作。

第一百二十六条　国家监察委员会对全国人民代表大会和全国人民代表大会常务委员会负责。地方各级监察委员会对产生它的国家权力机关和上一级监察委员会负责。

第一百二十七条　监察委员会依照法律规定独立行使监察权，不受行政机关、社会团体和个人的干涉。

监察机关办理职务违法和职务犯罪案件，应当与审判机关、检察机关、执法部门互相配合，互相制约。

第七节相应改为第八节，第一百二十三条至第一百二十八条相应改为第一百二十八条至第一百四十三条。

以上建议，请全国人民代表大会常务委员会依照法定程序提出宪法修正案议案，提请第十三届全国人民代表大会第一次会议审议。

中国共产党中央委员会

2018 年 1 月 26 日

中共中央召开党外人士座谈会征求对中共中央
关于修改宪法部分内容的建议的意见①

（2017 年 12 月 15 日）

中共中央 2017 年 12 月 15 日在中南海召开党外人士座谈会，就中共中央关于修改宪法部分内容的建议听取各民主党派中央、全国工商联负责人和无党派人士代表的意见和建议。中共中央总书记习近平主持会议并发表重讲话。

张德江、俞正声、栗战书、汪洋、王沪宁出席座谈会。

---

① 原载于《人民日报》2018 年 1 月 21 日，原题目为《征求对中共中央关于修改宪法部分内容的建议的意见　中共中央召开党外人士座谈会　习近平主持并发表重要讲话　张德江俞正声栗战书汪洋王沪宁出席》，现题目为编者所加。

　　座谈会上，民革中央主席万鄂湘、民盟中央主席丁仲礼、民建中央主席陈昌智、民进中央主席蔡达峰、农工党中央主席陈竺、致公党中央主席万钢、九三学社中央主席武维华、台盟中央主席苏辉、全国工商联主席高云龙、无党派人士代表郝如玉先后发言。他们赞成中共中央提出修改宪法的建议，赞同本次宪法修改的总体要求和原则，并就加强宪法实施和监督、维护宪法权威、推进依宪治国和依法治国提出意见和建议。

　　在认真听取了大家发言后，习近平作了重要讲话。他表示，今天，我们召开党外人士座谈会，目的是就宪法修改听取大家意见和建议。中共中央坚持协商于决策之前，重视在重要会议召开之前、重要文件颁发之前、重大决策决定之前，听取各民主党派中央、全国工商联和无党派人士意见和建议。大家各抒己见，很多建议都非常中肯，我们将认真研究吸纳。

　　习近平指出，宪法是国家的根本法，是治国安邦的总章程，是党和人民意志的集中体现。新中国成立以来特别是改革开放近 40 年来，宪法在我们党治国理政实践中发挥了十分重要的作用。中共十八大以来，中共中央多次强调，坚持依法治国首先要坚持依宪治国，坚持依法执政首先要坚持依宪执政。修改宪法，是党和国家政治生活中的一件大事，是中共中央从新时代坚持和发展中国特色社会主义的全局和战略高度作出的重大政治决策，也是推进全面依法治国、推进国家治理体系和治理能力现代化的重大举措。

　　习近平强调，我国宪法是一部好宪法。各民主党派和统一战线为我国宪法制度的形成和发展作出了重要贡献。宪法只有不断适应新形势才能具有持久生命力。中共中央决定对宪法进行适当修改，是经过反复考虑、综合方方面面情况作出的，目的是通过修改使我国宪法更好体现人民意志，更好体现中国特色社会主义制度的优势，更好适应提高中国共产党长期执政能力、推进全面依法治国、推进国家治理体系和治理能力现代化的要求。宪法修改，既要顺应党和人民事业发展要求，又要遵循宪法法律发展规律。

　　习近平指出，宪法是党和人民意志的集中体现，是通过科学民主程序形成的国家根本法。修改宪法，是事关全局的重大政治活动和重大立法活动，必须在中共中央集中统一领导下进行，坚持党的领导、人民当家作主、依法治国有机统一，坚定中国特色社会主义道路自信、理论自信、制度自信、文化自信，坚定不移走中国特色社会主义政治发展道路和中国特色社会主义法治道路，确保修宪工作正确政治方向。

习近平强调，宪法是人民的宪法，宪法修改要广察民情、广纳民意、广聚民智，充分体现人民的意志。希望大家深入思考，提出意见和建议。希望大家增强法治意识、强化法治观念，尊崇并带头遵守宪法法律，带动广大成员成为宪法的忠实崇尚者、自觉遵守者、坚定捍卫者。希望大家善用法治思维想问题、作判断、出措施，以法治凝聚共识、规范发展、化解矛盾、保障和谐，为实现中华民族伟大复兴凝聚人心、汇聚力量。

丁薛祥、王晨、许其亮、李建国、杨晓渡、陈希、黄坤明、尤权、周强、曹建明，中央有关部门负责同志出席座谈会。

出席座谈会的党外人士还有齐续春、陈晓光、马培华和郝明金、刘新成、何维、蒋作君、邵鸿、李钺锋、谢经荣、甄贞等。

中共中央政治局召开会议研究
修改宪法部分内容的建议①

（2018 年 1 月 12 日）

中共中央政治局 1 月 12 日召开会议，研究修改宪法部分内容的建议。中共中央总书记习近平主持会议。

会议决定，中国共产党第十九届中央委员会第二次全体会议于 1 月 18 日至 19 日在北京召开。

中共中央政治局听取了《中共中央关于修改宪法部分内容的建议》稿在党内外一定范围征求意见的情况报告，决定根据这次会议讨论的意见进行修改后将文件稿提请十九届二中全会审议。

会议认为，宪法是国家的根本法，是治国安邦的总章程，是党和人民意志的集中体现。现行宪法颁布以来，在改革开放和社会主义现代化建设的历

---

① 原载于《人民日报》2018 年 1 月 13 日，原题目为《中共中央政治局召开会议 讨论拟提请十九届二中全会审议的文件 中共中央总书记习近平主持会议》，现题目为编者所加。

史进程中、在我们党治国理政实践中发挥了十分重要的作用。实践证明，我国现行宪法是符合国情、符合实际、符合时代发展要求的好宪法。

会议指出，我们党高度重视宪法在治国理政中的重要地位和作用，明确坚持依法治国首先要坚持依宪治国，坚持依法执政首先要坚持依宪执政，把实施宪法摆在全面依法治国的突出位置，采取一系列有力措施加强宪法实施和监督工作，为保证宪法实施提供了强有力的政治和制度保障。

会议认为，我国宪法以国家根本法的形式，确认了中国共产党领导中国人民进行革命、建设、改革的伟大斗争和根本成就，确立了工人阶级领导的、以工农联盟为基础的人民民主专政的社会主义国家的国体和人民代表大会制度的政体，确定了国家的根本任务、领导核心、指导思想、发展道路、奋斗目标，规定了中国共产党领导的多党合作和政治协商制度，规定了社会主义法治原则、民主集中制原则、尊重和保障人权原则，等等，反映了我国各族人民共同意志和根本利益。我国宪法确立的一系列制度、原则和规则，规定的一系列大政方针，具有显著优势、坚实基础、强大生命力，必须长期坚持、全面贯彻。

会议指出，宪法修改是国家政治生活中的一件大事，是党中央从新时代坚持和发展中国特色社会主义全局和战略高度作出的重大决策，也是推进全面依法治国、推进国家治理体系和治理能力现代化的重大举措。为更好发挥宪法在新时代坚持和发展中国特色社会主义中的重要作用，需要对宪法作出适当修改，把党和人民在实践中取得的重大理论创新、实践创新、制度创新成果上升为宪法规定。党中央决定用一次全会专门讨论宪法修改问题，充分表明党中央对这次宪法修改的高度重视。

会议认为，这次宪法修改要高举中国特色社会主义伟大旗帜，全面贯彻党的十九大精神，坚持以马克思列宁主义、毛泽东思想、邓小平理论、"三个代表"重要思想、科学发展观、习近平新时代中国特色社会主义思想为指导，坚持党的领导、人民当家作主、依法治国有机统一，体现党和国家事业发展的新成就新经验新要求，推动宪法与时俱进、完善发展，为新时代坚持和发展中国特色社会主义、实现"两个一百年"奋斗目标和中华民族伟大复兴的中国梦提供有力宪法保障。

会议强调，宪法修改必须贯彻以下原则：坚持党的领导，坚持中国特色社会主义法治道路，坚持正确政治方向；严格依法按照程序进行；充分发扬民主、广泛凝聚共识，确保反映人民意志、得到人民拥护；坚持对宪法作部分修改、不作大改的原则，做到既顺应党和人民事业发展要求，又遵循宪法法律发展规律，保持宪法连续性、稳定性、权威性。

中国共产党第十九届中央委员会
第二次全体会议公报①

(2018 年 1 月 19 日中国共产党第十九届中央委员会第二次全体会议通过)

中国共产党第十九届中央委员会第二次全体会议，于 2018 年 1 月 18 日至 19 日在北京举行。

出席这次全会的有，中央委员 203 人，候补中央委员 172 人。中央纪律检查委员会常务委员会委员和有关方面负责同志列席会议。党的十九大代表中部分基层同志和专家学者也列席会议。

全会由中央政治局主持。中央委员会总书记习近平作了重要讲话。

全会审议通过了《中共中央关于修改宪法部分内容的建议》，张德江就《建议（草案）》向全会作了说明。

全会一致认为，党的十九大和十九届一中全会以来，在以习近平同志为核心的党中央坚强领导下，全党全国把学习宣传贯彻党的十九大精神作为首要政治任务，深入开展多种形式的学习宣传活动，兴起了学习贯彻党的十九大精神、习近平新时代中国特色社会主义思想热潮，为贯彻落实党的十九大提出的各项战略决策和工作部署提供了强大精神动力，全党全国各族人民思想更加统一、信心更加坚定、行动更加有力，党和国家各项事业呈现欣欣向荣的发展局面。

---

① 原载于《人民日报》2018 年 1 月 20 日，原题目为《中共十九届二中全会在京举行　中央政治局主持会议　中央委员会总书记习近平作重要讲话　通过〈中共中央关于修改宪法部分内容的建议〉》，现题目为编者所加。

全会认为，宪法是国家的根本法，是治国安邦的总章程，是党和人民意志的集中体现。现行宪法颁布以来，在改革开放和社会主义现代化建设的历史进程中、在我们党治国理政实践中发挥了十分重要的作用，有力坚持了中国共产党领导，有力保障了人民当家作主，有力促进了改革开放和社会主义现代化建设，有力推动了社会主义法治国家建设进程，有力维护了国家统一、民族团结、社会稳定。实践证明，我国现行宪法是符合国情、符合实际、符合时代发展要求的好宪法，是充分体现人民共同意志、充分保障人民民主权利、充分维护人民根本利益的好宪法，是推动国家发展进步、保证人民创造幸福生活、保障中华民族实现伟大复兴的好宪法，是我们国家和人民经受住各种困难和风险考验、始终沿着中国特色社会主义道路前进的根本法治保障。维护宪法尊严和权威，是维护国家法制统一、尊严、权威的前提，也是维护最广大人民根本利益、确保国家长治久安的重要保障。

全会高度评价全面依法治国取得的成就。党的十八大以来，以习近平同志为核心的党中央以前所未有的力度推进全面依法治国进程，坚持依法治国、依法执政、依法行政共同推进，坚持法治国家、法治政府、法治社会一体建设，坚持依法治国和以德治国相结合，坚持依法治国和依规治党有机统一，抓住科学立法、严格执法、公正司法、全民守法关键环节，加快推进中国特色社会主义法治体系建设，法律规范体系、法治实施体系、法治监督体系、法治保障体系和党内法规体系建设相互促进、共同发展，社会主义法治国家建设取得了历史性成就。

全会认为，我们党高度重视宪法在治国理政中的重要地位和作用，明确坚持依法治国首先要坚持依宪治国，坚持依法执政首先要坚持依宪执政，把实施宪法摆在全面依法治国的突出位置，采取一系列有力措施加强宪法实施和监督工作，为保证宪法实施提供了强有力的政治和制度保障。

全会认为，我国宪法必须随着党领导人民建设中国特色社会主义实践的发展而不断完善发展。这是我国宪法发展的一个显著特点，也是一条基本规律。从 1954 年我国第一部宪法诞生至今，我国宪法一直处在探索实践和不断完善过程中。1982 年宪法公布施行后，根据我国改革开放和社会主义现代化建设的实践和发展，分别于 1988 年、1993 年、1999 年、2004 年进行了 4 次修改。实践表明，我国宪法是同党团结带领人民进行的实践探索紧密联系在一起的，随着时代进步、党和人民事业发展而不断完善。

全会强调，由宪法及时确认党和人民创造的伟大成就和宝贵经验，以更好发挥宪法的规范、引领、推动、保障作用，是实践发展的必然要求。中国特色社会主义进入新时代，这是我国发展新的历史方位。根据新时代坚持和发展中国特色社会主义的新形势新任务，有必要对我国宪法作出适当的修改。自 2004 年修改宪法以来，党和国家事业又有了许多重要发展变化。特别是党的十八大以来，以习近平同志为核心的党中央团结带领全党全国各族人民毫不动摇坚持和发展中国特色社会主义，创立了习近平新时代中国特色社会主义思想，统筹推进"五位一体"总体布局、协调推进"四个全面"战略布局，推进党的建设新的伟大工程，推动党和国家事业取得历史性成就、发生历史性变革。党的十九大对新时代坚持和发展中国特色社会主义作出重大战略部署，确定了新的奋斗目标。为更好发挥宪法在新时代坚持和发展中国特色社会主义中的重大作用，需要对宪法作出适当修改，把党和人民在实践中取得的重大理论创新、实践创新、制度创新成果上升为宪法规定。

全会认为，宪法修改是国家政治生活中的一件大事，是党中央从新时代坚持和发展中国特色社会主义全局和战略高度作出的重大决策，也是推进全面依法治国、推进国家治理体系和治理能力现代化的重大举措。这次宪法修改的总体要求是，高举中国特色社会主义伟大旗帜，全面贯彻党的十九大精神，坚持以马克思列宁主义、毛泽东思想、邓小平理论、"三个代表"重要思想、科学发展观、习近平新时代中国特色社会主义思想为指导，坚持党的领导、人民当家作主、依法治国有机统一，把党的十九大确定的重大理论观点和重大方针政策特别是习近平新时代中国特色社会主义思想载入国家根本法，体现党和国家事业发展的新成就新经验新要求，在总体保持我国宪法连续性、稳定性、权威性的基础上推动宪法与时俱进、完善发展，为新时代坚持和发展中国特色社会主义、实现"两个一百年"奋斗目标和中华民族伟大复兴的中国梦提供有力宪法保障。

全会提出，这次宪法修改必须贯彻以下原则：坚持党的领导，坚持中国特色社会主义法治道路，坚持正确政治方向；严格依法按程序进行；充分发扬民主、广泛凝聚共识，确保反映人民意志、得到人民拥护；坚持对宪法作部分修改、不作大改的原则，做到既顺应党和人民事业发展要求，又遵循宪法法律发展规律，保持宪法连续性、稳定性、权威性。

全会认为，宪法修改关系全局，影响广泛而深远。要贯彻科学立法、民主立法、依法立法的要求，注重从政治上、大局上、战略上分析问题，注重从宪法发展的客观规律和内在要求上思考问题，维护宪法权威性。

全会强调，习近平新时代中国特色社会主义思想是马克思主义中国化最新成果，是当代中国马克思主义、21 世纪马克思主义，是党和国家必须长期坚持的指导思想。中国共产党领导是中国特色社会主义最本质的特征，是中国特色社会主义制度最大的优势，必须坚持和加强党对一切工作的领导。经济建设、政治建设、文化建设、社会建设、生态文明建设"五位一体"总体布局，创新、协调、绿色、开放、共享的新发展理念，到 2020 年全面建成小康社会、到 2035 年基本实现社会主义现代化、到本世纪中叶建成社会主义现代化强国的奋斗目标，实现中华民族伟大复兴，对激励和引导全党全国各族人民团结奋斗具有重大引领意义。坚持和平发展道路，坚持互利共赢开放战略，推动构建人类命运共同体，对促进人类和平发展的崇高事业具有重大意义。国家监察体制改革是事关全局的重大政治体制改革，是强化党和国家自我监督的重大决策部署，要依法建立党统一领导的反腐败工作机构，构建集中统一、权威高效的国家监察体系，实现对所有行使公权力的公职人员监察全覆盖。宪法是国家各项制度和法律法规的总依据，充实宪法的重大制度规定，对完善和发展中国特色社会主义制度具有重要作用。

全会强调，宪法的生命在于实施，宪法的权威也在于实施。维护宪法权威，就是维护党和人民共同意志的权威；捍卫宪法尊严，就是捍卫党和人民共同意志的尊严；保证宪法实施，就是保证人民根本利益的实现。要以这次宪法修改为契机，深入推进科学立法、严格执法、公正司法、全民守法，坚持有法可依、有法必依、执法必严、违法必究，把依法治国、依宪治国工作提高到一个新水平。要在全党全社会深入开展尊崇宪法、学习宪法、遵守宪法、维护宪法、运用宪法的宣传教育活动，大力弘扬宪法精神，大力弘扬社会主义法治精神，不断增强人民群众宪法意识。要加强对宪法法律实施情况的监督检查，坚决纠正违宪违法行为。各级国家工作人员特别是领导干部要增强宪法观念，依照宪法法律行使职权、履行职责、开展工作，恪尽职守、廉洁奉公，自觉接受人民监督，通过自己的努力为宪法法律实施作出贡献，绝不允许以言代法、以权压法、逐利违法、徇私枉法。全国各族人民、一切国家机关和武装力量、各政党和各社会团体、各企业事业组织，都必须以宪法为根本的活动准则，都负有维护宪法尊严、保证宪法实施的职责，任何组织和个人都不得有超越宪法法律的特权，一切违反宪法法律的行为都必须予以追究。

全会号召，全党同志要更加紧密地团结在以习近平同志为核心的党中央周围，以习近平新时代中国特色社会主义思想为指导，全面深入贯彻党的十九大精神和本次全会精神，牢固树立政治意识、大局意识、核心意识、看齐意识，坚定不移走中国特色社会主义法治道路，自觉维护宪法权威、保证宪法实施，为新时代推进全面依法治国、建设社会主义法治国家而努力奋斗。

（二）十二届全国人大常委会第三十二次会议听取和讨论中共中央关于修改宪法部分内容的建议

十二届全国人大常委会第三十二次会议在京举行①

（2018 年 1 月 29 日）

　　十二届全国人大常委会第三十二次会议 29 日上午在北京人民大会堂开幕，张德江委员长主持。受中共中央委托，中共中央政治局常委、宪法修改小组副组长栗战书作中共中央关于修改宪法部分内容的建议的说明。

　　常委会组成人员 148 人出席会议，出席人数符合法定人数。

　　栗战书在作说明时指出，宪法是国家的根本法，是治国安邦的总章程，是党和人民意志的集中体现。我国现行宪法是根据党的十一届三中全会确定的路线方针政策、于 1982 年 12 月 4 日由五届全国人大五次会议通过并公布施行的。30 多年来的实践充分表明，我国宪法是符合国情、符合实际、符合时代发展要求的好宪法，必须长期坚持、全面贯彻。

　　栗战书说，宪法只有不断适应新形势、吸纳新经验、确认新成果、作出新规范，才具有持久生命力。1982 年宪法公布施行后，在党中央领导下，全国人大分别于 1988 年、1993 年、1999 年、2004 年先后 4 次对 1982 年宪法即我国现行宪法的个别条款和部分内容作出必要的、也是十分重要的修正。通过四次宪法修改，我国宪法在中国特色社会主义伟大实践中紧跟时代步伐，不断与时俱进，有力推动和保障了党和国家事业发展，有力推动和加强了我国社会主义法治建设。

---

　　① 原载于《人民日报》2018 年 1 月 30 日，原题目为《人大常委会第三十二次会议在京举行 张德江主持 栗战书作关于修改宪法部分内容的建议的说明》，现题目为编者所加。

栗战书强调，自 2004 年宪法修改以来，党和国家的事业又有许多重要变化。特别是党的十八大以来，在以习近平同志为核心的党中央坚强领导下，党和国家事业取得了历史性成就，发生了历史性变革，推进中国特色社会主义进入了新时代。我国宪法必须随着党领导人民建设中国特色社会主义实践的发展而不断发展。宪法修改是事关全局的重大立法活动，必须在党中央集中统一领导下进行。这次宪法修改的总体要求是，高举中国特色社会主义伟大旗帜，全面贯彻党的十九大精神，坚持以马克思列宁主义、毛泽东思想、邓小平理论、"三个代表"重要思想、科学发展观、习近平新时代中国特色社会主义思想为指导，坚持党的领导、人民当家作主、依法治国有机统一，把党的十九大确定的重大理论观点和重大方针政策特别是习近平新时代中国特色社会主义思想载入国家根本法，体现党和国家事业发展的新成就新经验新要求，在总体保持我国宪法连续性、稳定性、权威性的基础上推动宪法与时俱进、完善发展，为新时代坚持和发展中国特色社会主义、实现"两个一百年"奋斗目标和中华民族伟大复兴的中国梦提供有力宪法保障。这次宪法修改要遵循以下原则：坚持党的领导，坚持中国特色社会主义法治道路，坚持正确政治方向；严格依法按程序进行；充分发扬民主、广泛凝聚共识，确保反映人民意志、得到人民拥护；坚持对宪法作部分修改、不作大改，做到既顺应党和人民事业发展要求，又遵循宪法法律发展规律。

会议审议了全国人大常委会委员长会议关于提请审议全国人大常委会关于召开十三届全国人大一次会议的决定草案的议案。

会议还审议了有关任免案。

全国人大常委会副委员长李建国、王胜俊、陈昌智、严隽琪、王晨、沈跃跃、吉炳轩、张平、向巴平措、艾力更·依明巴海、万鄂湘、张宝文、陈竺出席会议。

国务委员杨洁篪，最高人民法院院长周强，最高人民检察院检察长曹建明，全国人大各专门委员会成员，各省（区、市）人大常委会负责人等列席开幕会。

十二届全国人大常委会举行
第一百一十次委员长会议①

（2018 年 1 月 30 日）

十二届全国人大常委会第一百一十次委员长会议 30 日下午在北京人民大会堂举行，张德江委员长主持会议。

会议听取了全国人大常委会法制工作委员会主任沈春耀作的关于审议关于提请审议宪法修正案草案的议案代拟稿情况的汇报。

会议听取了全国人大常委会副秘书长韩晓武作的关于审议拟提请表决事项情况的汇报。

委员长会议决定，将上述议案和草案交付十二届全国人大常委会第三十二次会议闭幕会表决。

全国人大常委会副委员长李建国、王胜俊、陈昌智、严隽琪、沈跃跃、吉炳轩、张平、向巴平措、艾力更·依明巴海、万鄂湘、张宝文出席会议。

十二届全国人大常委会
第三十二次会议在京闭幕②

（2018 年 1 月 30 日）

十二届全国人大常委会第三十二次会议 30 日下午在北京人民大会堂闭

---

①　原载于《人民日报》2018 年 1 月 31 日，原题目为《十二届全国人大常委会举行第一百一十次委员长会议　决定将关于提请审议宪法修正案草案的议案代拟稿等交付常委会会议表决　张德江主持》，现题目为编者所加。

②　原载于《人民日报》2018 年 1 月 31 日，原题目为《人大常委会第三十二次会议在京闭幕　表决通过关于提请审议宪法修正案草案的议案　决定十三届全国人大一次会议 2018 年 3 月 5 日在北京召开　张德江主持会议》，现题目为编者所加。

幕。会议经表决，决定将全国人大常委会关于提请审议宪法修正案草案的议案提请十三届全国人大一次会议审议。张德江委员长主持会议。

常委会组成人员 148 人出席会议，出席人数符合法定人数。

会议表决通过了全国人大常委会关于召开十三届全国人大一次会议的决定。根据决定，十三届全国人大一次会议于 2018 年 3 月 5 日在北京召开。

会议经表决，任命何新为全国人大常委会副秘书长。

会议还表决通过了其他任免案。

全国人大常委会副委员长李建国、王胜俊、陈昌智、严隽琪、沈跃跃、吉炳轩、张平、向巴平措、艾力更·依明巴海、万鄂湘、张宝文出席会议。

国务委员常万全，最高人民法院院长周强，最高人民检察院检察长曹建明，全国人大各专门委员会成员，各省（区、市）人大常委会负责人等列席会议。

（三）十三届全国人大一次会议审议通过宪法修正案

关于《中华人民共和国宪法修正案（草案）》的说明

——2018 年 3 月 5 日在第十三届全国人民代表大会第一次会议上

第十二届全国人大常委会副委员长兼秘书长　王　晨

各位代表：

我受第十二届全国人大常委会委托，作关于《中华人民共和国宪法修正案（草案）》的说明。

一、关于宪法修改的基本考虑

宪法是国家的根本法，是治国安邦的总章程，是党和人民意志的集中体现。党的十八大以来，习近平总书记多次强调，坚持依法治国首先要坚持依宪治国，坚持依法执政首先要坚持依宪执政。宪法修改，是党和国家政治生活中的一件大事，是以习近平同志为核心的党中央从新时代坚持和发展中国特色社会主义全局和战略高度作出的重大决策，是推进全面依法治国、推进国家治理体系和治理能力现代化的重大举措。

第一，我国现行宪法是符合国情、符合实际、符合时代发展要求的好宪法，为改革开放和社会主义现代化建设提供了根本法治保障，必须坚决维护、长期坚持、全面贯彻。

我国现行宪法是根据党的十一届三中全会确定的路线方针政策、于 1982 年 12 月 4 日由五届全国人大五次会议通过并公布施行的。再往前追溯，1982 年宪法是对 1949 年具有临时宪法作用的《中国人民政治协商会议共同纲领》、1954 年《中华人民共和国宪法》的继承和发展。

我国宪法以国家根本法的形式，确认了中国共产党领导中国人民进行革命、建设、改革的伟大斗争和根本成就，确立了工人阶级领导的、以工农联盟为基础的人民民主专政的社会主义国家的国体和人民代表大会制度的政体，确定了国家的根本任务、领导核心、指导思想、发展道路、奋斗目标，规定了中国共产党领导的多党合作和政治协商制度、民族区域自治制度以及基层群众自治制度，规定了社会主义法治原则、民主集中制原则、尊重和保障人权原则，等等，反映了我国各族人民共同意志和根本利益。

30 多年来的发展历程充分证明，我国宪法有力坚持了中国共产党领导，有力保障了人民当家作主，有力促进了改革开放和社会主义现代化建设，有力推动了社会主义法治国家建设进程，有力维护了国家统一、民族团结、社会稳定，是符合国情、符合实际、符合时代发展要求的好宪法，是充分体现人民共同意志、充分保障人民民主权利、充分维护人民根本利益的好宪法，是推动国家发展进步、保证人民创造幸福生活、保障中华民族实现伟大复兴的好宪法，是我们国家和人民经受住各种困难和风险考验、始终沿着中国特色社会主义道路前进的根本法治保障。我国宪法确立的一系列制度、原则和规则，确定的一系列大政方针，具有显著优势、坚实基础、强大生命力，必须长期坚持、全面贯彻。

第二，宪法只有不断适应新形势、吸纳新经验、确认新成果、作出新规范，才具有持久生命力。

1982 年宪法公布施行后，根据我国改革开放和社会主义现代化建设的实践和发展，在党中央领导下，全国人大于 1988 年、1993 年、1999 年、2004 年先后 4 次对 1982 年宪法即我国现行宪法的个别条款和部分内容作出必要的、也是十分重要的修正，共通过了 31 条宪法修正案。

总的看，4 次宪法修改体现了中国共产党领导人民进行改革开放和社会主义现代化建设的成功经验，体现了中国特色社会主义道路、理论、制度、文化的发展成果。通过 4 次宪法修改，我国宪法在中国特色社会主义伟大实践中紧跟时代步伐，不断与时俱进，有力推动和保障了党和国家事业发展，有力推动和加强了我国社会主义法治建设。

回顾我国宪法制度发展历程，我们愈加感到，我国宪法同党和人民进行的艰苦奋斗和创造的辉煌成就紧密相连，同党和人民开辟的前进道路和积累的宝贵经验紧密相连。我国宪法必须随着党领导人民建设中国特色社会主义实践的发展而不断完善发展。这是我国宪法发展的一个显著特点，也是一条基本规律。由宪法及时确认党和人民创造的伟大成就和宝贵经验，以更好发挥宪法的规范、引领、推动、保障作用，是实践发展的必然要求。

第三，根据新时代坚持和发展中国特色社会主义的新形势新实践，在总体保持我国宪法连续性、稳定性、权威性的基础上，有必要对我国宪法作出适当的修改。

自 2004 年宪法修改以来，党和国家事业又有了许多重要发展变化。特别是党的十八大以来，以习近平同志为核心的党中央团结带领全国各族人民毫不动摇坚持和发展中国特色社会主义，统筹推进"五位一体"总体布局、协调推进"四个全面"战略布局，推进党的建设新的伟大工程，形成一系列治国理政新理念新思想新战略，推动党和国家事业取得历史性成就、发生历史性变革，中国特色社会主义进入了新时代。党的十九大在新的历史起点上对新时代坚持和发展中国特色社会主义作出重大战略部署，提出了一系列重大政治论断，确立了习近平新时代中国特色社会主义思想在全党的指导地位，确定了新的奋斗目标，对党和国家事业发展具有重大指导和引领意义。

在党的十九大文件起草和形成过程中，在全党全国上下学习贯彻党的十九大精神过程中，都有许多单位和同志提出，应该根据党的十九大精神对我国现行宪法作出必要的修改完善，把党和人民在实践中取得的重大理论创新、实践创新、制度创新成果通过国家根本法确认下来，使之成为全国各族人民的共同遵循，成为国家各项事业、各方面工作的活动准则。

党中央决定对宪法进行适当修改，是经过反复考虑、综合方方面面情况作出的，目的是通过修改使我国宪法更好体现人民意志，更好体现中国特色社会主义制度的优势，更好适应推进国家治理体系和治理能力现代化的要求。这对于全面贯彻党的十九大精神、广泛动员和组织全国各族人民为夺取新时代中国特色社会主义伟大胜利而奋斗具有十分重大的意义。

二、关于宪法修改的总体要求和原则

宪法修改是事关全局的重大政治活动和重大立法活动，必须在党中央集中统一领导下进行。党中央确定的这次宪法修改的总体要求是，高举中国特色社会主义伟大旗帜，全面贯彻党的十九大精神，坚持以马克思列宁主义、毛泽东思想、邓小平理论、"三个代表"重要思想、科学发展观、习近平新时代中国特色社会主义思想为指导，坚持党的领导、人民当家作主、依法治国有机统一，把党的十九大确定的重大理论观点和重大方针政策特别是习近平新时代中国特色社会主义思想载入国家根本法，体现党和国家事业发展的新成就新经验新要求，在总体保持我国宪法连续性、稳定性、权威性的基础上推动宪法与时俱进、完善发展，为新时代坚持和发展中国特色社会主义、实现"两个一百年"奋斗目标和中华民族伟大复兴的中国梦提供有力宪法保障。

贯彻和体现上述总体要求，这次宪法修改要遵循以下原则。

一是坚持党对宪法修改的领导。坚持党中央集中统一领导，增强政治意识、大局意识、核心意识、看齐意识，坚定中国特色社会主义道路自信、理论自信、制度自信、文化自信，坚定不移走中国特色社会主义政治发展道路和中国特色社会主义法治道路，把坚持党中央集中统一领导贯穿于宪法修改全过程，确保宪法修改的正确政治方向。

二是严格依法按程序推进宪法修改。宪法第六十四条对宪法修改作出了明确规定。在党中央领导下，通过历次宪法修改实践，已经形成了符合宪法精神、行之有效的修宪工作程序和机制。先形成《中共中央关于修改宪法部分内容的建议（草案）》，经党中央全会审议和通过；再依法形成《中华人民共和国宪法修正案（草案）》，由全国人大常委会提请全国人民代表大会审议和通过。

三是充分发扬民主、广泛凝聚共识。宪法修改关系全局，影响广泛而深远，既要适应党和人民事业发展要求，又要遵循宪法法律发展规律。做好宪法修改工作，必须贯彻科学立法、民主立法、依法立法的要求，充分发扬民主，广泛凝聚共识，注重从政治上、大局上、战略上分析问题，注重从宪法发展的客观规律和内在要求上思考问题。

四是坚持对宪法作部分修改、不作大改。我国现行宪法是一部好宪法。对各方面普遍要求修改、实践证明成熟、具有广泛共识、需要在宪法上予以体现和规范、非改不可的，进行必要的、适当的修改；对不成熟、有争议、有待进一步研究的，不作修改；对可改可不改、可以通过有关法律或者宪法解释予以明确的，原则上不作修改，保持宪法的连续性、稳定性、权威性。

形成中央修宪建议草案稿和宪法修正案（草案）的过程，很好贯彻和遵循了党中央确定的上述总体要求和原则。

三、关于中央修宪建议和宪法修正案（草案）的形成过程

2017 年 9 月 29 日，习近平总书记主持召开中央政治局会议，决定启动宪法修改工作，对宪法适时作出必要修改。为此，决定成立宪法修改小组，在中共中央政治局常委会领导下开展工作，由张德江同志任组长，栗战书、王沪宁同志任副组长，党中央、全国人大、国务院有关单位、最高人民法院、最高人民检察院等有关方面的负责同志参加。

根据党中央对宪法修改的部署，2017 年 11 月 13 日，党中央发出征求对修改宪法部分内容意见的通知，请各地区各部门各方面在精心组织讨论、广泛听取意见的基础上提出宪法修改建议。各地区各部门各方面共提交书面报告 118 份。受党中央委托，中央统战部召开党外人士座谈会，听取各民主党派中央、全国工商联负责人和无党派人士代表的意见和建议。经过梳理，各地区各部门各方面共提出修改意见 2639 条。宪法修改小组认真贯彻党的十九大精神和党中央确定的总体要求和原则，深入研究、扎实工作，在充分发扬民主、广泛征求意见的基础上，经反复修改形成了中央修宪建议草案稿。

中央政治局常委会会议、中央政治局会议分别审议了中央修宪建议草案稿。12 月 12 日，根据党中央决定，中央办公厅发出通知，就中央修宪建议草案稿下发党内一定范围征求意见。各地区各部门各方面反馈书面报告 118 份，共提出修改意见 230 条。党中央还以适当方式征求了党内部分老同志的意见。

12 月 15 日，习近平总书记主持召开党外人士座谈会，当面听取各民主党派中央、全国工商联负责人和无党派人士代表的意见和建议。党外人士提交了书面发言稿 10 份。

2018 年 1 月 2 日至 3 日，根据党中央安排，张德江同志主持召开 4 场座谈会，分别听取中央和国家机关有关部门党委（党组）负责同志、智库和专家学者、各省区市人大常委会党组负责同志对中央修宪建议草案稿的意见和

建议。与会同志提交书面材料 52 份。

从征求意见的情况看，各地区各部门各方面坚决拥护党中央关于宪法修改的决策部署，一致认同这次修改宪法的总体要求和原则，完全赞成中央修宪建议草案稿，认为中央修宪建议草案稿总体上已经成熟。一致认为这次宪法修改充分体现了党的领导、人民当家作主、依法治国有机统一，体现了党的主张与人民意志有机统一，对推动宪法与时俱进、完善发展，为新时代坚持和发展中国特色社会主义提供有力宪法保障，具有十分重大的意义。一致赞成把科学发展观、习近平新时代中国特色社会主义思想写入宪法序言部分；一致赞成把"中国共产党领导是中国特色社会主义最本质的特征"写进宪法第一章《总纲》条文部分；一致赞成对国家主席任期作出新的规定；一致赞成在宪法第三章《国家机构》中增加一节"监察委员会"，就国家监察委员会和地方各级监察委员会的性质、地位、名称、人员组成、任期任届、领导体制、工作机制等作出规定；一致赞成对宪法序言和条文部分作出的其他修改，包括充实中国特色社会主义事业总体布局和第二个百年奋斗目标、实现中华民族伟大复兴的内容，完善依法治国和宪法实施举措，充实我国革命、建设、改革发展历程的内容，充实爱国统一战线和民族关系的内容，充实对外政策方面的内容，增加倡导社会主义核心价值观的内容，增加设区的市制定地方性法规的规定，等等。

对各地区各部门各方面的意见和建议，宪法修改小组认真汇总梳理，逐条进行研究，对中央修宪建议草案稿作出进一步修改完善。中央政治局常委会会议和中央政治局会议再次审议了修改后的中央修宪建议草案稿。

2018 年 1 月 18 日至 19 日，中国共产党第十九届中央委员会第二次全体会议审议并通过了《中共中央关于修改宪法部分内容的建议》，习近平总书记作了重要讲话，张德江同志就建议草案向全会作了说明。1 月 26 日，中共中央向全国人大常委会提出《中国共产党中央委员会关于修改宪法部分内容的建议》。

1 月 29 日至 30 日，十二届全国人大常委会召开第三十二次会议，中共中央政治局常委、宪法修改小组副组长栗战书同志受中共中央委托，就中央修宪建议向常委会作了说明。会议讨论了中央修宪建议，一致表示坚决拥护党中央关于宪法修改工作的决策部署，一致赞同党中央确定的这次宪法修改的总体要求和原则，一致认为中央修宪建议是成熟的。受委员长会议委托，全国人大常委会法制工作委员会以中央修宪建议为基础，拟订了《中华人民共和国宪法修正案（草案)》和《全国人民代表大会常务委员会关于提请审议〈中华人民共和国宪法修正案（草案)〉的议案》；经会议审议和表决，决定将宪法修正案（草案）提请十三届全国人大一次会议审议。

四、关于宪法修正案（草案）的具体内容

宪法修正案（草案）提出，对我国现行宪法作出 21 条修改，其中 11 条同设立监察委员会有关。具体修改内容如下。

（一）确立科学发展观、习近平新时代中国特色社会主义思想在国家政治和社会生活中的指导地位。宪法修正案（草案）将宪法序言第七自然段中"在马克思列宁主义、毛泽东思想、邓小平理论和'三个代表'重要思想指引下"修改为"在马克思列宁主义、毛泽东思想、邓小平理论、'三个代表'重要思想、科学发展观、习近平新时代中国特色社会主义思想指引下"。同时，在"自力更生，艰苦奋斗"前增写"贯彻新发展理念"。主要考虑是：科学发展观是党的十六大以来以胡锦涛同志为主要代表的中国共产党人推进马克思主义中国化的重大成果，党的十八大党章修正案已经将其确立为党的指导思想。习近平新时代中国特色社会主义思想是马克思主义中国化最新成果，是党和人民实践经验和集体智慧的结晶，是中国特色社会主义理论体系的重要组成部分，是全党全国人民为实现中华民族伟大复兴而奋斗的行动指南，是党的十八大以来党和国家事业取得历史性成就、发生历史性变革的根本理论指引，其政治意义、理论意义、实践意义已被实践所充分证明，在全党全国人民中已经形成高度共识。党的十九大党章修正案已经将其确立为党的指导思想。在宪法中把科学发展观、习近平新时代中国特色社会主义思想同马克思列宁主义、毛泽东思想、邓小平理论、"三个代表"重要思想写在一起，确立其在国家政治和社会生活中的指导地位，反映了全国各族人民的共同意愿，体现了党的主张和人民意志的统一，明确了全党全国人民为实现中华民族伟大复兴而奋斗的共同思想基础，具有重大的现实意义和深远的历史意义。

创新、协调、绿色、开放、共享的新发展理念是党的十八大以来以习近

平同志为核心的党中央推动我国经济发展实践的理论结晶，是习近平新时代中国特色社会主义经济思想的主要内容，必须长期坚持、不断丰富发展。把"新发展理念"写入宪法，有利于从宪法上确认这一重要理论成果，更好发挥其在决胜全面建成小康社会，开启全面建设社会主义现代化国家新征程中对我国经济发展的重要指导作用。

（二）调整充实中国特色社会主义事业总体布局和第二个百年奋斗目标的内容。宪法修正案（草案）将宪法序言第七自然段中"推动物质文明、政治文明和精神文明协调发展，把我国建设成为富强、民主、文明的社会主义国家"修改为"推动物质文明、政治文明、精神文明、社会文明、生态文明协调发展，把我国建设成为富强民主文明和谐美丽的社会主义现代化强国，实现中华民族伟大复兴"。与此相适应，在宪法第三章《国家机构》第三节第八十九条第六项"领导和管理经济工作和城乡建设"后面，增加"生态文明建设"的内容。主要考虑是：从物质文明、政治文明和精神文明协调发展到物质文明、政治文明、精神文明、社会文明、生态文明协调发展，是我们党对社会主义建设规律认识的深化，是对中国特色社会主义事业总体布局的丰富和完善。把我国建设成为富强民主文明和谐美丽的社会主义现代化强国，实现中华民族伟大复兴，是党的十九大确立的奋斗目标。作这样的修改，在表述上与党的十九大报告相一致，有利于引领全党全国人民把握规律、科学布局，在新时代不断开创党和国家事业发展新局面，齐心协力为实现"两个一百年"奋斗目标、实现中华民族伟大复兴的中国梦而不懈奋斗。

（三）完善依法治国和宪法实施举措。宪法修正案（草案）将宪法序言第七自然段中"健全社会主义法制"修改为"健全社会主义法治"。主要考虑是：从健全社会主义法制到健全社会主义法治，是我们党依法治国理念和方式的新飞跃。作这样的修改，有利于推进全面依法治国，建设中国特色社会主义法治体系，加快实现国家治理体系和治理能力现代化，为党和国家事业发展提供根本性、全局性、稳定性、长期性的制度保障。同时，在宪法第一章《总纲》第二十七条增加一款，作为第三款："国家工作人员就职时应当依照法律规定公开进行宪法宣誓。"主要考虑是：全国人民代表大会常务委员会已于2015年7月1日通过了关于实行宪法宣誓制度的决定，不久前全国人大常委会又作了修订，将宪法宣誓制度在宪法中确认下来，有利于促使国家工作人员树立宪法意识、恪守宪法原则、弘扬宪法精神、履行宪法使命，也有利于彰显宪法权威，激励和教育国家工作人员忠于宪法、遵守宪法、维护宪法，加强宪法实施。

（四）充实完善我国革命和建设发展历程的内容。宪法修正案（草案）将宪法序言第十自然段中"在长期的革命和建设过程中"修改为"在长期的革命、建设、改革过程中"；将宪法序言第十二自然段中"中国革命和建设的成就是同世界人民的支持分不开的"修改为"中国革命、建设、改革的成就是同世界人民的支持分不开的"。作这些修改，党和人民团结奋斗的光辉历程就更加完整。

（五）充实完善爱国统一战线和民族关系的内容。宪法修正案（草案）将宪法序言第十自然段中"包括全体社会主义劳动者、社会主义事业的建设者、拥护社会主义的爱国者和拥护祖国统一的爱国者的广泛的爱国统一战线"修改为"包括全体社会主义劳动者、社会主义事业的建设者、拥护社会主义的爱国者、拥护祖国统一和致力于中华民族伟大复兴的爱国者的广泛的爱国统一战线"。主要考虑是：实现中华民族伟大复兴的中国梦已经成为团结海内外中华儿女的最大公约数。实现中国梦，需要凝聚各方面的力量共同奋斗。只有把全体社会主义劳动者、社会主义事业的建设者、拥护社会主义的爱国者、拥护祖国统一和致力于中华民族伟大复兴的爱国者都团结起来、凝聚起来，实现中国梦才能获得强大持久广泛的力量支持。将宪法序言第十一自然段中"平等、团结、互助的社会主义民族关系已经确立，并将继续加强。"修改为："平等团结互助和谐的社会主义民族关系已经确立，并将继续加强。"与此相适应，将宪法第一章《总纲》第四条第一款中"维护和发展各民族的平等、团结、互助关系"修改为"维护和发展各民族的平等团结互助和谐关系"。主要考虑是：巩固和发展平等团结互助和谐的社会主义民族关系，是党的十八大以来以习近平同志为核心的党中央反复强调的一个重要思想。作这样的修改，有利于铸牢中华民族共同体意识，加强各民族交往交流交融，促进各民族和睦相处、和衷共济、和谐发展。

（六）充实和平外交政策方面的内容。宪法修正案（草案）在宪法序言第十二自然段中"中国坚持独立自主的对外政策，坚持互相尊重主权和领土完整、互不侵犯、互不干涉内政、平等互利、和平共处的五项原则"后增加

"坚持和平发展道路，坚持互利共赢开放战略"；将"发展同各国的外交关系和经济、文化的交流"修改为"发展同各国的外交关系和经济、文化交流，推动构建人类命运共同体"。作这样的修改，有利于正确把握国际形势的深刻变化、顺应和平、发展、合作、共赢的时代潮流，统筹国内国际两个大局、统筹发展安全两件大事，为我国发展拓展广阔的空间、营造良好的外部环境，为维护世界和平、促进共同发展作出更大贡献。

（七）充实坚持和加强中国共产党全面领导的内容。宪法修正案（草案）在宪法第一章《总纲》第一条第二款"社会主义制度是中华人民共和国的根本制度。"后增写一句，内容为："中国共产党领导是中国特色社会主义最本质的特征。"主要考虑是：中国共产党是执政党，是国家的最高政治领导力量。中国共产党领导是中国特色社会主义最本质的特征，是中国特色社会主义制度的最大优势。宪法从社会主义制度的本质属性角度对坚持和加强党的全面领导进行规定，有利于在全体人民中强化党的领导意识，有效把党的领导落实到国家工作全过程和各方面，确保党和国家事业始终沿着正确方向前进。

（八）增加倡导社会主义核心价值观的内容。宪法修正案（草案）将宪法第一章《总纲》第二十四条第二款中"国家提倡爱祖国、爱人民、爱劳动、爱科学、爱社会主义的公德"修改为"国家倡导社会主义核心价值观，提倡爱祖国、爱人民、爱劳动、爱科学、爱社会主义的公德"。主要考虑是：社会主义核心价值观是当代中国精神的集中体现，凝结着全体人民共同的价值追求。作这样的修改，贯彻了党的十九大精神，有利于在全社会树立和践行社会主义核心价值观，巩固全党全国各族人民团结奋斗的共同思想道德基础。

（九）修改国家主席任职方面的有关规定。宪法修正案（草案）将宪法第三章《国家机构》第七十九条第三款"中华人民共和国主席、副主席每届任期同全国人民代表大会每届任期相同，连续任职不得超过两届"中"连续任职不得超过两届"删去。主要考虑是：这次征求意见和在基层调研过程中，许多地区、部门和广大党员干部群众一致呼吁修改宪法中国家主席任职期限的有关规定。党的十八届七中全会和党的十九大召开期间，与会委员代表在这方面的呼声也很强烈。大家一致认为，目前，党章对党的中央委员会总书记、党的中央军事委员会主席，宪法对中华人民共和国中央军事委员会主席，都没有作出"连续任职不得超过两届"的规定。宪法对国家主席的相关规定也采取上述做法，有利于维护以习近平同志为核心的党中央权威和集中统一领导，有利于加强和完善国家领导体制。

（十）增加设区的市制定地方性法规的规定。宪法修正案（草案）在宪法第三章《国家机构》第一百条增加一款，作为第二款："设区的市的人民代表大会和它们的常务委员会，在不同宪法、法律、行政法规和本省、自治区的地方性法规相抵触的前提下，可以依照法律规定制定地方性法规，报本省、自治区人民代表大会常务委员会批准后施行。"增加这一规定，有利于设区的市在宪法法律的范围内，制定体现本行政区域实际的地方性法规，更为有效地加强社会治理、促进经济社会发展，也有利于规范设区的市制定地方性法规的活动。

（十一）增加有关监察委员会的各项规定。为了贯彻和体现深化国家监察体制改革的精神，为成立监察委员会提供宪法依据，宪法修正案（草案）在宪法第三章《国家机构》第六节后增加一节，作为第七节"监察委员会"，就国家监察委员会和地方各级监察委员会的性质、地位、名称、人员组成、任期任届、领导体制、工作机制等作出规定。与此相适应，还作了如下修改。（1）将宪法第一章《总纲》第三条第三款中"国家行政机关、审判机关、检察机关都由人民代表大会产生"修改为"国家行政机关、监察机关、审判机关、检察机关都由人民代表大会产生"。（2）将宪法第三章《国家机构》第六十五条第四款"全国人民代表大会常务委员会的组成人员不得担任国家行政机关、审判机关和检察机关的职务。"修改为："全国人民代表大会常务委员会的组成人员不得担任国家行政机关、监察机关、审判机关和检察机关的职务。"（3）将宪法第三章《国家机构》第一百零三条第三款"县级以上的地方各级人民代表大会常务委员会的组成人员不得担任国家行政机关、审判机关和检察机关的职务。"修改为："县级以上的地方各级人民代表大会常务委员会的组成人员不得担任国家行政机关、监察机关、审判机关和检察机关的职务。"（4）在宪法第三章《国家机构》第六十二条第六项后增加一项，内容为"选举国家监察委员会主任"；在宪法第六十三条第三项后增加一项，内容为"国家监察委员会主任"；在宪法第六十七条第六项中增加"国家监察委员会"；在第十项后增加一项，内容为"根据国家监察委员会主任的提请，任免国家监察委员会副主任、委员"。（5）将宪法第三章《国家机构》

第一百零一条第二款中"县级以上的地方各级人民代表大会选举并且有权罢免本级人民法院院长和本级人民检察院检察长"修改为"县级以上的地方各级人民代表大会选举并且有权罢免本级监察委员会主任、本级人民法院院长和本级人民检察院检察长";将宪法第一百零四条中"监督本级人民政府、人民法院和人民检察院的工作"修改为"监督本级人民政府、监察委员会、人民法院和人民检察院的工作"。(6)删去宪法第三章《国家机构》第八十九条第八项"领导和管理民政、公安、司法行政和监察等工作"中的"和监察"。删去宪法第一百零七条第一款"县级以上地方各级人民政府依照法律规定的权限,管理本行政区域内的经济、教育、科学、文化、卫生、体育事业、城乡建设事业和财政、民政、公安、民族事务、司法行政、监察、计划生育等行政工作"中的"监察"。作上述修改,反映了党的十八大以来深化国家监察体制改革的成果,贯彻了党的十九大关于健全党和国家监督体系的部署,也反映了设立国家监察委员会和地方各级监察委员会后,全国人民代表大会及其常务委员会和地方各级人民代表大会及其常务委员会、国务院和地方各级人民政府职权的新变化以及工作的新要求。

关于宪法修正案(草案),这里还需要说明的是,我国现行宪法即1982年宪法公布施行后,全国人大先后4次作出修正,共通过31条宪法修正案,31条宪法修正案单独排序。其中,1988年修正案2条,即第一条和第二条;1993年修正案9条,即第三条至第十一条;1999年修正案6条,即第十二条至第十七条;2004年修正案14条,即第十八条至第三十一条。因此,现在提请本次会议审议的宪法修正案(草案),从第三十二条起排列条序,共21条宪法修正案,即第三十二条至第五十二条。

需要说明的是,在中央修宪建议和宪法修正案(草案)形成过程中,各地区各部门各方面就坚持和加强中国共产党领导、经济建设、政治建设、文化建设、社会建设、生态文明建设、外交工作、国防和军队建设、国家安全、港澳台工作、党的建设等提出了很多很好的修改意见和建议,现在宪法修正案(草案)提出的修改虽然不多,但覆盖面宽、覆盖率高,修改内容在党内外具有广泛的高度的共识。除此之外,各地区各部门各方面还提出了不少修改意见和建议。对每一条意见和建议,党中央都责成宪法修改小组作了认真研究和考虑。这次宪法修改,党中央确定的原则是对宪法作部分修改、不作大改，非改不可的进行必要的、适当的修改。有些修改意见和建议，党章、党的全国代表大会文件、中央全会文件、党中央和国务院文件、有关法律法规已经明确规定和全面阐述的，这次就不再在宪法中表述了。有些修改意见和建议，将来可以通过制定和修改有关法律、行政法规来解决，可以通过宪法解释或者在有关法律案说明、回应性文件中作进一步明确和澄清。有些修改意见和建议，则需要对深化相关领域改革作出决策部署、经过实践检验后再考虑完善宪法有关规定。

2 月 28 日，党的十九届三中全会审议通过的《深化党和国家机构改革方案》提出，将"全国人大法律委员会"更名为"全国人大宪法和法律委员会"。上述调整涉及宪法第七十条中法律委员会名称的规定。根据党中央精神，将这个问题在本次会议审议宪法修正案（草案）时一并考虑。

关于宪法文本问题。为了维护宪法的权威和尊严，保证宪法文本的统一，同时有利于学习宣传和贯彻实施宪法，参照以往做法，建议本次会议通过宪法修正案后，由大会秘书处根据宪法修正案对宪法有关内容作相应的修正，将 1982 年宪法原文、历次宪法修正案和根据宪法修正案修正的文本（即 2018 年修正文本）同时予以公布。

《中华人民共和国宪法修正案（草案）》和以上说明，请审议。

第十三届全国人民代表大会第一次会议
主席团关于《中华人民共和国宪法
修正案（草案）》审议情况的报告

（2018 年 3 月 8 日第十三届全国人民代表大会第一次会议主席团第二次会议通过）

全国人民代表大会：

3 月 7 日，各代表团全体会议、小组会议审议了《中华人民共和国宪法修正案（草案）》（以下简称修正案草案）。现将审议的总体意见和修改建议报告如下：

一、关于审议的总体意见

代表们一致表示，坚决拥护党中央关于宪法修改的决策部署。一致认为，宪法修改是党中央从新时代坚持和发展中国特色社会主义全局和战略高度作出的重大决策，是全面推进依法治国、推进国家治理体系和治理能力现代化的重大举措。这次宪法修改工作坚持党中央集中统一领导，坚持中国特色社会主义政治发展道路和中国特色社会主义法治道路，充分发扬民主、集思广益，严格依法按程序推进，是以习近平同志为核心的党中央依法治国、依宪治国的生动实践，充分体现了坚持党的领导、人民当家作主、依法治国有机统一，充分体现了中国特色社会主义的政治优势和制度优势，具有坚实的政治基础、法理基础、实践基础和社会基础。这对于全面贯彻党的十九大精神和习近平新时代中国特色社会主义思想，在法治轨道上更好坚持和发展中国特色社会主义，更好发挥宪法的国家根本法作用，实现"两个一百年"奋斗目标和中华民族伟大复兴的中国梦，具有重大而深远的意义。

代表们一致赞同党中央确定的这次宪法修改的总体要求、原则和修正案草案的各项内容。一致认为修正案草案把党的十九大确定的重大理论观点和重大方针政策特别是习近平新时代中国特色社会主义思想载入宪法，体现了党和国家事业发展的新成就新经验新要求，确认了党和人民在实践中取得的重大理论创新、实践创新、制度创新成果，反映了全党全国各族人民的共同愿望。一致赞成把科学发展观、习近平新时代中国特色社会主义思想写入宪法；一致赞成把"中国共产党领导是中国特色社会主义最本质的特征"写进宪法第一章《总纲》第一条；一致赞成对国家主席任职任期作出新的规定；一致赞成关于监察委员会的各项规定；一致赞成对宪法序言和条文部分作出的其他修改。代表们一致认为修正案草案已经成熟，建议本次会议审议通过。

二、关于修正案草案的修改建议

在充分肯定修正案草案的同时，有些代表也提出了一些修改完善的意见建议。总的看，这些意见建议都是积极的、建设性的。大会秘书处对代表们的审议意见和有关方面意见连同之前十二届全国人大常委会第三十二次会议上常委会组成人员提出的意见，一并进行了认真研究。

党的十九届三中全会审议通过的《深化党和国家机构改革方案》提出，将"全国人大法律委员会"更名为"全国人大宪法和法律委员会"。本次会议审议过程中，先后有 2952 名代表以各种方式提出意见，赞成设立宪法和法律委员会，认为党中央的决定有利于完善全国人大专门委员会的设置，有利于加强宪法实施和监督。由于上述调整涉及宪法第七十条中法律委员会名称的规定，因此，代表们普遍建议，在修正案草案中增加将宪法第七十条第一款中的"法律委员会"的名称修改为"宪法和法律委员会"的内容。大会秘书处经认真研究，赞同上述补充修改内容。同时，综合考虑宪法第六十四条规定和已经形成的符合宪法精神、行之有效的修宪工作程序和机制，结合本次修宪的具体情况，大会秘书处认为，拟补充修改的内容，以不在修正案草案中单列一条为宜，建议在修正案草案中与之最接近的位置来表述拟补充修改的内容，即在修正案草案第四十四条中增加一款，作为第二款："宪法第七十条第一款中'全国人民代表大会设立民族委员会、法律委员会、财政经济委员会、教育科学文化卫生委员会、外事委员会、华侨委员会和其他需要设立的专门委员会。'修改为：'全国人民代表大会设立民族委员会、宪法和法律委员会、财政经济委员会、教育科学文化卫生委员会、外事委员会、华侨委员会和其他需要设立的专门委员会。'"

此外，有些代表还提出了一些其他意见建议，对每一条意见建议，大会秘书处都作了认真研究。这次宪法修改，党中央确定的原则是对宪法作部分修改、不作大改，非改不可的进行必要的、适当的修改。代表们提出的意见建议，在这次宪法修改工作开始后，有的地方、部门和专家也提出过，已经过反复研究、论证。有的内容，已在党章、党的全国代表大会文件、中央全会文件、党中央和国务院文件、有关法律法规中有明确规定和全面阐述，这次就不再在宪法中表述了；有的可以通过宪法解释等有关文件予以明确和澄清，有的需要在有关法律中加以规定，目前以不对宪法有关规定再作修改为宜。

宪法修正案草案修改稿和以上报告，请审议。

第十三届全国人民代表大会第一次会议主席团

2018 年 3 月 8 日

十三届人大一次会议主席团举行第二次会议[①]

（2018 年 3 月 8 日）

十三届全国人大一次会议主席团常务主席第一次会议 8 日下午在北京人民大会堂举行。大会主席团常务主席栗战书主持会议。

会议听取了大会秘书处法案组组长沈春耀受大会秘书处委托作的关于宪法修正案草案审议情况的汇报，同意将审议情况的报告和宪法修正案草案修改稿提请大会主席团第二次会议审议。

大会主席团常务主席陈希、王晨、曹建明、张春贤、沈跃跃、吉炳轩、艾力更·依明巴海、万鄂湘、陈竺出席会议。

十三届全国人大一次会议主席团 8 日下午在人民大会堂举行第二次会议。会议经过表决，决定将宪法修正案草案审议情况的报告和宪法修正案草案修改稿提请各代表团审议。

主席团常务主席栗战书主持会议。会议应到 190 人，出席 190 人，出席人数符合法定人数。

3 月 7 日，各代表团认真审议了宪法修正案草案。根据各代表团的审议意见，主席团常务主席代拟了大会主席团关于宪法修正案草案审议情况的报告和宪法修正案草案修改稿。

主席团会议听取了大会秘书处法案组组长沈春耀受大会秘书处委托作的关于宪法修正案草案审议情况的报告。会议经过表决，决定将审议情况的报告和宪法修正案草案修改稿提请各代表团审议。

主席团常务主席陈希、王晨、曹建明、张春贤、沈跃跃、吉炳轩、艾力更·依明巴海、万鄂湘、陈竺出席会议。

[①] 原载于《人民日报》2018 年 3 月 9 日，原题目为《十三届人大一次会议主席团常务主席第一次会议举行 十三届人大一次会议主席团举行第二次会议》，现题目为编者所加。

第十三届全国人民代表大会第一次
会议主席团关于《中华人民共和国宪法
修正案（草案修改稿）》审议情况的报告

（2018 年 3 月 10 日第十三届全国人民代表大会第一次会议主席团第三次会议通过）

全国人民代表大会：

3 月 9 日，各代表团对《中华人民共和国宪法修正案（草案修改稿）》（以下简称草案修改稿）进行了审议。代表们一致赞成草案修改稿，赞成在修正案草案第四十四条中增加一款，将宪法第七十条第一款中"法律委员会"的名称修改为"宪法和法律委员会"，认为这一修改是贯彻落实党的十九大和十九届二中、三中全会精神的重要举措，有利于完善全国人大专门委员会的设置，有利于加强宪法实施和监督。

代表们认为，本次会议对宪法修正案草案的审议安排了充足的时间，大家既畅所欲言，又形成统一意志。草案修改稿在认真研究代表意见的基础上作了必要的、适当的修改，对未采纳的意见和建议作出了回应和说明，并通过适当方式向代表作了解释，审议过程很好地发扬了民主，是坚持党的领导、人民当家作主、依法治国有机统一的生动实践，是中国特色社会主义民主政治的生动实践。代表们一致认为，草案修改稿很好体现了党中央关于宪法修改的总体要求和原则，广泛凝聚了各方共识，草案内容已经成熟，一致赞成提请本次大会表决通过。

许多代表提出，宪法的生命在于实施，全面实施宪法是全面依法治国的首要任务。宪法修正案通过后，要加强宪法学习宣传教育，增强全社会特别是公职人员的宪法意识，恪守宪法原则，弘扬宪法精神；要加强宪法实施和监督，严格实施宪法，切实维护宪法权威，把实施宪法提高到一个新水平。

宪法修正案草案建议表决稿和以上报告，请审议。

第十三届全国人民代表大会第一次会议主席团

2018 年 3 月 10 日

十三届人大一次会议主席团举行第三次会议①

（2018 年 3 月 10 日）

十三届全国人大一次会议主席团常务主席第二次会议 10 日下午在人民大会堂举行。大会主席团常务主席栗战书主持会议。

会议听取了大会秘书处法案组组长沈春耀受大会秘书处委托作的关于宪法修正案草案修改稿审议情况的汇报，同意将修改稿审议情况的报告和草案建议表决稿提请大会主席团第三次会议审议。

会议听取了大会副秘书长信春鹰作的大会秘书处关于大会关于设立十三届全国人大专门委员会的决定草案代拟稿的汇报，大会关于十三届全国人大专门委员会主任委员、副主任委员、委员人选的表决办法草案代拟稿的汇报，决定将两个草案分别提请大会主席团第三次会议审议。

会议还听取了信春鹰作的大会秘书处关于各代表团推选监票人情况的汇报，提出了总监票人建议人选。会议同意将总监票人、监票人名单草案提请大会主席团第三次会议审议。

大会主席团常务主席陈希、王晨、曹建明、张春贤、沈跃跃、吉炳轩、艾力更·依明巴海、万鄂湘、陈竺出席会议。

十三届全国人大一次会议主席团 10 日下午在人民大会堂举行第三次会议。

主席团常务主席栗战书主持会议。会议应到 190 人，出席 190 人，出席人数符合法定人数。

3 月 9 日上午，各代表团认真审议了宪法修正案草案修改稿，代表们普遍表示赞同。主席团常务主席提出了宪法修正案草案建议表决稿，提请主席团审议。

会议听取了大会秘书处法案组组长沈春耀受大会秘书处委托作的关于宪

---

① 原载于《人民日报》2018 年 3 月 11 日，原题目为《十三届人大一次会议主席团常务主席第二次会议举行　十三届人大一次会议主席团举行第三次会议》，现题目为编者所加。

法修正案草案修改稿审议情况的汇报。会议经表决，决定将审议情况的报告、草案建议表决稿和主席团公告稿提请各代表团审议。

根据全国人大组织法的规定，大会秘书处代拟了大会关于设立十三届全国人大专门委员会的决定草案。会议经过表决，决定将草案提请各代表团审议。

会议经过表决，决定将大会关于十三届全国人大专门委员会主任委员、副主任委员、委员人选的表决办法草案，提请各代表团审议。

3 月 8 日上午，各代表团共推选出 35 名监票人人选。主席团常务主席经研究，提出了总监票人建议人选。主席团会议表决通过了总监票人、监票人名单草案，决定提请大会全体会议表决。总监票人、监票人将在主席团领导下，对投票表决宪法修正案草案、选举和决定任命国家机构组成人员的发票、投票、计票工作进行监督。

根据全国人大议事规则的规定，全国人大有关专门委员会需要在大会期间审议监察法草案、审查国民经济和社会发展计划、审查中央和地方预算。会议经过表决，决定将有关专门委员会主任委员、副主任委员、委员的人选提请各代表团酝酿。

主席团常务主席陈希、王晨、曹建明、张春贤、沈跃跃、吉炳轩、艾力更·依明巴海、万鄂湘、陈竺出席会议。

中华人民共和国
全国人民代表大会公告

第一号

中华人民共和国宪法修正案已由中华人民共和国第十三届全国人民代表大会第一次会议于 2018 年 3 月 11 日通过，现予公布施行。

中华人民共和国第十三届全国人民

代表大会第一次会议主席团

2018 年 3 月 11 日于北京

第二编

中华人民共和国宪法

（1978 年）

中华人民共和国宪法

(1978 年 3 月 5 日中华人民共和国第五届全国人民代表大会第一次会议通过)

目　　录

序　　言

中国人民经过一百多年的英勇奋斗，终于在伟大领袖和导师毛泽东主席为首的中国共产党的领导下，用人民革命战争推翻了帝国主义、封建主义和官僚资本主义的反动统治，取得了新民主主义革命的彻底胜利，在一九四九年建立了中华人民共和国。

中华人民共和国的成立，标志着我国社会主义历史阶段的开始。建国以后，在毛主席和中国共产党领导下，我国各族人民在政治、经济、文化、军事、外交各条战线贯彻执行毛主席的无产阶级革命路线，经过反对国内外敌人的反复斗争，经过无产阶级文化大革命，取得了社会主义革命和社会主义建设的伟大胜利。我国的无产阶级专政得到了巩固和加强。我国已经成为初步繁荣昌盛的社会主义国家。

毛泽东主席是中华人民共和国的缔造者。我国革命和建设的一切胜利，都是在马克思主义、列宁主义、毛泽东思想的指引下取得的。永远高举和坚决捍卫毛主席的伟大旗帜，是我国各族人民团结战斗，把无产阶级革命事业进行到底的根本保证。

第一次无产阶级文化大革命的胜利结束，使我国社会主义革命和社会主义建设进入了新的发展时期。根据中国共产党在整个社会主义历史阶段的基本路线，全国人民在新时期的总任务是：坚持无产阶级专政下的继续革命，开展阶级斗争、生产斗争和科学实验三大革命运动，在本世纪内把我国建设成为农业、工业、国防和科学技术现代化的伟大的社会主义强国。

我们要坚持无产阶级对资产阶级的斗争，坚持社会主义道路对资本主义道路的斗争，反对修正主义，防止资本主义复辟，准备对付社会帝国主义和帝国主义对我国的颠覆和侵略。

我们要巩固和发展工人阶级领导的，以工农联盟为基础的，团结广大知识分子和其他劳动群众，团结爱国民主党派、爱国人士、台湾同胞、港澳同胞和国外侨胞的革命统一战线。要加强全国各民族的大团结。要正确区别和处理敌我矛盾和人民内部矛盾。要在全国人民中努力造成又有集中又有民主，又有纪律又有自由，又有统一意志、又有个人心情舒畅、生动活泼那样一种政治局面，以利于调动一切积极因素，克服一切困难，更好地巩固无产阶级专政，较快地建设我们的国家。

台湾是中国的神圣领土。我们一定要解放台湾，完成统一祖国的大业。

在国际事务中，我们要在互相尊重主权和领土完整、互不侵犯、互不干涉内政、平等互利、和平共处五项原则的基础上，建立和发展同各国的关系。我国永远不称霸，永远不做超级大国。我们要坚持无产阶级国际主义，按照关于三个世界的理论，加强同全世界无产阶级、被压迫人民和被压迫民族的团结，加强同社会主义国家的团结，加强同第三世界国家的团结，联合一切受到社会帝国主义和帝国主义超级大国侵略、颠覆、干涉、控制、欺负的国家，结成最广泛的国际统一战线，反对超级大国的霸权主义，反对新的世界战争，为人类的进步和解放事业而奋斗。

第一章　总　　纲

第一条　中华人民共和国是工人阶级领导的以工农联盟为基础的无产阶级专政的社会主义国家。

第二条　中国共产党是全中国人民的领导核心。工人阶级经过自己的先锋队中国共产党实现对国家的领导。

中华人民共和国的指导思想是马克思主义、列宁主义、毛泽东思想。

第三条　中华人民共和国的一切权力属于人民。人民行使国家权力的机关，是全国人民代表大会和地方各级人民代表大会。

全国人民代表大会、地方各级人民代表大会和其他国家机关，一律实行民主集中制。

第四条　中华人民共和国是统一的多民族的国家。

各民族一律平等。各民族间要团结友爱，互相帮助，互相学习。禁止对任何民族的歧视和压迫，禁止破坏各民族团结的行为，反对大民族主义和地方民族主义。

各民族都有使用和发展自己的语言文字的自由，都有保持或者改革自己的风俗习惯的自由。

各少数民族聚居的地方实行区域自治。各民族自治地方都是中华人民共和国不可分离的部分。

第五条　中华人民共和国的生产资料所有制现阶段主要有两种：社会主义全民所有制和社会主义劳动群众集体所有制。

国家允许非农业的个体劳动者在城镇或者农村的基层组织统一安排和管理下，从事法律许可范围内的，不剥削他人的个体劳动。同时，引导他们逐步走上社会主义集体化的道路。

第六条　国营经济即社会主义全民所有制经济，是国民经济中的领导力量。

矿藏，水流，国有的森林、荒地和其他海陆资源，都属于全民所有。

国家可以依照法律规定的条件，对土地实行征购、征用或者收归国有。

第七条　农村人民公社经济是社会主义劳动群众集体所有制经济，现在一般实行公社、生产大队、生产队三级所有，而以生产队为基本核算单位。

生产大队在条件成熟的时候，可以向大队为基本核算单位过渡。

在保证人民公社集体经济占绝对优势的条件下，人民公社社员可以经营少量的自留地和家庭副业，在牧区还可以有少量的自留畜。

第八条　社会主义的公共财产不可侵犯。国家保障社会主义全民所有制经济和社会主义劳动群众集体所有制经济的巩固和发展。

国家禁止任何人利用任何手段，扰乱社会经济秩序，破坏国家经济计划，侵吞、挥霍国家和集体的财产，危害公共利益。

第九条　国家保护公民的合法收入、储蓄、房屋和其他生活资料的所有权。

第十条　国家实行"不劳动者不得食"、"各尽所能、按劳分配"的社会主义原则。

劳动是一切有劳动能力的公民的光荣职责。国家提倡社会主义劳动竞赛，在无产阶级政治挂帅的前提下，实行精神鼓励和物质鼓励相结合而以精神鼓励为主的方针，鼓励公民在劳动中的社会主义积极性和创造性。

第十一条　国家坚持鼓足干劲、力争上游、多快好省地建设社会主义的总路线，有计划、按比例、高速度地发展国民经济，不断提高社会生产力，以巩固国家的独立和安全，逐步改善人民的物质生活和文化生活。

国家在发展国民经济中，坚持独立自主、自力更生、艰苦奋斗、勤俭建国的方针，以农业为基础、工业为主导的方针，在中央统一领导下充分发挥中央和地方两个积极性的方针。

国家保护环境和自然资源，防治污染和其他公害。

第十二条　国家大力发展科学事业，加强科学研究，开展技术革新和技术革命，在国民经济一切部门中尽量采用先进技术。科学技术工作必须实行专业队伍和广大群众相结合、学习和独创相结合。

第十三条　国家大力发展教育事业，提高全国人民的文化科学水平。教育必须为无产阶级政治服务，同生产劳动相结合，使受教育者在德育、智育、体育几方面都得到发展，成为有社会主义觉悟的有文化的劳动者。

第十四条　国家坚持马克思主义、列宁主义、毛泽东思想在各个思想文化领域的领导地位。各项文化事业都必须为工农兵服务，为社会主义服务。

国家实行"百花齐放、百家争鸣"的方针，以促进艺术发展和科学进步，促进社会主义文化繁荣。

第十五条　国家机关必须经常保持同人民群众的密切联系，依靠人民群众，倾听群众意见，关心群众疾苦，精兵简政，厉行节约，提高效能，反对官僚主义。

国家机关各级领导人员的组成，必须按照无产阶级革命事业接班人的条件，实行老、中、青三结合的原则。

第十六条　国家机关工作人员必须认真学习马克思主义、列宁主义、毛泽东思想，全心全意地为人民服务，努力钻研业务，积极参加集体生产劳动，接受群众监督，模范地遵守宪法和法律，正确地执行国家的政策，实事求是，不得弄虚作假，不得利用职权谋取私利。

第十七条　国家坚持社会主义的民主原则，保障人民参加管理国家，管理各项经济事业和文化事业，监督国家机关和工作人员。

第十八条　国家保卫社会主义制度，镇压一切叛国的和反革命的活动，惩办一切卖国贼和反革命分子，惩办新生资产阶级分子和其他坏分子。

国家依照法律剥夺没有改造好的地主、富农、反动资本家的政治权利，同时给以生活出路，使他们在劳动中改造成为守法的自食其力的公民。

第十九条　中华人民共和国武装力量由中国共产党中央委员会主席统率。

中国人民解放军是中国共产党领导的工农子弟兵，是无产阶级专政的柱石。国家大力加强中国人民解放军的革命化现代化建设，加强民兵建设，实行野战军、地方军和民兵三结合的武装力量体制。

中华人民共和国武装力量的根本任务是：保卫社会主义革命和社会主义建设，保卫国家的主权、领土完整和安全，防御社会帝国主义、帝国主义及其走狗的颠覆和侵略。

第二章　国家机构

第一节　全国人民代表大会

第二十条　全国人民代表大会是最高国家权力机关。

第二十一条　全国人民代表大会由省、自治区、直辖市人民代表大会和人民解放军选出的代表组成。代表应经过民主协商，由无记名投票选举产生。

全国人民代表大会每届任期五年。如果遇到特殊情况，可以延长本届全国人民代表大会的任期，或者提前召开下届全国人民代表大会。

全国人民代表大会会议每年举行一次。在必要的时候，可以提前或者延期。

第二十二条　全国人民代表大会行使下列职权：

（一）修改宪法；

（二）制定法律；

（三）监督宪法和法律的实施；

（四）根据中国共产党中央委员会的提议，决定国务院总理的人选；

（五）根据国务院总理的提议，决定国务院其他组成人员的人选；

（六）选举最高人民法院院长和最高人民检察院检察长；

（七）审查和批准国民经济计划、国家的预算和决算；

（八）批准省、自治区和直辖市的划分；

（九）决定战争和和平的问题；

（十）全国人民代表大会认为应当由它行使的其他职权。

第二十三条　全国人民代表大会有权罢免国务院组成人员、最高人民法院院长和最高人民检察院检察长。

第二十四条　全国人民代表大会常务委员会是全国人民代表大会的常设机关，对全国人民代表大会负责并报告工作。

全国人民代表大会常务委员会由下列人员组成：

委员长，

副委员长若干人，

秘书长，

委员若干人。

全国人民代表大会选举并且有权罢免全国人民代表大会常务委员会的组成人员。

第二十五条　全国人民代表大会常务委员会行使下列职权：

（一）主持全国人民代表大会代表的选举；

（二）召集全国人民代表大会会议；

（三）解释宪法和法律，制定法令；

（四）监督国务院、最高人民法院和最高人民检察院的工作；

（五）改变或者撤销省、自治区、直辖市国家权力机关的不适当的决议；

（六）在全国人民代表大会闭会期间，根据国务院总理的提议，决定任免国务院的个别组成人员；

（七）任免最高人民法院副院长和最高人民检察院副检察长；

（八）决定任免驻外全权代表；

（九）决定批准和废除同外国缔结的条约；

（十）规定和决定授予国家的荣誉称号；

（十一）决定特赦；

（十二）在全国人民代表大会闭会期间，如果遇到国家遭受武装侵犯的情况，决定宣布战争状态；

（十三）全国人民代表大会授予的其他职权。

第二十六条　全国人民代表大会常务委员会委员长主持全国人民代表大会常务委员会的工作；接受外国使节；根据全国人民代表大会或者全国人民代表大会常务委员会的决定，公布法律和法令，派遣和召回驻外全权代表，批准同外国缔结的条约，授予国家的荣誉称号。

全国人民代表大会常务委员会副委员长协助委员长工作，可以代行委员长的部分职权。

第二十七条　全国人民代表大会和全国人民代表大会常务委员会可以根据需要设立若干专门委员会。

第二十八条　全国人民代表大会代表有权向国务院、最高人民法院、最高人民检察院和国务院各部、各委员会提出质询。受质询的机关必须负责答复。

第二十九条　全国人民代表大会代表受原选举单位的监督。原选举单位有权依照法律的规定随时撤换自己选出的代表。

第二节　国务院

第三十条　国务院即中央人民政府，是最高国家权力机关的执行机关，是最高国家行政机关。

国务院对全国人民代表大会负责并报告工作；在全国人民代表大会闭会

期间，对全国人民代表大会常务委员会负责并报告工作。

第三十一条 国务院由下列人员组成：

总理，

副总理若干人，

各部部长，

各委员会主任。

总理主持国务院工作，副总理协助总理工作。

第三十二条 国务院行使下列职权：

（一）根据宪法、法律和法令，规定行政措施，发布决议和命令，并且审查这些决议和命令的实施情况；

（二）向全国人民代表大会或者全国人民代表大会常务委员会提出议案；

（三）统一领导各部、各委员会和其他所属机构的工作；

（四）统一领导全国地方各级国家行政机关的工作；

（五）编制和执行国民经济计划和国家预算；

（六）保护国家利益，维护社会秩序，保障公民权利；

（七）批准自治州、县、自治县、市的划分；

（八）依照法律的规定任免行政人员；

（九）全国人民代表大会和全国人民代表大会常务委员会授予的其他职权。

第三节 地方各级人民代表大会和地方各级革命委员会

第三十三条 中华人民共和国的行政区域划分如下：

（一）全国分为省、自治区、直辖市；

（二）省、自治区分为自治州、县、自治县、市；

（三）县、自治县分为人民公社、镇。

直辖市和较大的市分为区、县。自治州分为县、自治县、市。

自治区、自治州、自治县都是民族自治地方。

第三十四条 省、直辖市、县、市、市辖区、人民公社、镇设立人民代表大会和革命委员会。

人民公社的人民代表大会和革命委员会是基层政权组织，又是集体经济的领导机构。

省革命委员会可以按地区设立行政公署，作为自己的派出机构。

自治区、自治州、自治县设立自治机关。

第三十五条 地方各级人民代表大会都是地方国家权力机关。

省、直辖市、县、设区的市的人民代表大会代表，由下一级的人民代表大会经过民主协商，无记名投票选举；不设区的市、市辖区、人民公社、镇的人民代表大会代表，由选民经过民主协商，无记名投票直接选举。

省、直辖市的人民代表大会每届任期五年。县、市、市辖区的人民代表大会每届任期三年。人民公社、镇的人民代表大会每届任期两年。

地方各级人民代表大会会议每年至少举行一次，由本级革命委员会召集。

地方各级人民代表大会代表的选举单位和选民，有权监督和依照法律的规定随时撤换自己选出的代表。

第三十六条 地方各级人民代表大会在本行政区域内，保证宪法、法律、法令的遵守和执行，保证国家计划的执行，规划地方的经济建设、文化建设和公共事业，审查和批准地方的经济计划和预算、决算，保护公共财产，维护社会秩序，保障公民权利，保障少数民族的平等权利，促进社会主义革命和社会主义建设的发展。

地方各级人民代表大会可以依照法律规定的权限通过和发布决议。

地方各级人民代表大会选举并且有权罢免本级革命委员会的组成人员。县和县以上的人民代表大会选举并且有权罢免本级人民法院院长和本级人民检察院检察长。

地方各级人民代表大会代表有权向本级革命委员会、人民法院、人民检察院和革命委员会所属机关提出质询。受质询的机关必须负责答复。

第三十七条 地方各级革命委员会，即地方各级人民政府，是地方各级人民代表大会的执行机关，是地方各级国家行政机关。

地方各级革命委员会由主任，副主任若干人，委员若干人组成。

地方各级革命委员会执行本级人民代表大会的决议和上级国家行政机关的决议和命令，管理本行政区域的行政工作，依照法律规定的权限发布决议和命令。县和县以上的革命委员会依照法律的规定任免国家机关工作人员。

地方各级革命委员会都对本级人民代表大会和上一级国家行政机关负责

并报告工作，受国务院统一领导。

第四节　民族自治地方的自治机关

第三十八条　自治区、自治州、自治县的自治机关是人民代表大会和革命委员会。

民族自治地方的人民代表大会和革命委员会的产生、任期、职权和派出机构的设置等，应当根据宪法第二章第三节规定的关于地方国家机关的组织的基本原则。

在多民族居住的民族自治地方的自治机关中，各有关民族都应当有适当名额的代表。

第三十九条　民族自治地方的自治机关除行使宪法规定的地方国家机关的职权外，依照法律规定的权限行使自治权。

民族自治地方的自治机关可以依照当地民族的政治、经济和文化的特点，制定自治条例和单行条例，报请全国人民代表大会常务委员会批准。

民族自治地方的自治机关在执行职务的时候，使用当地民族通用的一种或者几种语言文字。

第四十条　各上级国家机关应当充分保障各民族自治地方的自治机关行使自治权，充分考虑各少数民族的特点和需要，大力培养各少数民族干部，积极支持和帮助各少数民族进行社会主义革命和社会主义建设，发展社会主义经济和文化。

第五节　人民法院和人民检察院

第四十一条　最高人民法院、地方各级人民法院和专门人民法院行使审判权。人民法院的组织由法律规定。

人民法院审判案件，依照法律的规定实行群众代表陪审的制度。对于重大的反革命案件和刑事案件，要发动群众讨论和提出处理意见。人民法院审判案件，除法律规定的特别情况外，一律公开进行。被告人有权获得辩护。

第四十二条　最高人民法院是最高审判机关。

最高人民法院监督地方各级人民法院和专门人民法院的审判工作，上级人民法院监督下级人民法院的审判工作。

最高人民法院对全国人民代表大会和全国人民代表大会常务委员会负责

并报告工作。地方各级人民法院对本级人民代表大会负责并报告工作。

第四十三条　最高人民检察院对于国务院所属各部门、地方各级国家机关、国家机关工作人员和公民是否遵守宪法和法律，行使检察权。地方各级人民检察院和专门人民检察院，依照法律规定的范围行使检察权。人民检察院的组织由法律规定。

最高人民检察院监督地方各级人民检察院和专门人民检察院的检察工作，上级人民检察院监督下级人民检察院的检察工作。

最高人民检察院对全国人民代表大会和全国人民代表大会常务委员会负责并报告工作。地方各级人民检察院对本级人民代表大会负责并报告工作。

第三章　公民的基本权利和义务

第四十四条　年满十八岁的公民，都有选举权和被选举权。依照法律被剥夺选举权和被选举权的人除外。

第四十五条　公民有言论、通信、出版、集会、结社、游行、示威、罢工的自由，有运用"大鸣、大放、大辩论、大字报"的权利。

第四十六条　公民有信仰宗教的自由和不信仰宗教、宣传无神论的自由。

第四十七条　公民的人身自由和住宅不受侵犯。

任何公民，非经人民法院决定或者人民检察院批准并由公安机关执行，不受逮捕。

第四十八条　公民有劳动的权利。国家根据统筹兼顾的原则安排劳动就业，在发展生产的基础上逐步提高劳动报酬，改善劳动条件，加强劳动保护，扩大集体福利，以保证公民享受这种权利。

第四十九条　劳动者有休息的权利。国家规定劳动时间和休假制度，逐步扩充劳动者休息和休养的物质条件，以保证劳动者享受这种权利。

第五十条　劳动者在年老、生病或者丧失劳动能力的时候，有获得物质帮助的权利。国家逐步发展社会保险、社会救济、公费医疗和合作医疗等事业，以保证劳动者享受这种权利。

国家关怀和保障革命残废军人、革命烈士家属的生活。

第五十一条　公民有受教育的权利。国家逐步增加各种类型的学校和其他文化教育设施，普及教育，以保证公民享受这种权利。

国家特别关怀青少年的健康成长。

第五十二条　公民有进行科学研究、文学艺术创作和其他文化活动的自由。国家对于从事科学、教育、文学、艺术、新闻、出版、卫生、体育等文化事业的公民的创造性工作，给以鼓励和帮助。

第五十三条　妇女在政治的、经济的、文化的、社会的和家庭的生活各方面享有同男子平等的权利。男女同工同酬。

男女婚姻自主。婚姻、家庭、母亲和儿童受国家的保护。

国家提倡和推行计划生育。

第五十四条　国家保护华侨和侨眷的正当的权利和利益。

第五十五条　公民对于任何违法失职的国家机关和企业、事业单位的工作人员，有权向各级国家机关提出控告。公民在权利受到侵害的时候，有权向各级国家机关提出申诉。对这种控告和申诉，任何人不得压制和打击报复。

第五十六条　公民必须拥护中国共产党的领导，拥护社会主义制度，维护祖国的统一和各民族的团结，遵守宪法和法律。

第五十七条　公民必须爱护和保卫公共财产，遵守劳动纪律，遵守公共秩序，尊重社会公德，保守国家机密。

第五十八条　保卫祖国，抵抗侵略，是每一个公民的崇高职责。

依照法律服兵役和参加民兵组织是公民的光荣义务。

第五十九条　中华人民共和国对于任何由于拥护正义事业、参加革命运动、进行科学工作而受到迫害的外国人，给以居留的权利。

第四章　国旗、国徽、首都

第六十条　中华人民共和国国旗是五星红旗。

中华人民共和国国徽，中间是五星照耀下的天安门，周围是谷穗和齿轮。

中华人民共和国首都是北京。

（一）通过 1978 年宪法

关于修改宪法的报告

1978 年 3 月 1 日在中华人民共和国第五届全国
人民代表大会第一次会议上的报告

叶剑英

各位代表同志们！

现在提交大会讨论的《中华人民共和国宪法修改草案》，是以华国锋主席为首的、中国共产党中央政治局全体同志组成的修改宪法委员会起草的。在起草过程中，经过各省、市、自治区，各大军区，中央各部门，反复征求了党内外广大群众的意见，充分吸收了从群众中来的正确意见。中国共产党第十一届中央委员会第二次全体会议讨论通过了这个宪法修改草案，决定提请第五届全国人民代表大会第一次会议审议。我受中共中央的委托，向大会做关于修改宪法的报告。

关于新时期的总任务

这次大会将要通过的宪法，是我国社会主义革命和社会主义建设新的发展时期的一部新宪法。

一九七六年九月，我们的伟大领袖和导师毛泽东主席与世长辞。在这以前，敬爱的周恩来总理和朱德委员长相继逝世。早就阴谋篡权复辟的王洪文、张春桥、江青、姚文元"四人帮"反党集团趁机作乱，中国革命处于危难之中。英明领袖华主席为首的党中央继承毛主席的遗志，率领全党全军全国人民一举粉碎了"四人帮"的阴谋。中国革命经历了一次转危为安的历史性大转折。粉碎"四人帮"是在粉碎刘少奇、林彪两个资产阶级司令部之后的又一个伟大胜利，它标志着我国第一次无产阶级文化大革命的胜利结束。我国社会主义革命和社会主义建设进入了一个新的发展时期。华主席为首的党中央及时地作出了抓纲治国的战略决策，召开了党的第十一次全国代表大会。党的十一大路线得到了全国各族人民的热烈拥护，正在各条战线贯彻执行。全国形势一片大好。

为了适应社会主义革命和社会主义建设新的发展时期的需要，一九七五年的宪法应该加以修改。新宪法应该高举毛主席的伟大旗帜，完整地准确地体现马克思列宁主义关于无产阶级专政的学说，完整地准确地体现毛主席关于无产阶级专政下继续革命的学说，充分地反映中国共产党的十一大路线和华主席为首的党中央抓纲治国的战略决策，总结同"四人帮"斗争的经验，清除"四人帮"的流毒和影响，巩固和发展无产阶级文化大革命的胜利成果。这是这次修改宪法的指导思想，也是广大群众对新宪法的根本要求。

在宪法修改草案的序言中，庄严地记载了伟大领袖和导师毛泽东主席的永垂不朽的历史功勋。毛主席的旗帜是胜利的旗帜。遵循毛主席的思想和路线，我国革命就无往而不胜。背离毛主席的思想和路线，我国革命就会遭受挫折甚至失败。这是我国革命历史经验的最基本的总结。全国各族人民都把高举和捍卫毛主席的伟大旗帜当作自己的神圣职责，并且要教育子孙后代永远这样做。序言郑重地指出："我国革命和建设的一切胜利，都是在马克思主义、列宁主义、毛泽东思想的指引下取得的。永远高举和坚决捍卫毛主席的伟大旗帜，是我国各族人民团结战斗，把无产阶级革命事业进行到底的根本保证。"

宪法修改草案把中国共产党第十一次全国代表大会规定的全国人民在新时期的总任务，用法律的形式肯定下来，记载在序言中。这就是："坚持无产阶级专政下的继续革命，开展阶级斗争、生产斗争和科学实验三大革命运动，在本世纪内把我国建设成为农业、工业、国防和科学技术现代化的伟大的社会主义强国"。

这个总任务，是以毛主席关于无产阶级专政下继续革命的伟大学说、以毛主席制定的中国共产党在整个社会主义历史阶段的基本路线为根据的。

毛主席教导我们，社会主义社会是一个相当长的历史阶段，在这个历史阶段中，始终存在着阶级、阶级矛盾和阶级斗争，存在着社会主义同资本主义两条道路的斗争，存在着资本主义复辟的危险性，还存在着社会帝国主义、帝国主义进行颠覆和侵略的威胁。根据这个分析，序言中提出："我们要坚持无产阶级对资产阶级的斗争，坚持社会主义道路对资本主义道路的斗争，反对修正主义，防止资本主义复辟，准备对付社会帝国主义和帝国主义对我国的颠覆和侵略。"

　　毛主席从来把革命和建设紧密地联系在一起，要求抓革命促生产。建设社会主义的现代化强国，是毛主席早已提出来的任务。一九六四年十二月，在第三届全国人民代表大会上，周恩来总理遵照毛主席的指示，为全国人民明确地规定了在本世纪内全面实现四个现代化，使我国国民经济走在世界前列的奋斗目标。经过无产阶级文化大革命，战胜了刘少奇、林彪、"四人帮"三个资产阶级司令部，我们现在有充分的条件来实现这个任务。在努力实现四个现代化的过程中，我们还必须继续在政治、经济、文化各个领域内，进行经常的、艰苦的社会主义革命斗争和社会主义教育，去战胜资本主义势力及其对中国共产党和国家机关的腐蚀和侵袭。在当前和今后一段时期内，主要就是深入进行揭批"四人帮"的斗争，肃清其流毒和影响。如果我们不抓住阶级斗争这个纲，就不能巩固无产阶级专政，也不可能实现四个现代化的任务。同时，如果我们不充分发挥社会主义制度的优越性，使社会生产力迅速发展，逐步做到使我国的社会主义制度建立在现代化的大生产的强大物质基础上面，我们也不可能有效地克服资本主义势力的滋长，而且势必在社会帝国主义和帝国主义可能的侵略面前处于挨打地位。"四人帮"破坏社会主义革命和社会主义建设，反对四个现代化，他们的罪恶目的，就是颠覆无产阶级专政，复辟资本主义，使我国重新沦为半殖民地半封建国家。毛主席教导我们："阶级斗争、生产斗争和科学实验，是建设社会主义强大国家的三项伟大革命运动，是使共产党人免除官僚主义、避免修正主义和教条主义，永远立于不败之地的确实保证，是使无产阶级能够和广大劳动群众联合起来，实行民主专政的可靠保证。"新时期的总任务就是要求我们三大革命运动一起抓，达到建设社会主义强大国家的目的。

　　序言中具体地和完备地表述了我们的革命统一战线的广阔范围，强调地提出了包括中国各民族的最广泛的人民大团结。我们必须团结一切可以团结的力量，正确区别和处理两类矛盾，在全国人民中努力造成又有集中又有民主，又有纪律又有自由，又有统一意志、又有个人心情舒畅、生动活泼那样一种政治局面。没有这样的人民大团结，要实现新时期的总任务，是不可能的。毛主席曾经反复地教导我们："无产阶级专政要靠广大的同盟军，单是无产阶级一个阶级不行"。中国无产阶级"要靠几亿人口的贫农、下中农、城市贫民、贫苦的手工业者和革命知识分子，才能实行专政，不然是不可能的"。"工人，农民，城市小资产阶级分子，爱国的知识分子，爱国的资本家和其他爱国的民主人士，这些人占了全人口的百分之九十五以上。这些人，在我们人民民主专政下面，都属于人民的范围。"毛主席对于我国无产阶级专政所必须依靠和团结的各种社会力量，作了全面的、科学的阶级估量，这是一个极为深刻的战略思想。在为实现新时期的总任务而斗争中，我们一定要坚持这个战略思想。

毛主席历来充分地估计国际支援对我国革命胜利的重要意义，也充分地估计中国革命胜利的世界意义。中国人口占全世界的五分之一。中国应当对于人类有较大的贡献。把中国的事情办好，把中国建设成社会主义的现代化强国，世界各国人民看了是高兴的。我国现在属于第三世界，将来强大了，仍然属于第三世界。我国永远不称霸，永远不做超级大国。我们一定要坚持无产阶级国际主义，按照毛主席关于三个世界的伟大理论，团结国际上一切可以团结的力量，结成最广泛的统一战线，反对苏美两个超级大国的霸权主义，反对新的世界战争，为人类的进步和解放事业而奋斗。

在开国前夕毛主席曾经说过："只要我们坚持人民民主专政和团结国际友人，我们就会是永远胜利的。"依靠这两个最基本的条件，我们已经取得了社会主义革命和社会主义建设的伟大胜利，也必定能够在为实现新时期的总任务而斗争中取得更大的胜利。

关于宪法条文的修改

下面我对宪法条文的修改做一些说明。

第一，要调动全国各族人民的社会主义积极性，为实现新时期的总任务而奋斗，就必须充分发扬社会主义民主。

在我国社会主义制度下，人民是国家的主人。我们的社会主义民主，是确实保障人民当家作主的民主。毛主席在谈到这个问题的时候，曾经尖锐指出：人民必须有权管理上层建筑，我们不能够把人民的权利问题了解为人民只能在某些人的管理下面享受劳动、教育、社会保险等等权利。毛主席还教导：劳动者管理国家、管理各种企业、管理文化教育的权利，是社会主义制度下劳动者最大的权利，是最根本的权利，没有这个权利，就没有工作权、受教育权、休息权等等。

按照毛主席的这个观点，宪法修改草案在总纲中增加了这样的条文："国家坚持社会主义的民主原则，保障人民参加管理国家，管理各项经济事业和文化事业，监督国家机关和工作人员。"关于国家机构，在健全选举制和加强全国人民代表大会的职能、加强地方各级人民代表大会的职能方面增加了一些具体的规定，以利于进一步提高各级人民代表大会在国家政治生活中的作用，使它们能够更加有效地行使人民赋予的国家权力。关于公民在政治、经济和文化教育等方面的民主权利也增加了一些新的规定。对于各项公民权利的物质保障，要在国家的指导下，靠国营企业、人民公社、集体企业、人民团体和人民群众自己共同努力，在发展生产的基础上逐步加以扩大。

我们必须从一切基层单位起，认真地实行有广大人民群众参加的民主管理。基层单位有无真正的民主管理，这是能否真正保障人民民主权利的一个极关紧要的环节。我们的人民解放军历来在连队实行"三大民主"，就是政治民主、经济民主和军事民主，行之有效，达到了"三大目的"：政治上高度团结，生活上获得改善，军事上提高技术和战术。手执武器的军队能够这样做，工厂、农村、商店、机关、学校难道不能这样做吗？以农村人民公社、生产大队、生产队来说，无论在哪一级，无论在生产管理方面，在收入分配方面，在社员生活福利工作方面，以及一切其他工作方面，都要把民主管理认真搞好，这是关系几亿农民直接利益的大事。我们在基层单位包括企业、事业单位的民主管理方面，已经积累了不少经验，应当认真地加以总结，切实地加以运用，使适合我国情况的、充分体现毛主席革命路线的民主管理制度逐步健全起来。

我们党从来主张在广大人民中充分发扬民主，包括在必要的时候运用大民主的形式。毛主席教导我们："民主是一个方法，看用在谁人身上，看干什么事情。我们是爱好大民主的。我们爱好的是无产阶级领导下的大民主。"宪法修改草案中规定公民"有运用'大鸣、大放、大辩论、大字报'的权利"，就是为了保障无产阶级领导下的大民主。"四人帮"打着所谓"大民主"的旗号，反对党的领导，反对无产阶级的领导，鼓吹什么"越乱越好"，"踢开党委闹革命"，"矛头向上就是大方向"。他们是要借此把他们那一"帮"凌驾于党和人民之上，横行于党纪国法之外，以便于他们搞修正主义、搞分裂、搞阴谋诡计，达到篡党篡军篡国，建立法西斯"帮"天下的目的。这样的所谓"大民主"，就是地富反坏的反攻倒算，就是反党反社会主义的右派政变。看一看曾经遭到他们严密控制和严重破坏的那些地区和部门吧，在那里，坏人当道，好人受害，没有改造好的地富反坏翻天，新产生的反革命分子和资产阶级分子称王称霸，甚至用专政手段残酷迫害革命群众和革命干部，严重地破坏了社会主义法制，使人民的正当的民主权利以至人身安全失去保障。这样的所谓"大民主"，被广大人民群众所否定，不是天公地道吗！毛主席早就说过："如果有人用什么大民主来反对社会主义制度，推翻共产党的领导，我们就对他们实行无产阶级专政。"

我们无产阶级专政的国家，要有广泛的民主，又要有高度的集中，这就是无产阶级的民主集中制。"四人帮"既摧残民主，也破坏集中，破坏社会主义的纪律，破坏国家统一和人民团结。我们现在肃清"四人帮"的流毒和影响，就要大力恢复和发扬民主传统，同任何破坏民主生活、侵害公民权利的行为作斗争，同时也要发动和依靠群众，从各方面切实进行整顿，反对无政府主义，反对资产阶级派性，反对各种破坏纪律和团结的行为。要在民主基础上大力加强集中统一，加强组织性纪律性，真正做到统一认识，统一政策，统一计划，统一指挥，统一行动。毛主席在一九五九年强调指出："现在全国、全民族、全党的任务，是要在几个五年计划之内建成强大的社会主义国家，必须团结起来，必须要有铁的纪律，没有铁的纪律是不行的。请问，不然怎么能够达到这样的目的呢？"宪法修改草案中贯彻了这个精神，并且在公民的义务方面，增写了必须爱护和保卫公共财产，遵守劳动纪律，遵守公共秩序，尊重社会公德和保守国家机密的条文。

民主集中制的问题，是我们国家政治生活中一个带根本性的问题，现在尤其重要。我们充分发扬了民主，健全了民主集中制，我们的工作就会越作越好，我们事业的发展就会顺利得多。

第二，宪法修改草案对有关国家机关和工作人员的条款，作了较大的修改，提出了必不可少的严格要求。这些要求当中，最根本的一条，就是联系群众。

我们的人民是非常好的人民。经过无产阶级文化大革命的锻炼，广大人民群众的政治觉悟大大提高了，他们非常关心国家大事，对路线是非有很高的识别能力，对中国共产党、对毛主席、对华主席为首的党中央无限信任，对建设社会主义的现代化强国有极大的热情。毛主席历来教导我们要走群众路线。毛主席说："人民，只有人民，才是创造世界历史的动力。"联系群众，就要充分信任人民群众，尊重广大群众的革命责任感，爱护广大群众的社会主义积极性和首创精神；就要和群众呼吸相通，认真听取群众的批评和意见，特别是对于领导机关和领导者的批评和意见。一切来自基层和群众的善意批评，应当受到热情的鼓励。人民群众揭发国家机关中坏人坏事的权利，应当受到充分的保障。领导干部必须深入基层，深入群众，调查研究，使自己的思想和工作充分反映广大群众的利益和愿望，真心实意地帮助群众解决他们迫切要求解决的问题，全心全意地为人民服务。

我们讲群众路线，多少年了，但是现在还有一些干部，由于"四人帮"的流毒和自己世界观没有得到很好的改造，背离了群众路线。有的不调查，不蹲点，有事不同群众商量，不关心群众疾苦，不参加集体生产劳动，不以平等态度对待人民群众。有的高高在上，独断专行，压制不同意见，把人家嘴巴都封住，在那里瞎指挥，弄虚作假。有的养尊处优，挥霍浪费，利用职权谋取私利，豪华成癖，懒惰成习，在他们眼里根本无所谓群众利益。这种干部一点共产党人的气味也没有。他们满身的气味是什么呢？是老百姓一嗅到就不舒服的官气。这些人不打掉官气，不痛改前非，群众是不会容许他们继续留在领导岗位上的，情节恶劣的还要受到党纪国法的制裁。毛主席说："我们要进行大规模的国家建设，就必须克服官僚主义，密切联系人民群众。"我们一定要按照毛主席教导，打掉官气，鼓足干劲，实事求是，努力纠正一切工作上、作风上、制度上的缺点和错误，和广大人民群众打成一片，共同艰苦奋斗，把我国建设成一个社会主义的现代化强国。人民这样希望于我们，我们应当满足人民的希望。

毛主席总结党内历次路线斗争的经验，提出了"要搞马克思主义，不要搞修正主义；要团结，不要分裂；要光明正大，不要搞阴谋诡计"的基本原则。党和国家机关的各级领导权是否掌握在坚持这三项基本原则的马克思主义者手中，这是一个极关紧要的问题。华主席为首的党中央十分重视各级领导班子的整顿和建设。宪法修改草案中规定，我们国家机关各级领导人员的组成，必须按照毛主席提出的无产阶级革命事业接班人的五项条件，实行老、中、青三结合的原则，就是体现了这个精神。按照这个规定，就要知人善任，任人唯贤，反对"四人帮"任人唯亲、唯派、唯帮的反动路线，认真消除国家机关特别是领导机构中由于"四人帮"干扰破坏而造成的组织不纯的状况。

在有关国家机关的问题上，还要说到一点，就是宪法修改草案明确规定，我国的地方政权基本上实行省、县、公社三级的体制。省、自治区下面的地区，除自治州以外，不作为一级政权，不设人民代表大会和革命委员会，而设行政公署，作为省、自治区革命委员会的派出机构，任命行政专员和副专员。县以下如果设区的话，也不是一级政权，而是县革命委员会的派出机构。这样规定的目的，是为了减少层次，提高效能。

第三，宪法修改草案还规定了强化人民的国家机器，加强对敌人的专政。

关于人民的武装力量，宪法修改草案增写了"国家大力加强中国人民解放军的革命化现代化建设，加强民兵建设，实行野战军、地方军和民兵三结合的武装力量体制"的内容，并且把服兵役和参加民兵组织，都列为公民的光荣义务。

鉴于同各种违法乱纪行为作斗争的极大重要性，宪法修改草案规定设置人民检察院。国家的各级检察机关按照宪法和法律规定的范围，对于国家机关、国家机关工作人员和公民是否遵守宪法和法律，行使检察权。在加强党的统一领导和依靠群众的前提下，充分发挥公安机关、检察机关、人民法院这些专门机关的作用，使它们互相配合又互相制约，这对于保护人民，打击敌人，是很重要的。"四人帮"疯狂叫嚷并且实行"砸烂公检法"，严重地破坏了无产阶级专政的国家机器，甚至把专政矛头指向党内和人民内部。我们必须彻底清算"四人帮"破坏公检法的罪行，总结经验教训，加强社会主义法制。严禁打砸抢。拘人捕人，必须按照法律，严格执行审批制度。审理案件，必须重证据，重调查研究，严禁逼供信。只有这样，才能有效地保护人民，稳准狠以准为重点地打击敌人。

宪法修改草案具体地规定了无产阶级专政国家机器要"镇压一切叛国的和反革命的活动，惩办一切卖国贼和反革命分子，惩办新生资产阶级分子和其他坏分子"。这里一个重要修改，就是按照我国阶级斗争的实际，增写了惩办新生资产阶级分子。这是指那些新产生的，反抗社会主义革命，危害社会主义建设，严重破坏社会主义公有制，侵吞社会财富，触犯刑律的分子。那些罪行严重的贪污盗窃犯、投机倒把犯、诈骗犯、杀人放火犯、流氓、打砸抢者和严重违法乱纪、破坏社会主义秩序的坏分子中，许多就是属于新生资产阶级分子。毛主席指出："已经被推翻的反动阶级，还企图复辟。在社会主义社会，还会产生新的资产阶级分子。"这类新生资产阶级分子，人数虽然不多，但他们同旧的没有改造好的地富反坏和资产阶级分子相勾结，成为城乡资本主义势力中最猖獗的部分。对这类人实行专政是完全必要的。

宪法修改草案还规定："国家依照法律剥夺没有改造好的地主、富农、反动资本家的政治权利，同时给以生活出路，使他们在劳动中改造成为守法的自食其力的公民。"这些年来，地主、富农、反动资本家以及那些历史上犯有反革命罪行和刑事罪行的反坏分子，有了分化。对这些人加以分析，根据他们的表现区别对待，给出路，本来是我们党和国家按照毛主席的教导一贯执行的政策。宪法修改草案的上述规定就是说：一方面，对那些没有改造好的地主、富农、反动资本家、反革命分子和其他坏分子，要继续实行专政，加强监督改造，特别是对其中那些在"四人帮"支持和纵容下实行阶级报复，罪行严重，民愤很大的分子，必须坚决打击。另一方面，对于经过教育改造，确实表现好的，则应通过群众评议，经县一级革命委员会批准，摘掉地富反坏帽子，给予公民权。这件事，要在各级党委统一领导下，按照具体政策，严肃慎重，有步骤地进行。摘掉帽子以后，有人如果再兴风作浪怎么办？发动群众把他们斗倒，再戴上帽子就是了。

第四，这次修改宪法，根据新时期的总任务，对于巩固社会主义经济基础，高速度地发展社会生产力，作了明确的规定。

宪法修改草案在总纲中把保卫社会主义公有制的斗争提到了更加突出的位置。在我国，生产资料所有制的社会主义改造，早已基本完成，包括全民所有制和劳动群众集体所有制两种形式的社会主义公有制，早已全面地建立起来。这个伟大胜利已经记载在宪法中。但是，在所有制问题上，无产阶级同资产阶级、社会主义道路同资本主义道路的斗争并没有结束。二十多年的历史已经反复地证明了这一点。尤其是近几年来，在"四人帮"的支持和纵容下，一小撮新老资产阶级分子使用种种非法手段，大搞贪污盗窃、投机倒把，破坏国家计划和财经纪律，使社会主义全民所有制和集体所有制经济受到严重损害。在深入揭批"四人帮"和工业学大庆、农业学大寨的群众运动中，我们要放手发动群众，切实整顿公有制经济，大张旗鼓地向城乡资本主义势力发动进攻，狠狠打击那些罪行严重的新老资产阶级分子。对于人民内部的资本主义倾向，要通过社会主义教育，认真地加以纠正。这种保卫社会主义公有制的斗争，是无产阶级专政下继续革命在经济战线上的一个重要任务，还将长期地继续下去。只有坚持不懈地同资本主义势力和资本主义倾向进行斗争，同时使生产力以较快的速度发展到较高的水平，才能使社会主义公有制充分地巩固起来，并且进一步向前发展。

关于农村人民公社集体所有制经济，宪法修改草案规定："现在一般实行公社、生产大队、生产队三级所有，而以生产队为基本核算单位。"这是因为，就全国一般情况来说，以生产队为基本核算单位的"三级所有"制度，同现在农村生产力的发展水平还是基本适应的。草案规定："生产大队在条件成熟的时候，可以向大队为基本核算单位过渡。"现在有一些领导班子好的生产大队，由于具备了大队经济基础相当强、生产队之间经济发展水平比较平衡、群众自愿等条件，已经实行生产大队为基本核算单位。我们要采取既积极又稳妥的政策和步骤，从实际情况出发，在条件确实成熟的时候，成熟一个过渡一个，成熟一批过渡一批。条件还不成熟，就不要匆忙过渡，而要认真落实各项农村经济政策，努力发展生产，积极创造条件。

分配制度是生产关系的一个重要方面。只有在社会主义的生产资料公有制基础上，才能实行"各尽所能、按劳分配"的原则。这是社会主义的原则。对于国家、集体和个人的利益，一定要恰当地兼顾。在个人生活资料的分配上，只有正确地执行按劳分配的原则，才有利于巩固社会主义公有制，有利于促进生产力的发展。"四人帮"把按劳分配诬蔑为资本主义原则，把体现按劳分配原则的劳动报酬制度和政策说成是搞物质刺激，使按劳分配的原则受到破坏，挫伤了劳动群众的社会主义积极性，破坏了社会主义生产。我们要深入揭批"四人帮"在理论上制造的混乱和在实践上带来的危害，认真执行宪法规定的"各尽所能、按劳分配"的原则。

毛主席曾经说过："政治工作同必要的按劳分配要结合，我看这是个好东西。"政治思想教育是挂帅的，是为主的，是领先的。我们历来反对不搞无产阶级政治挂帅而搞奖金挂帅。我们一定要把思想政治工作做深做细，不断提高广大劳动者的觉悟，教育他们学习大庆人、大寨人的共产主义劳动态度，学习不怕苦、不怕死、不为名、不为利的精神，各尽所能，为社会主义多做贡献。同时，应当承认，由于生产和劳动的情况有所差别，劳动者的收入也有所差别。"否认这种差别，就是否认按劳分配、多劳多得的社会主义原则"。因此，国家和集体一定要按照劳动者的劳动数量和质量来进行分配，要根据精神鼓励和物质鼓励相结合而以精神鼓励为主的方针，对于做出优秀成绩的劳动者给予表扬和适当奖励。

宪法修改草案在总纲中规定："国家坚持鼓足干劲、力争上游、多快好省地建设社会主义的总路线，有计划、按比例、高速度地发展国民经济，不断提高社会生产力，以巩固国家的独立和安全，逐步改善人民的物质生活和文化生活。"这里有一个重要修改，就是增写了高速度地发展国民经济，不断提高社会生产力。这是社会主义战胜资本主义的重要条件。"所谓社会主义生产关系比较旧时代生产关系更能够适合生产力发展的性质，就是指能够容许生产力以旧社会所没有的速度迅速发展，因而生产不断扩大，因而使人民不断增长的需要能够逐步得到满足的这样一种情况。"过去二十八年我国经济建设的发展，初步地表现了社会主义制度的这种优越性。但是，由于刘少奇、林彪、"四人帮"的干扰破坏，我国建设的速度受到了很大的影响。特别是"四人帮"，鼓吹什么"宁要社会主义的低速度"，疯狂地破坏生产，使国民经济发展速度大大减慢，甚至停滞倒退。现在打倒了"四人帮"，我们已经扭转了这种局面。我们一定要尽一切努力使我国的生产力真正来一个高速度的大发展，使我国的国民经济在有计划、按比例的基础上，扎扎实实地稳步地持续地跃进。

高速度地发展社会生产力，靠无产阶级政治挂帅，靠群众路线，靠党的社会主义建设总路线和一系列两条腿走路的方针。这些精神都体现在宪法修改草案中。宪法修改草案总纲把科学技术工作单独列为一条，反映了大力加强科学技术工作在实现新时期的总任务中的重要地位。我们一定要打好科学技术这一仗，加强科学研究，开展技术革新和技术革命，以促进生产力的迅速发展。

第五，实现新时期的总任务，不但需要有一个经济建设的高潮，而且需要有一个文化建设的高潮。宪法修改草案对这一点给予了充分的注意。

大力发展教育事业，对于我们的革命事业和建设事业都有重大的关系。总纲中为此单独列了一条，突出了教育工作的重要性。我们要遵照毛主席规定的方针，认真搞好教育革命，迅速发展我国各级各类教育事业，提高教育质量，提高整个民族的文化水平和科学技术水平。这是实现新时期的总任务的迫切要求。

在社会主义文化建设的问题上，这里要特别说明一下宪法修改草案总纲中关于"国家坚持马克思主义、列宁主义、毛泽东思想在各个思想文化领域的领导地位"的规定和"百花齐放、百家争鸣"的方针。

为了坚持马克思主义、列宁主义、毛泽东思想在各个思想文化领域的领导地位，无产阶级必须在一切思想文化领域中把领导权牢牢地掌握在自己的手中，贯彻执行毛主席的无产阶级革命路线，必须用马克思主义的思想武器去批判修正主义、批判资产阶级，使社会主义的文化大大繁荣和兴旺起来。毛主席所说的无产阶级在上层建筑其中包括在各个文化领域的专政，就是要求我们这样做。

根据毛主席的一贯教导，在思想文化领域的斗争中，必须正确区别和处理两类不同性质的矛盾。对于反革命分子在思想文化领域进行的反党反社会主义反马克思主义的反革命活动，决不能放纵。"在外部，放纵反革命乱说乱动是犯罪的行为，而专政是合法的行为。"对于人民内部的思想问题、学术问题、艺术问题，只能采取说理的批评的讨论的方法，决不容许采取专政的方法。"在内部，压制自由，压制人民对党和政府的错误缺点的批评，压制学术界的自由讨论，是犯罪的行为。"毛主席提出的"百花齐放，百家争鸣"的方针，是一个有利于正确区别和处理两类不同性质的矛盾的方针，是我们国家在思想文化领域中的一项根本性的方针。

"四人帮"曾经窃取了思想文化领域的很大一部分领导权，现在我们已经夺了回来。"四人帮"在各个文化领域颠倒了路线是非，我们正在逐步纠正过来，使毛主席的无产阶级革命路线在这些领域全面地正确地贯彻执行。

"四人帮"根本篡改了毛主席关于无产阶级在各个文化领域的专政的思想，公然反对百花齐放、百家争鸣方针，迫害广大知识分子，用专政的方法压制社会主义的香花，而使反社会主义的毒草自由泛滥。我们一定要彻底清算"四人帮"这方面的罪行，坚决执行毛主席倡导的百花齐放、百家争鸣的方针。按照这个方针，在六项政治标准的前提下，艺术上不同的形式和风格可以自由发展，科学上不同的学派可以自由争论，艺术和科学中的是非问题，要通过艺术界科学界的自由讨论，通过艺术和科学的实践去解决。我们坚信，认真执行这个方针，一定能够团结广大知识分子，促进他们继续自我教育和自我改造，促进工人阶级知识分子宏大部队的成长，一定能够进一步加强马克思主义、列宁主义、毛泽东思想在各个思想文化领域的领导地位，放社会主义的百花，锄反社会主义的毒草，迅速地推动艺术发展和科学进步，造成社会主义文化繁荣的局面。

关于宪法的实施

制定新宪法，是我国人民政治生活中的一件大事。我们的国家要大治，就要有治国的章程。新宪法就是新时期治国的总章程。

我们的宪法是无产阶级和广大人民的意志的集中表现。它有鲜明的阶级性、战斗性，是维护革命秩序，保护劳动人民利益，保护社会主义经济基础，保护生产力的强大武器。人民要用这个武器来反修防修，巩固无产阶级专政，有力地打击社会主义的敌人；也要用这个武器来正确地解决人民内部的矛盾，使人民群众更好地团结起来，步调一致地为建设社会主义的现代化强国的共同目标而奋斗。

宪法通过以后，从宪法的原则精神到具体条文规定，都要保证全部实施。不论什么人，违犯宪法都是不能容许的。对于破坏社会主义法制、危害国家和人民的利益、侵犯人民权利的行为，必须严肃处理，情节严重的要依法制裁。我们还要依据新宪法，修改和制定各种法律、法令和各方面的工作条例、规章制度。在"四人帮"横行的一段时间里，他们煽动无政府主义，把社会主义法制和一切合理的规章制度污蔑为修正主义和资本主义的东西，妄图搞乱无产阶级的天下，实行乱中夺权。我们要通过实施新宪法，肃清"四人帮"的流毒和影响,加强社会主义法制,使我们的国家各方面的工作更加有秩序地向前发展。

新宪法规定,全国人民代表大会的重要职权之一是"监督宪法和法律的实施",地方各级人民代表大会也要在本行政区域内"保证宪法、法律、法令的遵守和执行"。在这方面,我们还要充分发挥工会、贫下中农协会、共青团、妇联和其他人民团体的作用。中国人民政治协商会议是革命统一战线的重要组织形式,在这方面也要发挥它的重要作用。

为了动员和依靠广大群众的力量来保证宪法的实施,当前应该结合深入揭批"四人帮"在全国进行一次普遍的宪法宣传教育。以后还要经常进行宣传教育。加强社会主义法制,是无产阶级专政的需要,是人民的需要,是同广大人民的根本利益完全一致的。社会主义法制对于违法犯法的人是压力和束缚,对于破坏社会主义革命和建设的敌人是无情的铁腕,对于广大人民群众则是自觉遵守的行为准则。人民群众要通过学习宪法,不断提高政治觉悟,增强当家作主的自觉性,加强法制观念,正确地行使宪法规定的公民权利,忠诚地履行公民应尽的义务,监督宪法的实施,以主人翁的精神管理好和建设好我们的社会主义国家。

各级国家机关一定要组织好宪法学习。国家机关的每一个工作人员,不论职位高低,都是人民的勤务员,都要成为带头实行宪法、遵守宪法的模范。无论是处理人民内部矛盾还是敌我矛盾,都要严格按照宪法规定办事,维护法律的尊严。毛主席在讲到肃反时说过:"法制要遵守。按照法律办事,不等于束手束脚。"我们要发动群众,按照法律放手放脚,同敌人作斗争,使一切阶级敌人看到,只有老老实实归附国法,才是他们唯一的出路。同时,我们又要按照法律,保护人民的权利。我们要使一切拥护社会主义的人感到,宪法规定的人身自由,民主权利,合法的经济利益,都能得到切实的保障。

我们要动员广大人民群众,对一小撮阶级敌人,加强无产阶级专政,长人民的志气,灭敌人的威风,使革命人民扬眉吐气,使阶级敌人不敢乱说乱动。我们要在一切工厂、农村、学校、部队、机关中,建立起一个为从事革命、生产、工作、学习所必要的,安定团结的良好秩序,使广大干部和群众都能在团结、紧张、严肃、活泼的空气中为社会主义事业作出自己的最大的贡献。

各位代表同志们！

在这个大会上，中国共产党中央委员会主席、国务院总理华国锋同志作了政府工作报告。这个报告回顾和总结了第四届全国人民代表大会以来，特别是粉碎"四人帮"之后一年多来的工作，全面地系统地提出了建设社会主义的现代化强国的任务、方针、政策和步骤，充分地反映了全国人民奋发图强、改造中国的雄心壮志，为我国的社会主义事业指明了前进的方向，是一个伟大的纲领性的文献。

英明领袖华主席为我们掌舵，这是全国人民最大的幸福。我们的华主席，一贯高举毛主席的伟大旗帜，坚定不移地贯彻执行毛主席的革命路线，是毛主席的好学生，是毛主席亲自选定的接班人。华主席受任于动乱之际，奉命于危难之间。在华主席为首的党中央领导下，经过全党、全军、全国人民的集体奋斗，仅仅用了一年多时间就顺利扭转形势，开创了一个光明灿烂的新局面。在这样的非同寻常的历史关头，用这样短的时间，渡过这样严重的危难，取得这样大的胜利，这充分地证明，华主席为首的党中央制定的路线、方针和政策，是完全正确的。全国人民衷心爱戴华主席，热烈拥护华主席为首的党中央。我们大家都为我们党、我们国家又有了自己的英明领袖而感到无比的自豪。

我们的国家是大有希望的。在二十世纪初年，中国革命的先行者孙中山先生领导了辛亥革命，但是失败了。毛主席领导我们半个多世纪，开创了一个社会主义新中国。现在华主席又继续率领我们进行新的长征。华主席为首的党中央，高举毛主席的伟大旗帜，坚持党的十一大路线，调动党内外、国内外一切积极因素，率领全党、全军、全国人民，搞革命，搞建设，搞现代化，一步一步地去完成新时期的总任务。再过二十三年，跨入二十一世纪，你看我们的社会主义祖国会变成什么样子吧！让我们举国上下，一致努力，克服困难，战胜敌人，把我国建设成为伟大的社会主义的现代化强国，朝着共产主义的远大目标前进。这是伟大领袖毛主席的遗愿，也是敬爱的周总理、朱委员长和其他老一辈无产阶级革命家为之奋斗终身，无数革命先烈为之流血牺牲的伟大事业。我们一定能够胜利地完成这个事业。

中华人民共和国宪法修改委员会名单①

（1977 年）

主　　席：华国锋

副主席：叶剑英　邓小平　李先念　汪东兴

中共中央政治局委员：

韦国清　乌兰夫　方　毅　邓小平　叶剑英　华国锋

刘伯承　许世友　纪登奎　苏振华　李先念　李德生

吴　德　余秋里　汪东兴　张廷发　陈永贵　陈锡联

耿　飚　聂荣臻　倪志福　徐向前　彭　冲

中共中央政治局候补委员：

陈慕华（女）　　赵紫阳　赛福鼎·艾则孜

全国人民代表大会常务委员会
关于召开第五届全国人民代表大会
第一次会议的决定

（1977 年 10 月 24 日全国人民代表大会常务委员会第四次会议通过）

　　我国各族人民，在以英明领袖华主席为首的党中央领导下，高举毛主席的伟大旗帜，在粉碎王洪文、张春桥、江青、姚文元"四人帮"反党集团的一年来，坚决执行抓纲治国的战略决策，深入开展揭批"四人帮"的政治大革命，各条战线都取得了伟大的胜利。我国的社会主义革命和社会主义建设进入了新的发展时期。全国面貌一新，形势越来越好。特别是党的十一大的

---

　　①　本次宪法修改委员会由中共中央政治局全体同志组成。

胜利召开，伟大、光荣、正确的中国共产党更加团结和坚强，我国的无产阶级专政更加巩固，全国各族人民更加精神振奋，意气风发。提前召开五届人大的条件已经完全成熟。

为了适应我国社会主义革命和社会主义建设的发展，根据中共中央提议，全国人民代表大会常务委员会第四次会议一致通过，决定于一九七八年春召开第五届全国人民代表大会第一次会议。议程是：政府工作报告，修改中华人民共和国宪法和关于修改宪法的报告，选举和任命国家领导工作人员。这次大会的召开，必将进一步巩固和发展我国的大好形势，巩固和发展粉碎王张江姚"四人帮"的伟大胜利成果，推动全国各族人民胜利地完成抓纲治国的各项战斗任务，为在本世纪内把我国建设成为伟大的社会主义的现代化强国而努力奋斗。

中华人民共和国全国人民代表大会公告

中华人民共和国宪法已由第五届全国人民代表大会第一次会议于一九七八年三月五日通过。现予公布。

中华人民共和国第五届

全国人民代表大会第一次会议主席团

一九七八年三月五日于北京

（二）1979 年对宪法进行修改

第五届全国人民代表大会常务委员会
关于修正《中华人民共和国宪法》
若干规定的议案

第五届全国人民代表大会第二次会议：

第五届全国人民代表大会常务委员会第八次会议审议了地方各级人民代表大会和地方各级人民政府组织法、全国人民代表大会和地方各级人民代表大会选举法、人民法院组织法、人民检察院组织法等修正草案，认为：

一、随着我国工作着重点的转移，地方各级特别是县级以上的地方政权机关担负着社会主义现代化建设的繁重任务，有必要将权力机关同行政机关分开，在县和县级以上的地方各级人民代表大会设立常务委员会。在人民代表大会闭会期间，常务委员会行使本级人民代表大会常设机关的职权。这必将有利于扩大人民民主，加强社会主义法制，健全人民代表大会制度，保障和促进社会主义现代化建设事业的顺利进行。

二、地方各级革命委员会改为地方各级人民政府。文化大革命中成立的革命委员会，已不适应我国社会主义现代化建设新时期的需要，将地方各级革命委员会改为地方各级人民政府，不仅有利于加强民主和法制，发展安定团结的政治局面，保障和促进社会主义现代化建设，而且能鲜明地体现出我国人民政府与人民群众之间的密切联系，这也是广大干部和人民群众的共同意愿。

地方各级革命委员会改为地方各级人民政府以后，地方各级人民政府负责人的职称分别为省长、副省长，自治区主席、副主席，市长、副市长，州长、副州长，县长、副县长，区长、副区长，人民公社管理委员会主任、副主任，镇长、副镇长。

三、一九五三年公布的全国人民代表大会及地方各级人民代表大会选举法规定，县以上各级人民代表大会代表都实行间接选举，分别由下一级的人民代表大会选举。考虑到二十多年来我国的实际情况有了很大变化，人民的政治、文化水平已大为提高，为了扩大人民民主，逐步完善我国的选举制度，将实行由选民直接选举的政权单位扩大到县一级，已经成为必要和可能的了。因此，将县一级人民代表大会代表的选举由间接选举改为由选民直接选举。

四、为保持检察机关应有的独立性，有利于执行检察任务，将各级人民检察院现在的监督关系改为由最高人民检察院领导地方各级人民检察院和专门人民检察院的工作，上级人民检察院领导下级人民检察院的工作，是必要的。

以上四个问题都涉及修正宪法有关规定，请大会审议决定。

全国人民代表大会常务委员会

一九七九年六月十二日

中华人民共和国第五届全国人民代表大会第二次会议关于修正《中华人民共和国宪法》若干规定的决议

（1979 年 7 月 1 日第五届全国人民代表大会第二次会议通过）

中华人民共和国第五届全国人民代表大会第二次会议审议了第五届全国人民代表大会常务委员会提出的关于修正《中华人民共和国宪法》若干规定的议案，同意县和县以上的地方各级人民代表大会设立常务委员会，将地方各级革命委员会改为地方各级人民政府，将县的人民代表大会代表改为由选民直接选举，将上级人民检察院同下级人民检察院的关系由监督改为领导，决定对《中华人民共和国宪法》的有关条文作如下修改：

一、第二章第三节的标题修改为："地方各级人民代表大会和地方各级人民政府"。

二、第三十四条第一款修改为："省、直辖市、县、市、市辖区、镇设立人民代表大会和人民政府；人民公社设立人民代表大会和管理委员会。"

第二款修改为："人民公社的人民代表大会和管理委员会是基层政权组织，又是集体经济的领导机构。"

第三款修改为："省人民政府可以按地区设立行政公署，作为自己的派出机构。"

三、第三十五条第二款修改为："省、直辖市、设区的市的人民代表大会代表，由下一级的人民代表大会经过民主协商，无记名投票选举；县、不设区的市、市辖区、人民公社、镇的人民代表大会代表，由选民经过民主协商，无记名投票直接选举。"

增加如下一款作为第四款："县和县以上的地方各级人民代表大会设立常务委员会，它是本级人民代表大会的常设机关，对本级人民代表大会负责并报告工作，它的组织和职权由法律规定。"

原第四款作为第五款，修改为："地方各级人民代表大会会议每年至少举行一次，县和县以上的地方各级人民代表大会会议由本级人民代表大会常务委员会召集，人民公社、镇人民代表大会会议由人民公社管理委员会、镇人民政府召集。"

原第五款作为第六款。

四、第三十六条第三款修改为："地方各级人民代表大会选举并且有权罢免本级人民政府的组成人员。县和县以上的地方各级人民代表大会选举并且有权罢免本级人民代表大会常务委员会的组成人员、本级人民法院院长和本级人民检察院检察长。"

第四款修改为："地方各级人民代表大会代表有权向本级人民政府、人民法院、人民检察院和人民政府所属机关提出质询。受质询的机关必须负责答复。"

五、第三十七条第一款修改为："地方各级人民政府，是地方各级人民代表大会的执行机关，是地方各级国家行政机关。"

第二款修改为："地方各级人民政府的组织由法律规定。"

第三款修改为："地方各级人民政府执行本级人民代表大会的决议和上级国家行政机关的决议和命令，县和县以上的地方各级人民政府并且执行本级人民代表大会常务委员会的决议。地方各级人民政府依照法律规定的权限，管理本行政区域的行政工作，发布决议和命令。县和县以上的地方各级人民政府依照法律的规定任免国家机关工作人员。"

第四款修改为："地方各级人民政府对本级人民代表大会和上一级国家行政机关负责并报告工作，县和县以上的地方各级人民政府在本级人民代表大会闭会期间，对本级人民代表大会常务委员会负责并报告工作，都受国务院统一领导。"

六、第三十八条第一款修改为："自治区、自治州、自治县的自治机关是人民代表大会和人民政府。"

第二款修改为："民族自治地方的人民代表大会和人民政府的产生、任期、职权和派出机构的设置等，应当根据宪法第二章第三节规定的关于地方国家机关的组织的基本原则。"

七、第四十二条第三款修改为："最高人民法院对全国人民代表大会和全国人民代表大会常务委员会负责并报告工作。地方各级人民法院对本级人民代表大会和它的常务委员会负责并报告工作。"

八、第四十三条第二款修改为："最高人民检察院领导地方各级人民检察院和专门人民检察院的工作，上级人民检察院领导下级人民检察院的工作。"

第三款修改为："最高人民检察院对全国人民代表大会和全国人民代表大会常务委员会负责并报告工作。地方各级人民检察院对本级人民代表大会和它的常务委员会负责并报告工作。"

中华人民共和国
全国人民代表大会公告

中华人民共和国第五届全国人民代表大会第二次会议于一九七九年七月一日通过了关于修正《中华人民共和国宪法》若干规定的决议，现予公布，自一九八〇年一月一日起施行。

中华人民共和国第五届全国人民

代表大会第二次会议主席团

一九七九年七月一日　于北京

（三）1980 年对宪法进行修改

中国共产党中央委员会
关于修改宪法第四十五条的建议

全国人民代表大会常务委员会：

为了充分发扬社会主义民主，健全社会主义法制，维护安定团结的政治局面，保障社会主义现代化建设的顺利进行，建议将宪法第四十五条"公民有言论、通信、出版、集会、结社、游行、示威、罢工的自由，有运用'大鸣、大放、大辩论、大字报'的权利。"修改为"公民有言论、通信、出版、集会、结社、游行、示威、罢工的自由。"取消原第四十五条中"有运用'大鸣、大放、大辩论、大字报'的权利"的规定。现提请全国人民代表大会常务委员会审议，可否将这个建议作为人大常委的议案提请第五届全国人民代表大会第三次会议审议决定。

中国共产党中央委员会
1980 年 4 月 8 日

第五届全国人民代表大会常务委员会
关于建议修改宪法第四十五条的议案

（1980 年 9 月 1 日第五届全国人民代表大会第三次会议主席团第二次会议通过）

第五届全国人民代表大会第三次会议：

第五届全国人民代表大会常务委员会第十四次会议同意中国共产党中央委员会关于修改宪法第四十五条的建议：为了充分发扬社会主义民主，健全社会主义法制，维护安定团结的政治局面，保障社会主义现代化建设的顺利进行，建议将宪法第四十五条"公民有言论、通信、出版、集会、结社、游行、示威、罢工的自由，有运用'大鸣、大放、大辩论、大字报'的权利。"修改为"公民有言论、通信、出版、集会、结社、游行、示威、罢工的自由。"取消原第四十五条中"有运用'大鸣、大放、大辩论、大字报'的权利"的规定。决定提请第五届全国人民代表大会第三次会议审议决定。

全国人民代表大会常务委员会
一九八〇年四月十六日

中华人民共和国第五届全国人民代表大会第三次会议关于修改《中华人民共和国宪法》第四十五条的决议

（1980 年 9 月 10 日第五届全国人民代表大会第三次会议通过）

中华人民共和国第五届全国人民代表大会第三次会议同意第五届全国人民代表大会常务委员会提出的关于建议修改《中华人民共和国宪法》第四十五条的议案，为了充分发扬社会主义民主，健全社会主义法制，维护安定团结的政治局面，保障社会主义现代化建设的顺利进行，决定：将《中华人民共和国宪法》第四十五条"公民有言论、通信、出版、集会、结社、游行、示威、罢工的自由，有运用'大鸣、大放、大辩论、大字报'的权利。"修改为"公民有言论、通信、出版、集会、结社、游行、示威、罢工的自由。"取消原第四十五条中"有运用'大鸣、大放、大辩论、大字报'的权利"的规定。

中华人民共和国
全国人民代表大会公告

　　中华人民共和国第五届全国人民代表大会第三次会议于一九八〇年九月十日通过了关于修改《中华人民共和国宪法》第四十五条的决议，现予公布。

中华人民共和国第五届全国人民

代表大会第三次会议主席团

一九八〇年九月十日于北京

第三编

中华人民共和国宪法

（1975 年）

中华人民共和国宪法

(1975 年 1 月 17 日中华人民共和国第四届全国人民代表大会第一次会议通过)

目　　录

序　　言

中华人民共和国的成立，标志着中国人民经过一百多年的英勇奋斗，终于在中国共产党领导下，用人民革命战争推翻了帝国主义、封建主义和官僚资本主义的反动统治，取得了新民主主义革命的伟大胜利，开始了社会主义革命和无产阶级专政的新的历史阶段。

二十多年来，我国各族人民在中国共产党领导下，乘胜前进，取得了社会主义革命和社会主义建设的伟大胜利，取得了无产阶级文化大革命的伟大胜利，巩固和加强了无产阶级专政。

社会主义社会是一个相当长的历史阶段。在这个历史阶段中，始终存在着阶级、阶级矛盾和阶级斗争，存在着社会主义同资本主义两条道路的斗争，存在着资本主义复辟的危险性，存在着帝国主义、社会帝国主义进行颠覆和侵略的威胁。这些矛盾，只能靠无产阶级专政下继续革命的理论和实践来解决。

我们必须坚持中国共产党在整个社会主义历史阶段的基本路线和政策，坚持无产阶级专政下的继续革命，使我们伟大的祖国永远沿着马克思主义、列宁主义、毛泽东思想指引的道路前进。

我们要巩固工人阶级领导的以工农联盟为基础的各族人民的大团结，发展革命统一战线。要正确区别和处理敌我矛盾和人民内部矛盾。要继续开展阶级斗争、生产斗争和科学实验三大革命运动，独立自主，自力更生，艰苦奋斗，勤俭建国，鼓足干劲，力争上游，多快好省地建设社会主义，备战、备荒、为人民。

在国际事务中，我们要坚持无产阶级国际主义。中国永远不做超级大国。我们要同社会主义国家、同一切被压迫人民和被压迫民族加强团结，互相支援；在互相尊重主权和领土完整、互不侵犯、互不干涉内政、平等互利、和平共处五项原则的基础上，争取和社会制度不同的国家和平共处，反对帝国主义、社会帝国主义的侵略政策和战争政策，反对超级大国的霸权主义。

我国人民有充分的信心，在中国共产党领导下，战胜国内外敌人，克服一切困难，把我国建设成为强大的无产阶级专政的社会主义国家，对于人类作出较大的贡献。

全国各族人民团结起来，争取更大的胜利！

第一章 总 纲

第一条 中华人民共和国是工人阶级领导的以工农联盟为基础的无产阶级专政的社会主义国家。

第二条 中国共产党是全中国人民的领导核心。工人阶级经过自己的先锋队中国共产党实现对国家的领导。

马克思主义、列宁主义、毛泽东思想是我国指导思想的理论基础。

第三条 中华人民共和国的一切权力属于人民。人民行使权力的机关，是以工农兵代表为主体的各级人民代表大会。

各级人民代表大会和其他国家机关，一律实行民主集中制。

各级人民代表大会代表，由民主协商选举产生。原选举单位和选民，有权监督和依照法律的规定随时撤换自己选出的代表。

第四条　中华人民共和国是统一的多民族的国家。实行民族区域自治的地方，都是中华人民共和国不可分离的部分。

各民族一律平等。反对大民族主义和地方民族主义。

各民族都有使用自己的语言文字的自由。

第五条　中华人民共和国的生产资料所有制现阶段主要有两种：社会主义全民所有制和社会主义劳动群众集体所有制。

国家允许非农业的个体劳动者在城镇街道组织、农村人民公社的生产队统一安排下，从事在法律许可范围内的，不剥削他人的个体劳动。同时，要引导他们逐步走上社会主义集体化的道路。

第六条　国营经济是国民经济中的领导力量。

矿藏、水流，国有的森林、荒地和其他资源，都属于全民所有。

国家可以依照法律规定的条件，对城乡土地和其他生产资料实行征购、征用或者收归国有。

第七条　农村人民公社是政社合一的组织。

现阶段农村人民公社的集体所有制经济，一般实行三级所有、队为基础，即以生产队为基本核算单位的公社、生产大队和生产队三级所有。

在保证人民公社集体经济的发展和占绝对优势的条件下，人民公社社员可以经营少量的自留地和家庭副业，牧区社员可以有少量的自留畜。

第八条　社会主义的公共财产不可侵犯。国家保证社会主义经济的巩固和发展，禁止任何人利用任何手段，破坏社会主义经济和公共利益。

第九条　国家实行"不劳动者不得食"、"各尽所能、按劳分配"的社会主义原则。

国家保护公民的劳动收入、储蓄、房屋和各种生活资料的所有权。

第十条　国家实行抓革命，促生产，促工作，促战备的方针，以农业为基础，以工业为主导，充分发挥中央和地方两个积极性，促进社会主义经济有计划、按比例地发展，在社会生产不断提高的基础上，逐步改进人民的物质生活和文化生活，巩固国家的独立和安全。

第十一条　国家机关和工作人员，必须认真学习马克思主义、列宁主义、毛泽东思想，坚持无产阶级政治挂帅，反对官僚主义，密切联系群众，全心全意为人民服务。各级干部都必须参加集体生产劳动。

国家机关都必须实行精简的原则。它的领导机构，都必须实行老、中、青三结合。

第十二条 无产阶级必须在上层建筑其中包括各个文化领域对资产阶级实行全面的专政。文化教育、文学艺术、体育卫生、科学研究都必须为无产阶级政治服务，为工农兵服务，与生产劳动相结合。

第十三条 大鸣、大放、大辩论、大字报，是人民群众创造的社会主义革命的新形式。国家保障人民群众运用这种形式，造成一个又有集中又有民主，又有纪律又有自由，又有统一意志又有个人心情舒畅、生动活泼的政治局面，以利于巩固中国共产党对国家的领导，巩固无产阶级专政。

第十四条 国家保卫社会主义制度，镇压一切叛国的和反革命的活动，惩办一切卖国贼和反革命分子。

国家依照法律在一定时期内剥夺地主、富农、反动资本家和其他坏分子的政治权利，同时给以生活出路，使他们在劳动中改造成为守法的自食其力的公民。

第十五条 中国人民解放军和民兵是中国共产党领导的工农子弟兵，是各族人民的武装力量。

中国共产党中央委员会主席统率全国武装力量。

中国人民解放军永远是一支战斗队，同时又是工作队，又是生产队。

中华人民共和国武装力量的任务，是保卫社会主义革命和社会主义建设的成果，保卫国家的主权、领土完整和安全，防御帝国主义、社会帝国主义及其走狗的颠覆和侵略。

第二章　国家机构

第一节　全国人民代表大会

第十六条 全国人民代表大会是在中国共产党领导下的最高国家权力机关。

全国人民代表大会由省、自治区、直辖市和人民解放军选出的代表组成。

在必要的时候，可以特邀若干爱国人士参加。

全国人民代表大会每届任期五年。在特殊情况下，任期可以延长。

全国人民代表大会会议每年举行一次。在必要的时候，可以提前或者延期。

第十七条 全国人民代表大会的职权是：修改宪法，制定法律，根据中国共产党中央委员会的提议任免国务院总理和国务院的组成人员，批准国民经济计划、国家的预算和决算，以及全国人民代表大会认为应当由它行使的其他职权。

第十八条 全国人民代表大会常务委员会是全国人民代表大会的常设机关。它的职权是：召集全国人民代表大会会议，解释法律，制定法令，派遣和召回驻外全权代表，接受外国使节，批准和废除同外国缔结的条约，以及全国人民代表大会授予的其他职权。

全国人民代表大会常务委员会由委员长，副委员长若干人，委员若干人组成，由全国人民代表大会选举或者罢免。

第二节 国务院

第十九条 国务院即中央人民政府。国务院对全国人民代表大会和它的常务委员会负责并报告工作。

国务院由总理，副总理若干人，各部部长，各委员会主任等人员组成。

第二十条 国务院的职权是：根据宪法、法律和法令，规定行政措施，发布决议和命令；统一领导各部、各委员会和全国地方各级国家机关的工作；制定和执行国民经济计划和国家预算；管理国家行政事务；全国人民代表大会和它的常务委员会授予的其他职权。

第三节 地方各级人民代表大会和地方各级革命委员会

第二十一条 地方各级人民代表大会都是地方国家权力机关。

省、直辖市的人民代表大会每届任期五年。地区、市、县的人民代表大会每届任期三年。农村人民公社、镇的人民代表大会每届任期两年。

第二十二条 地方各级革命委员会是地方各级人民代表大会的常设机关，同时又是地方各级人民政府。

地方各级革命委员会由主任，副主任若干人，委员若干人组成，由本级人民代表大会选举或者罢免，并报上级国家机关审查批准。

地方各级革命委员会都对本级人民代表大会和上一级国家机关负责并报告工作。

第二十三条　地方各级人民代表大会和它产生的地方各级革命委员会在本地区内，保证法律、法令的执行，领导地方的社会主义革命和社会主义建设，审查和批准地方的国民经济计划和预算、决算，维护革命秩序，保障公民权利。

第四节　民族自治地方的自治机关

第二十四条　自治区、自治州、自治县都是民族自治地方，它的自治机关是人民代表大会和革命委员会。

民族自治地方的自治机关除行使宪法第二章第三节规定的地方国家机关的职权外，可以依照法律规定的权限行使自治权。

各上级国家机关应当充分保障各民族自治地方的自治机关行使自治权，积极支持各少数民族进行社会主义革命和社会主义建设。

第五节　审判机关和检察机关

第二十五条　最高人民法院、地方各级人民法院和专门人民法院行使审判权。各级人民法院对本级人民代表大会和它的常设机关负责并报告工作。各级人民法院院长由本级人民代表大会的常设机关任免。

检察机关的职权由各级公安机关行使。

检察和审理案件，都必须实行群众路线。对于重大的反革命刑事案件，要发动群众讨论和批判。

第三章　公民的基本权利和义务

第二十六条　公民的基本权利和义务是，拥护中国共产党的领导，拥护社会主义制度，服从中华人民共和国宪法和法律。

保卫祖国，抵抗侵略，是每一个公民的崇高职责。依照法律服兵役是公民的光荣义务。

第二十七条　年满十八岁的公民，都有选举权和被选举权。依照法律被剥夺选举权和被选举权的人除外。

公民有劳动的权利，有受教育的权利。劳动者有休息的权利，在年老、疾病或者丧失劳动能力的时候，有获得物质帮助的权利。

公民对于任何违法失职的国家机关工作人员，有向各级国家机关提出书面控告或者口头控告的权利，任何人不得刁难、阻碍和打击报复。

妇女在各方面享有同男子平等的权利。

婚姻、家庭、母亲和儿童受国家的保护。

国家保护国外华侨的正当权利和利益。

第二十八条　公民有言论、通信、出版、集会、结社、游行、示威、罢工的自由，有信仰宗教的自由和不信仰宗教、宣传无神论的自由。

公民的人身自由和住宅不受侵犯。任何公民，非经人民法院决定或者公安机关批准，不受逮捕。

第二十九条　中华人民共和国对于任何由于拥护正义事业、参加革命运动、进行科学工作而受到迫害的外国人，给以居留的权利。

第四章　国旗、国徽、首都

第三十条　国旗是五星红旗。

国徽，中间是五星照耀下的天安门，周围是谷穗和齿轮。

首都是北京。

关于修改宪法的报告①

（1975 年 1 月 13 日在中华人民共和国第四届全国人民代表大会第一次会议上报告，1 月 17 日通过）

各位代表！

中国共产党中央委员会提请大会讨论的《中华人民共和国宪法修改草案》已经发给各位代表。我受中共中央的委托，作一些说明。

---

①　这是张春桥在第四届全国人民代表大会第一次会议上作的修改宪法的报告。

二十年前，一九五四年，第一届全国人民代表大会制定了《中华人民共和国宪法》。伟大领袖毛泽东主席曾经指出："一个团体要有一个章程，一个国家也要有一个章程，宪法就是一个总章程，是根本大法。"一九五四年宪法，是中国第一个社会主义类型的宪法。它用根本大法的形式，总结了历史经验，巩固了我国人民的胜利成果，为全国人民规定了一条清楚的明确的前进道路。二十年来的实践证明，这个宪法是正确的。它的基本原则，今天仍然适用。但是，一九五四年以来，我国的政治、经济、文化和国际关系都发生了重大变化。它的部分内容，今天已经不适用了。总结我们的新经验，巩固我们的新胜利，反映我国人民坚持无产阶级专政下继续革命的共同愿望，就是我们这次修改宪法的主要任务。

二十年来，我国人民的新胜利，最主要的，就是在毛主席为首的中国共产党领导下，逐步地巩固和发展了社会主义制度。经过同国内外敌人的反复较量，特别是经过八年来的无产阶级文化大革命，粉碎了刘少奇、林彪两个资产阶级司令部，我国各族人民空前团结，无产阶级专政空前巩固。更为重要的是，在这个斗争过程中，毛主席根据马克思列宁主义普遍真理同具体实践相结合的原则，为我们制定了一条整个社会主义历史阶段的基本路线。毛主席说："社会主义社会是一个相当长的历史阶段。在社会主义这个历史阶段中，还存在着阶级、阶级矛盾和阶级斗争，存在着社会主义同资本主义两条道路的斗争，存在着资本主义复辟的危险性。要认识这种斗争的长期性和复杂性。要提高警惕。要进行社会主义教育。要正确理解和处理阶级矛盾和阶级斗争问题，正确区别和处理敌我矛盾和人民内部矛盾。不然的话，我们这样的社会主义国家，就会走向反面，就会变质，就会出现复辟。我们从现在起，必须年年讲，月月讲，天天讲，使我们对这个问题，有比较清醒的认识，有一条马克思列宁主义的路线。"党的九大、十大都再次肯定了这条基本路线。我们同刘少奇、林彪的斗争，集中到一点，就是坚持这条基本路线，还是改变这条基本路线。历史的和现实的阶级斗争都证明，这条基本路线是我们党的生命线，也是我们国家的生命线。只要我们坚持这条基本路线，我们就一定能够克服一切困难，战胜国内外敌人，夺取更大的胜利。这就是我们的主要经验，也是我们这次修改宪法的指导思想。

现在提出的这个修改草案，是一九五四年宪法的继承和发展。它是经过全国各族人民反复讨论产生的，是领导机关的意见和广大群众的意见相结合的产物。序言是新写的。条文从一百零六条，缩减为三十条。重要的修改，有以下几点：

（一）修改草案从序言开始，记载了我国人民英勇奋斗的光辉历史。"中国共产党是全中国人民的领导核心"，"马克思主义、列宁主义、毛泽东思想是我国指导思想的理论基础"，就是我国人民从一百多年来的历史经验中得出的结论，现在写进了修改草案总纲。草案规定："全国人民代表大会是在中国共产党领导下的最高国家权力机关"，又规定："中国共产党中央委员会主席统率全国武装力量"。由于不设国家主席，草案对一九五四年宪法关于国家机构的规定，作了相应的修改。这些规定，必将有利于加强党对国家机构的一元化领导，符合全国人民的愿望。

（二）修改草案规定："中华人民共和国是工人阶级领导的以工农联盟为基础的无产阶级专政的社会主义国家。"规定各级人民代表大会以工农兵代表为主体。又规定了无产阶级专政的对象和政策。在伟大的革命群众运动中涌现的政社合一的农村人民公社和实行革命三结合的地方各级革命委员会，也分别写进了修改草案。这样，就明确地规定了我们国家的阶级性质，各个阶级在我们国家的地位。马克思、列宁一贯教导我们："阶级斗争必然要导致无产阶级专政"，"无产阶级国家是无产阶级压迫资产阶级的机器"。我们的草案，坚持了马克思列宁主义的这一原则立场，同孔老二的什么"仁政"，同苏修叛徒集团的什么"全民国家"之类的谬论划清了界限。

我们的无产阶级专政，一是压迫国家内部的反动阶级、反动派和反抗社会主义改造和社会主义建设的分子，镇压一切叛国的和反革命的活动，二是防御国家外部敌人的颠覆活动和可能的侵略。它是我国人民战胜敌人、保护自己的法宝。我们必须很好地爱护它，不断地加强它。我们要加强全国各族人民的大团结，加强无产阶级专政的柱石人民解放军和民兵，加强国家机关的建设。要继续巩固工人阶级和它的可靠同盟军贫下中农的联盟，团结其他劳动人民和广大知识分子，发展包括各爱国民主党派、各界爱国人士在内的革命统一战线。只有这样，才能团结一切可以团结的力量，实行有效的无产阶级专政，保卫社会主义制度，巩固我们伟大祖国的独立和安全。

（三）无产阶级专政，一方面对敌人实行专政，另一方面在人民内部实行民主集中制。没有充分的民主，不可能有高度的集中，而没有高度的集中就不可能建设社会主义。修改草案规定了国家机关一律实行民主集中制，又规定了公民的各项民主权利，其中特别规定了各兄弟民族和妇女的权利。修改草案还规定了人民群众有运用大鸣、大放、大辩论、大字报的权利。同时，根据毛主席的建议，草案第二十八条增加了公民有罢工自由的内容。我们相信，经过无产阶级文化大革命的锻炼，广大革命群众一定能够更好地运用这些规定，"造成一个又有集中又有民主，又有纪律又有自由，又有统一意志又有个人心情舒畅、生动活泼的政治局面，以利于巩固中国共产党对国家的领导，巩固无产阶级专政"。

（四）一九五四年宪法提出的生产资料所有制方面的社会主义改造任务，已经基本完成。修改草案充分肯定了我国人民取得的这一伟大胜利，规定我国现阶段主要有两种所有制，即社会主义全民所有制和社会主义劳动群众集体所有制。修改草案对于非农业的个体劳动者，对于人民公社社员可以经营少量的自留地和家庭副业，也作了规定。这些规定，把坚持社会主义的原则性同必要的灵活性结合起来，同刘少奇、林彪包产到户、取消自留地之类的荒谬主张划清了界限。

修改草案重申了鼓足干劲、力争上游、多快好省地建设社会主义的总路线，规定了一系列方针政策，以巩固和发展社会主义的经济基础。

应当指出，在我们国家，仍然存在着生产关系同生产力之间、上层建筑同经济基础之间，又相适应又相矛盾的情况。我们的社会主义制度，象初升的太阳，还很年轻。它是在斗争中诞生的，也只能在斗争中成长。就拿国营经济来说，有些单位，形式上是社会主义所有制，实际的领导权并不掌握在马克思主义者和广大工人手里。许多阵地，无产阶级不去占领，资产阶级就去占领。孔老二死了两千多年，无产阶级的扫帚不到，这类垃圾决不会自动跑掉。修改草案关于"国家机关和工作人员，必须认真学习马克思主义、列宁主义、毛泽东思想"，"无产阶级必须在上层建筑其中包括各个文化领域对资产阶级实行全面的专政"，以及国家机关、国家工作人员必须密切联系群众、纠正不正之风等项规定，就是要我们十分注意抓上层建筑领域里的社会主义革命，注意解决生产关系方面的问题。我们一定要把正在开展的批林批孔运动普及、深入、持久地进行下去，用马克思主义占领一切阵地。

（五）根据毛主席关于深挖洞、广积粮、不称霸的教导，我们将"中国永远不做超级大国"写上了修改草案，表示我们国家今天不称霸，永远不称霸。无产阶级只有解放全人类才能最后解放自己。我们要永远同全世界各国人民团结在一起，为在地球上消灭人剥削人的制度，使整个人类都得到解放而共同奋斗。

各位代表！

修改宪法的工作，已经进行了将近五年。这次大会将要完成这项工作，公布新的中华人民共和国根本法。这是一件值得我们热烈庆祝的大事。长期以来，为了争取和捍卫人民民主和社会主义权利，为了粉碎高岗、饶漱石、彭德怀、刘少奇、林彪妄图对内复辟资本主义、对外投降卖国的阴谋，为了战胜国内外反动派，我国人民进行了尖锐复杂的斗争，成千成万的烈士献出了自己的生命。正是这些斗争的胜利，产生了这个社会主义宪法。我们相信，全国各族人民，首先是共产党员和国家工作人员，一定会认真地执行这个宪法，勇敢地捍卫这个宪法，把无产阶级专政下的继续革命进行到底，保证我们伟大的祖国永远沿着马克思主义、列宁主义、毛泽东思想指引的道路胜利前进！

中华人民共和国
全国人民代表大会公告

中国共产党中央委员会提请第四届全国人民代表大会第一次会议讨论的《中华人民共和国宪法修改草案》，已于一九七五年一月十七日经大会一致通过。现将新的《中华人民共和国宪法》，予以公布。

中华人民共和国第四届全国人民

代表大会第一次会议主席团

一九七五年一月十七日于北京

第四编

中华人民共和国宪法

（1954 年）

中华人民共和国宪法

(1954 年 9 月 20 日第一届全国人民代表大会第一次会议通过)

目　　录

序　　言

中国人民经过一百多年的英勇奋斗，终于在中国共产党领导下，在一九四九年取得了反对帝国主义、封建主义和官僚资本主义的人民革命的伟大胜利，因而结束了长时期被压迫、被奴役的历史，建立了人民民主专政的中华人民共和国。中华人民共和国的人民民主制度，也就是新民主主义制度，保证我国能够通过和平的道路消灭剥削和贫困，建成繁荣幸福的社会主义社会。

从中华人民共和国成立到社会主义社会建成，这是一个过渡时期。国家在过渡时期的总任务是逐步实现国家的社会主义工业化，逐步完成对农业、手工业和资本主义工商业的社会主义改造。我国人民在过去几年内已经胜利地进行了改革土地制度、抗美援朝、镇压反革命分子、恢复国民经济等大规模的斗争，这就为有计划地进行经济建设、逐步过渡到社会主义社会准备了必要的条件。

中华人民共和国第一届全国人民代表大会第一次会议，一九五四年九月二十日在首都北京，庄严地通过中华人民共和国宪法。这个宪法以一九四九年的中国人民政治协商会议共同纲领为基础，又是共同纲领的发展。这个宪法巩固了我国人民革命的成果和中华人民共和国建立以来政治上、经济上的新胜利，并且反映了国家在过渡时期的根本要求和广大人民建设社会主义社会的共同愿望。

我国人民在建立中华人民共和国的伟大斗争中已经结成以中国共产党为领导的各民主阶级、各民主党派、各人民团体的广泛的人民民主统一战线。今后在动员和团结全国人民完成国家过渡时期总任务和反对内外敌人的斗争中，我国的人民民主统一战线将继续发挥它的作用。

我国各民族已经团结成为一个自由平等的民族大家庭。在发扬各民族间的友爱互助、反对帝国主义、反对各民族内部的人民公敌、反对大民族主义和地方民族主义的基础上，我国的民族团结将继续加强。国家在经济建设和文化建设的过程中将照顾各民族的需要，而在社会主义改造的问题上将充分注意各民族发展的特点。

我国同伟大的苏维埃社会主义共和国联盟、同各人民民主国家已经建立了牢不可破的友谊，我国人民同全世界爱好和平的人民的友谊也日见增进，这种友谊将继续发展和巩固。我国根据平等、互利、互相尊重主权和领土完整的原则同任何国家建立和发展外交关系的政策，已经获得成就，今后将继续贯彻。在国际事务中，我国坚定不移的方针是为世界和平和人类进步的崇高目的而努力。

第一章　总　　纲

第一条　中华人民共和国是工人阶级领导的、以工农联盟为基础的人民民主国家。

第二条　中华人民共和国的一切权力属于人民。人民行使权力的机关是全国人民代表大会和地方各级人民代表大会。

全国人民代表大会、地方各级人民代表大会和其他国家机关，一律实行民主集中制。

第三条　中华人民共和国是统一的多民族的国家。

各民族一律平等。禁止对任何民族的歧视和压迫，禁止破坏各民族团结的行为。

各民族都有使用和发展自己的语言文字的自由，都有保持或者改革自己的风俗习惯的自由。

各少数民族聚居的地方实行区域自治。各民族自治地方都是中华人民共和国不可分离的部分。

第四条　中华人民共和国依靠国家机关和社会力量，通过社会主义工业化和社会主义改造，保证逐步消灭剥削制度，建立社会主义社会。

第五条　中华人民共和国的生产资料所有制现在主要有下列各种：国家所有制，即全民所有制；合作社所有制，即劳动群众集体所有制；个体劳动者所有制；资本家所有制。

第六条　国营经济是全民所有制的社会主义经济，是国民经济中的领导力量和国家实现社会主义改造的物质基础。国家保证优先发展国营经济。

矿藏、水流，由法律规定为国有的森林、荒地和其他资源，都属于全民所有。

第七条　合作社经济是劳动群众集体所有制的社会主义经济，或者是劳动群众部分集体所有制的半社会主义经济。劳动群众部分集体所有制是组织个体农民、个体手工业者和其他个体劳动者走向劳动群众集体所有制的过渡形式。

国家保护合作社的财产，鼓励、指导和帮助合作社经济的发展，并且以发展生产合作为改造个体农业和个体手工业的主要道路。

第八条　国家依照法律保护农民的土地所有权和其他生产资料所有权。

国家指导和帮助个体农民增加生产，并且鼓励他们根据自愿的原则组织生产合作、供销合作和信用合作。

国家对富农经济采取限制和逐步消灭的政策。

第九条　国家依照法律保护手工业者和其他非农业的个体劳动者的生产资料所有权。

国家指导和帮助个体手工业者和其他非农业的个体劳动者改善经营，并且鼓励他们根据自愿的原则组织生产合作和供销合作。

第十条　国家依照法律保护资本家的生产资料所有权和其他资本所有权。

国家对资本主义工商业采取利用、限制和改造的政策。国家通过国家行政机关的管理、国营经济的领导和工人群众的监督，利用资本主义工商业的有利于国计民生的积极作用，限制它们的不利于国计民生的消极作用，鼓励和指导它们转变为各种不同形式的国家资本主义经济，逐步以全民所有制代替资本家所有制。

国家禁止资本家的危害公共利益、扰乱社会经济秩序、破坏国家经济计划的一切非法行为。

第十一条　国家保护公民的合法收入、储蓄、房屋和各种生活资料的所有权。

第十二条　国家依照法律保护公民的私有财产的继承权。

第十三条　国家为了公共利益的需要，可以依照法律规定的条件，对城乡土地和其他生产资料实行征购、征用或者收归国有。

第十四条　国家禁止任何人利用私有财产破坏公共利益。

第十五条　国家用经济计划指导国民经济的发展和改造，使生产力不断提高，以改进人民的物质生活和文化生活，巩固国家的独立和安全。

第十六条　劳动是中华人民共和国一切有劳动能力的公民的光荣的事情。国家鼓励公民在劳动中的积极性和创造性。

第十七条　一切国家机关必须依靠人民群众，经常保持同群众的密切联系，倾听群众的意见，接受群众的监督。

第十八条　一切国家机关工作人员必须效忠人民民主制度，服从宪法和法律，努力为人民服务。

第十九条　中华人民共和国保卫人民民主制度，镇压一切叛国的和反革命的活动，惩办一切卖国贼和反革命分子。

国家依照法律在一定时期内剥夺封建地主和官僚资本家的政治权利，同时给以生活出路，使他们在劳动中改造成为自食其力的公民。

第二十条　中华人民共和国的武装力量属于人民，它的任务是保卫人民革命和国家建设的成果，保卫国家的主权、领土完整和安全。

第二章 国家机构

第一节 全国人民代表大会

第二十一条 中华人民共和国全国人民代表大会是最高国家权力机关。

第二十二条 全国人民代表大会是行使国家立法权的唯一机关。

第二十三条 全国人民代表大会由省、自治区、直辖市、军队和华侨选出的代表组成。

全国人民代表大会代表名额和代表产生办法，包括少数民族代表的名额和产生办法，由选举法规定。

第二十四条 全国人民代表大会每届任期四年。

全国人民代表大会任期届满的两个月以前，全国人民代表大会常务委员会必须完成下届全国人民代表大会代表的选举。如果遇到不能进行选举的非常情况，全国人民代表大会可以延长任期到下届全国人民代表大会举行第一次会议为止。

第二十五条 全国人民代表大会会议每年举行一次，由全国人民代表大会常务委员会召集。如果全国人民代表大会常务委员会认为必要，或者有五分之一的代表提议，可以临时召集全国人民代表大会会议。

第二十六条 全国人民代表大会举行会议的时候，选举主席团主持会议。

第二十七条 全国人民代表大会行使下列职权：

（一）修改宪法；

（二）制定法律；

（三）监督宪法的实施；

（四）选举中华人民共和国主席、副主席；

（五）根据中华人民共和国主席的提名，决定国务院总理的人选，根据国务院总理的提名，决定国务院组成人员的人选；

（六）根据中华人民共和国主席的提名，决定国防委员会副主席和委员的人选；

（七）选举最高人民法院院长；

（八）选举最高人民检察院检察长；

（九）决定国民经济计划；

（十）审查和批准国家的预算和决算；

（十一）批准省、自治区和直辖市的划分；

（十二）决定大赦；

（十三）决定战争和和平的问题；

（十四）全国人民代表大会认为应当由它行使的其他职权。

第二十八条 全国人民代表大会有权罢免下列人员：

（一）中华人民共和国主席、副主席；

（二）国务院总理、副总理、各部部长、各委员会主任、秘书长；

（二）国防委员会副主席和委员；

（四）最高人民法院院长；

（五）最高人民检察院检察长。

第二十九条 宪法的修改由全国人民代表大会以全体代表的三分之二的多数通过。

法律和其他议案由全国人民代表大会以全体代表的过半数通过。

第三十条 全国人民代表大会常务委员会是全国人民代表大会的常设机关。

全国人民代表大会常务委员会由全国人民代表大会选出下列人员组成：

委员长，

副委员长若干人，

秘书长，

委员若干人。

第三十一条 全国人民代表大会常务委员会行使下列职权：

（一）主持全国人民代表大会代表的选举；

（二）召集全国人民代表大会会议；

（三）解释法律；

（四）制定法令；

（五）监督国务院、最高人民法院和最高人民检察院的工作；

（六）撤销国务院的同宪法、法律和法令相抵触的决议和命令；

（七）改变或者撤销省、自治区、直辖市国家权力机关的不适当的决议；

（八）在全国人民代表大会闭会期间，决定国务院副总理、各部部长、各委员会主任、秘书长的个别任免；

（九）任免最高人民法院副院长、审判员和审判委员会委员；

（十）任免最高人民检察院副检察长、检察员和检察委员会委员；

（十一）决定驻外全权代表的任免；

（十二）决定同外国缔结的条约的批准和废除；

（十三）规定军人和外交人员的衔级和其他专门衔级；

（十四）规定和决定授予国家的勋章和荣誉称号；

（十五）决定特赦；

（十六）在全国人民代表大会闭会期间，如果遇到国家遭受武装侵犯或者必须履行国际间共同防止侵略的条约的情况，决定战争状态的宣布；

（十七）决定全国总动员或者局部动员；

（十八）决定全国或者部分地区的戒严；

（十九）全国人民代表大会授予的其他职权。

第三十二条　全国人民代表大会常务委员会行使职权到下届全国人民代表大会选出新的常务委员会为止。

第三十三条　全国人民代表大会常务委员会对全国人民代表大会负责并报告工作。

全国人民代表大会有权罢免全国人民代表大会常务委员会的组成人员。

第三十四条　全国人民代表大会设立民族委员会、法案委员会、预算委员会、代表资格审查委员会和其他需要设立的委员会。

民族委员会和法案委员会，在全国人民代表大会闭会期间，受全国人民代表大会常务委员会的领导。

第三十五条　全国人民代表大会认为必要的时候，在全国人民代表大会闭会期间全国人民代表大会常务委员会认为必要的时候，可以组织对于特定问题的调查委员会。

调查委员会进行调查的时候，一切有关的国家机关、人民团体和公民都有义务向它提供必要的材料。

第三十六条　全国人民代表大会代表有权向国务院或者国务院各部、各委员会提出质问，受质问的机关必须负责答复。

第三十七条 全国人民代表大会代表，非经全国人民代表大会许可，在全国人民代表大会闭会期间非经全国人民代表大会常务委员会许可，不受逮捕或者审判。

第三十八条 全国人民代表大会代表受原选举单位的监督。原选举单位有权依照法律规定的程序随时撤换本单位选出的代表。

第二节　中华人民共和国主席

第三十九条 中华人民共和国主席由全国人民代表大会选举。有选举权和被选举权的年满二十五岁的中华人民共和国公民可以被选为中华人民共和国主席。

中华人民共和国主席任期四年。

第四十条 中华人民共和国主席根据全国人民代表大会的决定和全国人民代表大会常务委员会的决定，公布法律和法令，任免国务院总理、副总理、各部部长、各委员会主任、秘书长，任免国防委员会副主席、委员，授予国家的勋章和荣誉称号，发布大赦令和特赦令，发布戒严令，宣布战争状态，发布动员令。

第四十一条 中华人民共和国主席对外代表中华人民共和国，接受外国使节；根据全国人民代表大会常务委员会的决定，派遣和召回驻外全权代表，批准同外国缔结的条约。

第四十二条 中华人民共和国主席统率全国武装力量，担任国防委员会主席。

第四十三条 中华人民共和国主席在必要的时候召开最高国务会议，并担任最高国务会议主席。

最高国务会议由中华人民共和国副主席、全国人民代表大会常务委员会委员长、国务院总理和其他有关人员参加。

最高国务会议对于国家重大事务的意见，由中华人民共和国主席提交全国人民代表大会、全国人民代表大会常务委员会、国务院或者其他有关部门讨论并作出决定。

第四十四条 中华人民共和国副主席协助主席工作。副主席受主席的委托，可以代行主席的部分职权。

中华人民共和国副主席的选举和任期，适用宪法第三十九条关于中华人民共和国主席的选举和任期的规定。

第四十五条　中华人民共和国主席、副主席行使职权到下届全国人民代表大会选出的下一任主席、副主席就职为止。

第四十六条　中华人民共和国主席因为健康情况长期不能工作的时候，由副主席代行主席的职权。

中华人民共和国主席缺位的时候，由副主席继任主席的职位。

第三节　国务院

第四十七条　中华人民共和国国务院，即中央人民政府，是最高国家权力机关的执行机关，是最高国家行政机关。

第四十八条　国务院由下列人员组成：

总理，

副总理若干人，

各部部长，

各委员会主任，

秘书长。

国务院的组织由法律规定。

第四十九条　国务院行使下列职权：

（一）根据宪法、法律和法令，规定行政措施，发布决议和命令，并且审查这些决议和命令的实施情况；

（二）向全国人民代表大会或者全国人民代表大会常务委员会提出议案；

（三）统一领导各部和各委员会的工作；

（四）统一领导全国地方各级国家行政机关的工作；

（五）改变或者撤销各部部长、各委员会主任的不适当的命令和指示；

（六）改变或者撤销地方各级国家行政机关的不适当的决议和命令；

（七）执行国民经济计划和国家预算；

（八）管理对外贸易和国内贸易；

（九）管理文化、教育和卫生工作；

（十）管理民族事务；

（十一）管理华侨事务；

（十二）保护国家利益，维护公共秩序，保障公民权利；

（十三）管理对外事务；

（十四）领导武装力量的建设；

（十五）批准自治州、县、自治县、市的划分；

（十六）依照法律的规定任免行政人员；

（十七）全国人民代表大会和全国人民代表大会常务委员会授予的其他职权。

第五十条　总理领导国务院的工作，主持国务院会议。

副总理协助总理工作。

第五十一条　各部部长和各委员会主任负责管理本部门的工作。各部部长和各委员会主任在本部门的权限内，根据法律、法令和国务院的决议、命令，可以发布命令和指示。

第五十二条　国务院对全国人民代表大会负责并报告工作；在全国人民代表大会闭会期间，对全国人民代表大会常务委员会负责并报告工作。

第四节　地方各级人民代表大会和地方各级人民委员会

第五十三条　中华人民共和国的行政区域划分如下：

（一）全国分为省、自治区、直辖市；

（二）省、自治区分为自治州、县、自治县、市；

（三）县、自治县分为乡、民族乡、镇。

直辖市和较大的市分为区。自治州分为县、自治县、市。

自治区、自治州、自治县都是民族自治地方。

第五十四条　省、直辖市、县、市、市辖区、乡、民族乡、镇设立人民代表大会和人民委员会。

自治区、自治州、自治县设立自治机关。自治机关的组织和工作由宪法第二章第五节规定。

第五十五条　地方各级人民代表大会都是地方国家权力机关。

第五十六条　省、直辖市、县、设区的市的人民代表大会代表由下一级的人民代表大会选举；不设区的市、市辖区、乡、民族乡、镇的人民代表大会代表由选民直接选举。

地方各级人民代表大会代表名额和代表产生办法由选举法规定。

第五十七条 省人民代表大会每届任期四年。直辖市、县、市、市辖区、乡、民族乡、镇的人民代表大会每届任期两年。

第五十八条 地方各级人民代表大会在本行政区域内，保证法律、法令的遵守和执行，规划地方的经济建设、文化建设和公共事业，审查和批准地方的预算和决算，保护公共财产，维护公共秩序，保障公民权利，保障少数民族的平等权利。

第五十九条 地方各级人民代表大会选举并且有权罢免本级人民委员会的组成人员。

县级以上的人民代表大会选举并且有权罢免本级人民法院院长。

第六十条 地方各级人民代表大会依照法律规定的权限通过和发布决议。

民族乡的人民代表大会可以依照法律规定的权限采取适合民族特点的具体措施。

地方各级人民代表大会有权改变或者撤销本级人民委员会的不适当的决议和命令。

县级以上的人民代表大会有权改变或者撤销下一级人民代表大会的不适当的决议和下一级人民委员会的不适当的决议和命令。

第六十一条 省、直辖市、县、设区的市的人民代表大会代表受原选举单位的监督；不设区的市、市辖区、乡、民族乡、镇的人民代表大会代表受选民的监督。地方各级人民代表大会代表的选举单位和选民有权依照法律规定的程序随时撤换自己选出的代表。

第六十二条 地方各级人民委员会，即地方各级人民政府，是地方各级人民代表大会的执行机关，是地方各级国家行政机关。

第六十三条 地方各级人民委员会分别由省长、市长、县长、区长、乡长、镇长各一人，副省长、副市长、副县长、副区长、副乡长、副镇长各若干人和委员各若干人组成。

地方各级人民委员会每届任期同本级人民代表大会每届任期相同。

地方各级人民委员会的组织由法律规定。

第六十四条 地方各级人民委员会依照法律规定的权限管理本行政区域

的行政工作。

地方各级人民委员会执行本级人民代表大会的决议和上级国家行政机关的决议和命令。

地方各级人民委员会依照法律规定的权限发布决议和命令。

第六十五条　县级以上的人民委员会领导所属各工作部门和下级人民委员会的工作，依照法律的规定任免国家机关工作人员。

县级以上的人民委员会有权停止下一级人民代表大会的不适当的决议的执行，有权改变或者撤销所属各工作部门的不适当的命令和指示和下级人民委员会的不适当的决议和命令。

第六十六条　地方各级人民委员会都对本级人民代表大会和上一级国家行政机关负责并报告工作。

全国地方各级人民委员会都是国务院统一领导下的国家行政机关，都服从国务院。

第五节　民族自治地方的自治机关

第六十七条　自治区、自治州、自治县的自治机关的组织，应当根据宪法第二章第四节规定的关于地方国家机关的组织的基本原则。自治机关的形式可以依照实行区域自治的民族大多数人民的意愿规定。

第六十八条　在多民族杂居的自治区、自治州、自治县的自治机关中，各有关民族都应当有适当名额的代表。

第六十九条　自治区、自治州、自治县的自治机关行使宪法第二章第四节规定的地方国家机关的职权。

第七十条　自治区、自治州、自治县的自治机关依照宪法和法律规定的权限行使自治权。

自治区、自治州、自治县的自治机关依照法律规定的权限管理本地方的财政。

自治区、自治州、自治县的自治机关依照国家的军事制度组织本地方的公安部队。

自治区、自治州、自治县的自治机关可以依照当地民族的政治、经济和文化的特点，制定自治条例和单行条例，报请全国人民代表大会常务委员会批准。

第七十一条　自治区、自治州、自治县的自治机关在执行职务的时候，使用当地民族通用的一种或者几种语言文字。

第七十二条　各上级国家机关应当充分保障各自治区、自治州、自治县的自治机关行使自治权，并且帮助各少数民族发展政治、经济和文化的建设事业。

第六节　人民法院和人民检察院

第七十三条　中华人民共和国最高人民法院、地方各级人民法院和专门人民法院行使审判权。

第七十四条　最高人民法院院长和地方各级人民法院院长任期四年。

人民法院的组织由法律规定。

第七十五条　人民法院审判案件依照法律实行人民陪审员制度。

第七十六条　人民法院审理案件，除法律规定的特别情况外，一律公开进行。被告人有权获得辩护。

第七十七条　各民族公民都有用本民族语言文字进行诉讼的权利。人民法院对于不通晓当地通用的语言文字的当事人，应当为他们翻译。

在少数民族聚居或者多民族杂居的地区，人民法院应当用当地通用的语言进行审讯，用当地通用的文字发布判决书、布告和其他文件。

第七十八条　人民法院独立进行审判，只服从法律。

第七十九条　最高人民法院是最高审判机关。

最高人民法院监督地方各级人民法院和专门人民法院的审判工作，上级人民法院监督下级人民法院的审判工作。

第八十条　最高人民法院对全国人民代表大会负责并报告工作；在全国人民代表大会闭会期间，对全国人民代表大会常务委员会负责并报告工作。地方各级人民法院对本级人民代表大会负责并报告工作。

第八十一条　中华人民共和国最高人民检察院对于国务院所属各部门、地方各级国家机关、国家机关工作人员和公民是否遵守法律，行使检察权。地方各级人民检察院和专门人民检察院，依照法律规定的范围行使检察权。

地方各级人民检察院和专门人民检察院在上级人民检察院的领导下，并且一律在最高人民检察院的统一领导下，进行工作。

第八十二条　最高人民检察院检察长任期四年。

人民检察院的组织由法律规定。

第八十三条　地方各级人民检察院独立行使职权，不受地方国家机关的干涉。

第八十四条　最高人民检察院对全国人民代表大会负责并报告工作；在全国人民代表大会闭会期间，对全国人民代表大会常务委员会负责并报告工作。

第三章　公民的基本权利和义务

第八十五条　中华人民共和国公民在法律上一律平等。

第八十六条　中华人民共和国年满十八岁的公民，不分民族、种族、性别、职业、社会出身、宗教信仰、教育程度、财产状况、居住期限，都有选举权和被选举权。但是有精神病的人和依照法律被剥夺选举权和被选举权的人除外。

妇女有同男子平等的选举权和被选举权。

第八十七条　中华人民共和国公民有言论、出版、集会、结社、游行、示威的自由。国家供给必需的物质上的便利，以保证公民享受这些自由。

第八十八条　中华人民共和国公民有宗教信仰的自由。

第八十九条　中华人民共和国公民的人身自由不受侵犯。任何公民，非经人民法院决定或者人民检察院批准，不受逮捕。

第九十条　中华人民共和国公民的住宅不受侵犯，通信秘密受法律的保护。

中华人民共和国公民有居住和迁徙的自由。

第九十一条　中华人民共和国公民有劳动的权利。国家通过国民经济有计划的发展，逐步扩大劳动就业，改善劳动条件和工资待遇，以保证公民享受这种权利。

第九十二条　中华人民共和国劳动者有休息的权利。国家规定工人和职员的工作时间和休假制度，逐步扩充劳动者休息和休养的物质条件，以保证劳动者享受这种权利。

第九十三条　中华人民共和国劳动者在年老、疾病或者丧失劳动能力的时候，有获得物质帮助的权利。国家举办社会保险、社会救济和群众卫生事业，并且逐步扩大这些设施，以保证劳动者享受这种权利。

第九十四条 中华人民共和国公民有受教育的权利。国家设立并且逐步扩大各种学校和其他文化教育机关，以保证公民享受这种权利。

国家特别关怀青年的体力和智力的发展。

第九十五条 中华人民共和国保障公民进行科学研究、文学艺术创作和其他文化活动的自由。国家对于从事科学、教育、文学、艺术和其他文化事业的公民的创造性工作，给以鼓励和帮助。

第九十六条 中华人民共和国妇女在政治的、经济的、文化的、社会的和家庭的生活各方面享有同男子平等的权利。

婚姻、家庭、母亲和儿童受国家的保护。

第九十七条 中华人民共和国公民对于任何违法失职的国家机关工作人员，有向各级国家机关提出书面控告或者口头控告的权利。由于国家机关工作人员侵犯公民权利而受到损失的人，有取得赔偿的权利。

第九十八条 中华人民共和国保护国外华侨的正当的权利和利益。

第九十九条 中华人民共和国对于任何由于拥护正义事业、参加和平运动、进行科学工作而受到迫害的外国人，给以居留的权利。

第一百条 中华人民共和国公民必须遵守宪法和法律，遵守劳动纪律，遵守公共秩序，尊重社会公德。

第一百零一条 中华人民共和国的公共财产神圣不可侵犯。爱护和保卫公共财产是每一个公民的义务。

第一百零二条 中华人民共和国公民有依照法律纳税的义务。

第一百零三条 保卫祖国是中华人民共和国每一个公民的神圣职责。

依照法律服兵役是中华人民共和国公民的光荣义务。

第四章 国旗、国徽、首都

第一百零四条 中华人民共和国国旗是五星红旗。

第一百零五条 中华人民共和国国徽，中间是五星照耀下的天安门，周围是谷穗和齿轮。

第一百零六条 中华人民共和国首都是北京。

（一）起草准备阶段

中央人民政府委员会
关于召开全国人民代表大会及
地方各级人民代表大会的决议

（1953 年 1 月 13 日中央人民政府委员会第二十次会议通过　1953 年 1 月 14 日中央人民政府公布）

中国人民政治协商会议共同纲领规定："中华人民共和国的国家政权属于人民。人民行使国家政权的机关为各级人民代表大会和各级人民政府。各级人民代表大会由人民用普选方法产生之。各级人民代表大会选举各级人民政府。各级人民代表大会闭会期间，各级人民政府为行使各级政权的机关。国家最高政权机关为全国人民代表大会。全国人民代表大会闭会期间，中央人民政府为行使国家政权的最高机关。"（第十二条）中华人民共和国中央人民政府组织法规定："中华人民共和国政府是基于民主集中原则的人民代表大会制的政府。"（第二条）三年以前，国家初建，许多革命工作还在开始，群众发动不够充分，召开全国人民代表大会的条件还不够成熟，故当时根据共同纲领第十三条的规定，由中国人民政治协商会议第一届全体会议执行全国人民代表大会的职权，制定中华人民共和国中央人民政府组织法，选举中华人民共和国中央人民政府委员会并付之以行使国家权力的职权。

三年以来，由于中国共产党和毛主席的领导，全国各民族、各民主阶级、各民主党派、各人民团体的团结和努力，我们已在全国范围内基本上完成了土地改革、工矿企业民主改革以及其他各种社会改革，进行了胜利的抗美援朝运动、三反五反运动和各种知识分子的思想改造运动，坚决地镇压了反革命分子，肃清了残余土匪，特别是由于采取了正确的措施，稳定了物价，恢复并提高了工农业生产，争取了国家经济状况的根本好转，使人民生活有了初步的改善；这一系列的伟大的胜利，大大地提高了人民的组织程度和觉悟程度，大大地巩固了人民民主专政，并为第一个国家五年建设计划准备好了条件。今后我们的中心任务就是：一方面继续争取抗美援朝的胜利，一方面动员、组织和教育人民来实现国家的各项建设计划。为此，必须依照共同纲领的规定，及时地召开由人民用普选方法产生的全国人民代表大会，代替现在由中国人民政治协商会议的全体会议执行全国人民代表大会职权的形式，用普选的地方各级人民代表大会，代替现在由地方各界人民代表会议代行人民代表大会职权的形式，俾能进一步地加强人民政府与人民之间的联系，使人民民主专政的国家制度更加完备，以适应国家计划建设的要求。

中央人民政府委员会认为现在召开全国人民代表大会的条件已经具备，根据中华人民共和国中央人民政府组织法第七条第十款的规定，决议于 1953 年召开由人民用普选方法产生的乡、县、省（市）各级人民代表大会，并在此基础上接着召开全国人民代表大会。在这次全国人民代表大会上，将制定宪法，批准国家五年建设计划纲要和选举新的中央人民政府。

为了进行起草宪法和选举法的工作，并决议：成立中华人民共和国宪法起草委员会，以毛泽东为主席，以朱德、宋庆龄、李济深、李维汉、何香凝、沈钧儒、沈雁冰、周恩来、林伯渠、林枫、胡乔木、高岗、乌兰夫、马寅初、马叙伦、陈云、陈叔通、陈嘉庚、陈伯达、张澜、郭沫若、习仲勋、黄炎培、彭德怀、程潜、董必武、刘少奇、邓小平、邓子恢、赛福鼎、薄一波、饶漱石为委员组成之；成立中华人民共和国选举法起草委员会，以周恩来为主席，以安子文、李维汉、李烛尘、李章达、吴玉章、高崇民、陈毅、张治中、张奚若、章伯钧、章乃器、许德珩、彭真、彭泽民、廖承志、刘格平、刘澜涛、刘宁一、邓小平、蔡廷锴、蔡畅、谢觉哉、罗瑞卿为委员组成之。以上两个委员会应即制定自己的工作程序。

在中央人民政府委员会
第二十次会议上的报告（节选）[①]

（1953 年 1 月 13 日）

周恩来

宪法问题。既然要召开全国人民代表大会，选举政府，共同纲领就不能再作为国家的根本法律了。当初共同纲领之所以成为临时宪法是因为政治协商会议全体会议执行了全国人民代表大会的职权。那么，现在不执行这个职权了，这个职权还之于全国人民代表大会了，全国人民代表大会就应该有自己的法律——宪法。

宪法的主要内容，应包括我们的国家制度、社会结构、人民权利三部分。而这些内容在共同纲领里面已经包含了。共同纲领中已经实行的或者将要实行的以及必定实行的有关规定，可以把它拿到宪法里面来；把中央人民政府的组织法加以斟酌或作若干修改后，也可以拿到宪法里面来；选举法中的选举原则也可拿到宪法里面来，这样，就可以组成整个的宪法。

在昨天晚上举行的政协座谈会上，有的朋友顾虑起草宪法是否有困难，经过昨天晚上的讨论，再加以考虑，我们感觉起草宪法的条件是成熟了，虽然有困难，但是可以克服的。毛主席说，孙中山先生领导辛亥革命，在南京临时政府成立后的几天工夫，就由十九个代表（每省一个）搞出了一部"临时约法"。因为他既然建立了新的国家，就要有临时宪法。至于那些反动统治者，袁世凯也好，蒋介石也好，根本不想搞宪法，所以就搞不出来，搞出来的也只是用来欺骗人民。

我们的兄弟国家，立国之时都有宪法。比如苏联在革命以后，一九一八年就宣布了宪法，一九二四年又修改了宪法，一九三六年才有了"斯大林宪

[①] 原载于《党的文献》1997 年第 1 期，原题目为《全国人民代表大会应该有自己的法律——宪法》，现题目为编者所加。

法"。波兰、德意志民主共和国立国之时，把旧宪法加以若干修改后使用，经过几年的建设，有了经验，现在就搞出了新宪法。最近波兰、罗马尼亚都宣布了新宪法。这些宪法都是根据已经成功的经验，逐步地改善和肯定下来的。所以我们既然要召开全国人民代表大会并选举政府，就要把宪法搞出来，而且现在条件已成熟了。

自从我们提出召开全国人民代表大会以后，在社会的某些方面引起了一些波动。比如有的人想："召开全国人民代表大会，就是马上搞社会主义了吧！"这当然是误会。我们国家经济的发展，是要增加社会主义成分的，这是共同纲领里规定的。但我们现在还是新民主主义阶段，我们还是要根据共同纲领的精神办事，只是把共同纲领里的东西吸收到宪法里面去；我们的政权还是工人阶级领导的、以工农联盟为基础的、四个阶级合作的人民代表大会制，这是肯定的。所以宪法草案的规定，可以使全国人心更加安定，政治基础更加巩固，各种建设都能在政治领导的巩固基础上来进行。

起草宪法虽然有困难，但是可以解决的。因为宪法不是永恒不变的，刚才说的兄弟国家的经验也证明了这一点。苏联宪法已经修改过三次，头两次的宪法是初期的，"斯大林宪法"才是比较完整的；但它也仅仅是规定了社会主义阶段的作法。现在他们已经逐渐向共产主义发展，有些新的条件生长起来了，这从斯大林的《苏联社会主义经济问题》一书中就可以看出来，但在宪法上还只是规定了现在要做的事情。由此可以看出，我们的宪法也是现阶段的宪法，将来还会提高。但是现阶段的宪法，可以把我们的政治基础搞得更加巩固。

时间上，在选举法颁布以后，我们可以有充足的时间，比如二月、三月、四月，甚至五月，可以有几个月的工夫来起草。毛主席前天也讲了，我们的共同纲领，经过大家讨论，实际上搞起来，前后也不过一个月。起草宪法要有一个起草委员会。在起草过程当中，中央人民政府委员会的各个委员、政协全国委员会的委员、各部门的领导同志，有意见仍然可以提出来，吸收进去，使这个宪法搞得更完备。

当然，进行工作的具体规定，有待于这两个法的起草委员会去确定，然后提到中央人民政府委员会来通过。至于宪法，现在只能颁布一个草案。

草案颁布以后，希望能够在省（市）、县两级进行讨论，这样就更能动员和教育全国人民了解这个宪法。我们现在的宪法草案，在全国是已经有了基础的。基础有两种：第一，我们实行了三年共同纲领、大家在政治生活上、在实践中，体验了、认识了我们的国家制度、政治结构和人民权利这些问题。第二，我们普遍地组织了共同纲领的学习运动。但现在有的人发生了一种误会。我看见上海的报告上说："听到北京宣布了要召开全国人民代表大会，就不学习共同纲领了。"当然这是不对的。正因如此，就更要学习共同纲领。因为学习了以后，才知道怎样把共同纲领里的东西吸收到宪法里面去。

中华人民共和国宪法起草委员会名单

（1953 年 1 月 13 日中央人民政府委员会第二十次会议通过）

主席：毛泽东

委员：朱　德　　宋庆龄（女）　　李济深　　李维汉　　何香凝（女）
　　　沈钧儒　　沈雁冰　　周恩来　　林伯渠　　林　枫　　胡乔木
　　　高　岗　　乌兰夫　　马寅初　　马叙伦　　陈　云　　陈叔通
　　　陈嘉庚　　陈伯达　　张　澜　　郭沫若　　习仲勋　　黄炎培
　　　彭德怀　　程　潜　　董必武　　刘少奇　　邓小平　　邓子恢
　　　赛福鼎·艾则孜　　薄一波　　饶漱石

中国共产党中央委员会
1954 年宪法草案（初稿）

（1954 年 3 月 23 日中国共产党中央委员会提出）

目　录

序　言

中国人民经过了长时期的英勇奋斗，终于在中国共产党领导之下，在一九四九年取得了反对帝国主义、封建主义和官僚资本主义的人民革命的伟大胜利，因而结束了被压迫被奴役的历史，建立了人民民主专政的中华人民共和国。中华人民共和国的人民民主制度，也就是新民主主义制度，保证我国能够通过和平的道路建立消灭剥削、消灭贫困的社会主义社会，达到富强、幸福和文明的境地。

从中华人民共和国成立到社会主义社会建成，这是一个过渡时期。国家在过渡时期的总任务，是逐步实现国家的社会主义工业化，并逐步完成对农业、手工业和资本主义工商业的社会主义改造。我国人民在过去几年内已经很有成效地进行了土地制度的改革、抗美援朝、镇压反革命分子、完成经济恢复等项大规模的斗争，这就为有计划地发展经济建设和逐步过渡到社会主义社会准备了必要的条件。

中华人民共和国第一届全国人民代表大会的代表们聚集在首都北京，庄严地通过我国的第一个宪法，作为全体人民和一切国家机关所必须遵守的根本法。这个宪法以一九四九年中国人民政治协商会议《共同纲领》为基础，同时是它的发展。这个宪法巩固了我国人民革命的成果和我国建国以来政治上经济上的新胜利，并且反映着国家在过渡时期的根本要求和广大人民对于进一步建设新生活的共同愿望。我国人民在建立中华人民共和国的伟大斗争中已经结成了以中国共产党为领袖的各民主阶级、各民主党派、各人民团体的广泛的人民民主统一战线。我国的人民民主统一战线在今后将作为动员全国人民完成我国在过渡时期的总任务的武器而继续发挥它的作用。

我国各民族已经团结成为一个自由平等的民族大家庭。这个团结在发扬各民族间的友爱互助、反对帝国主义和各民族的内部公敌、反对大民族主义和地方民族主义的基础上将继续加强。国家在发展经济建设的过程中将照顾到各民族的需要，而在实现社会主义改造的问题上将充分注意各民族发展的特点。

我国同苏联和各人民民主国家已经建立了伟大的牢不可破的友谊，我国人民同各国爱好和平的人民的友谊也日见增进。

我国将继续不断地发展和巩固这种友谊，并且将按照平等互利的原则，同一切主张维持和平的、对我国采取友好态度的国家建立和发展外交关系，以服务于世界和平和人类进步的崇高目的。

第一章　总　　纲

第一条　中华人民共和国是工人阶级领导的、以工农联盟为基础的人民民主国家。

第二条　中华人民共和国的一切权力属于人民。人民行使权力的机关是全国人民代表大会和地方各级人民代表大会。

中华人民共和国国家权力的中央机关和地方机关一律实行民主集中制。

第三条　中华人民共和国是统一的多民族的国家。各民族有平等的权利和义务。各聚居的少数民族实行区域自治。禁止民族间的歧视和压迫，禁止分裂各民族团结的行为。

第四条　中华人民共和国依靠国家机关，组织社会力量，经过国家的社会主义工业化和国民经济的社会主义改造，保证逐步消灭人剥削人的制度，建立社会主义社会。

第五条　中华人民共和国的生产资料所有制现在有下列各种：国家所有制即全民所有制；合作社所有制；个体劳动者所有制；资本家所有制。

第六条　国营经济是全民所有制的社会主义经济。国营经济是整个国民经济中的领导力量和国家实现社会主义改造的物质基础。国家保证优先发展国营经济。

中华人民共和国的矿藏、水流、大森林、大荒地和其他由法律规定为国有的资源都属于全民所有，由国家经营，或者委托合作社经营，或者租给他人经营。

第七条　合作社经济是劳动群众集体所有制的社会主义经济，或者是劳动群众部分集体所有制的半社会主义经济。国家保护合作社的财产，鼓励、帮助和指导合作社经济的发展，并且把发展生产合作当作改造农业的手工业的小生产经济的主要道路。

劳动群众集体所有制和全民所有制是社会主义所有制的两种形式。劳动群众部分集体所有制是组成个体农民、个体手工业者和其他个体劳动者走向完全集体所有制的过渡形式。

第八条　国家依照法律保护农民的土地所有权和其他财产所有权。

国家帮助和指导个体农民增加生产，并且鼓励他们在自愿的基础上组成生产互助合作、供销合作和信用合作。

国家对富农的剥削制度采取从限制到逐步消灭的政策。

第九条　国家依照法律保护手工业者和其他非农业的个体劳动者的生产资料所有权和其他财产所有权。

国家帮助和指导个体手工业者和其他非农业的个体劳动者改善经营，并且鼓励他们在自愿的基础上组成生产合作和供销合作。

第十条　国家依照法律保护民族资本家的生产资料所有权和其他所有权。

国家对资本主义工商业采取如下的政策：利用资本主义工商业的有利于国计民生的积极部分和积极作用，限制它们的不利于国计民生的消极部分和消极作用，鼓励和指导它们转变为各种不同形式的国家资本主义经济，逐步用社会主义的全民所有制代替资本主义所有制。

国家禁止资本家从事投机、垄断、盗窃国家财产等危害公共利益、扰乱社会经济秩序、破坏国家经济计划的行为。

国家经过政府机关的管理、国营经济的领导和资本主义工商业内工人群众的监督，改造资本主义工商业和防止资本家的非法活动。

第十一条　国家保护公民的劳动收入、储蓄、住宅和其他生活资料的所有权和继承权。

第十二条　国家在公共利益需要的时候，可以根据法律所规定的条件，对城乡土地和其他生产资料实行征购、征用或收归国有。

第十三条　国家禁止任何人利用私有财产破坏公共利益。

第十四条　国家用经济计划指导整个国民经济的发展和改造，使生产力不断提高，以求改进人民的物质生活和文化生活，巩固国家的独立和安全。

第十五条　国家实行对外贸易的统制和国内贸易的管理。

第十六条　劳动是中华人民共和国一切有劳动能力的公民的光荣事业。国家鼓励公民在劳动中的积极性和创造性，并且保证他们的劳动得到正当的报酬。

第十七条　一切国家机关必须经常保持同人民群众的密切联系，在工作中依靠人民群众的参加、创议和监督。

第十八条　一切国家机关工作人员必须为人民服务，效忠人民民主制度，服从宪法和法律。

第十九条　中华人民共和国维护人民民主制度，保护全体公民的安全和合法的权益，镇压一切叛国的和反革命的活动，惩办一切卖国贼和反革命分子。

中华人民共和国依照法律在一定时期内剥夺封建地主和官僚资本家的政治权利，但是同时给他们生活出路，使他们在劳动中改造成为自食其力的公民。

第二十条　中华人民共和国的武装力量属于人民，它的任务是保护人民革命的成果，保护国家的安全和领土主权的完整。

第二章　国家组织系统

第一节　全国人民代表大会

第二十一条　全国人民代表大会是中华人民共和国最高权力机关。

第二十二条　全国人民代表大会是行使中华人民共和国立法权的唯一机关。

第二十三条　全国人民代表大会由省和市的代表、少数民族的代表、军人的代表和华侨的代表组成。代表名额和代表候选人产生办法由选举法规定。

第二十四条　全国人民代表大会每四年选举一次。

全国人民代表大会任期满了的时候，必须在三个月内举行下届全国人民代表大会的选举；如果遇到不能进行选举的非常情况，可以延长它的任期到下届大会选出的时候为止。

第二十五条　全国人民代表大会每年开会一次，由全国人民代表大会常务委员会召集。如果全国人民代表大会常务委员会认为必要，或者有三分之一以上的代表提议，可以临时召集。

第二十六条　全国人民代表大会行使下列职权：

（一）制定法律。

（二）修改宪法。

（三）选举全国人民代表大会的议长、副议长、秘书长和常务委员会委员。

（四）选举中华人民共和国主席、副主席。

（五）决定国务院总理的人选，组织国务院。

（六）选举最高人民法院；任命总检察长、副总检察长。

（七）决定领土的变动。

（八）审查和批准国民经济计划和国家的预算、决算。

（九）决宗宣战和媾和。

（十）决定大赦。

（十一）全国人民代表大会认为应当由它行使的其他职权。

第二十七条　法律由全国人民代表大会过半数的代表通过。

第二十八条　宪法的修改由全国人民代表大会三分之二以上的代表通过。

第二十九条　全国人民代表大会有权罢免下列人员：

（一）中华人民共和国主席、副主席。

（二）国务院总理、副总理，国务院其他组成人员。

（三）最高人民法院的组成人员。

（四）总检察长、副总检察长。

（五）全国人民代表大会的议长、副议长、秘书长和常务委员会委员。

第三十条　全国人民代表大会设立民族委员会、法案委员会、预算委员会、代表资格审查委员会和其他需要设立的委员会。

第三十一条　全国人民代表大会所设立的各种委员会进行调查和审查工作的时候，一切国家机关、人民团体和公民都有义务向这些委员会的提供必要的材料。

第三十二条　全国人民代表大会代表有权向国务院或者国务院所属各机关提出质问和询问，受质问和询问的机关必须答复。

第三十三条　全国人民代表大会的代表，除现行犯外，非经全国人民代表大会或者全国人民代表大会常务委员会许可，不得逮捕或者审判。如果代表因为是现行犯被捕的时候，必须立即把逮捕理由报告全国人民代表大会或者全国人民代表大会常务委员会和请求批准。

第三十四条　全国人民代表大会经过它的代表向它的选举单位报告工作，并且受它们的监督。

第三十五条　全国人民代表大会选出全国人民代表大会常务委员会作为全国最高权力机关的日常工作机关。

全国人民代表大会常务委员会对全国人民代表大会负责并报告工作。

全国人民代表大会常务委员会由全国人民代表大会的议长一人、副议长若干人、秘书长一人和常务委员人委员若干人组成。

第三十六条　全国人民代表大会常务委员会在全国人民代表大会休会期间行使下列职权：

（一）召开全国人民代表大会。

（二）举行全国人民代表大会的选举。

（三）监督宪法和法律的实施。

（四）解释法律。

（五）通过具有法律效力的条例和其他法令。

（六）在特殊情况下，临时执行本宪法第二十六条五、六、八各款职权。

（七）监督国务院、最高人民法院和最高人民检察署的工作。

（八）变更或者撤销国务院和下级人民代表大会同国家法律相抵触的决议、条例和命令。

（九）决定国务院副总理，国务院所属各部的个别部长、副部长和各委员会的个别主任、副主任的任免。

（十）组织国防委员会。

（十一）决定驻外全权代表的任免。

（十二）决定批准和废除同外国缔结的条约。

（十三）规定军人和外交人员的衔级和其他专门名衔。

（十四）规定国家的勋章、奖章和荣誉称号。

（十五）决定特赦。

（十六）决定个别地区或者全国的戒严。

（十七）全国人民代表大会认为应当由全国人民代表大会常务委员行使的其他职权。

全国人民代表大会常务委员会必须把行使本条五、六、九各款职权所作的措施提请下一次的全国人民代表大会批准。

第三十七条 全国人民代表大会常务委员会行使职权到下届全国人民代表大会选出新的常务委员会的时候为止。

第二节 中华人民共和国主席

第三十八条 中华人民共和国主席由全国人民代表大会选举。任何年满三十五岁的享有选举权和被选举权的公民，都可以被选为中华人民共和国主席。

第三十九条 中华人民共和国主席任期五年。

第四十条 中华人民共和副主席的选举和任期适用本宪法第三十八条和第三十九条的规定。

第四十一条　中华人民共和国主席的职权如下：

（一）根据全国人民代表大会和全国人民代表大会常务委员会的决定，行使下列职权：

1. 公布法律和具有法律效力的条例和其他法令。

2. 任免国务院总理、副总理，国务院所属各部部长、副部长，各委员会主任、副主任和国防委员会组成人员。

3. 授予国家的勋章、奖章和荣誉称号。

4. 发布大赦令和特赦令。

5. 发布戒严令，宣布战争状态，发布动员令。

（二）向全国人民代表大会和全国人民代表大会常务委员会提出建议。

（三）依照法律任免省、中央直辖市、自治区、自治省的人民政府的主席、副主席。

（四）对外代表中华人民共和国。任免驻外全权代表。接受外国外交使节。批准同外国缔结的条约。

（五）统率全国武装力量，担任国防委员会主席。

（六）在必要的时候召集中华人民共和国副主席、国务院总理和其他有关人员举行最高国务会议。

第四十二条　中华人民共和国主席行使职权到下届全国人民代表大会选出新的主席的时候为止。

第四十三条　中华人民共和国主席可以委托副主席代行主席的部分职权。

第四十四条　中华人民共和国主席被罢免或者去世或者长期不能工作的时候，全国人民代表大会常务委员会必须在三个月内召集全国人民代表大会选举新的主席。在新的主席选出以前，由中华人民共和国副主席代行主席的全部职权。

第三节　国务院

第四十五条　中华人民共和国国务院是中华人民共和国的中央人民政府，是国家最高管理机关。

第四十六条　中华人民共和国国务院由总理和副总理、国务院所属各部部长和某些委员会的主任组成。

总理领导国务院的工作，主持国务会议。

组成国务院的各个部和委员会的建立和变更由全国人民代表大会决定，在全国人民代表大会休会期间由全国人民代表大会常务委员会决定。

国务院的组织法由全国人民代表大会制定。

第四十七条　国务院对全国人民代表大会负责并报告工作；在全国人民代表大会休会期间，对全国人民代表大会常务委员会负责并报告工作。

第四十八条　国务院行使下列职权：

（一）根据宪法、法律和全国人民代表大会常务委员会所通过的具有法律效力的条例和其他法令，规定行政的具体措施、发布决议、条例和命令，并且审查它们的实施情况。

（二）向全国人民代表大会或者全国人民代表大会常务委员会提出议案。

（三）统一管理所属各部，各委员会和其他机关的工作。

（四）统一领导全国地方人民政府的工作。

（五）变更或者撤销国务院所属各机关和下级人民政府的不适当的决议、条例和命令。

（六）实现国民经济计划和国家预算。

（七）管理文化、教育和卫生工作。

（八）管理民族事务。

（九）管理华侨事务。

（十）保护国家利益，维护公共秩序，保障公民权利。

（十一）管理外交工作。

（十二）领导武装力量的建设，规定每年征召入伍的公民的数目。

（十三）依照法律的所规定的范围和程序，任免国家行政人员。

（十四）全国人民代表大会或者全国人民代表大会常务委员会认为应当由国务院行使的其他职权。

（十五）各部部长和各委员会主任负责管理本部门的工作。各部和各委员会在本部门的权限内，根据法律和国务院的决议、条例和命令，可以发布决议和命令。

第四十九条　各部部长和各委员会主任负责管理本部门的工作。各部和各委员会在本部门的权限内，根据法律和国务院的决议、条例和命令，可以发布决议和命令。

第四节　国家权力的地方机关

第五十条　中华人民共和国的行政区域划分如下：

（一）全国分为省、自治区或者自治省、中央直辖市；

（二）省、自治区或者自治省分为自治州、县、自治县、市；

（三）自治州分为县、自治县；

（四）县、自治县分为乡、民族乡、镇；

（五）较大的市分为区。

省、市、县、市辖区、乡或者镇应当设立国家权力的地方机关。在这些国家权力的地方机关之外，可以按照需要，设立不同等级的行政代行机关。

民族自治地方的权力机关，依照本宪法第二章第五节的规定。

第五十一条　国家权力的地方机关是地方各级人民代表大会和地方各级人民政府。

地方各级人民政府是国家的地方各级管理机关。地方各级人民政府由本级人民代表大会选举。

第五十二条　乡、镇、市辖区和不设区的市人民代表大会的代表，由选民直接选举。地方其他各级人民代表大会的代表，由它的下一级人民代表大会选举。

市、市辖区、县、乡或者镇的人民代表大会每两年选举一次，省人民代表大会每四年选举一次。

地方各级人民代表大会代表的名额和代表候选人产生办法，由选举法规定。

第五十三条　地方各级人民代表大会经过它的代表向它的选举单位报告工作，并且受它们的监督。

选出地方各级人民代表大会的选举单位有权随时撤换自己的代表。

第五十四条　地方各级人民政府都由主席一人、副主席若干人和委员若干人组成。

第五十五条　地方各级人民政府服从本级人民代表大会，同时服从上级人民政府。全国地方各级人民政府都服从国务院。

第五十六条 地方各级人民政府定期向本级人民代表大会报告工作。

地方各级人民代表大会有权罢免由它们选出的地方人民政府的人员。

第五十七条 地方各级人民代表大会和地方各级人民政府行使下列职权：

（一）执行法律。

（二）执行中央国家机关和上级国家机关的决议、条例和命令。

（三）在法律和上级国家机关所规定的权限内发布决议和命令。

（四）变更或者撤销下级国家机关的不适当的决议和命令。

（五）根据国民经济计划和国家预算，规定和实施地方经济计划和地方预算。

（六）管理当地的文化、教育和卫生工作。

（七）保护公共财产。

（八）维护公共秩序，保障公民权利。

第五十八条 地方各级人民代表大会和地方各级人民政府，都不能违背中央国家机关和上级国家机关的决议、条例和命令。

第五十九条 地方各级人民法院由本级人民代表大会选举和罢免。

第五节 民族自治机关

第六十条 中华人民共和国境内各聚居的少数民族所建立的自治区、自治省、自治州、自治县、民族乡，都是中华人民共和国领土不可分离的一部分。

第六十一条 各民族自治地方的自治机关都是中央国家机关统一领导下的一级地方国家机关，并且都受上级国家机关的领导。

自治机关的组织和工作，应当按照本宪法第二章第四节关于地方各级人民代表大会和地方各级人民政府所规定的基本原则。

各民族自治地方的自治机关的具体形式，按照实行区域自治的民族大多数人民的意愿规定。

第六十二条 在多民族杂居的民族自治地方的自治机关中，各有关民族应当有适当名额的代表。

第六十三条 各民族自治地方的自治机关在行使职权的时候，用当地民族通用的一种或者几种语言文字。

第六十四条　各民族自治地方的自治机关都在宪法和法律规定的权限内行使自治权。各上级国家机关应当充分保障它们行使自治权，并且帮助各少数民族发展政治、经济和文化的建设事业。

各民族都有发展自己的语言文字、保持或者改革自己的风俗习惯和宗教信仰的自由。

各自治区或者自治省、自治州、自治县的自治机关按照法律规定的权限管理本地方的财政，依照国家的军事制度组织本地方的公安部队。

第六十五条　各自治区或者自治省、自治州、自治县的自治机关除行使本宪法第五十七条各项职权外，可以按照当地民族的政治、经济和文化的特点，制定自治条例和单行条例，呈报全国人民代表大会常务委员会批准。

第六节　法院和检察机关

第六十六条　中华人民共和国的司法权由最高人民法院、地方各级人民法院和依法设立的专门法院行使。

最高人民法院和地方各级人民法院的组织由法律规定。

第六十七条　最高人民法院和地方各级人民法院任期一律五年。

第六十八条　各级人民法院审判案件依照法律实行人民陪审制。

第六十九条　各级人民法院审理案件，除法律规定的特别情况外，一律公开进行。被告人有辩护权。

第七十条　各民族公民都有使用本民族语言文字进行诉讼的权利；在必要的时候，人民法院应当为他们翻译。在少数民族聚居或者多民族杂居的地区，人民法院应当用当地通用的语言进行审讯。人民法院的判决书、布告和其他文件，应当用各有关民族通用的文字。

第七十一条　各级人民法院独立行使职权，只服从法律。

第七十二条　最高人民法院是最高审判机关。

最高人民法院监督地方各级人民法院的审判工作。

第七十三条　最高人民法院对全国人民代表大会和全国人民代表大会常务委员负责并报告工作。地方各级人民法院对本级地方人民代表大会负责并报告工作。

第七十四条　中华人民共和国的检察机关对政府机关、国家机关工作人员和公民的犯法行为，行使检察权。

第七十五条　中华人民共和国总检察长任免省、中央直辖市、自治区和自治省检察长和副检察长。县、市、自治州、自治县的检察长由省、自治区、自治省的检察长呈请总检察长批准任免。

总检察长、副总检察长和地方各级检察长的任期一律五年。

第七十六条　检察机关独立行使职权，不受地方政权机关的干涉。地方各检察长受上级检察长的领导，并且一律服从总检察长的领导。

第七十七条　总检察长对全国人民代表大会和全国人民代表大会常务委员会负责并报告工作。

第三章　公民的基本权利和义务

第七十八条　中华人民共和国全体公民在法律上一律平等。

第七十九条　凡是年满十八周岁的中华人民共和国公民，不分民族、种族、职业、社会出身、宗教信仰、教育程度、财产状况和居住期限，都有选举权和被选举权。但是依照法律被剥夺政治权利的人和有精神病的人除外。

妇女有同男子平等的选举权和被选举权。

第八十条　中华人民共和国公民有言论、出版、集会、结社、游行、示威和信仰宗教的自由。

第八十一条　中华人民共和国公民的人身自由不受侵犯。任何公民非经法院或者检察长依照法律所作的决定或者许可，不受逮捕。在紧急情况下的临时拘留，至迟要在三日内得到法院或者检察长的许可，否则拘留的人应当得到释放。

第八十二条　中华人民共和国公民的住宅不受侵犯。

中华人民共和国公民的通讯秘密受法律的保护。

第八十三条　中华人民共和国公民有劳动的权利。国家依据发展国民经济的计划，逐步实现社会主义工业化和社会主义改造，扩大劳动就业，改善劳动条件和工资待遇，以便保证公民享受这种权利。

第八十四条　中华人民共和国劳动者有休息的权利。国家规定工人和职员的工作时间和休假制度，逐步扩充劳动者休息和休养的物质条件，以便保证劳动者享受这种权利。

第八十五条　中华人民共和国劳动者有在年老、疾病或者丧失劳动能力的时候获得物质帮助的权利。国家举办社会保险、社会救济和卫生事业，并且逐步扩大这些设施，以便保证劳动者享受这种权利。

第八十六条　中华人民共和国公民有受教育的权利。国家设立并逐步扩大各种学校和其他文化教育机关，以便保证公民享受这种权利。

第八十七条　中华人民共和国妇女在政治的、经济的、文化的、社会的和家庭的生活各方面享有同男子平等的权利。

婚姻、家庭、母亲和儿童受国家的保证。

第八十八条　中华人民共和国公民有用书面的或者口头的方式，向各级国家机关控诉任何违法失职的国家机关工作人员的权利。由于国家机关工作人员侵害公民权利而受到损失的人，有取得赔偿的权利。

第八十九条　国家保护国外华侨的正当权益。

第九十条　任何由于拥护正义事业、参加和平运动、进行科学工作而受到迫害的外国人民，中华人民共和国给以居留权。

第九十一条　中华人民共和国公民必须遵守宪法和法律，遵守劳动纪律和公共秩序，担负社会义务。

第九十二条　中华人民共和国的公共财产神圣不可侵犯。保护和巩固公共财产是每一个公民的义务。

第九十三条　中华人民共和国公民有依照法律纳税的义务。

各级人民政府非依照法律不得征税。

第九十四条　保卫祖国是中华人民共和国每一个公民的神圣职责，依照法律服兵役是中华人民共和国公民的光荣义务。

第四章　国旗、国徽、首都

第九十五条　中华人民共和国的国旗是五星红旗。

第九十六条　中华人民共和国的国徽，中间画着五星照耀下的北京天安门，周围画着麦穗和齿轮。

第九十七条　中华人民共和国的首都是北京。

在宪法起草委员会
第一次会议上的插话（节录）①

（1954 年 3 月 23 日）

毛泽东

当谈到宪法草案的起草工作时，毛泽东说：宪法起草小组自一月七日开始工作，三月九日工作结束。起草小组进行了一度工作后，由董必武、彭真、张际春等同志组成了研究小组，还请了周鲠生先生和钱端升先生为法律顾问，叶圣陶先生和吕叔湘先生为语文顾问，又搞了个把月，同时中共中央也讨论了三次，每次都有很多修改。

当谈到宪法必须根据国家性质和经济关系，充分表达我国逐步过渡到社会主义社会这一根本要求时，毛泽东说：这个宪法，是以共同纲领为基础加上总路线，是过渡时期的宪法，大概可以管十五年左右。

当谈到共同纲领中的一些根本原则在宪法草案中被肯定下来，共同纲领中有些已经过了时的东西没有再写进宪法时，毛泽东说：如土地改革；又如镇压反革命，虽然现在还有反革命分子，但是很大一部分已经镇压过了。

当谈到宪法草案不仅采用了共同纲领规定的各项根本原则，而且还吸取了建国以来各项重要法令中的一些原则时，毛泽东说：例如国家建设征用土地办法，共同纲领上就没有。

当谈到保护各种所有制时，毛泽东说：宪法草案上有个其他个体劳动者，这是指：摊贩、夫妻商店、船夫、戏班子等等，他们既是劳动者，也是私有者。比如梅兰芳，他也是劳动者，他的戏班子又是他个人的。

当谈到毛主席说过个体经济像个汪洋大海，把他们变为集体所有制很复杂很困难时，毛泽东说：最困难。改造资本主义困难，比较说来，改造个体

---

① 原载于《党的文献》1997 年第 1 期。

农业、手工业更困难。人多，分散，一万万一千万户农民，就有一万万一千万个单位，我们要指挥这么多单位好困难啊！征粮、购粮，是一万万一千万个单位，怎么得了？你干，他不干；你要买粮食，他不卖，怎么办？为什么我们没有肉吃？就是因为他们吃多了。福建省长汀县河田镇，解放前一天杀三头猪，现在杀十八头猪，还不够吃。

当谈到采用过渡形式，逐步改造农业、手工业和资本主义工商业，使之向社会主义过渡时，毛泽东说：我们的宪法，是过渡时期的宪法。我国的各种办法，大部分是过渡性质的。人民的权利，如劳动权、受教育权等等，是逐步保证，不能一下子保证。现在有人进不了学校，就打学校；说，什么人民政府！不让我进学校，我就打你。没有那么多的学校，怎能都进呢？我们的选举，也是过渡性质的选举。普遍，算是普遍了，但也有限制，地主没有选举权，也不完全普遍；平等，城市选的代表多，乡村选的代表少，如完全按人数平等选举，那人民代表大会就几乎成了农民代表大会，工人就变成了尾数；直接，我们只有基层选举是直接的，其余都是间接的；无记名，我们一般是举手，还是有记名。总之，我们的办法不那么彻底，因为是过渡时期。怎样选全国人民代表大会代表，是不是乡村八十万人口选一个，城市十万人口选一个，这些问题，在选举法上去作文章好了，这里就不写了。人民的权利和义务，也有过渡时期的特点。支票开得好看，但不能兑现，人民要求兑现，怎么办？还是老实点吧！

当谈到全国人民代表大会同国家主席与国务院总理的关系时，毛泽东说：我们的主席、总理，都是由全国人民代表大会产生出来的，一定要服从全国人民代表大会，不能跳出"如来佛"的手掌。资本主义国家名义上是议会选出政府，通过法律，实际上议会是政府的附属品。我们中央有个国务院，就是中央人民政府；地方各级人民代表大会选举出的由主席、副主席、委员组成的地方各级人民政府就是国家的地方各级管理机关，也是国家权力的地方机关。因此，地方上就没有常务委员会了。苏联叫最高苏维埃，我们叫全国人民代表大会；苏联叫最高苏维埃主席团，我们叫全国人民代表大会常务委员会；苏联叫部长会议，我们叫国务院。我们就是多个主席。有个议长，还有个主席，叠床架屋，这个办法可以不可以？各人民民主国家中，捷克、民主德国是这样的制度，他们叫总统，我们叫主席。议会议好的东西，归主席发布；但他不能发布议会没有议过的东西；他也不能行，行是国务院的事。这个大家是不是赞成？可以讨论。

当谈到下级人民代表大会服从上级人民代表大会，下级人民政府服从上级人民政府时，毛泽东说：这里是母亲服从儿子。省、市人民代表大会产生全国人民代表大会的代表，但全国人民代表大会议出来的东西全国四十四个省、市都要服从。假若某一个省人民代表大会议出的东西不对，全国人民代表大会可以把它撤销。

当谈到中央的统一领导和各地方、各民族的积极性可以相结合，这一点和苏联、各人民民主国家一样时，毛泽东说：中央议事，地方办事。和专制时代不同。

当谈到我们的国家主席与资本主义国家的总统不同，资本主义国家的总统是与国会对立的时，毛泽东说：资本主义国家的总统可以解散国会。我们的主席不能解散全国人民代表大会，相反地，全国人民代表大会倒可罢免主席。

当谈到我们的国家实行集体领导，而以个人形式来表现时，毛泽东说：主席也不是政府，国务院不向他报告工作。打屁股打国务院总理，不打主席。关于主席的职权，草案第四十条第五款规定，担任国防委员会主席，而国务院又有国防部，我们还是叠床架屋，这是从国务院分了一点工作。第六款规定，在必要的时候召开最高国务会议。议什么事没有讲，总之不能违反全国人民代表大会。"在必要的时候"，也就是说很少开，有紧急的大事情才开会商量一下。大家看这样规定妥当不妥当？第一、二、三、四款，都是例行公事。第二款是说可以提出建议，建议不起决定作用，人家愿理就理，不理拉倒，毫无办法。这两条是说，主席也有些事做，不是专门吃饭。这是为保证国家安全起见，设了个主席。我们中国是一个大国，叠床架屋地设个主席，目的是为着使国家更加安全。有议长，有总理，又有个主席，就更安全些，不至于三个地方同时都出毛病。如果全国人民代表大会出了毛病，那毫无办法，只好等四年再说。设主席，在国务院与全国人大常务委员会之间有个缓冲作用。

当谈到根据我国经验，设个主席有好处时，毛泽东说：中央人民政府委员会的职权，大部移到全国人民代表大会和常务委员会去。现在没有全国人民代表大会，故政府委员有六十三人，以后这六十三人的委员会的工作就变成常务委员会的工作。

当谈到国务院是全国人民代表大会的执行机关，这和各社会主义国家的规定属同一类型，但有一些差别时，毛泽东说：中央各部、各委员会列不列？我们没有列，苏联一九一八年的宪法也没有列。不列，绅缩性大。部、委员会可能经常变动，或增或减，如果列了，变动一次，就要修改一次宪法，这样，宪法就要年年修改了。

当谈到中国是一个多民族的国家，民族之间过去有矛盾时，毛泽东说：所谓矛盾，主要是大民族压迫小民族。古代也有小民族压迫大民族的，如元朝蒙古人压迫汉人，如五胡十六国等等。但到后来就不同了，清朝是利用汉族压迫少数民族。到国民党时期，就更不同了。

当谈到中华人民共和国成立以来，我国的民族关系一天天好起来时，毛泽东说：还有不少毛病，主要是汉族干部中有大汉族主义，个别的还有地方民族主义；也出过不少乱子，但基本上是好的。有的地方，少数民族的人当主席，汉族的人当秘书，结果是秘书专政，少数民族的人当主席是做做样子，少数民族做官，汉族掌权。内蒙古大概要好点。这种情形是有的，要继续改良，继续教育。

当谈到民族自治机关都在宪法和法律规定的权限内行使自治权时，毛泽东说：为了照顾少数民族特别是西藏的情况，在草案第六十一条中写了第三款，即："各民族自治地方的自治机关的具体形式，按照实行区域自治的民族大多数人民的意愿规定。"现在西藏是达赖管事情，如按第六十一条第二款办，就要开人民代表大会，选举人民政府。这样办，恐怕达赖不干。他可以搬出我们和他订的十七条协议，质问我们。怎么办？可以按照第三款办事。搞人民政府不行，可以搞别的具体形式。达赖是活佛，是活"神仙"，不是人民选出来的。现在想马上选又不行，究竟搞个什么形式，由那里大多数人民的意愿决定。他们信达赖、土司比信我们信得厉害得多，你要动他是动不得的。好吧！就按照大多数人民的意愿办事吧！不这样，又有什么办法？我对西藏代表团说过，我们不强迫你们，你们搞不搞土地改革，搞不搞选举，由你们决定。十七条协议不实行可以不可以？不可以，一定要实行。但其中哪一条你们现在不愿实行，可以暂时不实行，可以拖。因为协议上并没有说哪年哪月哪天一定要实行。已经拖了三年，如要拖，可再拖三年。三年过去后，还可拖三年，拖它九年也可以。不能干人家反对干的事情，要等待人民的觉悟。我们相信人民一定会觉悟。我们曾发表过社论说：汉族干部不能干西藏人民所不愿干的事，要按大多数人民的意愿办事。第六十一条第三款，是否可和人民的意愿并列加个少数民族领袖人物的意愿？不加也可以，反正他们是绝对拥护他们的领袖的，认为是神圣不可侵犯的。宪法中如加上，看起来就不那么冠冕堂皇，所以没有加。

当谈到宪法草案的结构时，毛泽东说：有人主张把第二章的六节变成六章。宪法起草小组考虑把这六部分列在一章，加个总题目叫国家组织系统，很清楚。如分列为六章，好像有些头绪纷繁。宪法可以随时修改，苏联增加一个部，减少一个部，都要修改宪法。

当谈到宪法草案文字尽量通俗，以便群众了解和掌握时，毛泽东说：把什么什么"时"都改为"的时候"。讲话一般不说"我们在讨论宪法时"，而说"我们在讨论宪法的时候"。"为"字老百姓不懂，都改成了"是"字。什么什么"规定之"，"之"字在一句话的末尾，只是重复了上面的，毫无用处，也都去掉了。也许还有改得不彻底的地方，还可以改。

（二）草案审议讨论阶段

中华人民共和国宪法起草委员会
关于宪法起草工作经过的报告

中央人民政府委员会：

中华人民共和国宪法起草委员会根据中国共产党中央委员会提出的"中华人民共和国宪法草案（初稿）"进行起草工作，从三月二十三日至六月十一日，历时八十一天，除开过收集和交换意见的非正式会议多次外，共开正式会七次，经过详细的周密的研究和讨论，通过了"中华人民共和国宪法草案"。在起草工作进行期间，中国人民政治协商会议全国委员会以及各大行政区、各省市的领导机关，各民主党派、各人民团体的地方组织和武装部队的领导机关，组织了各方面人士八千余人参加对"中华人民共和国宪法草案（初稿）"的讨论，在讨论中提出的修改意见共计五千九百余条，这些意见中有许多是合用的，对于起草工作给了重大的帮助。起草委员会所通过的"中华人民共和国宪法草案"，内分"序言"、"总纲"、"国家机构"、"公民的基本权利和义务"、"国旗、国徽、首都"五个部分；除"序言"部分外，共计条文一百零六条。这个"中华人民共和国宪法草案"，我们认为是适当的。现在把这个草案提请中央人民政府委员会审查通过，并请在通过后予以公布，在全国人民中组织讨论，以便收集意见，再作修改，向第一届第一次全国人民代表大会提出关于宪法草案的报告。

中华人民共和国宪法起草委员会

一九五四年六月十一日

关于中华人民共和国宪法草案*

（1954 年 6 月 14 日）

毛泽东

这个宪法草案，看样子是得人心的。宪法草案的初稿，在北京五百多人的讨论中，在各省市各方面积极分子的讨论中，也就是在全国有代表性的八千多人的广泛讨论中，可以看出是比较好的，是得到大家同意和拥护的。今天很多人讲了话，也都是这样讲的。

为什么要组织这样广泛的讨论呢？有几个好处。首先，少数人议出来的东西是不是为广大人们所赞成呢？经过讨论，证实了宪法草案初稿的基本条文、基本原则，是大家赞成的。草案初稿中一切正确的东西，都保留下来了。少数领导人的意见，得到几千人的赞成，可见是有道理的，是合用的，是可以实行的。这样，我们就有信心了。其次，在讨论中搜集了五千九百多条意见（不包括疑问）。这些意见，可以分作三部分。其中有一部分是不正确的。还有一部分虽然不见得很不正确，但是不适当，以不采用为好。既然不采用为什么又搜集呢？搜集这些意见有什么好处呢？有好处，可以了解在这八千多人的思想中对宪法有这样一些看法，可以有个比较。第三部分就是采用的。这当然是很好的，很需要的。如果没有这些意见，宪法草案初稿虽然基本上正确，但还是不完全的，有缺点的，不周密的。现在的草案也许还有缺点，还不完全，这要征求全国人民的意见了。但是在今天看来，这个草案是比较完全的，这是采纳了合理的意见的结果。

这个宪法草案所以得人心，是什么理由呢？我看理由之一，就是起草宪法采取了领导机关的意见和广大群众的意见相结合的方法。这个宪法草案，结合了少数领导者的意见和八千多人的意见，公布以后，还要由全国人民讨论，使中央的意见和全国人民的意见相结合。这就是领导和群众相结合、领

＊ 这是毛泽东主席在中央人民政府委员会第三十次会议上的讲话。

导和广大积极分子相结合的方法。过去我们采用了这个方法，今后也要如此。一切重要的立法都要采用这个方法。这次我们采用了这个方法，就得到了比较好的、比较完全的宪法草案。

在座的各位和广大积极分子为什么拥护这个宪法草案呢？为什么觉得它是好的呢？主要有两条：一条是总结了经验，一条是结合了原则性和灵活性。

第一、这个宪法草案，总结了历史经验，特别是最近五年的革命和建设的经验。它总结了无产阶级领导的反对帝国主义、反对封建主义、反对官僚资本主义的人民革命的经验，总结了最近几年来社会改革、经济建设、文化建设和政府工作的经验。这个宪法草案也总结了从清朝末年以来关于宪法问题的经验，从清末的"十九信条"起，到民国元年的《中华民国临时约法》，到北洋军阀政府的几个宪法和宪法草案，到蒋介石反动政府的《中华民国训政时期约法》，一直到蒋介石的伪宪法。这里面有积极的，也有消极的。比如民国元年的《中华民国临时约法》，在那个时期是一个比较好的东西；当然，是不完全的，有缺点的，是资产阶级性的，但它带有革命性、民主性。这个约法很简单，据说起草时也很仓卒，从起草到通过只有一个月。其余的几个宪法和宪法草案，整个说来都是反动的。我们这个宪法草案，主要是总结了我国的革命经验和建设经验，同时它也是本国经验和国际经验的结合。我们的宪法是属于社会主义宪法类型的。我们是以自己的经验为主，也参考了苏联和各人民民主国家宪法中好的东西。讲到宪法，资产阶级是先行的。英国也好，法国也好，美国也好，资产阶级都有过革命时期，宪法就是他们在那个时候开始搞起的。我们对资产阶级民主不能一笔抹杀，说他们的宪法在历史上没有地位。但是，现在资产阶级的宪法完全是不好的，是坏的，帝国主义国家的宪法尤其是欺骗和压迫多数人的。我们的宪法是新的社会主义类型，不同于资产阶级类型。我们的宪法，就是比他们革命时期的宪法也进步得多。我们优越于他们。

第二、我们的宪法草案，结合了原则性和灵活性。原则基本上是两个：民主原则和社会主义原则。我们的民主不是资产阶级的民主，而是人民民主，这就是无产阶级领导的、以工农联盟为基础的人民民主专政。人民民主的原则贯串在我们整个宪法中。另一个是社会主义原则。我国现在就有社会主义。宪法中规定，一定要完成社会主义改造，实现国家的社会主义工业化。这是原则性。要实行社会主义原则，是不是在全国范围内一天早晨一切都实行社会主义呢？这样形式上很革命，但是缺乏灵活性，就行不通，就会遭到反对，就会失败。因此，一时办不到的事，必须允许逐步去办。比如国家资本主义，是讲逐步实行。国家资本主义不是只有公私合营一种形式，而是有各种形式。一个是"逐步"，一个是"各种"。这就是逐步实行各种形式的国家资本主义，以达到社会主义全民所有制。社会主义全民所有制是原则，要达到这个原则就要结合灵活性。灵活性是国家资本主义，并且形式不是一种，而是"各种"，实现不是一天，而是"逐步"。这就灵活了。现在能实行的我们就写，不能实行的就不写。比如公民权利的物质保证，将来生产发展了，比现在一定扩大，但我们现在写的还是"逐步扩大"。这也是灵活性。又如统一战线，共同纲领中写了，现在宪法草案的序言中也写了。要有这么一个"各民主阶级、各民主党派、各人民团体的广泛的人民民主统一战线"，可以安定各阶层，安定民族资产阶级和各民主党派，安定农民和城市小资产阶级。还有少数民族问题，它有共同性，也有特殊性。共同的就适用共同的条文，特殊的就适用特殊的条文。少数民族在政治、经济、文化上都有自己的特点。少数民族经济特点是什么？比如第五条讲中华人民共和国的生产资料所有制现在有四种，实际上我们少数民族地区现在还有别种的所有制。现在是不是还有原始公社所有制呢？在有些少数民族中恐怕是有的。我国也还有奴隶主所有制，也还有封建主所有制。现在看来，奴隶制度、封建制度、资本主义制度都不好，其实它们在历史上都曾经比原始公社制度要进步。这些制度开始时是进步的，但到后来就不行了，所以就有别的制度来代替了。宪法草案第七十条规定，少数民族地区，"可以按照当地民族的政治、经济和文化的特点，制定自治条例和单行条例"。所有这些，都是原则性和灵活性的结合。

这个宪法草案所以得到大家拥护，大家所以说它好，就是因为有这两条：一条是正确地恰当地总结了经验，一条是正确地恰当地结合了原则性和灵活性。如果不是这样，我看大家就不会赞成，不会说它好。

这个宪法草案是完全可以实行的，是必须实行的。当然，今天它还只是草案，过几个月，由全国人民代表大会通过，就是正式的宪法了。今天我们就要准备实行。通过以后，全国人民每一个人都要实行，特别是国家机关工作人员要带头实行，首先在座的各位要实行。不实行就是违反宪法。

　　我们的宪法草案公布以后，将会得到全国人民的一致拥护，提高全国人民的积极性。一个团体要有一个章程，一个国家也要有一个章程，宪法就是一个总章程，是根本大法。用宪法这样一个根本大法的形式，把人民民主和社会主义原则固定下来，使全国人民有一条清楚的轨道，使全国人民感到有一条清楚的明确的和正确的道路可走，就可以提高全国人民的积极性。

　　这个宪法草案公布以后，在国际上会不会发生影响？在民主阵营中，在资本主义国家中，都会发生影响。在民主阵营中，看到我们有一条清楚的明确的和正确的道路，他们会高兴的。中国人高兴，他们也高兴。资本主义国家中被压迫被剥削的人民如果看到了，他们也会高兴的。当然也有人不高兴，帝国主义、蒋介石都不会高兴的。你说蒋介石会不会高兴？我看不需要征求他的意见就知道他是不高兴的。我们对蒋介石很熟悉，他决不会赞成的。艾森豪威尔总统也不高兴，也要说它不好。他们会说我们这个宪法是一条清楚的明确的但是很坏的道路，是一条错路，什么社会主义、人民民主，是犯了错误。他们也不赞成灵活性。他们最喜欢我们在一天早晨搞出个社会主义，搞得天下大乱，他们就高兴了。中国搞统一战线，他们也不赞成，他们希望我们搞"清一色"。我们的宪法有我们的民族特色，但也带有国际性，是民族现象，也是国际现象的一种。跟我们同样受帝国主义、封建主义压迫的国家很多，人口在世界上占多数，我们有了一个革命的宪法，人民民主的宪法，有了一条清楚的明确的和正确的道路，对这些国家的人民会有帮助的。

　　我们的总目标，是为建设一个伟大的社会主义国家而奋斗。我们是一个六亿人口的大国，要实现社会主义工业化，要实现农业的社会主义化、机械化，要建成一个伟大的社会主义国家，究竟需要多少时间？现在不讲死，大概是三个五年计划，即十五年左右，可以打下一个基础。到那时，是不是就很伟大了呢？不一定。我看，我们要建成一个伟大的社会主义国家，大概经过五十年即十个五年计划，就差不多了，就象个样子了，就同现在大不一样了。现在我们能造什么？能造桌子椅子，能造茶碗茶壶，能种粮食，还能磨成面粉，还能造纸，但是，一辆汽车、一架飞机、一辆坦克、一辆拖拉机都不能造。牛皮不要吹得太大，尾巴不要翘起来。当然，我不是讲，能造一辆，尾巴就可以翘一点，能造十辆，尾巴就可以翘得高一点，随着辆数的增加，尾巴就翘得更高一些。那是不行的。就是到五十年后象个样子了，也要和现在一样谦虚。如果到那时候骄傲了，看人家不起了，那就不好。一百年也不要骄傲。永远也不要翘尾巴。

我们的这个宪法，是社会主义类型的宪法，但还不是完全社会主义的宪法，它是一个过渡时期的宪法。我们现在要团结全国人民，要团结一切可以团结和应当团结的力量，为建设一个伟大的社会主义国家而奋斗。这个宪法就是为这个目的而写的。

最后，解释一个问题。有人说，宪法草案中删掉个别条文是由于有些人特别谦虚。不能这样解释。这不是谦虚，而是因为那样写不适当，不合理，不科学。在我们这样的人民民主国家里，不应当写那样不适当的条文。不是本来应当写而因为谦虚才不写。科学没有什么谦虚不谦虚的问题。搞宪法是搞科学。我们除了科学以外，什么都不要相信，就是说，不要迷信。中国人也好，外国人也好，死人也好，活人也好，对的就是对的，不对的就是不对的，不然就叫做迷信。要破除迷信。不论古代的也好，现代的也好，正确的就信，不正确的就不信，不仅不信而且还要批评。这才是科学的态度。

中华人民共和国 1954 年宪法草案

（1954 年 6 月 14 日中央人民政府委员会第三十次会议通过）

目　录

序　言

中国人民经过一百多年的英勇奋斗，终于在中国共产党领导下，在一九四九年取得了反对帝国主义、封建主义和官僚资本主义的人民革命的伟大胜利，因而结束了长时期被压迫、被奴役的历史，建立了人民民主专政的中华人民共和国。中华人民共和国的人民民主制度，也就是新民主主义制度，保证我国能够通过和平的道路消灭剥削和贫困，建成繁荣幸福的社会主义社会。

从中华人民共和国成立到社会主义建成，这是一个过渡时期。国家在过渡时期的总任务，是逐步实现国家的社会主义工业化，逐步完成对农业、手工业和资本主义工商业的社会主义改造。我国人民在过去几年内已经胜利地进行了改革土地制度、抗美援朝、镇压反革命分子、恢复国民经济等大规模的斗争，这就为有计划地进行经济建设、逐步过渡到社会主义社会准备了必要的条件。

中华人民共和国第一届全国人民代表大会，　年　月　日在首都北京，庄严地通过我国的第一个宪法。这个宪法以一九四九年的中国人民协商会议《共同纲领》为基础，又是《共同纲领》的发展。这个宪法巩固了我国人民革命的成果和中华人民共和国建立以来政治上、经济上的新胜利，并且反映了国家在过渡时期的根本要求和广大人民建设社会主义社会的共同愿望。

我国人民在建立中华人民共和国的伟大斗争中已经结成以中国共产党为领导的各民主阶级、各民主党派、各人民团体的广泛的人民民主统一战线。今后在动员和团结全国人民完成国家过渡时期总任务和反对内外敌人的斗争中，我国的人民民主统一战线将继续发挥它的作用。

我国各民族已经团结成为一个自由平等的民族大家庭。在发扬各民族间的友爱互助、反对帝国主义、反对各民族内部的人民公敌、反对大民族主义和地方民族主义的基础上，我国的民族团结将继续加强。国家在经济建设和文化建设的过程中将照顾各民族的需要，而在社会主义改造的问题上将充分注意各民族发展的特点。

我国同伟大的苏维埃社会主义共和国联盟、同各人民民主国家已经建立了牢不可破的友谊，我国人民同全世界爱好和平的人民的友谊也日见增进，这种友谊将继续发展和巩固。我国根据平等、互利、互相尊重领土主权的原则同任何国家建立和发展外交关系的政策，已经获得成就，今后将继续贯彻。在国际事务中，我国坚定不移的方针是为世界和平和人类进步的崇高目的而努力。

第一章　总　　纲

第一条　中华人民共和国是工人阶级领导的、以工农联盟为基础的人民民主国家。

第二条　中华人民共和国的一切权力属于人民。人民行使权力的机关是全国人民代表大会和地方各级人民代表大会。

全国人民代表大会、地方各级人民代表大会和其他国家机关，一律实行民主集中制。

第三条　中华人民共和国是统一的多民族的国家。

各民族一律平等。禁止对任何民族的歧视和压迫，禁止破坏各民族团结的行为。

各民族都有发展自己的语言文字的自由，都有保持或者改革自己的风俗习惯和宗教信仰的自由。

各少数民族聚居的地方实行区域自治。各民族自治地方都是中华人民共和国不可分离的部分。

第四条　中华人民共和国依靠国家机关和社会力量，通过社会主义工业化和社会主义改造，保证逐步消灭剥削制度，建立社会主义社会。

第五条　中华人民共和国的生产资料所有制现在有下列各种：国家所有制，即全民所有制；合作社所有制；个体劳动者所有制；资本家所有制。

第六条　国营经济是全民所有制的社会主义经济，是国民经济中的领导力量和国家实现社会主义改造的物质基础。国家保证优先发展国营经济。

矿藏、水流，由法律规定为国有的森林、荒地和其他资源，都属于全民所有。

第七条　合作社经济是劳动群众集体所有制的社会主义经济，或者是劳动群众部分集体所有制的半社会主义经济。劳动群众部分集体所有制是组织个体农民、个体手工业者和其他个体劳动者走向劳动群众集体所有制的过渡形式。

国家保护合作社的财产，鼓励、指导和帮助社会经济的发展，并且以发展生产合作为改造个体农业和个体手工业的主要道路。

第八条　国家依照法律保护农民的土地所有权和其他财产所有权。

国家指导和帮助个体农民增加生产，并且鼓励他们根据自愿的原则组织生产合作、供销合作和信用合作。

国家对富农经济采取限制和逐步消灭的政策。

第九条　国家依照法律保护手工业者和其他非农业的个体劳动者的生产资料所有权和其他财产所有权。

国家指导和帮助个体手工业者和其他非农业的个体劳动者改善经营，并且鼓励他们根据自愿的原则组织生产合作和供销合作。

第十条　国家依照法律保护资本家的生产资料所有权和其他财产所有权。

国家对资本主义工商采取利用、限制和改造的政策。国家通过国家行政机关的管理、国营经济的领导和工人群众的监督，利用资本主义工商业的有利于国计民生的积极作用，限制它们的不利国计民生的消极作用，鼓励和指导它们转变为各种不同形式的国家资本主义经济，逐步以全民所有制代替资本家所有制。

国家禁止资本家的危害公共利益、扰乱社会经济秩序、破坏国家经济计划的一切非法行为。

第十一条　国家保护人民的合法收入、储蓄、房屋和各种生活资料的所有权。

第十二条　国家依照法律保护公民的私有财产的继承权。

第十三条　国家为了公共利益的需要，可以按照法律规定的条件，对城乡土地和其他生产资料实行征购、征用或者收归国有。

第十四条　国家禁止任何人利用私有财产破坏公共利益。

第十五条　国家用经济计划指导国民经济的发展和改造，使生产力不断提高，以改进人民的物质生活和文化生活，巩固国家的独立和安全。

第十六条　劳动是中华人民共和国一切有劳动能力的公民的光荣事情。国家鼓励公民在劳动中的积极性和创造性。

第十七条　一切国家机关必须依靠人民群众，经常保持同群众的密切联系，倾听群众的意见，接受群众的监督。

第十八条　一切国家机关工作人员必须效忠人民民主制度，服从宪法和法律，努力为人民服务。

第十九条　中华人民共和国保卫人民民主制度，保护公民的安全和权利，镇压一切叛国的和反革命的活动，惩办一切卖国贼和反革命分子。

国家依照法律在一定时期内剥夺封建地主和官僚资本家的政治权利，同时给以生活出路，使他们在劳动中改造成为自食其力的公民。

第二十条　中华人民共和国的武装力量属于人民，它的任务是保卫人民革命和国家建设的成果，保卫国家的安全和领土主权的完整。

第二章　国家机构

第一节　全国人民代表大会

第二十一条　中华人民共和国全国人民代表大会是最高国家权力机关。

第二十二条　全国人民代表大会是行使国家立法权的唯一机关。

第二十三条　全国人民代表大会由省、直辖市、少数民族、军队和华侨选出的代表组成。

全国人民代表大会代表名额和代表产生办法由选举法规定。

第二十四条　全国人民代表大会每届任期四年。

全国人民代表大会任期届满的一个月以前，全国人民代表大会常务委员会必须完成下届全国人民代表大会代表的选举。如果遇到不能进行选举的非常情况，全国人民代表大会可以延长任期到下届全国人民代表大会选出为止。

第二十五条　全国人民代表大会会议每年举行一次，由全国人民代表大会常务委员会召集，如果全国人民代表大会常务委员会认为必要，或者有五分之一的代表提议，可以临时召集全国人民代表大会会议。

第二十六条　全国人民代表大会举行会议的时候；选举主席团主持会议。

第二十七条　全国人民代表大会行使下列职权：

（一）修改宪法；

（二）制定法律；

（三）监督宪法的实施；

（四）选举中华人民共和国主席、副主席；

（五）根据中华人民共和国主席的提名，决定国务院总理的人选，根据国务院总理的提名，决定国务院组成人员的人选；

（六）根据中华人民共和国主席的提名，决定国防委员会副主席和委员的人选；

（七）选举最高人民法院院长；

（八）任命总检察长；

（九）决定国民经济计划；

（十）审查和批准国家的预算和决算；

（十一）批准省、自治区和直辖市的划分；

（十二）决定大赦；

（十三）决定战争和和平的问题；

（十四）全国人民代表大会认为应当由它行使的其他职权。

第二十八条 全国人民代表大会有权罢免下列人员：

（一）中华人民共和国主席、副主席；

（二）国务院总理、副总理、各部部长、各委员会主任、秘书长；

（三）国防委员会副主席和委员；

（四）最高人民法院院长；

（五）总检察长。

第二十九条 宪法的修改由全国人民代表大会代表以三分之二的多数通过。

法律和其他决议由全国人民代表大会代表以过半数通过。

第三十条 全国人民代表大会常务委员会是全国人民代表大会的常设机关。

全国人民代表大会常务委员会由全国人民代表大会选出下列人员组成：

委员长，

副委员长若干人，

秘书长，

委员若干人。

第三十一条　全国人民代表大会常务委员会行使下列职权：

（一）主持全国人民代表大会的选举；

（二）召集全国人民代表大会会议；

（三）解释法律；

（四）制定法令；

（五）监督国务院、最高人民法院和总检察长的工作；

（六）撤销国务院和下级人民代表大会同宪法、法律和法令相抵触的决议和命令；

（七）在全国人民代表大会闭会期间，决定国务院副总理、各部部长、各委员会主任、秘书长的个别任免；

（八）任免最高人民法院副院长；

（九）任免副总检察长；

（十）决定驻外全权代表的任免；

（十一）决定同外国缔结的条约的批准和废除；

（十二）规定军人和外交人员的衔级和其他专门衔级；

（十三）规定和决定授予国家的勋章和荣誉称号；

（十四）决定特赦；

（十五）在全国人民代表大会闭会期间，如果遇到国家遭受武装侵犯或者必须履行国际间共同防止侵略的条约的情况，决定战争状态的宣布；

（十六）决定全国总动员或者局部动员；

（十七）决定全国或者部分地区的戒严；

（十八）全国人民代表大会授予的其他职权。

第三十二条　全国人民代表大会常务委员会行使职权到下届全国人民代表大会选出新的常务委员会为止。

第三十三条　全国人民代表大会常务委员会对全国人民代表大会负责并报告工作。

全国人民代表大会有权任免全国人民代表大会常务委员会的组成人员。

第三十四条　全国人民代表大会设立民族委员会、法案委员会、预算委员会、代表资格审查委员会和其他需要设立的委员会。

全国人民代表大会设立的各种委员会，在全国人民代表大会闭会期间，受全国人民代表大会常务委员会的领导。

第三十五条　全国人民代表大会设立的各种委员会进行调查和审查工作的时候，一切有关的国家机关、人民团体和公民都有义务向这些委员会提供必要的材料。

第三十六条　全国人民代表大会有权向国务院或者国务院各部、各委员会提出质问，受质问的机关必须负责答复。

第三十七条　全国人民代表大会代表，非经全国人民代表大会许可，在全国人民代表大会期间非经全国人民代表大会常务委员会许可，不受逮捕或者审判。

第三十八条　全国人民代表大会受原选举单位的监督。原选举单位有权按照法律规定的程序随时撤换本单位选出的代表。

第二节　中华人民共和国主席

第三十九条　中华人民共和国主席由全国人民代表大会选举。有选举权和被选举权的年满三十五岁的中华人民共和国公民可以被选为中华人民共和国主席。

中华人民共和国主席任期四年。

第四十条　中华人民共和国主席根据全国人民代表大会的决定和全国人民代表大会常务委员会的决定，公布法律和法令，任免国务院总理、副总理、各部部长、各委员会主任、秘书长，任免国防委员会副主席、委员，授予国家的勋章和荣誉称号，公布大赦令和特赦令，发布戒严令，宣布战争状态，发布动员令。

第四十一条　中华人民共和国主席对外代表中华人民共和国，接受外国使节；根据全国人民代表大会常务委员会的决定，派遣和召回驻外全权代表，批准同外国缔结的条约。

第四十二条　中华人民共和国主席统率全国武装力量，担任国防委员会主席。

第四十三条　中华人民共和国主席在必要的时候召开最高国务会议，并担任最高国务会议主席。

最高国务会议由中华人民共和国副主席、全国人民代表大会常务委员会委员长、国务院总理和其他有关人员参加。

最高国务会议对于国家重大事务的意见，由中华人民共和国主席提交全国人民代表大会、全国人民代表大会常务委员会、国务院或者其他有关部门讨论并作出决定。

第四十四条　中华人民共和国副主席协助主席工作。副主席受主席的委托，可以代行主席的部分职权。

中华人民共和国副主席的选举和任期，适用宪法第三十九条关于中华人民共和国主席的选举和任期的规定。

第四十五条　中华人民共和国主席、副主席行使职权到下届全国人民代表大会选出的下一任主席、副主席就职为止。

第四十六条　中华人民共和国主席因为健康情况长期不能工作的时候，由副主席代行主席的职权。

中华人民共和国主席缺位的时候，由副主席继任主席的职位。

第三节　国务院

第四十七条　中华人民共和国国务院，即中华人民共和国政府，是最高国家权力机关的执行机关，是最高国家行政机关。

第四十八条　国务院由下列人员组成：

总理，

副总理若干人，

各部部长，

各委员会主任，

秘书长。

国务院的组织由法律规定。

第四十九条　国务院行使下列职权：

（一）根据宪法、法律和法令，规定行政措施，发布决议和命令，并且审查这些决议和命令的实施情况；

（二）向全国人民代表大会或者全国人民代表大会常务委员会提出议案；

（三）统一领导各部和各委员会的工作；

（四）统一领导全国地方各级人民委员会的工作；

（五）改变或者撤销各部部长、各委员会主任的不适当的命令和指示；

（六）改变或者撤销地方各级人民委员会的不适当的决议和命令；

（七）执行国民经济计划和国家预算；

（八）管理对外贸易和国内贸易；

（九）管理文化、教育和卫生工作；

（十）管理民族事务；

（十一）管理华侨事务；

（十二）保护国家利益，维护公共秩序，保障公民权利；

（十三）管理对外事务；

（十四）领导武装力量的建设；

（十五）按照法律规定的范围和程序任免行政人员；

（十六）全国人民代表大会和全国人民代表大会常务委员会授予的其他职权。

第五十条　总理领导国务院的工作，主持国务院会议。

副总理协助总理工作。

第五十一条　各部部长和各委员会主任负责管理本部门工作。各部部长和各委员会主任在本部门的权限内，根据法律、法令和国务院的决议、命令，可以发布命令和指示。

第五十二条　国务院对全国人民代表大会负责并报告工作；在全国人民代表大会闭会期间，对全国人民大会常务委员会负责并报告工作。

第四节　地方各级人民代表大会和地方各级人民委员会

第五十三条　中华人民共和国的行政区域划分如下：

（一）全国分为省、自治区、直辖市；

（二）省、自治区分为自治州、县、自治县、市；

（三）县、自治县分为乡、民族乡、镇。

直辖市和较大的市分为区。自治州分为县、自治县、市。

自治区、自治州、自治县都是民族自治地方。

第五十四条　省、直辖市、县、市、市辖区、乡、民族乡、镇设立人民代表大会和人民委员会。

自治区、自治州、自治县都是民族自治地方。

第五十五条　地方各级人民代表大会都是地方国家权力机关。

第五十六条　省、直辖市、县、设区的市的人民代表大会代表由下一级的人民代表大会选举；不设区的市、市辖区、乡、民族乡、镇的人民代表大会代表由选民直接选举。

地方各级人民代表大会名额和代表产生办法由选举法规定。

第五十七条　省人民代表大会每届任期四年。直辖市、县、市、市辖区、乡、民族乡、镇的人民代表大会每届任期两年。

第五十八条　地方各级人民代表大会在本行政区域内，保证法律、法令的遵守和执行，规划地方的经济建设、文化建设和公共事业，审查和批准地方的预算和决算，保护公共财产，维护公共秩序，保障公民权利，保障少数民族的平等权利。

第五十九条　地方各级人民大会选举并且有权罢免本级人民委员会的组成人员。

县级以上的人民代表大会选举并且有权罢免本级人民法院院长。

第六十条　地方各级人民代表大会按照法律规定的权限和上级人民代表大会的决议通过和发布决议。

民族乡的人民代表大会按照法律规定的权限，可以采取适合民族特点的具体措施。

地方各级人民代表大会有权改变或者撤销本级人民委员会的不适当的决议和命令。

县级以上的人民代表大会有权改变或者撤销下级人民代表大会、人民委员会的不适当的决议和命令。

第六十一条　省、直辖市、县、设区的市的人民代表大会代表受原选举单位的监督；不设区的市、市辖区、乡、民族乡、镇的人民代表大会代表受选民的监督。地方各级人民代表大会代表的选举单位和选民有权按照法律规定的程序随时撤换自己选出的代表。

第六十二条　地方各级人民委员会是地方各级人民代表大会的执行机关，都是地方国家行政机关。

第六十三条　地方各级人民委员会分别由省长、市长、县长、区长、乡长、镇长各一人，副省长、副市长、副县长、副区长、副乡长、副镇长各若干人和委员各若干人组成。

地方各级人民委员会每届任期同本级人民代表大会每届任期相同。

地方各级人民委员会的组织由法律规定。

第六十四条　地方各级人民委员会按照法律规定的权限管理本行政区域的行政工作。

地方各级人民委员会执行本级人民代表大会的决议和上级国家行政机关的决议和命令。

地方各级人民委员会按照法律规定的权限发布决议和命令。

第六十五条　县级以上的人民委员会领导所属各工作部门和下级人民委员会的工作，按照法律规定的范围和程序任免行政人员。

县级以上的人民委员会有权停止下级人民代表大会的不适当的决议的执行，有权改变或者撤销所属各工作部门和下级人民委员会的不适当的决议和命令。

第六十六条　地方各级人民委员会都对本级人民代表大会和上级国家行政机关负责并报告工作。

全国地方各级人民委员会都是国务院统一领导下的国家行政机关，都服从国务院。

第五节　民族自治地方的自治机关

第六十七条　自治区、自治州、自治县的自治机关的组织，应当根据宪法第二章第四节规定的关于地方国家机关的组织的基本原则。自治机关的形式可以按照实行区域自治的民族大多数人民的意愿规定。

第六十八条　在多民族聚居的自治区、自治州、自治县的自治机关中，各有关民族都应当有适当名额的代表。

第六十九条　自治区、自治州、自治县的自治机关行使宪法第二章第四节规定的地方国家机关的职权。

第七十条　自治区、自治州、自治县的自治机关按照宪法和法律规定的权限行使自治权。

自治区、自治州、自治县的自治机关按照法律规定和权限管理本地方的财政。

自治区、自治州、自治县的自治机关按照国家的军事制度组织本地方的公安部队。

自治区、自治州、自治县的自治机关可以按照当地民族的政治、经济和文化的特点，制定自治条例和单行条例，报请全国人民代表大会常务委员会批准。

第七十一条　自治区、自治州、自治县的治机关在执行职务的时候，使用当地民族通用的一种或者几种语言文字。

第七十二条　各上级国家机关应当充分保障各自治区、自治州、自治县的自治机关行使自治权，并且帮助各少数民族发展政治、经济和文化的建设事业。

第六节　法院和检察机关

第七十三条　中华人民共和国最高人民法院、地方各级人民法院和依照法律设立的专门法院行使审判职权。

第七十四条　最高人民法院和地方各级人民法院院长任期四年。

最高人民法院和地方各级人民法院的组织由法律规定。

第七十五条　各级人民法院审判案件依照法律实行人民陪审员制度。

第七十六条　各级人民法院审理案件，除法律规定的特别情况外，一律公开进行。被告人有权获得辩护。

第七十七条　各民族公民都有用本民族语言文字进行诉讼的权利。人民法院对于不通晓当地通用的语言文字的当事人，应当为他们翻译。

在少数民族聚居或者多民族聚居的地区，人民法院应当用当地通用的语言进行审讯，用当地通用的文字发布判决书、布告和其他文件。

第七十八条　各级人民法院独立进行审判，只服从法律。

第七十九条　最高人民法院是最高审判机关。

最高人民法院监督地方各级人民法院的审判工作。

第八十条　最高人民法院对全国人民代表大会负责并报告工作；在全国人民代表大会闭会期间，对全国人民代表大会常务委员会负责并报告工作。地方各级人民法院对本级人民代表大会负责并报告工作。

第八十一条　中华人民共和国总检察长对于国务院所属各部门、地方各级国家行政机关、国家机关工作人员和公民是否遵守法律，行使最高检察职权。

第八十二条　总检察长任免省、自治区和直辖市的检察长。县、市、自治州、自治县的检察长由省、自治区的检察长提请总检察长批准任免。

总检察长和地方各级检察长任期四年。

检察机关的组织由法律规定。

第八十三条　地方各级检察机关独立行使职权，不受地方国家机关的干涉。

地方各级检察长服从上级检察长的领导，并且一律服从总检察长的领导。

第八十四条　总检察长对全国人民代表大会负责并报告工作；在全国人民代表大会闭会期间，对全国人民代表大会常务委员会负责并报告工作。

第三章　公民的基本权利和义务

第八十五条　中华人民共和国公民在法律上一律平等。

第八十六条　中华人民共和国年满十八岁的公民，不分民族、种族、性别、职业、社会出身、宗教信仰、教育程度、财产状况、居住期限，都有选举权和被选举权。但是有精神病的人和依照法律被剥夺选举权和被选举权的人除外。

妇女有同男子平等的选举权和被选举权。

第八十七条　中华人民共和国公民有言论、出版、集会、结社、游行、示威的自由。国家供给必需的物质上的便利，以保证公民享受这些自由。

第八十八条　中华人民共和国公民有宗教信仰的自由。

第八十九条　中华人民共和国公民的人身自由不受侵犯。任何公民，非经法院决定或者检察长批准，不受逮捕。

第九十条　中华人民共和国公民的住宅不受侵犯，通信秘密受法律的保护。

中华人民共和国公民有居住和迁徙的自由。

第九十一条　中华人民共和国公民有劳动的权利。国家通过国民经济有计划的发展，逐步扩大劳动就业，改善劳动条件和工资待遇，以保证公民享受这种权利。

第九十二条　中华人民共和国劳动者有休息的权利。国家规定工人和职员的工作时间和休假制度，逐步扩充劳动者休息和休养的物质条件，以保证劳动者享受这种权利。

第九十三条　中华人民共和国劳动者在年老、疾病或者丧失劳动能力的时候，有获得物质帮助的权利。国家举办社会保险、社会救济和群众卫生事业，并且逐步扩大这些设施，以保证劳动者享受这种权利。

第九十四条　中华人民共和国公民有受教育的权利。国家设立并且逐步扩大各种学校和其他文化教育机关，以保证公民享受这种权利。

国家特别关怀青年的体力和智力的发展。

第九十五条　中华人民共和国保障公民进行科学研究、文学艺术创作和其他文化活动的自由。国家对于从事科学、教育、文学、艺术和其他文化事业的公民的创造性工作，给以鼓励和帮助。

第九十六条　中华人民共和国妇女在政治的、经济的、文化的、社会的和家族的生活各方面享有同男子平等的权利。

婚姻、家庭、母亲和儿童受国家的保护。

第九十七条　中华人民共和国公民对于任何违法失职的国家机关工作人员，有向各级国家机关提出书面控诉或者口头控诉的权利。由于国家机关工作人员侵犯公民权利而受到损失的人，有取得赔偿的权利。

第九十八条　中华人民共和国保护国外华侨的正当的权利和利益。

第九十九条　中华人民共和国对于任何由于拥护正义事业、参加和平运动、进行科学工作而受到迫害的外国人，给以居留的权利。

第一百条　中华人民共和国公民必须遵守宪法和法律，遵守劳动纪律，遵守公共秩序，尊重社会公德。

第一百零一条　中华人民共和国的公共财产神圣不可侵犯。爱护和保卫公共财产是每一个公民的义务。

第一百零二条　中华人民共和国公民有依照法律纳税的义务。

第一百零三条　保卫祖国是中华人民共和国每一个公民的神圣职责。

依照法律服兵役是中华人民共和国公民的光荣义务。

第四章　国旗、国徽、首都

第一百零四条　中华人民共和国国旗是五星红旗。

第一百零五条 中华人民共和国国徽，中间是五星照耀下的天安门，周围是麦穗和齿轮。

第一百零六条 中华人民共和国首都是北京。

中央人民政府委员会关于公布
"中华人民共和国宪法草案"的决议

（1954 年 6 月 14 日中央人民政府委员会第三十次会议通过）

（一）中央人民政府委员会一致通过中华人民共和国宪法起草委员会所起草的"中华人民共和国宪法草案"，并予以公布。

（二）全国地方各级人民政府应立即在人民群众中普遍地组织对于宪法草案的讨论，向人民群众广泛地进行对于宪法草案内容的说明，发动人民群众积极提出自己对于宪法草案的修改意见。

（三）中华人民共和国宪法起草委员会应当继续进行工作，收集人民的意见，加以研究，在第一届第一次全国人民代表大会会议举行以前完成宪法草案的修改，并准备向全国人民代表大会提出的关于宪法草案的报告。

中央人民政府委员会举行第三十次会议①

（1954 年 6 月 14 日）

中央人民政府委员会在十四日下午举行第三十次会议，一致通过了"中华人民共和国宪法草案"。

会议由毛泽东主席主持。在通过"中华人民共和国宪法草案"之前，在

---

① 原载于《人民日报》1954 年 6 月 15 日，原题目为《中央人民政府委员会举行第三十次会议通过并公布中华人民共和国宪法草案》，现题目为编者加。

会上发言的，有：李济深、宋庆龄、张澜、黄炎培、张难先、马叙伦、乌兰夫、何香凝、陈叔通、赛福鼎、程潜、傅作义、章伯钧、朱学范、陈嘉庚、章蕴、张治中、胡耀邦、李四光、陈其尤、许德珩等二十一人。发言者对"中华人民共和国宪法草案"一致表示拥护和赞同。

会议经过讨论后，一致通过了"中华人民共和国宪法草案"和关于公布"中华人民共和国宪法草案"的决议。

出席这次会议的有中央人民政府主席毛泽东，副主席朱德、刘少奇、宋庆龄、李济深、张澜，委员陈毅、李立兰、林伯渠、何香凝、刘伯承、吴玉章、彭真、薄一波、聂荣臻、董必武、赛福鼎、陈嘉庚、罗荣桓、郑子恢、乌兰夫、徐特立、蔡畅、刘格平、陈云、林枫、马叙伦、邓小平、高崇民、沈钧儒、陈叔通、司徒美堂、黄炎培、蔡廷锴、习仲勋、彭泽民、张治中、傅作义、章伯钧、程潜、张奚若、陈铭枢、谭平山、张难先、柳亚子、龙云等四十六人。

列席这次会议的有中华人民共和国宪法起草委员会委员，中国人民政治协商会议全国委员会在京委员，中央人民政府政务院政务委员和所属各委、部、会、院、署、行的负责人，中央人民政府人民革命军事委员会委员和中国人民解放军各兵种部队的指挥员，最高人民法院和最高人民检察署负责人，国家计划委员会委员，各人民团体的负责人，各大区行政委员会在京负责人，北京、天津两市市长、副市长以及少数民族代表等共二百余人。

宪法草案的全民讨论结束[1]

中华人民共和国宪法草案的全民讨论历时近三个月，现在已经结束。许多地区听报告和参加讨论的人数都达到了当地成年人口的百分之七十以上，有些城市和个别的专区并达到了百分之九十以上。与此同时，全国各省、市、

---

[1]　原载于《人民日报》1954 年 9 月 11 日。

县和部分乡还普遍召开了人民代表大会会议，以宪法草案的讨论为会议主要内容之一。会后，代表们也都积极地参加了宪法草案的宣传活动。

全国人民对宪法草案共提出了一百一十八万零四百二十条修改和补充的意见和问题。这些修改和补充的意见，已经先后汇交中华人民共和国宪法起草委员会。这些意见如：序言最后一段中的"互相尊重领土主权的原则"建议改为"互相尊重主权和领土完整的原则"。第三条第三款中"各民族都有发展自己的语言文字的自由"，应该添上也有使用的自由。第二十三条第一款中可把"少数民族"四字去掉，增加"自治区"三字。因为全国人民代表大会的少数民族的代表并不是作为一个单位选出的。第二款在"全国人民代表大会代表名额和代表产生办法"之下，增加"包括少数民族代表的名额和产生办法"一句。第二十四条第二款规定全国人民代表大会任期届满的一个月以前，完成下届全国人民代表大会代表的选举，一个月的时间太仓促了，建议把时间改得长些。同款中"到下届全国人民代表大会选出为止。"建议改为"到下届全国人民代表大会举行第一次会议为止。"因为下届全国人民代表大会选出后，在未举行第一次会议之前，实际上还不能行使权力。关于人民法院的规定，宪法草案中有的地方用"人民法院"，有的地方用"法院"，应统一起来，一律用人民法院。第三十一条全国人民代表大会常务委员会行使的职权中第六项"撤销国务院和下级人民代表大会同宪法、法律和法令相抵触的决议和命令"，中的"下级人民代表大会"包括从乡到省的各级人民代表大会，范围太广，应作具体规定，即把"下级人民代表大会"改为"省、自治区、直辖市国家权力机关"。第六十条第四款中的"下级"，第六十五条第二款中的"下级"，第六十六条中的"上级"也应相应地改为"下一级"或"上一级"。各地在讨论中提出的意见，有许多是属于技术性的和重复的，但领导机关对于所有这些意见都加以充分的重视。

中华人民共和国宪法草案的全民讨论，进一步提高了全国人民社会主义和爱国主义的觉悟，并有力地推动了生产建设和各项工作。各地人民表示热烈地拥护宪法草案，并表示在宪法正式公布后，要严格遵守宪法和法律，认真履行公民应尽的义务，积极参加社会主义的伟大建设事业。

中央人民政府委员会举行第三十四次会议①

（1954 年 9 月 9 日）

中央人民政府委员会第三十四次会议在九日下午举行。会议讨论并通过了经过修正的中华人民共和国宪法草案。这个宪法草案即将提交第一届全国人民代表大会第一次会议审核。

这次会议修正通过的宪法草案，是中华人民共和国宪法起草委员会，根据今年六月十五日以后全国广大人民群众在讨论中提出的意见，以及出席第一届全国人民代表大会第一次会议的代表在分组讨论中提出的意见，经过研究讨论后提出的。

会议接着讨论和通过了各项任免名单。

出席这次会议的有：中央人民政府主席毛泽东，副主席朱德、宋庆龄、李济深、张澜，委员陈毅、贺龙、李立三、林伯渠、叶剑英、何香凝、刘伯承、吴玉章、徐向前、彭真、薄一波、聂荣臻、周恩来、陈嘉庚、罗荣桓、邓子恢、乌兰夫、徐特立、蔡畅、刘格平、马寅初、陈云、林枫、马叙伦、郭沫若、邓小平、高崇民、沈钧儒、沈雁冰、陈叔通、司徒美堂、黄炎培、蔡廷锴、习仲勋、彭泽民、张治中、傅作义、李烛尘、章伯钧、程潜、张奚若、陈铭枢、龙云等四十八人。

列席这次会议的有中华人民共和国宪法起草委员会委员、中国人民政治协商会议全国委员会常务委员，中央人民政府政务院政务委员和第一届全国人民代表大会三十三个代表组的组长等六十多人。

---

① 原载于《人民日报》1954 年 9 月 10 日，原题目为《中央人民政府委员会举行第三十四次会议　修正通过中华人民共和国宪法草案　将提交第一届全国人民代表大会第一次会议审核》，现题目为编者所加。

中华人民共和国宪法草案

（1954 年 6 月 14 日中央人民政府委员会第三十次会议通过　1954 年 9 月 9 日中央人民政府委员会第三十四次会议修正通过　1954 年 9 月 14 日中央人民政府委员会临时会议修正通过）

目　　录

序　　言

中国人民经过一百多年的英勇奋斗，终于在中国共产党领导下，在 1949 年取得了反对帝国主义、封建主义和官僚资本主义的人民革命的伟大胜利，因而结束了长时期被压迫、被奴役的历史，建立了人民民主专政的中华人民共和国。中华人民共和国的人民民主制度，也就是新民主主义制度，保证我国能够通过和平的道路消灭剥削和贫困，建成繁荣幸福的社会主义社会。

从中华人民共和国成立到社会主义社会建成，这是一个过渡时期。国家在过渡时期的总任务是逐步实现国家的社会主义工业化，逐步完成对农业、手工业和资本主义工商业的社会主义改造。我国人民在过去几年内已经胜利地进行了改革土地制度、抗美援朝、镇压反革命分子、恢复国民经济等大规模的斗争，这就为有计划地进行经济建设、逐步过渡到社会主义社会准备了必要的条件。

中华人民共和国第一届全国人民代表大会第一次会议，1949 年 9 月　日在首都北京，庄严地通过中华人民共和国宪法。这个宪法以 1949 年的中国人民政治协商会议共同纲领为基础，又是共同纲领的发展。这个宪法巩固了我国人民革命的成果和中华人民共和国建立以来政治上、经济上的新胜利，并且反映了国家在过渡时期的根本要求和广大人民建设社会主义社会的共同愿望。

我国人民在建立中华人民共和国的伟大斗争中已经结成以中国共产党为领导的各民主阶级、各民主党派、各人民团体的广泛的人民民主统一战线。今后在动员和团结全国人民完成国家过渡时期总任务和反对内外敌人的斗争中，我国的人民民主统一战线将继续发挥它的作用。

我国各民族已经团结成为一个自由平等的民族大家庭。在发扬各民族间的友爱友助、反对帝国主义、反对各民族内部的人民公敌、反对大民族主义和地方民族主义的基础上，我国的民族团结将继续加强。国家在经济建设和文化建设的过程中将照顾各民族的需要，而在社会主义改造的问题上将充分注意各民族发展的特点。

我国同伟大的苏维埃社会主义共和国联盟、同各人民民主国家已经建立了牢不可破的友谊，我国人民同全世界爱好和平的人民的友谊也日见增进，这种友谊将继续发展和巩固。我国根据平等、互利、互相尊重主权和领土完整的原则同任何国家建立和发展外交关系的政策，已经获得成就，今后将继续贯彻。在国际事务中，我国坚定不移的方针是为世界和平和人类进步的崇高目的而努力。

第一章 总 纲

第一条 中华人民共和国是工人阶级领导的、以工农联盟为基础的人民民主国家。

第二条 中华人民共和国的一切权力属于人民。人民行使权力的机关是全国人民代表大会和地方各级人民代表大会。

全国人民代表大会、地方各级人民代表大会和其他国家机关，一律实行民主集中制。

第三条 中华人民共和国是统一的多民族的国家。

各民族一律平等。禁止对任何民族的歧视和压迫，禁止破坏各民族团结的行为。

各民族都有使用和发展自己的语言文字的自由，都有保持或者改革自己的风俗习惯的自由。

各少数民族聚居的地方实行区域自治。各民族自治地方都是中华人民共和国不可分离的部分。

第四条 中华人民共和国依靠国家机关和社会力量，通过社会主义工业化和社会主义改造，保证逐步消灭剥削制度，建立社会主义社会。

第五条 中华人民共和国的生产资料所有制现在主要有下列各种：国家所有制，即全民所有制；合作社所有制，即劳动群众集体所有制；个体劳动者所有制；资本家所有制。

第六条 国营经济是全民所有制的社会主义经济，是国民经济中的领导力量和国家实现社会主义改造的物质基础。国家保证优先发展国营经济。

矿藏、水流，由法律规定为国有的森林、荒地和其他资源，都属于全民所有。

第七条 合作社经济是劳动群众集体所有制的社会主义经济，或者是劳动群众部分集体所有制的半社会主义经济。劳动群众部分集体所有制是组织个体农民、个体手工业者和其他个体劳动者走向劳动群众集体所有制的过渡形式。

国家保护合作社的财产，鼓励、指导和帮助合作社经济的发展，并且以发展生产合作为改造个体农业和个体手工业的主要道路。

第八条 国家依照法律保护农民的土地所有权和其他生产资料所有权。

国家指导和帮助个体农民增加生产，并且鼓励他们根据自愿的原则组织生产合作、供销合作和信用合作。

国家对富农经济采取限制和逐步消灭的政策。

第九条 国家依照法律保护手工业者和其他非农业的个体劳动者的生产资料所有权。

国家指导和帮助个体手工业者和其他非农业的个体劳动者改善经营，并且鼓励他们根据自愿的原则组织生产合作和供销合作。

第十条 国家依照法律保护资本家的生产资料所有权和其他资本所有权。

国家对资本主义工商业采取利用、限制和改造的政策。国家通过国家行政机关的管理、国营经济的领导和工人群众的监督，利用资本主义工商业的有利于国计民生的积极作用，限制它们的不利于国计民生的消极作用，鼓励和指导它们转变为各种不同形式的国家资本主义经济，逐步以全民所有制代替资本家所有制。

国家禁止资本家的危害公共利益、扰乱社会经济秩序、破坏国家经济计划的一切非法行为。

第十一条 国家保护公民的合法收入、储蓄、房屋和各种生活资料的所有权。

第十二条 国家依照法律保护公民的私有财产的继承权。

第十三条 国家为了公共利益的需要，可以依照法律规定的条件，对城乡土地和其他生产资料实行征购、征用或者收归国有。

第十四条 国家禁止任何人利用私有财产破坏公共利益。

第十五条 国家用经济计划指导国民经济的发展和改造，使生产力不断提高，以改进人民的物质生活和文化生活，巩固国家的独立和安全。

第十六条 劳动是中华人民共和国一切有劳动能力的公民的光荣的事情。国家鼓励公民在劳动中的积极性和创造性。

第十七条 一切国家机关必须依靠人民群众，经常保持同群众的密切联系，倾听群众的意见，接受群众的监督。

第十八条 一切国家机关工作人员必须效忠人民民主制度，服从宪法和法律，努力为人民服务。

第十九条 中华人民共和国保卫人民民主制度，镇压一切叛国的和反革命的活动，惩办一切卖国贼和反革命分子。

国家依照法律在一定时期内剥夺封建地主和官僚资本家的政治权利，同时给以生活出路，使他们在劳动中改造成为自食其力的公民。

第二十条 中华人民共和国的武装力量属于人民，它的任务是保卫人民革命和国家建设的成果，保卫国家的主权、领土完整和完全。

第二章 国家机构

第一节 全国人民代表大会

第二十一条 中华人民共和国全国人民代表大会是最高国家权力机关。

第二十二条　全国人民代表大会是行使国家立法权的唯一机关。

第二十三条　全国人民代表大会由省、自治区、直辖市、军队和华侨选出的代表组成。

全国人民代表大会代表名额和代表产生办法，包括少数民族代表的名额和产生办法，由选举法规定。

第二十四条　全国人民代表大会每届任期四年。

全国人民代表大会任期届满的两个月以前，全国人民代表大会常务委员会必须完成下届全国人民代表大会代表的选举。如果遇到不能进行选举的非常情况，全国人民代表大会可以延长任期到下届全国人民代表大会举行第一次会议为止。

第二十五条　全国人民代表大会会议每年举行一次，由全国人民代表大会常务委员会召集。如果全国人民代表大会常务委员会认为必要，或者有 1/5 的代表提议，可以临时召集全国人民代表大会会议。

第二十六条　全国人民代表大会举行会议的时候，选举主席团主持会议。

第二十七条　全国人民代表大会行使下列职权：

（一）修改宪法；

（二）制定法律；

（三）监督宪法的实施；

（四）选举中华人民共和国主席、副主席；

（五）根据中华人民共和国主席的提名，决定国务院总理的人选，根据国务院总理的提名，决定国务院组成人员的人选；

（六）根据中华人民共和国主席的提名，决定国防委员会副主席和委员的人选；

（七）选举最高人民法院院长；

（八）选举最高人民检察院检察长；

（九）决定国民经济计划；

（十）审查和批准国家的预算和决算；

（十一）批准省、自治区和直辖市的划分；

（十二）决定大赦；

（十三）决定战争和和平的问题；

（十四）全国人民代表大会认为应当由它行使的其他职权。

第二十八条 全国人民代表大会有权罢免下列人员：

（一）中华人民共和国主席、副主席；

（二）国务院总理、副总理、各部部长、各委员会主任、秘书长；

（三）国防委员会副主席和委员；

（四）最高人民法院院长；

（五）最高人民检察院检察长。

第二十九条 宪法的修改由全国人民代表大会以全体代表的2/3的多数通过。

法律和其他议案由全国人民代表大会以全体代表的过半数通过。

第三十条 全国人民代表大会常务委员会是全国人民代表大会的常设机关。

全国人民代表大会常务委员会由全国人民代表大会选出下列人员组成：

委员长，

副委员长若干人，

秘书长，

委员若干人。

第三十一条 全国人民代表大会常务委员会行使下列职权：

（一）主持全国人民代表大会代表的选举；

（二）召集全国人民代表大会会议；

（三）解释法律；

（四）制定法令；

（五）监督国务院、最高人民法院和最高人民检察院的工作；

（六）撤销国务院的同宪法、法律和法令相抵触的决议和命令；

（七）改变或者撤销省、自治区、直辖市国家权力机关的不适当的决议；

（八）在全国人民代表大会闭会期间，决定国务院副总理、各部部长、各委员会主任、秘书长的个别任免；

（九）任免最高人民法院副院长、审判员和审判委员会委员；

（十）任免最高人民检察院副检察长、检察员和检察委员会委员；

（十一）决定驻外全权代表的任免；

（十二）决定同外国缔结的条约的批准和废除；

（十三）规定军人和外交人员的衔级和其他专门衔级；

（十四）规定和决定授予国家的勋章和荣誉称号；

（十五）决定特赦；

（十六）在全国人民代表大会闭会期间，如果遇到国家遭受武装侵犯或者必须履行国际间共同防止侵略的条约的情况，决定战争状态的宣布；

（十七）决定全国总动员或者局部动员；

（十八）决定全国或者部分地区的戒严；

（十九）全国人民代表大会授予的其他职权。

第三十二条　全国人民代表大会常务委员会行使职权到下届全国人民代表大会选出新的常务委员会为止。

第三十三条　全国人民代表大会常务委员会对全国人民代表大会负责并报告工作。

全国人民代表大会有权罢免全国人民代表大会常务委员会的组成人员。

第三十四条　全国人民代表大会设立民族委员会、法案委员会、预算委员会、代表资格审查委员会和其他需要设立的委员会。

民族委员会和法案委员会，在全国人民代表大会闭会期间，受全国人民代表大会常务委员会的领导。

第三十五条　全国人民代表大会认为必要的时候，在全国人民代表大会闭会期间全国人民代表大会常务委员会认为必要的时候，可以组织对于特定问题的调查委员会。

调查委员会进行调查的时候，一切有关的国家机关、人民团体和公民都有义务向它提供必要的材料。

第三十六条　全国人民代表大会代表有权向国务院或者国务院各部、各委员会提出质问，受质问的机关必须负责答复。

第三十七条　全国人民代表大会代表，非经全国人民代表大会许可，在全国人民代表大会闭会期间非经全国人民代表大会常务委员会许可，不受逮捕或者审判。

第三十八条　全国人民代表大会代表受原选举单位的监督。原选举单位有权依照法律规定的程序随时撤换本单位选出的代表。

第二节　中华人民共和国主席

第三十九条　中华人民共和国主席由全国人民代表大会选举。有选举权和被选举权的年满三十五岁的中华人民共和国公民可以被选为中华人民共和国主席。

中华人民共和国主席任期四年。

第四十条　中华人民共和国主席根据全国人民代表大会的决定和全国人民代表大会常务委员会的决定，公布法律和法令，任免国务院总理、副总理、各部部长、各委员会主任、秘书长，任免国防委员会副主席、委员、授予国家的勋章和荣誉称号，发布大赦令和特赦令，发布戒严令，宣布战争状态，发布动员令。

第四十一条　中华人民共和国主席对外代表中华人民共和国，接受外国使节；根据全国人民代表大会常务委员会的决定，派遣和召回驻外全权代表，批准同外国缔结的条约。

第四十二条　中华人民共和国主席统率全国武装力量，担任国防委员会主席。

第四十三条　中华人民共和国主席在必要的时候召开最高国务会议，并担任最高国务会议主席。

最高国务会议由中华人民共和国副主席、全国人民代表大会常务委员会委员长、国务院总理和其他有关人员参加。

最高国务会议对于国家重大事务的意见，由中华人民共和国主席提交全国人民代表大会、全国人民代表大会常务委员会、国务院或者其他有关部门讨论并作出决定。

第四十四条　中华人民共和国副主席协助主席工作。副主席受主席的委托，可以代行主席的部分职权。

中华人民共和国副主席的选举和任期，适用宪法第三十九条关于中华人民共和国主席的选举和任期的规定。

第四十五条　中华人民共和国主席、副主席行使职权到下届全国人民代表大会选出的下一任主席、副主席就职为止。

第四十六条　中华人民共和国主席因为健康情况长期不能工作的时候，

由副主席代行主席的职权。

中华人民共和国主席缺位的时候，由副主席继任主席的职位。

第三节　国务院

第四十七条　中华人民共和国国务院，即中央人民政府，是最高国家权力机关的执行机关，是最高国家行政机关。

第四十八条　国务院由下列人员组成：

总理，

副总理若干人，

各部部长，

各委员会主任，

秘书长。

国务院的组织由法律规定。

第四十九条　国务院行使下列职权：

（一）根据宪法、法律和法令，规定行政措施，发布决议和命令，并且审查这些决议和命令的实施情况；

（二）向全国人民代表大会或者全国人民代表大会常务委员会提出议案；

（三）统一领导各部和各委员会的工作；

（四）统一领导全国地方各级国家行政机关的工作；

（五）改变或者撤销各部部长、各委员会主任的不适当的命令和指示；

（六）改变或者撤销地方各级国家行政机关的不适当的决议和命令；

（七）执行国民经济计划和国家预算；

（八）管理对外贸易和国内贸易；

（九）管理文化、教育和卫生工作；

（十）管理民族事务；

（十一）管理华侨事务；

（十二）保护国家利益，维护公共秩序，保障公民权利；

（十三）管理对外事务；

（十四）领导武装力量的建设；

（十五）批准自治州、县、自治县、市的划分；

（十六）依照法律的规定任免行政人员；

（十七）全国人民代表大会和全国人民代表大会常务委员会授予的其他职权。

第五十条　总理领导国务院的工作，主持国务院会议。

副总理协助总理工作。

第五十一条　各部部长和各委员会主任负责管理本部门的工作。各部部长和各委员会主任在本部门的权限内，根据法律、法令和国务院的决议、命令，可以发布命令和指示。

第五十二条　国务院对全国人民代表大会负责并报告工作；在全国人民代表大会闭会期间，对全国人民代表大会常务委员会负责并报告工作。

第四节　地方各级人民代表大会和地方各级人民委员会

第五十三条　中华人民共和国的行政区域划分如下：

（一）全国分为省、自治区、直辖市；

（二）省、自治区分为自治州、县、自治县、市；

（三）县、自治县分为乡、民族乡、镇。

直辖市和较大的市分为区、自治州分为县、自治县、市。

自治区、自治州、自治县都是民族自治地方。

第五十四条　省、直辖市、县、市、市辖区、乡、民族乡、镇设立人民代表大会和人民委员会。

自治区、自治州、自治县设立自治机关。自治机关的组织和工作由宪法第二章第五节规定。

第五十五条　地方各级人民代表大会都是地方国家权力机关。

第五十六条　省、直辖市、县、设区的市的人民代表大会代表由下一级的人民代表大会选举；不设区的市、市辖区、乡、民族乡、镇的人民代表大会代表由选民直接选举。

地方各级人民代表大会代表名额和代表产生办法由选举法规定。

第五十七条　省人民代表大会每届任期四年。直辖市、县、市、市辖区、乡、民族乡、镇的人民代表大会每届任期两年。

第五十八条　地方各级人民代表大会在本行政区域内，保证法律、法令的遵守和执行，规划地方的经济建设、文化建设和公共事业，审查和批准地方的预算和决算，保护公共财产，维护公共秩序，保障公民权利，保障少数民族的平等权利。

第五十九条　地方各级人民代表大会选举并且有权罢免本级人民委员会的组成人员。

县级以上的人民代表大会选举并且有权罢免本级人民法院院长。

第六十条　地方各级人民代表大会依照法律规定的权限通过和发布决议。

民族乡的人民代表大会可以依照法律规定的权限采取适合民族特点的具体措施。

地方各级人民代表大会有权改变或者撤销本级人民委员会的不适当的决议和命令。

县级以上的人民代表大会有权改变或者撤销下一级人民代表大会的不适当的决议和下一级人民委员会的不适当的决议和命令。

第六十一条　省、直辖市、县、设区的市的人民代表大会代表受原选举单位的监督；不设区的市、市辖区、乡、民族乡、镇的人民代表大会代表受选民的监督。地方各级人民代表大会代表的选举单位和选民有权依照法律规定的程序随时撤换自己选出的代表。

第六十二条　地方各级人民委员会，即地方各级人民政府，是地方各级人民代表大会的执行机关，是地方各级国家行政机关。

第六十三条　地方各级人民委员会分别由省长、市长、县长、区长、乡长、镇长各一人，副省长、副市长、副县长、副区长、副乡长、副镇长各若干人和委员各若干人组成。

地方各级人民委员会每届任期同本级人民代表大会每届任期相同。

地方各级人民委员会的组织由法律规定。

第六十四条　地方各级人民委员会依照法律规定的权限管理本行政区域的行政工作。

地方各级人民委员会执行本级人民代表大会的决议和上级国家行政机关的决议和命令。

地方各级人民委员会依照法律规定的权限发布决议和命令。

第六十五条　县级以上的人民委员会领导所属各工作部门和下级人民委

员会的工作，依照法律的规定任免国家机关工作人员。

县级以上的人民委员会有权停止下一级人民代表大会的不适当的决议的执行，有权改变或者撤销所属各工作部门的不适当的命令和指示和下级人民委员会的不适当的决议和命令。

第六十六条　地方各级人民委员会都对本级人民代表大会和上一级国家行政机关负责并报告工作。

全国地方各级人民委员会都是国务院统一领导下的国家行政机关，都服从国务院。

第五节　民族自治地方的自治机关

第六十七条　自治区、自治州、自治县的自治机关的组织，应当根据宪法第二章第四节规定的关于地方国家机关的组织的基本原则。自治机关的形式可以依照实行区域自治的民族大多数人民的意愿规定。

第六十八条　在多民族杂居的自治区、自治州、自治县的自治机关中，各有关民族都应当有适当名额的代表。

第六十九条　自治区、自治州、自治县的自治机关行使宪法第二章第四节规定的地方国家机关的职权。

第七十条　自治区、自治州、自治县的自治机关依照宪法和法律规定的权限行使自治权。

自治区、自治州、自治县的自治机关依照法律规定的权限管理本地方的财政。

自治区、自治州、自治县的自治机关依照国家的军事制度组织本地方的公安部队。

自治区、自治州、自治县的自治机关可以依照当地民族的政治、经济和文化的特点，制定自治条例和单行条例，报请全国人民代表大会常务委员会批准。

第七十一条　自治区、自治州、自治县的自治机关在执行职务的时候，使用当地民族通用的一种或者几种语言文字。

第七十二条　各上级国家机关应当充分保障各自治区、自治州、自治县的自治机关行使自治权，并且帮助各少数民族发展政治、经济和文化的建设事业。

第六节　人民法院和人民检察院

第七十三条　中华人民共和国最高人民法院、地方各级人民法院和专门人民法院行使审判权。

第七十四条　最高人民法院院长和地方各级人民法院院长任期四年。

人民法院的组织由法律规定。

第七十五条　人民法院审判案件依照法律实行人民陪审员制度。

第七十六条　人民法院审理案件，除法律规定的特别情况外，一律公开进行。被告人有权获得辩护。

第七十七条　各民族公民都有用本民族语言文字进行诉讼的权利。人民法院对于不通晓当地通用的语言文字的当事人，应当为他们翻译。

在少数民族聚居或者多民族杂居的地区，人民法院应当用当地通用的语言进行审讯，用当地通用的文字发布判决书、布告和其他文件。

第七十八条　人民法院独立进行审判，只服从法律。

第七十九条　最高人民法院是最高审判机关。

最高人民法院监督地方各级人民法院和专门人民法院的审判工作，上级人民法院监督下级人民法院的审判工作。

第八十条　最高人民法院对全国人民代表大会负责并报告工作；在全国人民代表大会闭会期间，对全国人民代表大会常务委员会负责并报告工作。地方各级人民法院对本级人民代表大会负责并报告工作。

第八十一条　中华人民共和国最高人民检察院对于国务院所属各部门、地方各级国家机关、国家机关工作人员和公民是否遵守法律，行使检察权。地方各级人民检察院和专门人民检察院，依照法律规定的范围行使检察权。

地方各级人民检察院和专门人民检察院在上级人民检察院的领导下，并且一律在最高人民检察院的统一领导下，进行工作。

第八十二条　最高人民检察院检察长任期四年。

人民检察院的组织由法律规定。

第八十三条　地方各级人民检察院独立行使职权，不受地方国家机关的干涉。

第八十四条 最高人民检察院对全国人民代表大会负责并报告工作；在全国人民代表大会闭会期间，对全国人民代表大会常务委员会负责并报告工作。

第三章 公民的基本权利和义务

第八十五条 中华人民共和国公民在法律上一律平等。

第八十六条 中华人民共和国年满十八岁的公民，不分民族、种族、性别、职业、社会出身、宗教信仰、教育程度、财产状况、居住期限，都有选举权和被选举权。但是有精神病的人和依照法律被剥夺选举权和被选举权的人除外。

妇女有同男子平等的选举权和被选举权。

第八十七条 中华人民共和国公民有言论、出版、集会、结社、游行、示威的自由。国家供给必需的物质上的便利，以保证公民享受这些自由。

第八十八条 中华人民共和国公民有宗教信仰的自由。

第八十九条 中华人民共和国公民的人身自由不受侵犯。任何公民，非经人民法院决定或者人民检察院批准，不受逮捕。

第九十条 中华人民共和国公民的住宅不受侵犯，通信秘密受法律的保护。

中华人民共和国公民有居住和迁徙的自由。

第九十一条 中华人民共和国公民有劳动的权利。国家通过国民经济有计划的发展，逐步扩大劳动就业，改善劳动条件和工资待遇，以保证公民享受这种权利。

第九十二条 中华人民共和国劳动者有休息的权利。国家规定工人和职员的工作时间和休假制度，逐步扩充劳动者休息和休养的物质条件，以保证劳动者享受这种权利。

第九十三条 中华人民共和国劳动者在年老、疾病或者丧失劳动能力的时候，有获得物质帮助的权利。国家举办社会保险、社会救济和群众卫生事业，并且逐步扩大这些设施，以保证劳动者享受这种权利。

第九十四条 中华人民共和国公民有受教育的权利。国家设立并且逐步扩大各种学校和其他文化教育机关，以保证公民享受这种权利。

国家特别关怀青年的体力和智力的发展。

第九十五条　中华人民共和国保障公民进行科学研究、文学艺术创作和其他文化活动的自由。国家对于从事科学、教育、文学、艺术和其他文化事业的公民的创造性工作，给以鼓励和帮助。

第九十六条　中华人民共和国妇女在政治的、经济的、文化的、社会的和家庭的生活各方面享有同男子平等的权利。

婚姻、家庭、母亲和儿童受国家的保护。

第九十七条　中华人民共和国公民对于任何违法失职的国家机关工作人员，有向各级国家机关提出书面控告或者口头控告的权利。由于国家机关工作人员侵犯公民权利而受到损失的人，有取得赔偿的权利。

第九十八条　中华人民共和国保护国外华侨的正当的权利和利益。

第九十九条　中华人民共和国对于任何由于拥护正义事业、参加和平运动、进行科学工作而受到迫害的外国人，给以居留的权利。

第一百条　中华人民共和国公民必须遵守宪法和法律，遵守劳动纪律，遵守公共秩序，尊重社会公德。

第一百零一条　中华人民共和国的公共财产神圣不可侵犯。爱护和保卫公共财产是每一个公民的义务。

第一百零二条　中华人民共和国公民有依照法律纳税的义务。

第一百零三条　保卫祖国是中华人民共和国每一个公民的神圣职责。

依照法律服兵役是中华人民共和国公民的光荣义务。

第四章　国旗、国徽、首都

第一百零四条　中华人民共和国国旗是五星红旗。

第一百零五条　中华人民共和国国徽，中间是五星照耀下的天安门，周围是谷穗和齿轮。

第一百零六条　中华人民共和国首都是北京。

在中央人民政府委员会临时会议上修正通过中华人民共和国宪法草案时的讲话①

（1954 年 9 月 14 日）

毛泽东

宪法草案有两个地方要修改，这是全国人民代表大会代表们提出的意见，改了比较好。一个地方是序言第三段：在"第一届全国人民代表大会"下面加"第一次会议"五个字。下面的年月日也填起来，写成"一九五四年九月　日"。年月日前面没有"于"字，因为当初我们的两位语文顾问（语文专家）一致反对加"于"字，提出几次都通不过，我们多数只好服从他们少数。下面"我国的第一个宪法"改为"中华人民共和国宪法"。这些修改都是属于文字性的，但不改不行。过去中国的宪法有八个（草案不在内）：清朝的"宪法大纲"，孙中山的《中华民国临时约法》，袁世凯的《中华民国约法》，曹锟的《中华民国宪法》，蒋介石的《中华民国训政时期约法》、《中华民国宪法》、瑞金中央工农民主政府颁布的《中华苏维埃共和国宪法大纲》，《中国人民政治协商会议共同纲领》。说这个宪法是"我国的第一个宪法"，不妥；说它是"中华人民共和国宪法"，则名符其实。这是属于文字性质的但是重要的修改，不改就不那么妥当。

另一个地方是第三条第三款："各民族……都有保持或者改革自己的风俗习惯和宗教信仰的自由"。问题出在"和宗教信仰"五个字上。代表中有人提出，说改革"宗教"可以，改革"信仰"则不妥，并且第八十八条已经规定"中华人民共和国公民有宗教信仰的自由"。所谓"有宗教信仰的自由"，就是说：你信仰宗教也可以，不信仰宗教也可以；你可以信这种宗教，也可以信那种宗教；信了，又可以不信；本来不信，后来也可以信。既然有了第八十八条的规定，第三条再讲"改革宗教信仰的自由"，就重复了。这

---

①　原载于《党的文献》1997 年第 1 期。

是西藏代表提出的意见，说这样写法不好，似乎是不要宗教了。说"改革宗教"还可以。历史上的宗教改革很多，比如天主教、基督教、佛教、喇嘛教的改革等等。我看这一条意见是有理由的，把"和宗教信仰"五个字删掉，改为："都有保持或者改革自己的风俗习惯的自由"。因为有第八十八条，删掉这一句没关系，免得误会，免得重复，也免得文字不通。语文学家反对这样写，说"改革信仰"不通。这一条完全是抄共同纲领的。可见，共同纲领还不是也有缺点。这一点，刘少奇同志的宪草报告中应当提到。

今天开会就是为着改这两处地方。这样改法行不行？有意见吗？

此外还有人提出：第七十四条，法院院长任期是第一款，法院的组织放在了第二款，说要改。我们觉得不改也可以。还有人说第五条"生产资料所有制现在主要有下列各种"的"主要"二字不要，我们考虑恐怕还是保留好，不要改了。

宪法不是天衣无缝，总是会有缺点的。"天衣无缝"，书上是这样说过。天衣，我没有看见过，也没有从天上取下来看过，我看到的衣服都是有缝的，比如我穿的这件衣服就是有缝的。宪法，以及别的法律，都是会有缺点的。什么时候发现，都可以提出修改，反正全国人民代表大会会议一年一次，随时可以修改。能过得去的，那就不要改了。

如果没有意见，就付表决。（全体通过）

宪法草案的本子，今天不再重印了。当然在大会通过之前还要重印一次。请各代表组组长负责召集各代表组开个会，把中央人民政府委员会临时会议这两点修改，给大家讲一下。这次临时会议和这两点修改，报纸上都不发表。

这是一个比较完整的宪法了。最先是中共中央起草，然后是北京五百多位高级干部讨论，全国八千多人讨论，然后是三个月的全国人民讨论，这一次全国人民代表大会一千多名代表又讨论。宪法的起草应该说是慎重的，每一条每一个字都是认真推敲了的，但也不必讲是毫无缺点，天衣无缝。这个宪法是适合我们目前的实际情况的，它坚持了原则性，但是又有灵活性。

（三）第一届全国人民代表大会第一次会议

中华人民共和国第一届
全国人民代表大会第一次会议开幕词

（1954 年 9 月 15 日）

毛泽东

各位代表！

中华人民共和国第一届全国人民代表大会第一次会议，今天在我国首都北京举行。

代表总数一千二百二十六人，报到的代表一千二百十一人，因病因事请假没有报到的代表十五人，报到了因病因事今天临时缺席的代表七十人。今天会议实到的代表一千一百四十一人，合于法定人数。

中华人民共和国第一届全国人民代表大会第一次会议负有重大的任务。

这次会议的任务是：

制定宪法；

制定几个重要的法律；

通过政府工作报告；

选举新的国家领导工作人员。

我们这次会议具有伟大的历史意义。这次会议是标志着我国人民从一九四九年建国以来的新胜利和新发展的里程碑。这次会议所制定的宪法将大大地促进我国的社会主义事业。

我们的总任务是：团结全国人民，争取一切国际朋友的支援，为了建设一个伟大的社会主义国家而奋斗，为了保卫国际和平和发展人类进步事业而奋斗。

我国人民应当努力工作，努力学习苏联和各兄弟国家的先进经验，老老实实，勤勤恳恳，互勉互助，力戒任何的虚夸和骄傲，准备在几个五年计划

之内，将我们现在这样一个经济上文化上落后的国家，建设成为一个工业化的具有高度现代文化程度的伟大的国家。（热烈鼓掌）

我们的事业是正义的。正义的事业是任何敌人也攻不破的。（热烈鼓掌）

领导我们事业的核心力量是中国共产党。（热烈鼓掌）

指导我们思想的理论基础是马克思列宁主义。（热烈鼓掌）

我们有充分的信心，克服一切艰难困苦，将我国建设成为一个伟大的社会主义共和国。（热烈鼓掌）

我们正在前进。

我们正在做我们的前人从来没有做过的极其光荣伟大的事业。

我们的目的一定要达到。（鼓掌）

我们的目的一定能够达到。（鼓掌）

全中国六万万人团结起来，为我们的共同事业而努力奋斗！（热烈鼓掌）

我们的伟大的祖国万岁！（热烈的长时间的鼓掌）

关于中华人民共和国宪法草案的报告[①]

（1954 年 9 月 15 日）

刘少奇

各位代表：

制定中华人民共和国宪法，在我国国家生活中，是一件具有重大历史意义的事情。我国的第一届全国人民代表大会第一次会议的首要任务，就是制定我国的宪法。

现在提交大会的宪法草案，是经过了郑重的起草工作而完成的。

---

① 这是刘少奇同志在第一届全国人民代表大会第一次会议上所作的报告。原载一九五四年九月十六日《人民日报》，报告共分四部分。一九八五年十二月编入中共中央文献编辑委员会编辑的《刘少奇选集》（下卷）时作了文字整理，第三部分"关于全民讨论中提出的对宪法草案的意见"未收入。二〇〇八年十一月编入《建国以来刘少奇文稿》（第六册）时，正文据《刘少奇选集》刊印，在注释中收入第三部分。本文以《刘少奇选集》和《建国以来刘少奇文稿》为刊印依据。

中央人民政府委员会在一九五三年一月十三日成立了以毛泽东同志为首的中华人民共和国宪法起草委员会。宪法起草委员会在一九五四年三月接受了中国共产党中央委员会提出的宪法草案初稿，随即在北京和全国各大城市组织各民主党派、各人民团体和社会各方面的代表人物共八千多人，用两个多月的时间，对这个初稿进行了认真的讨论。应当说，这八千多人都是宪法起草工作的参加者。以这个初稿为基础经过修改后的宪法草案，由中央人民政府委员会在一九五四年六月十四日公布，交付全国人民讨论。全国人民的讨论进行了两个多月，共有一亿五千多万人参加。广大的人民群众热烈地拥护这个宪法草案，同时提出了很多修改和补充的意见。根据这些意见，宪法起草委员会对原来的草案再度作了修改，并且经过一九五四年九月九日中央人民政府委员会第三十四次会议讨论通过，这才产生了现在提交大会的这个草案。

现在，我代表中华人民共和国宪法起草委员会向大会作关于宪法草案的报告。

一、中华人民共和国宪法草案是历史经验的总结

我们制定宪法是以事实作根据的。我们所根据的事实是什么呢？这就是我国人民已经在反对帝国主义、反对封建主义和反对官僚资本主义的长期革命斗争中取得了彻底胜利的事实，就是工人阶级领导的、以工农联盟为基础的人民民主国家已经巩固地建立起来了的事实，就是我国已经建立起社会主义经济的强有力的领导地位、开始有系统地进行社会主义改造、正在一步一步地过渡到社会主义社会去的事实。

从这些事实出发，我们制定的宪法当然只能是人民民主的宪法。这是属于社会主义类型的宪法，而不是属于资产阶级类型的宪法。

我们提出的宪法草案，是中国人民一百多年以来英勇斗争的历史经验的总结，也是中国近代关于宪法问题和宪政运动的历史经验的总结。

中国人民曾经长期生活在帝国主义和封建主义的黑暗统治下面。一百多年以前，外国资本主义开始侵略中国，暴露了当时中国的封建皇朝完全没有能力保卫自己的国家。外来的侵略和压迫愈来愈厉害，国内的政治也愈来愈黑暗。从那个时候起，中国这样一个大国，在对外关系上实际丧失了独立国

家的地位，广大人民过着非常痛苦的日子。但是，就在那个时候，中国人民开始进行了英勇的反对外国资本主义和本国封建主义的革命斗争。许多的先进人物，为了救中国，为了改变自己国家的命运，努力去寻找真理。他们努力学习西方资产阶级的政治和文化，以为西方资产阶级的那些东西很可以救中国。他们在学了这些东西以后，就企图按照西方资产阶级国家的模型来改变中国的国家制度和社会制度。

在甲午战争中中国被日本战败以后，以康有为为首的改良派的变法运动，就是这种企图的一次尝试。他们希望中国有一个不要根本改变封建制度而可以发展资本主义的宪法。他们的主张在当时受到了许多人的赞成和拥护。他们虽然是改良派，但在当时的条件下，他们的变法运动还是有进步意义的，因此引起了反动派的仇视。他们的活动，在一八九八年受到以慈禧太后为首的反动派的镇压而失败了。

甲午战争中国的失败，激起了广大的人民运动。同康有为一派改良变法运动的同时，以孙中山为首的革命派和其他几个革命派的运动发展起来了。在康有为一派失败以后，他们在一九〇五年组成了革命同盟会。这一派和改良派不同，他们抱着建立资产阶级民主共和国的理想而进行推翻清朝统治的革命斗争，这就比改良派大进了一步。

清朝的统治，在革命势力迅速发展的情势下，已经不能维持下去。为了维持自己的统治，为了欺骗人民和抵制人民的革命，在将近五十年前，清朝统治者宣布了"预备立宪"，并且在一九〇八年公布了一个"宪法大纲"。这个"宪法大纲"的主要目的是要保存封建专制制度，虽然在表面上不能不许诺人民一些要求，但是人民不相信这种许诺是真的，不相信这种"立宪"能使中国进步。人民抵制了这种骗人的"立宪"。这个时候，对于这种"立宪"，以孙中山为首的革命派采取了坚决反对的立场，而以康有为为首的改良派则采取了拥护的立场。因此，改良派也受到了革命派的反对，并为人民所抛弃。

以孙中山为首的革命派，坚决主张经过革命来实现他们所期望的民主宪政，也就是资产阶级性质的民主宪政。就当时的历史条件来说，他们这样做是正确的，他们代表了广大人民群众的要求。在他们的领导下，终于爆发了具有伟大历史意义的辛亥革命。

在一九一一年十月十日爆发的辛亥革命推翻了清朝的统治，结束了中国两千多年来的封建帝制，产生了中华民国和以孙中山为首的革命的南京临时政府，并产生了一个临时约法。这个临时约法具有资产阶级共和国宪法的性质，是有进步意义的。辛亥革命使民主共和国的观念从此深入人心，使人们公认，任何违反这个观念的言论和行动都是非法的。但是当时的革命派是有缺点的。他们没有一个彻底的反对帝国主义和封建主义的纲领，没有广泛地发动和组织可以依靠的人民大众的力量，因此他们不能取得对于帝国主义和封建主义的彻底胜利。这次革命终于失败了，袁世凯领导的反动派篡夺了国家权力。从此中国就进入各派北洋军阀统治的时期，临时约法被撕毁，"中华民国"变为名不副实的空招牌。孙中山领导的革命派进行了反对北洋军阀政府的斗争，但是没有得到成功。

在北洋军阀的统治下，中国的状况越来越坏。世界上所有的主要帝国主义国家都在中国进行争夺，它们支持中国的各派军阀连年不断地进行内战，使中国陷入极端混乱的局面。一个军阀接着一个军阀掌握当时的北京政权。北洋军阀中最后一个所谓大总统曹锟，为了继续维持军阀的统治，在一九二三年公布了一个骗人的"宪法"。这个"宪法"也立即为当时的人民所否认，孙中山领导的国民党和中国共产党都反对了这个"宪法"，认为是伪宪。这个伪宪公布以后只有一年，曹锟的政府就垮台了。

在辛亥革命以前和辛亥革命以后的若干年间，中国一切有志救国的人还只能按照资本主义的方向去寻找中国的出路。到了第一次世界大战和俄国十月社会主义革命以后，中国人开始看到了西方资本主义的日趋没落，并且看到了社会主义的万丈光芒。一九一九年五月四日，中国发生了伟大的反对帝国主义和封建主义的革命运动。在这个时候，中国工人运动开始高涨起来。中国人民中的先进分子开始确信，能够解决中国问题的不是资本主义的道路，而是社会主义的道路。先进分子的这种正确的信念，很快地变成了广大群众的信念。一九二一年，中国建立了马克思列宁主义的工人阶级的政党——中国共产党。从此，中国就开辟了革命的新局面，中国革命成为工人阶级领导的人民民主革命，即新民主主义革命，成为世界社会主义革命的一部分，并且得到社会主义的苏联的援助。

在这个时候，伟大的革命家孙中山，从多年奋斗的经验中，认识了要达到救国的目的，"必须唤起民众，及联合世界上以平等待我之民族，共同奋斗"。他终于勇敢地采取了联俄、联共、扶助农工的三大政策，改组了国民党，同中国共产党建立了反帝反封建的联盟，展开了新的革命斗争。

一九二七年，中国国民党和中国共产党联合进行的北伐革命战争正在走向胜利的时候，蒋介石国民党背叛了孙中山的政策，背叛了革命。从此以后，中国革命的领导责任就完全由中国工人阶级和它的政党中国共产党单独担负起来了。从此，中国革命所表现的深刻性、彻底性和广大的群众规模，为以前一切革命运动所完全不能比拟。中国人民经过土地革命战争、抗日战争和人民解放战争，逐步地创造了坚强的人民革命军队和广大的革命根据地，并在革命根据地里面建立了统一战线的人民民主政权，进行了各种社会改革，得到了丰富的革命经验。长期的革命斗争证明，中国共产党指出的由新民主主义到社会主义的道路是唯一能够救中国的道路。这条道路在全国人民中树立了极高的信仰。在第二次世界大战结束以后，中国人民终于战胜了美国帝国主义支持的蒋介石反动派，在一九四九年取得了人民革命的伟大胜利。

在过去相继统治中国的几个反动政府中，蒋介石国民党政府是最后的一个反动政府，它是从来不要宪法的。但当它垂死的时候，也想用一个伪宪来救自己的命。它在一九四六年制造的那个伪宪受到中国共产党、中国各民主党派和全国人民的坚决反对，结果同过去的反动政府一样，在蒋介石公布他的伪宪以后不到三年的时间，他的统治就彻底垮台了。同时，拥护这个伪宪的中国青年党、民主社会党等反革命党派也受到了人民的唾弃。这件事，在座的各位代表都是清楚地记得的。

一百多年以来，中国革命同反革命的激烈的斗争没有停止过。这种激烈的斗争反映在国家制度的问题上，就表现为三种不同的势力所要求的三种不同的宪法。

第一，就是从清朝、北洋军阀一直到蒋介石国民党所制造的伪宪。这些封建买办阶级的反动统治者是连资产阶级民主也反对的。他们本来不要任何宪法，所以总是要拖到他们的反动统治在革命力量的打击下摇摇欲坠，他们的末日已经临近的时候，才制造一种骗人的"宪法"，其目的是想利用一些资产阶级宪法的形式装点门面，使他们的反动统治能够苟延残喘。他们的这种目的，当然不可能达到。

第二，就是中国民族资产阶级在以往多年所盼望的宪法，也就是资产阶级民主共和国的宪法。这种宪法，除了辛亥革命所产生而随即被袁世凯撕毁了的那个临时约法以外，中国从来没有产生过。

世界上有过许多民族，在脱离封建主义之后，建立了资产阶级的共和国。但是在半殖民地半封建的中国，资产阶级共和国始终只是一种幻想。中国资产阶级既然没有能力领导人民战胜外国帝国主义和本国反动派的联合力量，它就不可能使中国变为资产阶级共和国，也就不可能使中国出现资产阶级性质的宪法。

第三，就是工人阶级领导的、以工农联盟为基础的人民共和国的宪法，这就是现在我们所要制定的宪法。

毛泽东同志早已指出：在工人阶级领导的人民革命胜利以后，不会建立资产阶级专政的共和国，而一定要建立工人阶级领导的、以工农联盟为基础的人民民主专政的共和国。这个以工人阶级为领导的人民共和国只会把中国引向社会主义，而不会把中国引向资本主义。

事情就是这样：封建买办阶级的反动统治者几次用来骗人的伪宪，都不能使人民上当，都受到人民的抵制。而参与制造和积极拥护这种伪宪的人们，也被人民所抛弃。果然，几批反动统治者都接着伪宪的宣布迅速垮台，而这些所谓"宪法"都变成了废纸。同时，几十年来，在中国虽然有过不少的人为实现资产阶级的宪政做过各种各样的努力，但是一点成就也没有。在中国出现的真正的宪法，毕竟只能是人民民主主义和社会主义的宪法，只有这种宪法，才是适合于最广大人民群众的利益，而为最广大人民群众所欢迎的。

所以我们说，我们现在提出的宪法草案乃是对于一百多年以来中国人民革命斗争的历史经验的总结，也是对于中国近代关于宪法问题的历史经验的总结。

当然，我们的宪法草案又是中华人民共和国成立以来新的历史经验的总结。

一九四九年，中国人民政治协商会议制定了一个共同纲领。这个共同纲领起了临时宪法的作用。这个共同纲领总结了过去革命的经验，特别是人民革命根据地的经验，宣告了中华人民共和国的成立，确定了中华人民共和国应当实现的各方面的基本政策。这个共同纲领，中央人民政府和地方各级人民政府坚决地执行了。

从中华人民共和国成立以来，虽然只有五年的时间，我们国家的变化却是巨大的。

第一，我国已经结束了在外国帝国主义统治下的殖民地和附属国的地位，成了一个真正独立的国家。毛泽东同志在一九四九年九月中国人民政治协商会议开幕的时候，庄严地宣告："占人类总数四分之一的中国人从此站立起来了。"一百多年以来，中国人民作了无数的牺牲，以求摆脱外国帝国主义的统治，这个目的已经达到了。从一九五〇年起在全国范围内发动的伟大的抗美援朝运动，继续加强了我国的独立地位。我国已经以世界大国的身分出现在国际舞台上。我国已经同苏联和各人民民主国家一起，成为保卫世界和平的坚强堡垒。

第二，我国已经结束了年代久远的封建主义的统治。封建主义的剥削制度曾经是我国停滞不振、落后和被欺侮的根源，这种根源已经由全国规模的群众运动在我国绝大多数地区内完全消灭了。

第三，我国已经结束了长期的混乱局面，实现了国内和平，造成了我国全部大陆空前统一的局面。我国各民族之间已经结束了过去那种互相歧视和互不信任的情况，而在反对帝国主义和反对各民族内部的人民公敌的基础上，在民族平等和友爱互助的基础上，亲密地团结起来了。

第四，我国已经在极广泛的范围内结束了人民无权的状况，发扬了高度的民主主义。经过土地改革及其他社会改革，经过镇压反革命和抗美援朝等广大的群众运动，人民群众已经组织起来。无数平日对国事漠不关心的人，也积极地起来参加国家的政治生活了。全国广大人民群众已经深切地体验到，人民代表大会是管理自己国家的最好的政治组织形式。

第五，由于解放后的人民在劳动战线上表现出惊人的热情和创造能力，加上我们的伟大盟国苏联的援助，我国已经在很短的时间内，恢复了被帝国主义和国民党反动派所破坏了的国民经济，开始了社会主义建设和社会主义改造的事业。社会主义经济在实际生活中，已经无可怀疑地证明了它比资本主义经济具有极大的优越性，它已日益壮大，并且日益巩固自己在国民经济中的领导地位。我们的国家关于社会主义事业所采取的具体步骤和具体措施，得到了广大人民群众的拥护。从一九五三年起，我国已经按照建设社会主义的目标，实行了发展国民经济的第一个五年计划，并且已经获得了成就。

这一系列的情况，说明了我们的国家五年以来已经大踏步地前进了，说明了国家权力一旦掌握在有组织有领导的人民手里，便能发挥无敌的力量，使人民从悲惨的生活中解放出来，使我们的国家有飞跃的进步，使人民的物质生活和文化生活得到改善。这一系列的情况，也说明了我们的国家和政府为什么会这样得到全体人民的支持和信任，并得到全世界爱好和平的人民的同情和支持。

我国近代历史中，人们曾经长期争论过的一个根本问题——中国的出路是什么，是资本主义呢，还是社会主义？对于这一个问题，五年以来我国发生的巨大变化已经作了生动的解答。五年以来的生活充分证明，由目前复杂的经济结构的社会过渡到单一的社会主义经济结构的社会，即由目前的新民主主义社会过渡到社会主义社会，是我国应当走的唯一正确的道路。

现在来看，中国是不是还有什么其他的路可走呢？

美国帝国主义和蒋介石卖国集团向我们说：我国应当回到殖民地和封建统治的老路上去。据说我国人民正处在"黑暗生活"中，他们应当来"解放"我们，中华人民共和国应当推翻，他们的反动统治应当复辟，那就是说，我国人民应当再回到帝国主义、封建主义和官僚资本主义的血腥统治下面去。大家知道，经过一百多年的斗争才得到了解放的全国人民是决不会允许我国再退回到这条悲惨的老路上去的。但是美国帝国主义和蒋介石卖国集团以及大陆上的特务反革命分子，却坚持要使我国走这条老路。现在美国帝国主义还侵占着台湾，蒋介石卖国集团还盘踞在台湾继续作恶，并且时刻企图回到大陆上来。反动派的复辟仍然是一个实际的危险。如果有人看轻这种危险，那就要犯错误。因此，全国人民必须经常保持高度的警惕性，必须努力加强我们的国防力量，并为解放台湾，彻底消灭蒋介石卖国集团而进行坚决的斗争。

我国是否还可以走资本主义道路，发展资本主义，变成资本主义国家呢？或许还有一些落后分子作这种幻想，但这是一种很错误而且很危险的幻想。毛泽东同志说过，"资产阶级的共和国，外国有过的，中国不能有"。在工人阶级领导下的今天的我国人民，决不会容许资本主义在我国泛滥，更决不会容许把工人阶级领导的人民民主专政变为资产阶级专政。世界资本主义已经没落，世界上所有资本主义最发达的国家都已走到了绝路，而社会主义的苏联和其他人民民主国家已经繁荣强大起来。我国人民在工人阶级领导下正在建设社会主义，国家的面貌正在改变，人民的物质生活和文化生活正在逐步提高。在这样的国际国内的局势下，中国人民难道会愿意抛弃自己社会主义的光明幸福的前途，而走到资本主义的苦痛的道路上去吗？当然是不会的。所以，凡有这种幻想的人必须迅速抛弃这种幻想。如果还有人不愿抛弃并且坚持这种幻想的话，那他们就有可能走到帝国主义所指引的危险的道路上去。因为他们既然坚持要使中国走资本主义的道路，就势必要同帝国主义国家联系起来，而帝国主义者却不会让中国成为独立的资本主义的国家，只会使中国成为帝国主义和封建买办阶级统治的殖民地。这正是蒋介石卖国贼所走的道路。

我国是否还有什么别的道路可走呢？或许有人想到一条维持现状的道路，即既不是资本主义的道路，也不是社会主义的道路，而是既有社会主义，又有资本主义，将我们现在所处的状态维持下去。大家知道，我国正处在建设社会主义社会的过渡时期。在我国，这个时期也叫做新民主主义时期，这个时期在经济上的特点，就是既有社会主义，又有资本主义。有一些人希望永远保存这种状态，最好不要改变。他们说：有了共同纲领就够了，何必还要宪法呢？最近几年，我们还常常听见"巩固新民主主义秩序"这样一种说法，这种说法就是反映了维持现状的思想。这究竟是否可能呢？社会主义和资本主义两种相反的生产关系，在一个国家里面互不干扰地平行发展，是不可能的。中国不变成社会主义国家，就要变成资本主义国家，要它不变，就是要使事物停止不动，这是绝对不可能的。要变成资本主义国家，我在前面已经说过，此路不通。所以我国只有社会主义这条唯一的光明大道可走，而且不能不走，因为这是我国历史发展的必然规律。

由此可见，我国走社会主义的道路，是确定不移的。除此以外，没有其他的路可走。

从中华人民共和国成立以后，我国已经走上了社会主义的道路。宪法草案序言中说："从中华人民共和国成立到社会主义社会建成，这是一个过渡时期。国家在过渡时期的总任务是逐步实现国家的社会主义工业化，逐步完成对农业、手工业和资本主义工商业的社会主义改造。"从一九五三年起，我国已经按照社会主义的目标进入有计划的经济建设时期，因此，我们有完全的必要在共同纲领的基础上前进一步，制定一个像现在向各位代表提出的这样的宪法，用法律的形式把我国过渡时期的总任务肯定下来。

在我国实现社会主义工业化和社会主义改造，是一个十分艰巨复杂的任务。必须动员全国人民的力量，发挥广大人民群众的积极性和创造性，在正确的和高度统一的领导之下，克服各种困难，才能实现这样的任务。因此，一方面，我们必须更加发扬人民的民主，扩大我们国家民主制度的规模；另一方面，我们必须建立高度统一的国家领导制度。为了这样的目的，我们也有完全的必要制定一个比共同纲领更为完备的像现在向各位代表提出的这样的宪法。

全国人民在讨论中热烈地称赞我们的宪法草案，因为这个宪法草案正确地总结了我国的历史经验。这个宪法草案是我国人民利益和人民意志的产物，是我们国家发生了巨大变化的产物。

人民称赞这个宪法草案，还因为它正确地吸收了国际的经验。宪法起草委员会在从事起草工作的时候，参考了苏联的先后几个宪法和各人民民主国家的宪法。显然，以苏联为首的社会主义先进国家的经验，对我们有很大的帮助。我们的宪法草案结合了中国的经验和国际的经验。我们的宪法草案不只是我国人民革命运动的产物，而且是国际社会主义运动的产物。

以上是关于我国宪法的历史意义的说明。

二、关于宪法草案基本内容的若干说明

现在，我对宪法草案的基本内容分为以下四个问题作一些说明。

第一，关于我们国家的性质问题

宪法草案第一条规定：“中华人民共和国是工人阶级领导的、以工农联盟为基础的人民民主国家。”宪法草案在序言和其他许多条文的规定中都表明，在我国的人民民主制度下，还存在着广泛的人民民主统一战线。

只有依靠工人阶级的领导，我国人民才能从帝国主义、封建主义和官僚资本主义的压迫下获得解放，这个真理早已由过去长期的历史事实证明了。在人民获得胜利以后，出现了新的问题：工人阶级领导国家建设是不是也和

过去一样有本领和有把握呢？对于这一点，如果有些人在开始的时候采取了等等看的态度，那末，五年以来的事实已经充分证明了工人阶级领导国家的非凡的才能。为着巩固我国人民已经取得的胜利果实，必须继续巩固和加强工人阶级对于国家的领导。我们的社会主义建设和社会主义改造的事业，离开工人阶级对于国家的领导，是不能设想的。

不断地巩固和加强工农联盟，是工人阶级的领导能够得到胜利的基本保证。这在我国过去的革命战争中和现在的国家建设中都是一样的。在反对帝国主义和封建主义的革命战争中锻炼出来的我国的工农联盟，到了中华人民共和国成立以后，不是削弱了，而是更加加强了。在逐步过渡到社会主义社会的过程中，农民是要起变化的，这种变化现在已经开始了，这就是从经济生活不稳定的个体农民逐步变化为社会主义的合作化的农民。只有由工人阶级领导农民走合作化的道路，才能不断地改善农民的生活情况，才能使工农联盟更加密切和更加巩固。

在劳动人民中，除工人农民外，我国还有为数不少的城市和乡村的个体手工业者和其他非农业的个体劳动者，他们是依靠劳动过活的，或者是主要地依靠劳动过活的。工人阶级必须如同团结农民一样，很好地团结这些劳动人民共同建设社会主义。团结这些劳动人民，是属于工农联盟的范畴之内的。

工人阶级领导和以工农联盟为基础，标志着我们国家的根本性质。这就表明我们的国家是人民民主国家。人民民主国家和资本主义国家在性质上是完全不同的两类国家。在资本主义国家里，无论怎样标榜"民主"，终究只是占人口中极少数的资产阶级居于国家的统治地位。在我们这里，最大多数的人民才真正是国家的主人。

我国的知识分子，在过去的革命运动中起了很重要的作用，在今后建设社会主义的事业中将起更加重要的作用。知识分子从各种不同的社会阶级出身，他们本身不能单独构成一个独立的社会阶级。他们可以同劳动人民结合而成为劳动人民的知识分子，也可以同资产阶级结合而成为资产阶级的知识分子，还有极少数的知识分子同被推翻了的封建买办阶级结合而成为反动的知识分子。除开极少数坚持反动立场并进行反对中华人民共和国活动的知识分子以外，我们的国家必须注意团结一切知识分子，帮助他们进行思想改造，发挥他们的能力，使他们为社会主义的建设事业服务。毛泽东同志早已说过：

"一切知识分子，只要是在为人民服务的工作中著有成绩的，应受到尊重，把他们看作国家和社会的宝贵的财富。"

宪法草案序言指出："今后在动员和团结全国人民完成国家过渡时期总任务和反对内外敌人的斗争中，我国的人民民主统一战线将继续发挥它的作用。"这就表明，在我国过渡时期，工人阶级领导的包括各民主阶级、各民主党派、各人民团体的人民民主统一战线具有重要的作用。这是以工农联盟为基础而又较工农联盟更为广泛的联盟，即劳动人民同可以合作的非劳动人民之间的一种联盟。有人以为既然要建设社会主义，这种联盟就不可能存在，也没有存在的必要，这种看法是错误的。

我国在过渡时期还有民族资产阶级。人们知道，在社会上有剥削阶级和被剥削阶级存在的时候，阶级斗争总是存在的。但我国原来是被外国帝国主义压迫的国家，由于我国这样的特殊历史条件，工人阶级和民族资产阶级之间就不但有斗争，还曾经有过并且现在还存在着联盟的关系。民族资产阶级过去曾经在工人阶级领导下参加了民族民主革命，五年以来，又在国家领导下参加了爱国运动和经济恢复的工作。经过"三反""五反"的严重斗争，许多资本家提高了觉悟，他们表示愿意接受社会主义改造。这样，我们的国家对资本主义工商业就有可能采取逐步进行社会主义改造的政策，并且现在正进行着这种改造。在过渡时期，民族资产阶级在国民经济中还有重要的作用。他们在扩大生产、改进企业管理和生产技术、培养和训练技术工人和技术人员等方面，在接受社会主义改造方面，对国家还可以作出一定的贡献。在过渡时期，民族资产阶级在政治上也有一定的地位。

在我国社会中，特别在各少数民族中，还有属于其他阶级成份的爱国的人士，国家也要很好地团结他们。

由此可见，我国现在的统一战线仍然具有广泛的基础。

中国共产党早已指出，在工人阶级领导下的全国人民的革命大团结，不只是对于我国人民民主革命是需要的，对于实现社会主义事业也同样是需要的。因为在我们面前还站着帝国主义。同时，在我国给人们选择的道路，实际上只有两条，或者是重新受帝国主义的奴役，或者是实现社会主义。中国要独立、民主和富强，只有走社会主义一条路。在这种情况下，凡是不愿意做殖民地奴隶的爱国的人们，就有在工人阶级领导下团结起来接受社会主义道路的可能。在继续巩固工人阶级领导和工农联盟的前提下，在可能的范围内，人民中间的团结越广，对于社会主义事业就越有好处。所以，我们的宪法应当是一个全国人民大团结建设社会主义社会的宪法。

第二，关于过渡到社会主义社会的步骤问题

宪法草案第四条规定："中华人民共和国依靠国家机关和社会力量，通过社会主义工业化和社会主义改造，保证逐步消灭剥削制度，建立社会主义社会。"

为了贯彻第四条规定的方针，宪法草案在总纲的其他一些条文中又作了许多规定。这些规定既表明了建设社会主义社会这一个总目标，也表明了建设社会主义社会的具体步骤。

我国在过渡时期还有多种经济成份。就目前来说，我国的生产资料所有制，主要的有：国家所有制，即全民所有制；合作社所有制，即劳动群众集体所有制；个体劳动者所有制；资本家所有制。国家的任务是尽力巩固和发展前两种所有制的经济成份，即社会主义的经济成份，并对后两种所有制的经济成份，即非社会主义的经济成份，逐步进行社会主义改造。所以国家要"保证优先发展国营经济"，特别要注意逐步建立社会主义主要经济基础的重工业，要"鼓励、指导和帮助合作社经济的发展"，要鼓励和指导资本主义工商业"转变为各种不同形式的国家资本主义经济，逐步以全民所有制代替资本家所有制"。

宪法草案的这些规定，当然不是空想出来的，而是以中华人民共和国成立以来社会经济关系的变化和广大群众的经验为根据的，因此都是行得通的。关于这些规定，我想说一说以下几个问题。

首先，是关于过渡形式的问题。我们知道，实现对农业、手工业和资本主义工商业的社会主义改造，是一种很艰巨的任务。我们决不可能在一朝一夕完成这种改造。我们必须根据群众的经验和觉悟程度，根据实际的可能性，逐步前进。我们的经验已经证明，不论在农业、手工业或者资本主义工商业的社会主义改造过程中，都可以有过渡的形式，而采用灵活的多样的过渡形式又是完全必要的。

在对农业和手工业的社会主义改造中，主要的过渡形式是劳动群众部分集体所有制的合作社，如像几年来我国农村中已经开始发展起来的、以土地入股和统一经营为特点的农业生产合作社。在我国的历史条件下，我们逐步地和广泛地运用这种半社会主义性质的合作经济的过渡形式，就可以引导广大的个体劳动者比较顺利地走向劳动群众的集体所有制。

在对资本主义工商业的社会主义改造中，过渡形式是国家资本主义。在我国的历史条件下，我们可能通过各种不同形式的国家资本主义逐步实现对资本主义工商业的社会主义改造。在以工人阶级为领导的国家管理下的国家资本主义，同资产阶级统治下的国家资本主义具有根本不同的性质。这就是列宁所说的"我们能够加以限制，我们能够规定它的界限的一种资本主义"。在国家资本主义经济中，一方面，资本家的所有制还没有废除，资本家还是有利可得，另一方面，资本家已经不能为所欲为地唯利是图。经过国家资本主义这种过渡形式，就可以为将来用全民所有制代替资本家所有制造成有利的条件。

宪法草案把这些过渡形式明确地规定下来，对于我国的社会主义改造事业是有重要意义的。

其次，我要说一下通过和平道路来建成社会主义社会的问题。在人民的讨论中有不少的人问：为什么宪法草案序言中说我国的人民民主制度能够保证我国通过和平的道路来消灭剥削，建成社会主义社会呢？

在我国，封建主义的剥削制度，除少数地方外，已经在革命战争和土地改革的过程中完全消灭了。为要建成社会主义社会，还要消灭资本主义的剥削制度。这是进一步的社会变革。在资本主义国家中，工人阶级和其他劳动群众要实行这种社会变革，必须经过推翻资产阶级专政的国家制度的革命。但是，我国现在的政治经济状况是同资本主义国家完全不同的。我国已经建立了工人阶级领导的人民民主的国家制度。我国已经有了日益强大的社会主义的国营经济，这种国营经济已经成为整个国民经济的领导力量，而资本主义经济在我国已经不占统治地位。因此，我国的社会主义革命也就同资本主义国家不相同。我们可以依靠现在这样的国家机关和社会力量来逐步地进行社会主义改造。同时，如前面所说，在我们国家内，工人阶级同民族资产阶级存在着联盟的关系，因此，在我国消灭资本主义的剥削制度，也可以不采取像一九五〇年到一九五二年实现土地改革那样的方式，即在一个短时间内发动一次广大的群众运动，一下子就把封建的土地制度消灭了。国家对资本主义工商业的社会主义改造，将经过一个相当长的时间，并通过各种不同形式的国家资本主义来逐步实现。我们将让资本家们有一个必要的时间在国家和工人阶级的领导下逐步接受改造。当然，斗争是一定会有的，现在有，将来还会有。现在就有一部分资本家进行各种违法活动，有一些人并对社会主义改造采取抵抗态度。所以宪法草案规定："国家禁止资本家的危害公共利益、扰乱社会经济秩序、破坏国家经济计划的一切非法行为。"那种认为我国已经没有阶级斗争了的想法，是完全错误的。对于那些违法和进行破坏活动的资本家，是应当加以处罚的。由限制资本主义剥削到消灭资本主义剥削，不可能设想没有复杂的斗争，但是可以通过国家行政机关的管理、国营经济的领导和工人群众的监督，用和平的斗争方式来达到目的。资本家只要明白了大势所趋，愿意接受社会主义改造，不违法，不破坏人民的财产，那末，他将得到国家的照顾，将来的生活和工作将得到适当的安排，他的政治权利也不会被剥夺。这同我们对待封建地主阶级的政策是大有区别的。所有这些，即工人阶级的国家领导权和工农的巩固联盟，社会主义经济在国民经济中的领导地位，国内统一战线的关系，并加上有利的国际条件，就是我国所以能够通过和平道路消灭剥削制度、建成社会主义社会的必要条件。

至于各少数民族地区的社会主义改造，更要充分注意各民族发展的特点。对于这个问题，我在以后还要说到。

其次，关于富农问题。在人民的讨论中有不少的人问：宪法草案规定"国家对富农经济采取限制和逐步消灭的政策"，应当怎样了解？

大家知道，富农经济是农村中的资本主义经济，富农是农村中最后的一个剥削阶级。在我国，富农经济原来就不发达。在土地改革中，富农出租的那一部分土地已被分配。在土地改革后，由于农村中生产合作、供销合作、信用合作的发展，由于国家执行了对粮食和其他主要农产品的统购统销政策，富农经济已大大地受了限制。农村中虽然又产生了少数新富农，但是一般说来，富农经济不是上升，而是下降的。现在富农每人平均占有的土地比一般农民占有的土地只多一倍。过去的富农现在多已不雇工人或很少雇工人，放高利贷的减少了，经营商业的也受到了很大限制。所以，在我国，可以用合作化和限制富农经济发展的办法，逐步消灭农村中的资本主义。当然，斗争是不可避免的，富农的破坏活动是不可忽视的。在许多地方都发现有富农抵抗统购统销和破坏互助合作的事实。对于有破坏行为的富农分子，必须加以处罚。但是根据我国的整个政治经济情况来看，今后可以不需要发动一次像土地改革那样的特别的运动来消灭富农。将来对于那些已经放弃剥削行为的原来的富农，可以在当地农业生产合作社已经巩固的前提下，根据一定的条件，并在取得农民的允许以后，让他们分别参加合作社，继续加以改造。

其次，在人民的讨论中还有不少的人问：宪法草案一方面规定，国家依照法律保护资本家生产资料所有权和其他资本所有权，另一方面又规定，要对资本主义工商业实行社会主义改造，要逐步以全民所有制代替资本家所有制，这岂不是互相矛盾么？

如果说这里有什么矛盾的话，那末，这正是反映着客观生活中存在的矛盾。在我国过渡时期，既有社会主义，又有资本主义，这两种所有制的矛盾就是客观存在的矛盾。同时，资本主义工商业在现阶段一方面有它的有利于国计民生的作用，另一方面又有它的不利于国计民生的作用，这又是资本主义工商业本身客观存在的矛盾。我们解决社会主义同资本主义的矛盾的政策，就是一方面允许资本家所有制存在，利用资本主义工商业有利于国计民生的作用，另一方面限制资本主义工商业的不利于国计民生的作用，采用过渡办法，准备条件，以便逐步以全民所有制代替资本家所有制。宪法草案所规定的关于过渡到社会主义社会的一些具体步骤，就是为了要正确地解决这种矛盾。

在我国的具体条件下，我们认为我们所采取的建设社会主义的方针和方法是正确的。这个真理，还可以从反面，就是从敌人的叫喊中和某些外国资产阶级报纸的评论中得到证实。

帝国主义者和台湾蒋介石卖国集团非常不喜欢我们建设社会主义，他们每天都在攻击我们。这有什么奇怪呢？原来我们是做对了。

有些外国资产阶级报纸失望地发现，在我们的宪法草案中宣布的我国所走的道路，"就是苏联所走过的道路"。是的，我们所走的道路就是苏联走过的道路，这在我们是一点疑问也没有的。苏联的道路是按照历史发展规律为人类社会必然要走的道路。要想避开这条路不走，是不可能的。我们一向认为马克思列宁主义是普遍的真理。

为了破坏我们的社会主义事业，狡猾的敌人还特别雇用了一些人，如像托洛茨基陈独秀分子，他们装成"左"的面孔，攻击我们的社会主义改造事业的具体步骤和具体措施。他们说，我们做得"太不彻底"，"太妥协"，"离开了马克思主义"。他们想用这些胡说混淆人们的视听。他们要我们破裂同民族资产阶级的联盟，立即剥夺民族资产阶级。他们又嫌我们的农业政策"太慢了"，他们要我们破裂同农民的联盟。这些难道不是完全的胡说吗？我们如果照这样做，当然只有帝国主义和蒋介石卖国贼最为高兴。

我国人民既有建设社会主义的坚定目标，又有切实可行的具体步骤，这就不能不使我们的敌人大大地不高兴了。敌人最不高兴的事情，就是对我国人民最好的事情，这是用不着说的。

第三，关于我国人民民主的政治制度和人民的权利和义务

宪法草案第二条规定："中华人民共和国的一切权力属于人民。人民行使权力的机关是全国人民代表大会和地方各级人民代表大会。"这个规定和其他条文的一些规定表明我们国家的政治制度是人民代表大会制度。根据我国人民革命根据地政治建设的长期经验，并参照苏联和各人民民主国家的经验，在五年以前，我们的共同纲领就确定了我们国家的这种政治制度。宪法草案总结了五年以来国家机关工作的经验和各级各界人民代表会议的经验，对我们国家的政治制度作出了更加完备的规定。我们采用这种政治制度，是同我们国家的根本性质相联系的。中国人民就是要用这样的政治制度来保证国家沿着社会主义的道路前进。

人民代表大会制度所以能够成为我国的适宜的政治制度，就是因为它能够便利人民行使自己的权力，能够便利人民群众经常经过这样的政治组织参加国家的管理，从而得以充分发挥人民群众的积极性和创造性。显然，如果没有一种适宜的政治制度使人民群众能够发挥管理国家的能力，那末，人民群众就不能很好地动员和组织起来建设社会主义。

我国的各级人民代表大会是在普选的基础上产生的。宪法草案规定，凡年满十八岁的公民，不分民族、种族、性别、职业、社会出身、宗教信仰、教育程度、财产状况、居住期限，都有选举权和被选举权。由于现在的各种具体条件，我国在选举中还必须依照法律在一定时期内剥夺封建地主和官僚

资本家的选举权和被选举权，还必须规定城市和乡村选举代表名额的不同的人口比例，实行多级选举制，并且在基层选举中多数是采用举手表决的方法。我国的选举制度是要逐步地加以改进的，并在条件具备以后就要实行完全的普遍、平等、直接和秘密投票的制度。但是现行的选举制度是适合于我国目前时期的情况的，对于人民最便利，并且能够照顾各少数民族和各民主阶级，使他们有适当的代表名额。从这样的选举中产生的各级人民代表大会，能够充分代表人民的意志，所以这是具有高度民主性质的人民代表机关。

依照宪法草案的规定，我国的全国人民代表大会完全统一地行使最高的国家权力，而我们的国家行政机关，从国务院到地方各级人民委员会，都由全国人民代表大会和地方各级人民代表大会这样的国家权力机关产生，受它们的监督，并可以由它们罢免。所以，我们的国家行政机关决不能脱离人民代表大会或者违背人民代表大会的意志而进行活动。适应我国的实际情况，并根据中华人民共和国成立以来建设最高国家权力机关的经验，我们的国家元首职权由全国人民代表大会所选出的全国人民代表大会常务委员会和中华人民共和国主席结合起来行使。我们的国家元首是集体的国家元首。同时，不论常务委员会或中华人民共和国主席，都没有超越全国人民代表大会的权力。

我们国家的大事不是由一个人或少数几个人来决定的。人民代表大会制既规定为国家的根本政治制度，一切重大问题就都应当经过人民代表大会讨论，并作出决定。全国性的重大问题，经过全国人民代表大会讨论和决定，在它闭会期间，经过它的常务委员会讨论和决定；地方性的重大问题经过地方人民代表大会讨论和决定。我国的人民代表大会就是这样能够对重大问题作出决定并能够监督其实施的国家权力机关。

宪法草案第二条第二款规定："全国人民代表大会、地方各级人民代表大会和其他国家机关，一律实行民主集中制。"我们经过人民代表大会制统一和集中行使国家的权力，就说明了我们的民主集中制。在香港出版的反动刊物说我们"这种人民代表大会制乃是中央集权的制度"。这些反动分子自以为发现了一种什么理由可以用来攻击我们。可是我们马克思列宁主义者早就公开地宣布过，我们是主张集中制的。问题是什么样的集中：是少数大封建主或大资本家的专制的集中呢，还是以工人阶级为领导的人民大众的民主的集中呢？这两种集中制度，当然是完全不同的两回事情。正如宪法草案中所规定的，我们在这里是把高度的集中和高度的民主结合在一起的。我们的政治制度有高度的集中，但是这种高度的集中是以高度的民主为基础的。

人民当自己还处在被压迫地位的时候，不可能把自己的意志和力量充分地集中起来。中国人民在过去被人讥笑为"一盘散沙"，就是由于这个原因。革命使得人民的意志和力量集中起来了。而当人民已经得到解放并建立了自己的国家以后，当然就要把自己的意志和力量充分地集中到国家机构里去，使国家机构成为一个坚强的武器。人民的国家机构越是坚强，它就越有能力保卫人民的利益，保障人民的民主权利，保障社会主义的建设。

毛泽东同志在《论联合政府》一书中说到我们国家政治制度的时候，清楚地指出："它是民主的，又是集中的，就是说，在民主基础上的集中，在集中指导下的民主。"这就是我们的原则。

有不少的人，常常错误地把民主和集中看作是绝对对立而不能互相结合的两回事。他们以为，有了民主就不能有集中，有了集中就不能有民主。他们看到我们国家机关中的人民的政治一致性，看到全国高度的统一领导，就企图证明在我们这里"没有民主"。他们的错误在于他们不了解人民民主，也就不能了解建立于人民民主基础上的集中。

人民的共同利益和统一意志，是人民代表大会和一切国家机关工作的出发点。因此，在这一切国家机关中，也就能够在民主的基础上形成人民的政治一致性。但是，不能因为政治上的一致性而取消或者缩小批评和自我批评。恰恰相反，批评和自我批评是我们民主生活的一种极重要的表现。在我们的一切国家机关中，工作中的缺点和错误总是有的，因此，在全国人民代表大会的会议上，在地方各级人民代表大会的会议上，在一切国家机关的会议上和日常活动中，都要充分地发扬批评和自我批评。我们必须运用批评和自我批评的武器来推动国家机关的工作，不断地改正缺点和错误，反对脱离群众的官僚主义，使国家机关经常保持同群众的密切联系，正确地反映人民群众的意志。如果没有充分的批评和自我批评，也就不能达到和保持人民的政治一致性。压制批评，在我们的国家机关中是犯法的行为。

从资产阶级的观点出发，是不能理解我们国家的政治制度的。许多外国资产阶级的报纸评论了我们宪法草案中的政治制度。有一些人因为我们的人民代表大会拥有广泛的权力而感到奇怪，说什么"尤其是全国人民代表大会职权的强大，不得不令人吃惊"。另有一些人却在那里争论我们中华人民共和国主席的地位是像法国的总统呢，还是像美国的总统。这些评论家总想用资产阶级国家的政治制度来衡量我们的制度，或者根据他们主观上一些奇奇怪怪的想法说这样那样。但可惜的是他们还没有看到最大的和最根本的事情，他们还没有看到中国历史上已经发生的巨大变化，这个变化就是以工人阶级为首的中国人民已经当了中国的主人。

还有一些外国资产阶级的评论家攻击我们国家的集中制和人民的集体主义，并且根据这点说，在我国"没有个人自由"，"忽视个人利益"。因此，我想说一下高度的集中和人民的集体主义是不是妨害人民群众的个人利益和个人自由的问题。

在宪法草案的许多条文中，规定了我国公民享有广泛的自由和权利。宪法草案规定公民有言论、出版、集会、结社、游行、示威的自由，并且规定国家要供给必需的物质上的便利，以保证公民享受这些自由。宪法草案还规定："公民的人身自由不受侵犯。任何公民，非经人民法院决定或者人民检察院批准，不受逮捕。""公民的住宅不受侵犯，通信秘密受法律的保护。""公民有居住和迁徙的自由。"宪法草案又规定公民有劳动的权利和受教育的权利，劳动者有休息的权利和在年老、疾病或者丧失劳动能力的时候获得物质帮助的权利，并且规定国家要逐步扩大现在还不充分的物质条件，以保证公民享受这些权利。此外，宪法草案还规定公民有宗教信仰的自由。我们的国家所以能够关心到每一个公民的自由和权利，当然是由我国的国家制度和社会制度来决定的。任何资本主义国家的人民群众，都没有也不可能有我国人民这样广泛的个人自由。

有些外国评论家看到我们一方面要保卫人民的民主自由权利，另一方面要镇压一切叛国的和反革命的活动，惩办一切卖国贼和反革命分子，他们就觉得奇怪。当然，如果有人希望我们在宪法中去保障卖国贼和反革命分子活动的自由，那就只能使他失望。对于意图奴役我们的外国帝国主义者和帝国主义的走狗们，我们的宪法和一切法律是永远也不会让他们得到一点方便的。难道不正是因为我们剥夺了卖国贼和反革命分子的自由，人民才有了真正的自由么？

有些外国评论家看到我们一方面保障公民有宗教信仰的自由，另一方面惩办那些形式上披着宗教外衣而实际上进行反革命活动的帝国主义分子和叛国分子，他们就觉得奇怪。当然，如果有人希望我们去保护那些对于我国人民民主政权进行颠覆活动的帝国主义分子和叛国分子的自由，那就同样只能使他失望。根据宪法草案的规定，我们的国家将如同过去一样切实地保障公民有宗教信仰自由的权利，但是，保障宗教信仰自由和保障反革命活动自由，是绝对不能混同的两件事，我们的宪法和一切法律同样是永远不会让那些披着宗教外衣进行反革命活动的分子得到一点方便的。这种道理也没有任何难于理解的地方。

在资本主义制度下，国家只是保障剥削阶级极少数人的利益和自由，而剥夺极大多数人的利益和自由。在我们这里，恰恰相反，我们绝不容许任何人为了个人或者少数人的利益和自由而妨害大多数人的利益和自由，妨害国家和社会的公共利益。因为这种理由，所以宪法草案第十四条规定："国家禁止任何人利用私有财产破坏公共利益。"在我们这里，妨害公共利益的所谓"自由"，当然要受到限制和禁止。但是，我们的国家是充分地关心和照顾个人利益的，我们国家和社会的公共利益不能抛开个人的利益；社会主义，集体主义，不能离开个人的利益；我们的国家充分保障国家和社会的公共利益，这种公共利益正是满足人民群众的个人利益的基础。

我们的国家能够鼓舞广大的人民群众积极地参加国家和社会的公共生活，并且使人民群众从集体主义的观点出发，在公共生活中自觉地遵守他们对社会、对国家应尽的各项义务，这是我们的人民民主制度符合人民利益的证明。人民群众是否因为有了集体主义，尽了对于社会、对于国家的义务，就会丧失个人利益和个人自由呢？当然不是的。在人民民主制度和社会主义制度下，人民群众能够体验到国家与社会的公共利益和个人利益是不可分的，是一致的。在人民民主制度和社会主义制度下，人民有了完全的民主权利，同时也有完全的义务。人民既然完全地行使了国家权力，也就会以主人的身分尽完全的义务。

在我们的国家里，人民的权利和义务是完全一致的。任何人不会是只尽义务，不享受权利；任何人也不能只享受权利，不尽义务。宪法草案规定公民必须遵守宪法和法律，遵守劳动纪律，遵守公共秩序，尊重社会公德；并且规定公民有爱护和保卫公共财产的义务，有依照法律纳税的义务，有依照法律服兵役的义务。宪法草案又规定，"保卫祖国是中华人民共和国每一个公民的神圣职责"。宪法草案所规定的这些义务，都是每一个公民无例外地必须遵守的。宪法草案的这些规定，将进一步地提高人民群众对于我们伟大祖国的庄严的责任感。因为我们的国家是人民的国家，国家和人民的利益完全一致，人民就自然要把对国家的义务看作自己应尽的天职。任何人如果企图逃避这些义务，就不能不受到社会的指责。

我国人民愿意贡献自己的力量来保卫我们的祖国，来不断地加强人民民主制度，来参加伟大的社会主义事业，也就是因为我们的祖国越是强盛，我们的人民民主制度越是强有力，我们的社会主义事业越是向前发展，人民的自由和权利也就越有保障，越能够扩大。

第四，关于民族区域自治问题

宪法草案的序言和许多条文规定了国内各民族间平等友爱互助的关系，保障了各少数民族的自治权利。

中华人民共和国成立以来，已经废除了民族压迫制度，建立了国内各民族平等友爱互助的新关系，各少数民族地区的政治、经济和文化的事业开始逐步发展，人民生活开始逐步改善。我国已经成为自由平等的民族大家庭。宪法草案总结了这方面的经验，对于民族区域自治，对于各少数民族的政治、经济和文化建设，作了比共同纲领更进一步的规定。

我们的国家是工人阶级领导的人民民主国家，所以我们的国家能够用彻底的民主主义和民族平等的精神来解决民族问题，建立国内各民族之间的真正合作。我们坚决地认定，必须让国内各民族都能积极地参与整个国家的政治生活，同时又必须让各民族按照民族区域自治的原则自己当家作主，有管理自己内部事务的权利。这样，就能够消灭历史上残留下来的民族间的隔阂和歧视，不断地增进各民族间的相互信任和团结。

宪法草案明确地规定，我国公民，不分民族、种族，一律都享有平等的权利，并且宣布，对任何民族的歧视和压迫，在我国都是不合法的。宪法草案还规定，各民族都有使用和发展自己的语言文字的自由，都有保持或者改革自己的风俗习惯的自由。宪法草案把我们国家在民族问题上所遵守的人民民主主义和社会主义的原则以及根据这种原则所应当采取的具体措施，用法律的形式肯定下来了。

宪法草案反映了我国各民族利益的一致性。一百多年以来，我国各民族，包括汉族和各兄弟民族在内，共同遭受了外国帝国主义的压迫。帝国主义者曾经进行各种阴谋，破坏我国各民族间由于长远的历史而形成的联系，企图实现他们的"分而治之"的侵略政策。中华人民共和国成立，使中国各民族都从帝国主义压迫下得到了解放，但是帝国主义者仍旧在处心积虑，妄想分离我国各民族，借以达到他们的重新奴役我国各民族的目的。面对着帝国主义者的这种侵略阴谋，我国各民族都必须提高警惕，不要给帝国主义者进行这种阴谋以任何机会。我国各民族都必须加强和巩固我们祖国的统一，必须紧紧地团结在一起，共同为建设伟大的祖国而努力。宪法草案宣布中华人民共和国是统一的多民族国家，并宣布各民族自治地方都是中华人民共和国不可分离的部分。显然，这样的规定是完全必要的，是完全符合我国各民族的共同利益的。

宪法草案通过各种规定，保证各少数民族在聚居的地方，都能真正行使自治权。民族自治地方的自治机关，不仅行使一般的地方国家机关的职权，而且能够依照宪法和法律规定的权限管理本地方的财政，依照国家的军事制度组织本地方的公安部队，可以制定自治条例和单行条例以适应当地民族的政治、经济和文化的特点。民族自治地方的自治机关的形式，可以依照实行区域自治的民族大多数人民的意愿去规定。自治机关在执行职务的时候要使用当地民族通用的语言文字。在只有一个乡的民族聚居地区内，虽然不可能也不需要建立自治机关行使上述各种自治权，但也要设立民族乡，以适应聚居的民族成份的特殊情况。

必须指出，大民族主义和地方民族主义都是错误的。这种思想，对于我国各民族的团结和民族区域自治的实行，都是有害的。我们从宪法草案的序言中可以看到，为着继续加强民族的团结，不仅要反对帝国主义和各民族内部的人民公敌，也要反对大民族主义和地方民族主义。

汉族在我国人口中占有极大的多数，由于历史条件的关系，汉族的政治、经济和文化在国内各民族中也发展得较高，但是决不能因此就以为汉族可以享受任何一点特权，就可以在其他兄弟民族面前表示任何一点骄傲。恰恰相反，汉族倒有特别的义务去帮助各兄弟民族的发展。各少数民族虽然已经获得了民族平等的权利，但是如果仅仅依靠他们自己的条件和力量，就还不能迅速地克服原来经济上和文化上的落后状况。因此，汉族的帮助对他们是很重要的。汉族人民必须在经济上和文化上给各兄弟民族以真心诚意的帮助，特别是派到各少数民族地区工作的汉族干部，更必须时时刻刻为少数民族经济文化的发展和生活水平的提高设想，全心全意为少数民族服务，帮助各少数民族内部的团结，并且要耐心地帮助当地民族干部成长起来，以便由他们自己担负本地区的各种领导工作。由于过去反动统治阶级的影响，在汉族人民中，以至在汉族干部中，还存在一种大汉族主义思想。例如：不尊重少数民族的风俗习惯，不尊重少数民族的语言文字，不承认少数民族有宗教信仰的自由，不承认少数民族有管理自己内部事务的权利，在少数民族地区工作而不尊重少数民族干部，不同他们商量办事，不相信他们能够在实际工作中提高自己管理各种事务的能力等等。毫无疑问，这种大汉族主义的思想和行为，必然会起破坏民族团结的作用，也完全是我们的国家制度所不允许的。汉族人民和汉族工作干部必须随时注意克服大汉族主义思想。另一方面，在各少数民族中存在着一种地方民族主义思想。这种地方民族主义同大汉族主义同样是长期历史的遗物。应当指出，这种地方民族主义的思想和行为，同样足以妨害各民族间的团结，而且完全有害于自己民族的利益，所以同样是应当克服的。

建设社会主义社会，这是我国国内各民族的共同目标。只有社会主义才能保证每一个民族都能在经济和文化上有高度的发展。我们的国家是有责任帮助国内每一个民族逐步走上这条幸福的大道的。

但是各民族有不同的历史条件，决不能认为国内各民族都会在同一时间、用同样的方式进入社会主义。宪法草案序言中说："国家在经济建设和文化建设的过程中将照顾各民族的需要，而在社会主义改造的问题上将充分注意各民族发展的特点。"这就是说，在什么时候实行社会主义改造以及如何实行社会主义改造等等问题上，都将因为各民族发展情况的不同而有所不同。在这一切问题上，应当容许各民族人民群众以及在各民族中同人民群众有联系的公众领袖们从容考虑，并按照他们的意愿去作决定。

在某些少数民族中进行社会主义改造的事业，将比汉族地区开始得晚一些，而且他们的社会主义改造所需要的时间也会长一些。当这些少数民族进行社会主义改造的时候，社会主义事业可能在全国大部分地区内已经有了很大的成效，这些少数民族将来的社会主义改造事业也就会有更为顺利的条件，因为在那个时候国家会有更多的物质力量去帮助他们。少数民族的广大人民，由于看到全国范围内社会主义胜利的好处，也会愿意走这条路。即使还有少数人担心社会主义改造会损害自己个人的利益，国家也会采取必要的政策，妥当地安顿他们的生活。所以社会主义改造，在少数民族地区，可以用更多的时间和更和缓的方式逐步地去实现。现在还没有完成民主改革的少数民族地区，今后也可以用某种和缓的方式完成民主改革，然后逐步过渡到社会主义。在我们国家内，在各少数民族中，任何人只要拥护人民民主制度，团结在祖国大家庭里，就都有自己的光明前途，在社会主义社会中都有自己的出路，这是一定的。

以上是关于宪法草案基本内容的说明。

三、关于全民讨论中提出的对宪法草案的意见

全国人民群众在讨论宪法草案的时候，提出了很多修改和补充的意见，也提出了一些问题。对于这些意见和问题，有一部分我在前面已经作了回答，现在我要说到人民群众在讨论中对宪法草案所提出的另外一部分意见和问题。

人民群众提出的意见，宪法起草委员会都作了考虑。在这些意见中，有一部分意见所涉及的问题不是属于宪法的内容，而是属于其他各种法律的内容，这一部分意见应当在制定其他法律的时候去处理。

由于采纳了群众的意见，宪法草案已经有了若干改动，有些是内容的改动，有些是文字和修辞上的改动。在这里，不需要把现在向各位代表提出的经过修改了的这个宪法草案当中的每一点修改都列举出来，我只举出以下几点比较重要的修改，并加以说明。

一、关于宪法草案第三条第三款的修改。这一款规定："各民族都有发展自己的语言文字的自由，都有保持或者改革自己的风俗习惯和宗教信仰的自由。"这原来是采用共同纲领同一内容的条文。有人建议，在这一款里，不只应当规定各民族都有发展自己的语言文字的自由，而且还应当规定各民族都有使用自己的语言文字的自由。又有人提出，宪法草案第八十八条既已

规定"中华人民共和国公民有宗教信仰的自由"，那末这一款关于保持或者改革宗教信仰自由的规定就是重复的，建议删去。宪法起草委员会认为这些建议是正确的，因此将第三条第三款改为"各民族都有使用和发展自己的语言文字的自由，都有保持或者改革自己的风俗习惯的自由"。

二、关于宪法草案第五条的修改。这一条所叙述的是我国现有的各种生产资料所有制。有人主张应当写明，在这一条内列举的四种所有制，即国家所有制、合作社所有制、个体劳动者所有制和资本家所有制，只是我国现有的主要的所有制，而不是全部的所有制。提出这个修改意见的人认为，我国现在除了在这一条内列举的四种所有制以外，还存在另外的一些所有制，因此，如果不在这一条的原文中增加"主要"二字，那是有缺点的。

宪法起草委员会认为这个意见符合我国现在的实际情况。按照实际情况，在我国的若干少数民族地区内，现在存在着封建所有制，甚至还存在着比封建所有制更加落后的所有制。宪法草案第七十条第四款规定：民族自治地方的自治机关"可以依照当地民族的政治、经济和文化的特点，制定自治条例和单行条例"。这里所说的"经济特点"就包含了若干少数民族地区各种特殊的所有制的问题。当然，这些所有制，在我国整个国民经济中，只占极少的分量。此外，在尚待解放的台湾省，美国帝国主义和蒋介石卖国集团现在还对台湾人民进行着残酷的压迫和掠夺，在那里，外国帝国主义者所有制、官僚资本家所有制和地主所有制不只是存在，而且还占统治地位。上述这些所有制都不是第五条列举的四种所有制能包括的。因此，宪法起草委员会采纳了这个意见，在第五条上加了"主要"二字。

第五条的另一个修改是写明了合作社所有制即劳动群众集体所有制。这个修改使合作社所有制的含义更加明确了。

三、宪法草案第八、第九、第十各条的第一款都作了修改。这几款的原文是分别规定国家依照法律保护农民、手工业者和其他个体劳动者以及资本家的生产资料所有权和其他财产所有权。宪法草案原来的这些规定和第十一条的规定，在内容上是有重复的，因为第十一条规定"国家保护公民的合法收入、储蓄、房屋和各种生活资料的所有权"，这个规定包括了全体公民，包括了生产资料以外的一切财产的所有权。现在我们把第八条第一款改为"国家依照法律保护农民的土地所有权和其他生产资料所有权"；把第九条第一款改为"国家依照法律保护手工业者和其他非农业的个体劳动者的生产资料所有权";把第十条第一款改为"国家依照法律保护资本家的生产资料所有权和其他资本所有权",这一款里的"其他资本",是指资本家的除生产资料以外的其他形式的资本,例如商业资本。经过这样的修改,就避免了前后条文内容的重复。

四、宪法草案第二十三条第一款的原文规定"全国人民代表大会由省、直辖市、少数民族、军队和华侨选出的代表组成",现在改为"全国人民代表大会由省、自治区、直辖市、军队和华侨选出的代表组成"。因为在选举全国人民代表大会代表的时候,少数民族并不是一种选举的单位,只有自治区才是同省、直辖市同样的区域性的选举单位。所以应当作这样的修改。

但是全国人民代表大会中各少数民族的代表不只是从自治区产生,而且更多的是从各省和直辖市产生,因此各省和直辖市在选举全国人民代表大会代表的时候,必须注意到使少数民族有适当名额的代表。为此,我们把第二十三条的第二款也作了修改,修改后的条文特别指出,在选举法中应当规定少数民族代表的名额和产生办法。事实上,一九五三年三月中央人民政府公布的"中华人民共和国全国人民代表大会及地方各级人民代表大会选举法",就已经是这样做的。

五、宪法草案的第三十四条和第三十五条作了修改,这两条是关于全国人民代表大会所设立的各种委员会的规定。

依照第三十四条的规定,全国人民代表大会设立民族委员会、法案委员会、预算委员会、代表资格审查委员会和其他需要设立的委员会。这些委员会都是经常性的组织。它们的任务是协助全国人民代表大会工作。根据工作情况,民族委员会和法案委员会在全国人民代表大会闭会期间还要协助全国人民代表大会常务委员会工作,而预算委员会和代表资格审查委员会就只是在全国人民代表大会开会期间才进行工作。为了表明这两类委员会工作情况的区别,对第三十四条的第二款作了一点修改,写明"民族委员会和法案委员会,在全国人民代表大会闭会期间,受全国人民代表大会常务委员会的领导"。

第三十五条规定的是全国人民代表大会为着调查特定问题组织的委员会。这种委员会是临时性的组织,是全国人民代表大会为了监督其他国家机关的工作而组织的一种委员会，所以这种委员会和第三十四条规定的委员会具有不同的性质。因为原文对这种委员会的性质和任务规定得不明确，所以作了修改。又依照宪法草案第三十一条的规定，全国人民代表大会常务委员会有责任监督其他国家机关的工作，为着实行这种监督，常务委员会应当也有权组织这种调查特定问题的委员会。所以修改后的第三十五条把原来的"全国人民代表大会设立的各种委员会"，改为"全国人民代表大会认为必要的时候，在全国人民代表大会闭会期间全国人民代表大会常务委员会认为必要的时候，可以组织对于特定问题的调查委员会"。这样，就把第三十四条和第三十五条规定的两种委员会的区别表明出来了，并且把常务委员会也可以组织这种委员会的权限补充规定上去了。

六、宪法草案第七十九条第二款增加了"上级人民法院监督下级人民法院的审判工作"的规定。由于我国的地区大，人口多，许多地区交通还很不方便，如果规定只有最高人民法院有权监督地方各级人民法院和专门人民法院的审判工作，是不符合于实际状况的。为了便于纠正审判工作中可能发生的错误，实行上级人民法院监督下级人民法院的审判工作的制度，根据我国建国以来法院工作的经验和从我国现时的条件来看，这是比较适当的。

七、宪法起草委员会对于宪法草案中有关检察机关的各条的规定作了较大的修改，其中主要是对于第八十一条到第八十四条这四条的修改。从修改后的条文可以看出，我国的检察机关将是最高人民检察院、地方各级人民检察院和专门人民检察院。人民检察院除了设检察长、副检察长和检察员以外，并且设立检察委员会。检察委员会是在检察长领导下处理有关检察工作的重大问题的组织。在人民检察院内设立这样的合议组织，可以保证集体地讨论问题，使人民检察院能够更加适当地进行工作。我们认为，在检察机关采取这种制度是比较适合于我国目前的实际状况的。

以上是我们考虑了人民群众的意见以后对于宪法草案所作的一些较重要的修改。

我在这里还要说到经过宪法起草委员会考虑认为不应当采纳的一些意见。当然，在这个报告中把这些意见全部列举出来，是不可能的。我只说到以下几点。

一、有些人提议在序言中详细地叙述我国的革命历史，例如，更多地说明在我国革命历史中的中国共产党的作用，工农联盟的作用，统一战线的作用，更多地说明一百多年以来革命先烈的奋斗经过，更多地说明中华人民共和国建立以来各方面的成就等等。这一类意见，宪法起草委员会没有采纳。

有些人对序言提出了两种相反的意见，一种意见认为应当说到共产主义社会的远景，另一种意见认为不应当说到现在还没有实现的东西。这两种意见也没有采纳。

为什么以上这些意见不应当采纳呢？

在宪法草案的序言中表明这个宪法是中国人民革命胜利的结果，是必要的。但是宪法所以需要序言这个部分，更重要的是因为要在序言中说明我国正处在过渡时期这个历史特点，并且着重地指明国家在过渡时期的总任务和实现这个总任务的内外条件。中国人民过去的一切革命历史应当受到尊重，但是如果在宪法的序言中加上许多对宪法并不是必要的历史叙述，那是不适当的。

因为我们这个宪法是过渡时期的宪法，所以它同社会主义社会已经建成时期的宪法不能不有所区别。一方面，我国现在还没有建成社会主义社会，另一方面，我国现实生活中已经存在着建设社会主义的事实，而且社会主义的建设正在一天一天地发展。宪法不去描画将来在社会主义社会完全建成以后的状况，但是为了反映现在的真实状况，就必须反映正在现实生活中发生着的变化以及这种变化所趋向的目标。如果不指明这个目标，现实生活中的许多事情就不可理解。我们的宪法所以有一部分条文带有纲领性，就是由于这个原因。

由此可见，如果以为社会主义建设还没有完成，在序言中就不应当提出建成社会主义社会这个目标，这是不对的。但是如果以为在序言中不仅应当提出建成社会主义社会这个目标，而且还应当说到建成社会主义社会以后的远景，即为共产主义而奋斗的目标，那也是不必要的。

二、有些人提议在第五条中列举我国现有的各种生产资料所有制的时候，还应当提到国家资本主义。宪法起草委员会没有采纳这个意见。因为，目前在我们这里，国家资本主义经济有各种不同的形式，那就是国家所有制同资本家所有制在多种复杂形式下的经济联盟，而不能自成一种独特的所有制。所以在指出各种所有制的第五条中不应当把国家资本主义列举在内。

　　三、有些人提议在宪法草案第二章第三节内具体地列出国务院所属各部、各委员会的名称。这个意见宪法起草委员会也没有采纳。因为随着我国国家建设工作的发展，国务院的机构在一定的情况下需要有某些变动，所以在这一节内没有具体列出国务院所属各部门的名称，以免一遇变动就要修改宪法。国务院各部和各委员会的名称，可以在国务院组织法内规定。

　　四、有些人提出关于地方国家机关的一种修改意见。这种意见认为地方各级人民代表大会也应当同全国人民代表大会一样设立常务委员会。宪法起草委员会没有采纳这个意见。

　　全国人民代表大会工作的繁重，当然不是地方各级人民代表大会所能够相比的。全国人民代表大会行使国家的立法权，地方各级人民代表大会没有这方面的职权。而且越是下级的人民代表大会，因为地区越小，就越易于召集会议。所以地方各级人民代表大会不需要在人民委员会以外再设立常务机关。地方各级人民委员会是地方各级人民代表大会的执行机关，同时也行使人民代表大会的常务机关的职权。如果另外设立人民代表大会的常务机关，反而会使机构重叠，造成不便。

　　五、有些人提议在宪法序言中增加关于中国人民政治协商会议的地位和任务的规定。宪法起草委员会认为在宪法序言中可以不作这样的规定。

　　中国人民政治协商会议是我国人民民主统一战线的组织形式。它曾代行全国人民代表大会的职权，这种职权今后当然不再需要由它行使，但是它作为统一战线的组织将在我国的政治生活中继续发挥它的作用。既然它是统一战线的组织，所以，参加统一战线的各党派、各团体，将经过协商，自行作出有关这个组织的各种规定。

　　六、还有些人提议在宪法中增加规定我国疆域的条文。宪法起草委员会认为不需要在宪法中增加这样的条文。宪法的基本任务，是用法律的形式规定社会制度和国家制度，而描写国家的具体疆域，并不是它的必要的任务。在联邦的国家的宪法中，有必要列举联邦中的各个单位，但我国并不是这种国家。在单一的国家中，如果认为有必要把现行的行政区域的划分固定下来，当然也可以在宪法中列举各行政区域单位。但是，现在我国的经济建设正在开始，国内各行政区域的划分还不能说已经完全固定了。例如不久以前，中央人民政府委员会就曾决定合并了若干省的行政单位。所以，在宪法中按照现状列举各行政区域的名称，并不是适宜的。当然，行政区域的划分是不应当轻易变动的，所以宪法草案规定，只有全国人民代表大会有权批准省、自治区和直辖市的划分，而自治州、县、自治县、市的划分也要由国务院来批准。

人们提议增加有关疆域的条文，有一种用意，是为了要在宪法中肯定台湾是我国领土中不可分的一个部分，这个用意是好的。但是宪法可以不为此而增加新的条文，因为台湾是中国的神圣领土，是从来不发生疑问的。把台湾从美国帝国主义和蒋介石卖国集团的统治下解放出来，达到我们全国的完全统一，这是中国人民一定要实现的任务。

以上是对于人民群众对宪法草案所提出的各种意见的简要的回答。

四、结论

各位代表！在全国人民的讨论中，证明了我们的宪法草案是代表全国各族人民的利益的，是实事求是的。人民群众在讨论宪法草案的时候说："宪法草案把全国人民在中国共产党和毛主席领导下做过的许多事情都写上了；把现在已经开始做、以后应当做又能够做的事情也写上了。""我们应当怎样走到社会主义，一条一条地都摆出来了。""宪法草案标志着各少数民族的政治、经济和文化的建设事业将得到更大的发展。"广大群众认为我们起草的宪法是"幸福生活的保证"，认为宪法草案的"每一条都代表着人民的利益"。这是人民群众对宪法草案所作的结论，显然，这种结论是正确的。

我们的宪法草案，经过全国人民代表大会通过以后，将成为我国的国家根本法。这个宪法既然是表达了人民群众的亲身经验和长期心愿，它就一定能够在我国的国家生活中起巨大的积极的作用，一定会鼓舞人民群众为保卫和发展我们的胜利成果而斗争，为粉碎一切企图破坏我国社会制度和国家制度的敌人而斗争，为促进我国建设事业的健全发展和加速我国建设的进度而斗争。

宪法是全体人民和一切国家机关都必须遵守的。全国人民代表大会和地方各级人民代表大会的代表以及一切国家机关的工作人员，都是人民的勤务员，一切国家机关都是为人民服务的机关，因此，他们在遵守宪法和保证宪法的实施方面，就负有特别的责任。

中国共产党是我们国家的领导核心。党的这种地位，决不应当使党员在国家生活中享有任何特殊的权利，只是使他们必须担负更大的责任。中国共产党的党员必须在遵守宪法和一切其他法律中起模范作用。一切共产党员都要密切联系群众，同各民主党派、同党外的广大群众团结在一起，为宪法的实施而积极努力。

中华人民共和国宪法的公布，不但会使全国人民欢欣鼓舞，而且也会使我们在全世界一切国家中的朋友感到高兴。人民的中国在国际间有很多的朋友。伟大的苏联和各人民民主国家是我们亲密的朋友，全世界一切国家爱好和平的人民都是我们的朋友。我们在国际间的朋友对我们事业的支持，是我们取得胜利的主要条件之一。我们的朋友为我们的胜利而高兴是可以理解的。中国革命的胜利具有伟大的世界历史意义，中国社会主义建设和社会主义改造的胜利，同样是具有伟大的世界历史意义的。我们的宪法已经把我国在国际事务中的根本方针规定下来了，这个方针就是要为世界和平和人类进步的崇高目的而努力。我国已经得到的一切成就和将要得到的成就，都有助于全世界人民的和平与进步的共同事业。争取世界的持久和平是我国进行社会主义建设的必要条件。

我国宪法的公布，是全国各族人民长期共同奋斗获得了伟大胜利的一个成果，但是这并不是说，宪法公布以后，宪法所规定的任何条文就都会自然而然地实现起来。不是的。宪法一方面总结了我们过去的奋斗，另一方面给了我们目前的奋斗以根本的法律基础。它在我们国家生活的最重要的问题上，规定了什么样的事是合法的，或者是法定必须执行的，又规定了什么样的事是非法的，必须禁止的。在宪法公布以后，违反宪法规定的现象并不会自行消灭，但是宪法给了我们一个有力的武器，使我们能够有效地为消灭这些现象而斗争。宪法规定我们的国家要建立社会主义社会，这当然不是说社会主义社会已经是现成的东西，也不是说我们可以坐着等它来到。我们面前还有遥远的道路，在这条道路上必然会有艰难，有曲折，绝对不会是一帆风顺的。宪法的意义是伟大的，宪法交给我们的任务尤其伟大。我们只有经过艰苦的奋斗和顽强的工作，经过不断的努力的学习，克服横在我们面前的种种困难，才能达到我们的目的。我们一点也不要因为我们目前所已经得到的成就而骄傲自满。骄傲自满，对于任何个人，任何阶级，任何政党，任何民族，都是有百害而无一利的。当我们庆祝宪法的制定和公布的时候，我们全国各族人民必须按照宪法所规定的道路，在中国共产党的领导下，加强团结，继续努力，谦虚谨慎，戒骄戒躁，为保证宪法的完全实施而奋斗，为把我国建设成为一个伟大的社会主义国家而奋斗。

全国人民代表大会代表开始分组
讨论宪法草案①

　　受着六亿人民重托的中华人民共和国第一届全国人民代表大会代表自一日起陆续在京报到。截至七日下午九时止，向中央人民政府委员会办公厅报到的代表已有一千一百六十四人。这些全国人民代表大会代表是分别在全国二十五个省、内蒙古自治区、西藏地方、昌都地区、十四个直辖市、军队和华侨等四十四个选举单位选举出来的。在他们之中，有中国共产党中央和地方组织的负责人，有各民主党派的负责人以及著名的无党派民主人士，有全国少数民族应选的代表，有著名的华侨人士，有中央和地方的政府工作者，有中国人民武装部队的高级指挥员和战斗英雄，有工业劳动模范和农业劳动模范，有著名的科学家、作家、艺术家和教育工作者，有工会工作者、青年工作者和妇女工作者。很多代表在动身来京之前，曾受到当地人民的热烈欢送。

　　代表们在怀着庄严、荣耀和喜悦的心情向中央人民政府委员会办公厅报到后，当场领取了中央选举委员会发给的"中华人民共和国第一届全国人民代表大会代表当选证书"。

　　自六日起，报到的代表已按二十五个省、内蒙古自治区、西藏地方、昌都地区、三个直辖市以及军队、华侨等单位，分成三十三个代表组，开始讨论中华人民共和国宪法草案。

---

　　①　原载于《人民日报》1954 年 9 月 8 日，原题目为《全国人民代表大会代表陆续报到　开始分组讨论宪法草案》，现题目为编者所加。

第一届全国人民代表大会
第一次会议开幕[①]

中华人民共和国第一届全国人民代表大会第一次会议十五日在北京中南海怀仁堂开幕。

中央人民政府主席毛泽东主持会议的开幕式。

当毛泽东主席和朱德、刘少奇、宋庆龄、李济深、张澜、周恩来、林伯渠、董必武等在主席台上出现时，全场响起了经久不息的掌声。

下午三时，毛泽东主席宣布开会。

毛泽东主席致开幕词。他说："各位代表！

中华人民共和国第一届全国人民代表大会第一次会议，今天在我国首都北京举行。

代表总数一千二百二十六人，报到的代表一千二百十一人，因病因事请假没有报到的代表十五人，报到了因病因事今天临时缺席的代表七十人。今天会议实到的代表一千一百四十一人，合于法定人数。

中华人民共和国第一届全国人民代表大会第一次会议负有重大的任务。

这次会议的任务是：

制定宪法；

制定几个重要的法律；

通过政府工作报告；

选举新的国家领导工作人员。

我们这次会议具有伟大的历史意义。这次会议是标志着我国人民从一九四九年建国以来的新胜利和新发展的里程碑，这次会议所制定的宪法将大大地促进我国的社会主义事业。

我们的总任务是：团结全国人民，争取一切国际朋友的支援，为了建设一

[①]　原载于《人民日报》1954 年 9 月 16 日。

个伟大的社会主义国家而奋斗，为了保卫国际和平和发展人类进步事业而奋斗。

我国人民应当努力工作，努力学习苏联和各兄弟国家的先进经验，老老实实，勤勤恳恳，互勉互助，力戒任何的虚夸和骄傲，准备在几个五年计划之内，将我们现在这样一个经济上文化上落后的国家，建设成为一个工业化的具有高度现代文化程度的伟大的国家。（热烈鼓掌）

我们的事业是正义的。正义的事业是任何敌人也攻不破的。（热烈鼓掌）

领导我们事业的核心力量是中国共产党。（热烈鼓掌）

指导我们思想的理论基础是马克思列宁主义。（热烈鼓掌）

我们有充分的信心，克服一切艰难困苦，将我国建设成为一个伟大的社会主义共和国。（热烈鼓掌）

我们正在前进。

我们正在做我们的前人从来没有做过的极其光荣伟大的事业。

我们的目的一定要达到。（鼓掌）

我们的目的一定能够达到。（鼓掌）

全中国六万万人团结起来，为我们的共同事业而努力奋斗！（热烈鼓掌）

我们的伟大的祖国万岁！（热烈的长时间的鼓掌）"

在毛泽东主席的开幕词结束以后，乐队奏起庄严的国歌。

接着，全场起立为在中国人民革命事业中牺牲的革命烈士默哀三分钟。

会议一致选出了由九十七人组成的本次会议主席团和秘书长。

开幕式到三时二十分结束。

参加今天开幕式的除出席的代表一千一百四十一人以外，还有列席的政府负责人十四人，旁听人员一百三十六人。

各国驻我国的外交使节和外交官员四十四人，外宾三十九人应邀参加了开幕式。

中华人民共和国第一届全国人民代表大会第一次会议，在十五日下午四时举行。

会议通过本次会议议程的内容包括下列各项：

一、通过"中华人民共和国宪法"。

二、通过"中华人民共和国全国人民代表大会组织法"、"中华人民共和国国务院组织法"、"中华人民共和国人民法院组织法"、"中华人民共和国人民检察院组织法”、“中华人民共和国地方各级人民代表大会和地方各级人民委员会组织法”。

三、通过关于政府工作的报告。

四、选举中华人民共和国主席、副主席，选举第一届全国人民代表大会常务委员会委员长、副委员长、秘书长、委员，选举最高人民法院院长，选举最高人民检察院检察长；通过国务院总理人选，通过国务院副总理、各部部长、各委员会主任、秘书长人选，通过国防委员会副主席、委员人选，通过第一届全国人民代表大会民族委员会、法案委员会和预算委员会的主任委员和委员人选。

会议随即进入第一项议程。首先由中华人民共和国宪法起草委员会委员刘少奇作“关于中华人民共和国宪法草案的报告”。

刘少奇的报告到七时二十五分结束。他的报告不断引起全场热烈的掌声。

第一届全国人民代表大会
第一次会议讨论宪法草案和报告①

中华人民共和国第一届全国人民代表大会第一次会议十六日下午继续举行。会议通过了第一届全国人民代表大会代表资格审查委员会和第一届全国人民代表大会第一次会议提案审查委员会的主任委员和委员的人选，并开始讨论“中华人民共和国宪法草案”和刘少奇代表中华人民共和国宪法起草委员会所作的“关于中华人民共和国宪法草案的报告”。

下午在讨论中发言的代表计有：林伯渠、李济深、王崇伦、张澜、韩恩、萧龙友、林枫、周文江、达赖喇嘛·丹增嘉措、郝建秀、邓颖超、沈克非、桑吉悦希、张治中、包达三、陈嘉庚、刘民生、杨石先、叶贻东、荣毅仁、张大煜、陈荫南、韩望尘、陈明仁、嵇文甫、欧百川、邓兆祥、于开泉、陈毅、王芸生等三十人。

---

① 原载于《人民日报》1954 年 9 月 17 日第 1 版、9 月 18 日第 1 版、9 月 19 日第 1 版，有删减。

今天会议从下午三时进行到七时十五分。出席的代表共一千一百一十九人。

今天上午，代表们曾对中华人民共和国宪法草案和刘少奇的报告进行了分组讨论。

中华人民共和国第一届全国人民代表大会第一次会议，在十七日下午继续讨论"中华人民共和国宪法草案"和刘少奇代表中华人民共和国宪法起草委员会所作的"关于中华人民共和国宪法草案的报告"。

下午有二十八位代表在讨论中发言。发言的代表是：赛福鼎、许广平、舒舍予、胡耀邦、彭真、沈钧儒、李顺达、蔡畅、班禅额尔德尼·却吉坚赞、刘兰畦、诸福棠、陈叔通、张经武、朱德海、黄炎培、周鲠生、梅兰芳、彭泽民、陈望道、巩天民、噶喇藏、马鸿宾、邓芳芝、邵力子、贺龙、许德珩、李国伟、吴耀宗。

今天会议从下午三时开始，到七时三十分结束。

代表们在今天上午曾继续对"中华人民共和国宪法草案"和刘少奇关于宪法草案的报告，进行了分组讨论。

9月19日是中华人民共和国第一届全国人民代表大会第一次会议的第四日，会议对"中华人民共和国宪法草案"和"关于中华人民共和国宪法草案的报告"的讨论和发言，已在今天下午结束。在下午举行的会议上，还通过了关于代表资格的审查报告。

在下午的会议上发言的有三十一位代表。他们是：吴玉章、赖若愚、陈其尤、叶剑英、刘文辉、丁玲、徐四民、赵忠尧、赵毛臣、汪胡桢、果基木古、高崇民、喜饶嘉错、袁雪芬、陈汝棠、丁志辉、李雪峰、龙云、胡忠华、刘宁一、罗隆基、范文澜、李维光、韦国清、费广泰、丁颖、谢雪红、刘国钧、胡克实、马坚、李明扬。

从十六日开始，在会议上发言的代表共计有八十九人。所有发言的代表都兴奋地表示拥护中华人民共和国宪法草案，同意中华人民共和国宪法起草委员会刘少奇委员关于宪法草案的报告，建议会议通过并正式公布中华人民共和国宪法。所有发言的代表都表示在中华人民共和国宪法通过并公布之后，将坚决遵守宪法，执行宪法，为宪法的贯彻实施而努力。许多代表在发言中建议，要在全体公民中展开对宪法的宣传和教育，加强守法观念。代表们还根据宪法草案的精神，对各方面的工作提出了许多有益的批评和建议。

今天的会议还听了中华人民共和国第一届全国人民代表大会代表资格审查委员会主任委员马明方关于代表资格的审查报告。报告说："中华人民共和国第一届全国人民代表大会代表资格审查委员会根据代表当选证书和其他有关材料，就本届代表大会一千二百二十六名代表的代表资格进行了审查。审查结果，确认所有代表的选举都符合'中华人民共和国全国人民代表大会及地方各级人民代表大会选举法'的规定。他们的代表资格都是有效的。"会议经过审议，一致通过了马明方的报告。

今天会议从下午三时进行到七时二十五分。出席的代表共一千一百二十五人。

第一届全国人民代表大会
第一次会议通过中华人民共和国宪法[①]

"中华人民共和国宪法"今天宣告诞生。中华人民共和国第一届全国人民代表大会第一次会议今天用无记名方式投票一致通过了"中华人民共和国宪法"。

今天的会议在下午三时举行。

会议在通过宪法之前，首先通过了"中华人民共和国第一届全国人民代表大会第一次会议进行无记名方式投票办法"。会议还通过了中华人民共和国第一届全国人民代表大会第一次会议进行无记名方式投票时对发票、投票、计算票数执行监督的三十五位监票人人选，并宣布了今天用无记名方式通过"中华人民共和国宪法"时的总监票人、副总监票人和监票人名单。

接着，执行主席宣布在会议上宣读中央人民政府委员会修正通过的"中华人民共和国宪法草案"最后定本全文。这个最后定本宣读完毕后，执行主席问代表们对这个最后定本有无意见。代表们没有意见，全场热烈鼓掌。执

---

① 原载于《人民日报》1954 年 9 月 21 日第 1 版，有删减。

行主席当即宣布将这个最后定本提付表决。

全国人民代表大会代表已报到的共一千二百十二人，今天出席会议的共一千一百九十七人，缺席的十五人。上述代表人数，经秘书处和各代表小组组长核对无误后，执行主席宣布开始发票。在浅红色的"通过中华人民共和国宪法表决票"上面，印有汉、蒙、藏、维吾尔四种文字。不通晓这四种文字的代表，在写票时，有翻译人员替他说明。

四时四十五分，投票开始。为使投票顺利进行，代表席按照座位划分为八个投票区，每区设置票箱一个，代表们分区同时进行投票。执行主席、秘书长和监票人首先把表决票投入票箱。

四时五十五分，投票完毕。执行主席根据计票人和监票人的报告，向会议宣布点票结果：发票一千一百九十七张，投票一千一百九十七张，投票张数和发票张数相等，本次表决有效。这时，全场响起了热烈的掌声。

接着，执行主席宣布会议休息。由计票人和监票人计算票数。

五时五十五分复会。执行主席根据计票人和监票人的报告，宣布对"中华人民共和国宪法"表决的结果：投票数共一千一百九十七张，同意票一千一百九十七张。这时，全场欢腾，全体起立，为这个伟大的文献的诞生而热烈欢呼，暴风雨般的鼓掌声和"中华人民共和国万岁"、"毛主席万岁"、"中国共产党万岁"、"万岁"的欢呼声持续了五分钟。

接着，执行主席根据投票表决的结果郑重地宣布："中华人民共和国宪法已由中华人民共和国第一届全国人民代表大会第一次会议于一九五四年九月二十日通过。"全场再次起立，暴风雨般的掌声和欢呼声经久不息。

至此，会议胜利完成它的首要任务——制定中华人民共和国宪法。

中华人民共和国第一届全国人民代表大会第一次会议进行无记名方式投票办法

一、全国人民代表大会通过中华人民共和国宪法采用无记名投票方式。

二、全国人民代表大会选举中华人民共和国主席、副主席，选举全国人民代表大会常务委员会委员长、副委员长、秘书长和委员，选举最高人民法院院长和最高人民检察院检察长，通过国务院总理人选，都采用无记名投票方式。

三、全国人民代表大会采用无记名投票方式进行选举和通过议案的时候，设监票人三十五人，在全国人民代表大会会议主席团领导下对发票、投票、计票执行监督。

监票人的人选分别由各代表小组提名，由全国人民代表大会会议主席团提交全国人民代表大会会议通过。

四、在采用无记名投票方式进行选举或者通过议案的时候，先由执行主席宣布当日出席代表的总人数和各代表小组的出席代表人数，并由秘书处核对后，再由秘书处将选举票或者表决票交由各代表小组组长或副组长发交出席代表。

五、投票人同意选举票上所列的某一个候选人的时候，就在这个候选人姓名上面的空格内划一个○；如果不同意，就划一个×。

投票人如果要在选举票上所列的候选人以外，另选他人的时候，可在原候选人姓名下面的空格内，写上自己要选的人的姓名。

投票人在选票上所选人数，不可以超过规定的名额，超过的时候，全票作废。

六、投票人同意表决票上某一个议案的时候，就在这个议案上面的空格内划一个○；如果不同意，就划一个×。

七、投票人写票一律用钢笔或墨笔，笔迹必须清楚。

八、不通晓汉文、蒙文、藏文或者维吾尔文的代表，可以请人翻译后，在汉文的一行内写票。

九、执行主席宣布开始投票后，执行主席和监票人先行投票，随后其他投票人按照投票的路线进行投票。

十、投票结束后，执行主席宣布当众开启票箱，由秘书长派定的计票人清点所投的票的张数，并将结果报告执行主席。如果张数多于投票人数，执行主席即宣布本次选举或表决无效；如果张数等于或少于投票的人数，则宣布本次选举或表决有效。

十一、计票完毕后，由执行主席宣布选举或者表决的结果。

中华人民共和国第一届全国人民代表大会
第一次会议日程

1954 年 9 月 15 日——9 月 28 日

九月十五日　　开幕式

　　　　　　　中央人民政府主席宣布开会

　　　　　　　奏国歌

　　　　　　　选举会议主席团，秘书长

　　　　　　　通过会议议程

　　　　　　　关于中华人民共和国宪法草案的报告

九月十六日　　通过代表资格审查委员会和提案审查委员会的主任委员
　　　　　　　和委员人选

　　　　　　　**讨论中华人民共和国宪法草案和关于中华人民共和国宪
　　　　　　　法草案的报告**

九月十七日　　**讨论中华人民共和国宪法草案和关于中华人民共和国宪
　　　　　　　法草案的报告**

九月十八日　　**讨论中华人民共和国宪法草案和关于中华人民共和国宪
　　　　　　　法草案的报告**

　　　　　　　通过代表资格审查报告

九月二十日　　**通过中华人民共和国宪法**

　　　　　　　通过中华人民共和国全国人民代表大会组织法

九月二十一日　通过中华人民共和国国务院组织法

　　　　　　　通过中华人民共和国人民法院组织法

　　　　　　　通过中华人民共和国人民检察院组织法

　　　　　　　通过中华人民共和国地方各级人民代表大会和地方各级
　　　　　　　人民委员会组织法

九月二十三日　政府工作报告

　　　　　　　讨论政府工作报告

九月二十四日　讨论政府工作报告

九月二十五日　讨论政府工作报告

九月二十六日　（上午）

讨论政府工作报告

（下午）

讨论政府工作报告

通过关于政府工作报告的决议

通过提案审查报告

九月二十七日　选举中华人民共和国主席、副主席

选举全国人民代表大会常务委员会委员长、副委员长、

秘书长、委员

选举最高人民法院院长

选举最高人民检察院检察长

通过国务院总理人选

九月二十八日　通过国务院副总理、各部部长、各委员会主任、秘书长

人选

通过国防委员会副主席、委员人选

通过民族委员会、法案委员会和预算委员会的主任委员

和委员人选

闭幕式

中华人民共和国
全国人民代表大会公告

中华人民共和国宪法已由中华人民共和国第一届全国人民代表大会第一次会议于一九五四年九月二十日通过，特予公布。

中华人民共和国第一届全国人民

代表大会第一次会议主席团

一九五四年九月二十日于北京

中华人民共和国第一届全国人民代表大会第一次会议关于中华人民共和国现行法律、法令继续有效的决议

（1954 年 9 月 26 日通过）

中华人民共和国宪法已由第一届全国人民代表大会第一次会议通过，颁布全国。所有自从一九四九年十月一日中华人民共和国建立以来，由中央人民政府制定、批准的现行法律、法令，除开同宪法相抵触的以外，一律继续有效。

附录：中国人民政治协商会议共同纲领^①

(1949 年 9 月 29 日中国人民政治协商会议第一届全体会议通过)

序　言

中国人民解放战争和人民革命的伟大胜利，已使帝国主义、封建主义和官僚资本主义在中国的统治时代宣告结束。中国人民由被压迫的地位变成为新社会新国家的主人，而以人民民主专政的共和国代替那封建买办法西斯专政的国民党反动统治。中国人民民主专政是中国工人阶级、农民阶级、小资产阶级、民族资产阶级及其他爱国民主分子的人民民主统一战线的政权，而以工农联盟为基础，以工人阶级为领导。由中国共产党、各民主党派、各人民团体、各地区、人民解放军、各少数民族、国外华侨及其他爱国民主分子的代表们所组成的中国人民政治协商会议，就是人民民主统一战线的组织形式。中国人民政治协商会议代表全国人民的意志，宣告中华人民共和国的成立，组织人民自己的中央政府。中国人民政治协商会议一致同意以新民主主义即人民民主主义为中华人民共和国建国的政治基础，并制定以下的共同纲领，凡参加人民政治协商会议的各单位、各级人民政府和全国人民均应共同遵守。

第一章　总　纲

第一条　中华人民共和国为新民主主义即人民民主主义的国家，实行工人阶级领导的、以工农联盟为基础的、团结各民主阶级和国内各民族的人民民主专政，反对帝国主义、封建主义和官僚资本主义，为中国的独立、民主、和平、统一和富强而奋斗。

---

① 原载于《人民政协重要文献选编（上）》，中央文献出版社、中国文史出版社 2009 年版，第80—90 页。

第二条 中华人民共和国中央人民政府必须负责将人民解放战争进行到底，解放中国全部领土，完成统一中国的事业。

第三条 中华人民共和国必须取消帝国主义国家在中国的一切特权，没收官僚资本归人民的国家所有，有步骤地将封建半封建的土地所有制改变为农民的土地所有制，保护国家的公共财产和合作社的财产，保护工人、农民、小资产阶级和民族资产阶级的经济利益及其私有财产，发展新民主主义的人民经济，稳步地变农业国为工业国。

第四条 中华人民共和国人民依法有选举权和被选举权。

第五条 中华人民共和国人民有思想、言论、出版、集会、结社、通讯、人身、居住、迁徙、宗教信仰及示威游行的自由权。

第六条 中华人民共和国废除束缚妇女的封建制度。妇女在政治的、经济的、文化教育的、社会的生活各方面，均有与男子平等的权利。实行男女婚姻自由。

第七条 中华人民共和国必须镇压一切反革命活动，严厉惩罚一切勾结帝国主义、背叛祖国、反对人民民主事业的国民党反革命战争罪犯和其他怙恶不悛的反革命首要分子。对于一般的反动分子、封建地主、官僚资本家，在解除其武装、消灭其特殊势力后，仍须依法在必要时期内剥夺他们的政治权利，但同时给以生活出路，并强迫他们在劳动中改造自己，成为新人。假如他们继续进行反革命活动，必须予以严厉的制裁。

第八条 中华人民共和国国民均有保卫祖国、遵守法律、遵守劳动纪律、爱护公共财产、应征公役兵役和缴纳赋税的义务。

第九条 中华人民共和国境内各民族，均有平等的权利和义务。

第十条 中华人民共和国的武装力量，即人民解放军、人民公安部队和人民警察，是属于人民的武力。其任务为保卫中国的独立和领土主权的完整，保卫中国人民的革命成果和一切合法权益。中华人民共和国中央人民政府应努力巩固和加强人民武装力量，使其能够有效地执行自己的任务。

第十一条 中华人民共和国联合世界上一切爱好和平、自由的国家和人民，首先是联合苏联、各人民民主国家和各被压迫民族，站在国际和平民主阵营方面，共同反对帝国主义侵略，以保障世界的持久和平。

第二章　政权机关

第十二条　中华人民共和国的国家政权属于人民。人民行使国家政权的机关为各级人民代表大会和各级人民政府。各级人民代表大会由人民用普选方法产生之。各级人民代表大会选举各级人民政府。各级人民代表大会闭会期间，各级人民政府为行使各级政权的机关。

国家最高政权机关为全国人民代表大会。全国人民代表大会闭会期间，中央人民政府为行使国家政权的最高机关。

第十三条　中国人民政治协商会议为人民民主统一战线的组织形式。其组织成分，应包含有工人阶级、农民阶级、革命军人、知识分子、小资产阶级、民族资产阶级、少数民族、国外华侨及其他爱国民主分子的代表。

在普选的全国人民代表大会召开以前，由中国人民政治协商会议的全体会议执行全国人民代表大会的职权，制定中华人民共和国中央人民政府组织法，选举中华人民共和国中央人民政府委员会，并付之以行使国家权力的职权。

在普选的全国人民代表大会召开以后，中国人民政治协商会议得就有关国家建设事业的根本大计及其他重要措施，向全国人民代表大会或中央人民政府提出建议案。

第十四条　凡人民解放军初解放的地方，应一律实施军事管制，取消国民党反动政权机关，由中央人民政府或前线军政机关委任人员组织军事管制委员会和地方人民政府，领导人民建立革命秩序，镇压反革命活动，并在条件许可时召集各界人民代表会议。

在普选的地方人民代表大会召开以前，由地方各界人民代表会议逐步地代行人民代表大会的职权。

军事管制时间的长短，由中央人民政府依据各地的军事政治情况决定之。

凡在军事行动已经完全结束、土地改革已经彻底实现、各界人民已有充分组织的地方，即应实行普选，召开地方的人民代表大会。

第十五条　各级政权机关一律实行民主集中制。其主要原则为：人民代表大会向人民负责并报告工作。人民政府委员会向人民代表大会负责并报告工作。在人民代表大会和人民政府委员会内，实行少数服从多数的制度。各下级人民政府均由上级人民政府加委并服从上级人民政府。全国各地方人民政府均服从中央人民政府。

第十六条　中央人民政府与地方人民政府间职权的划分，应按照各项事务的性质，由中央人民政府委员会以法令加以规定，使之既利于国家统一，又利于因地制宜。

第十七条　废除国民党反动政府一切压迫人民的法律、法令和司法制度，制定保护人民的法律、法令，建立人民司法制度。

第十八条　中华人民共和国的一切国家机关，必须厉行廉洁的、朴素的、为人民服务的革命工作作风，严惩贪污，禁止浪费，反对脱离人民群众的官僚主义作风。

第十九条　在县市以上的各级人民政府内，设人民监察机关，以监督各级国家机关和各种公务人员是否履行其职责，并纠举其中之违法失职的机关和人员。

人民和人民团体有权向人民监察机关或人民司法机关控告任何国家机关和任何公务人员的违法失职行为。

第三章　军事制度

第二十条　中华人民共和国建立统一的军队，即人民解放军和人民公安部队，受中央人民政府人民革命军事委员会统率，实行统一的指挥，统一的制度，统一的编制，统一的纪律。

第二十一条　人民解放军和人民公安部队根据官兵一致、军民一致的原则，建立政治工作制度，以革命精神和爱国精神教育部队的指挥员和战斗员。

第二十二条　中华人民共和国应加强现代化的陆军，并建设空军和海军，以巩固国防。

第二十三条　中华人民共和国实行民兵制度，保卫地方秩序，建立国家动员基础，并准备在适当时机实行义务兵役制。

第二十四条　中华人民共和国的军队在和平时期，在不妨碍军事任务的条件下，应有计划地参加农业和工业的生产，帮助国家的建设工作。

第二十五条　革命烈士和革命军人的家属，其生活困难者应受国家和社会的优待。参加革命战争的残废军人和退伍军人，应由人民政府给以适当安置，使能谋生立业。

第四章　经济政策

第二十六条　中华人民共和国经济建设的根本方针，是以公私兼顾、劳资两利、城乡互助、内外交流的政策，达到发展生产、繁荣经济之目的。国家应在经营范围、原料供给、销售市场、劳动条件、技术设备、财政政策、金融政策等方面，调剂国营经济、合作社经济、农民和手工业者的个体经济、私人资本主义经济和国家资本主义经济，使各种社会经济成分在国营经济领导之下，分工合作，各得其所，以促进整个社会经济的发展。

第二十七条　土地改革为发展生产力和国家工业化的必要条件。凡已实行土地改革的地区，必须保护农民已得土地的所有权。凡尚未实行土地改革的地区，必须发动农民群众，建立农民团体，经过清除土匪恶霸、减租减息和分配土地等项步骤，实现耕者有其田。

第二十八条　国营经济为社会主义性质的经济。凡属有关国家经济命脉和足以操纵国民生计的事业，均应由国家统一经营。凡属国有的资源和企业，均为全体人民的公共财产，为人民共和国发展生产、繁荣经济的主要物质基础和整个社会经济的领导力量。

第二十九条　合作社经济为半社会主义性质的经济，为整个人民经济的一个重要组成部分。人民政府应扶助其发展，并给以优待。

第三十条　凡有利于国计民生的私营经济事业，人民政府应鼓励其经营的积极性，并扶助其发展。

第三十一条　国家资本与私人资本合作的经济为国家资本主义性质的经济。在必要和可能的条件下，应鼓励私人资本向国家资本主义方向发展，例如为国家企业加工，或与国家合营，或用租借形式经营国家的企业，开发国家的富源等。

第三十二条　在国家经营的企业中，目前时期应实行工人参加生产管理的制度，即建立在厂长领导之下的工厂管理委员会。私人经营的企业，为实现劳资两利的原则，应由工会代表工人职员与资方订立集体合同。公私企业目前一般应实行八小时至十小时的工作制，特殊情况得斟酌办理。人民政府应按照各地各业情况规定最低工资。逐步实行劳动保险制度。保护青工女工的特殊利益。实行工矿检查制度，以改进工矿的安全和卫生设备。

第三十三条　中央人民政府应争取早日制定恢复和发展全国公私经济各主要部门的总计划，规定中央和地方在经济建设上分工合作的范围，统一调剂中央各经济部门和地方各经济部门的相互联系。中央各经济部门和地方各经济部门在中央人民政府统一领导之下各自发挥其创造性和积极性。

第三十四条　关于农林渔牧业：在一切已彻底实现土地改革的地区，人民政府应组织农民及一切可以从事农业的劳动力以发展农业生产及其副业为中心任务，并应引导农民逐步地按照自愿和互利的原则，组织各种形式的劳动互助和生产合作。在新解放区，土地改革工作的每一步骤均应与恢复和发展农业生产相结合。人民政府应根据国家计划和人民生活的需要，争取于短时期内恢复并超过战前粮食、工业原料和外销物资的生产水平，应注意兴修水利，防洪防旱，恢复和发展畜力，增加肥料，改良农具和种子，防止病虫害，救济灾荒，并有计划地移民开垦。

保护森林，并有计划地发展林业。

保护沿海渔场，发展水产业。

保护和发展畜牧业，防止兽疫。

第三十五条　关于工业：应以有计划有步骤地恢复和发展重工业为重点，例如矿业、钢铁业、动力工业、机器制造业、电器工业和主要化学工业等，以创立国家工业化的基础。同时，应恢复和增加纺织业及其他有利于国计民生的轻工业的生产，以供应人民日常消费的需要。

第三十六条　关于交通：必须迅速恢复并逐步增建铁路和公路，疏浚河流，推广水运，改善并发展邮政和电信事业，有计划有步骤地建造各种交通工具和创办民用航空。

第三十七条　关于商业：保护一切合法的公私贸易。实行对外贸易的管制，并采用保护贸易政策。在国家统一的经济计划内实行国内贸易的自由，但对于扰乱市场的投机商业必须严格取缔。国营贸易机关应负调剂供求、稳定物价和扶助人民合作事业的责任。人民政府应采取必要的办法，鼓励人民储蓄，便利侨汇，引导社会游资及无益于国计民生的商业资本投入工业及其他生产事业。

第三十八条　关于合作社：鼓励和扶助广大劳动人民根据自愿原则，发展合作事业。在城镇中和乡村中组织供销合作社、消费合作社、信用合作社、生产合作社和运输合作社，在工厂、机关和学校中应尽先组织消费合作社。

第三十九条 关于金融：金融事业应受国家严格管理。货币发行权属于国家。禁止外币在国内流通。外汇、外币和金银的买卖，应由国家银行经理。依法营业的私人金融事业，应受国家的监督和指导。凡进行金融投机、破坏国家金融事业者，应受严厉制裁。

第四十条 关于财政：建立国家预算决算制度，划分中央和地方的财政范围，厉行精简节约，逐步平衡财政收支，积累国家生产资金。

国家的税收政策，应以保障革命战争的供给、照顾生产的恢复和发展及国家建设的需要为原则，简化税制，实行合理负担。

第五章　文化教育政策

第四十一条 中华人民共和国的文化教育为新民主主义的，即民族的、科学的、大众的文化教育。人民政府的文化教育工作，应以提高人民文化水平、培养国家建设人才、肃清封建的、买办的、法西斯主义的思想、发展为人民服务的思想为主要任务。

第四十二条 提倡爱祖国、爱人民、爱劳动、爱科学、爱护公共财物为中华人民共和国全体国民的公德。

第四十三条 努力发展自然科学，以服务于工业农业和国防的建设。奖励科学的发现和发明，普及科学知识。

第四十四条 提倡用科学的历史观点，研究和解释历史、经济、政治、文化及国际事务。奖励优秀的社会科学著作。

第四十五条 提倡文学艺术为人民服务，启发人民的政治觉悟，鼓励人民的劳动热情。奖励优秀的文学艺术作品。发展人民的戏剧电影事业。

第四十六条 中华人民共和国的教育方法为理论与实际一致。人民政府应有计划有步骤地改革旧的教育制度、教育内容和教学法。

第四十七条 有计划有步骤地实行普及教育，加强中等教育和高等教育，注重技术教育，加强劳动者的业余教育和在职干部教育，给青年知识分子和旧知识分子以革命的政治教育，以应革命工作和国家建设工作的广泛需要。

第四十八条 提倡国民体育。推广卫生医药事业，并注意保护母亲、婴儿和儿童的健康。

第四十九条 保护报道真实新闻的自由。禁止利用新闻以进行诽谤，破坏国家人民的利益和煽动世界战争。发展人民广播事业。发展人民出版事业，并注重出版有益于人民的通俗书报。

第六章 民族政策

第五十条 中华人民共和国境内各民族一律平等，实行团结互助，反对帝国主义和各民族内部的人民公敌，使中华人民共和国成为各民族友爱合作的大家庭。反对大民族主义和狭隘民族主义，禁止民族间的歧视、压迫和分裂各民族团结的行为。

第五十一条 各少数民族聚居的地区，应实行民族的区域自治，按照民族聚居的人口多少和区域大小，分别建立各种民族自治机关。凡各民族杂居的地方及民族自治区内，各民族在当地政权机关中均应有相当名额的代表。

第五十二条 中华人民共和国境内各少数民族，均有按照统一的国家军事制度，参加人民解放军及组织地方人民公安部队的权利。

第五十三条 各少数民族均有发展其语言文字、保持或改革其风俗习惯及宗教信仰的自由。人民政府应帮助各少数民族的人民大众发展其政治、经济、文化、教育的建设事业。

第七章 外交政策

第五十四条 中华人民共和国外交政策的原则，为保障本国独立、自由和领土主权的完整，拥护国际的持久和平和各国人民间的友好合作，反对帝国主义的侵略政策和战争政策。

第五十五条 对于国民党政府与外国政府所订立的各项条约和协定，中华人民共和国中央人民政府应加以审查，按其内容，分别予以承认，或废除，或修改，或重订。

第五十六条 凡与国民党反动派断绝关系、并对中华人民共和国采取友好态度的外国政府，中华人民共和国中央人民政府可在平等、互利及互相尊重领土主权的基础上，与之谈判，建立外交关系。

第五十七条 中华人民共和国可在平等和互利的基础上，与各外国的政府和人民恢复并发展通商贸易关系。

第五十八条　中华人民共和国中央人民政府应尽力保护国外华侨的正当权益。

第五十九条　中华人民共和国人民政府保护守法的外国侨民。

第六十条　中华人民共和国对于外国人民因拥护人民利益参加和平民主斗争受其本国政府压迫而避难于中国境内者，应予以居留权。

人民政协共同纲领草案的特点①

（1949 年 9 月 22 日）

周恩来

《中国人民政治协商会议共同纲领》草案，是新政治协商会议筹备会第三小组决定由中国共产党负责起草的。草案初稿写出以后，经过七次的反复讨论和修改，计由先后到达北平的政协代表五六百人分组讨论两次，第三组本身讨论了三次，筹备会常务委员会讨论了两次，广泛地吸收了各方面的意见，然后将草案提交筹备会第二次全体会议作了基本通过，现在提交政协全体会议讨论。协商过程中着重讨论到的有如下几个问题，现在加以说明。

第一是中国人民民主统一战线的问题。这种统一战线的发起远在第一次大革命时期。由于中国共产党的提议和努力，获得了孙中山先生的同意，改组了国民党，促成了国共合作，胜利地举行了北伐。后来这个统一战线被蒋介石破坏了。但是中国共产党仍然努力组织人民的反帝反封建的统一战线，尤其是毛泽东同志更使这个政策得到了进一步的发展和成功。可是国民党反动派是始终反对统一战线的，它在抗日战争时期发动三次反共高潮，而在抗日战争结束以后，又推翻双十协议和政协决议，最后终于发动了大规模的内

---

① 原载于《人民代表大会制度重要文献选编（一）》，中国民主法制出版社、中央文献出版社2015 年版第 56—60 页。这是周恩来同志在中国人民政治协商会议第一届全体会议上所作报告《关于〈中国人民政治协商会议共同纲领〉草案的起草经过和特点》的摘要。

战。这次内战教育了人民，使广大人民逐渐地走到一致拥护人民解放军进行解放战争，消灭反动派，把革命进行到底。去年中国共产党根据历来统一战线的主张，号召召开新的政治协商会议，得到了全国人民及各民主党派热烈的响应。发展到今天，这个号召已经实现了。大家的目的很明确，正如共同纲领草案和人民政协组织法所规定的那样，是实行新民主主义，反对帝国主义、封建主义和官僚资本主义，建设一个独立、民主、和平、统一和富强的新中国。为着这个任务，我们团结国内各民主阶级、各民族和国外华侨，结成这样一个伟大的人民民主统一战线。这不仅是中国共产党为之奋斗了二十八年的主张，也是各民主党派、各人民团体、各区域、军队、国内少数民族、国外华侨，以及一切爱国民主人士所拥护和赞助的。毛泽东同志在《论人民民主专政》的论文中，明确地指出中国共产党、中国人民解放军和人民民主统一战线保证了人民民主革命取得今天的胜利。所以在筹备会讨论中，大家认为在整个新民主主义时期，这样一个统一战线应当继续下去，而且需要在组织上形成起来，以推动它的发展。大家同意：中国人民政治协商会议，就是它的最好的组织形式。

在讨论中曾经出现过两种其他的想法：第一种以为等到人民代表大会召开之后，就再不需要人民政协这样的组织了；第二种以为由于各党派这样团结一致，推动新民主主义很快地发展，党派的存在就不会很久了。后来大家在讨论中认为这两种想法是不恰当的，因为他们不合于中国革命的发展和建设的需要。普选的全国人民代表大会的召开，固然还需要一个相当时间，就是在普选的全国人民代表大会召开以后，政协会议还将对中央政府的工作起协商、参谋和推动的作用。其次，新民主主义时代既有各阶级的存在，就会有各党派的存在。旧民主国家的统治者是资产阶级，其所属各派必然是互相排挤，争权夺利。新民主主义国家的各阶级在工人阶级领导之下，虽然各阶级的利益和意见仍有不同之处，但是在共同要求上、在主要政策上是能够求得一致的，筹备会通过的共同纲领草案就是一个最明显的证明。而人民民主统一战线内部的不同要求和矛盾，在反帝反封建残余的斗争前面，是可以而且应该得到调节的。

第二是新民主主义的总纲问题。在讨论中，曾有一种意见，以为我们既然承认新民主主义是一个过渡性质的阶段，一定要向更高级的社会主义和共产主义阶段发展，因此总纲中就应该明确地把这个前途规定出来。筹备会讨论中，大家认为这个前途是肯定的，毫无疑问的，但应该经过解释、宣传特别是实践来证明给全国人民看。只有全国人民在自己的实践中认识到这是唯一的最好的前途，才会真正承认它，并愿意全心全意为它而奋斗。所以现在暂时不写出来，不是否定它，而是更加郑重地看待它。而且这个纲领中经济的部分里面，已经规定要在实际上保证向这个前途走去。

总纲中关于人民对国家的权利与义务有很明显的规定。有一个定义须要说明，就是"人民"与"国民"是有分别的。"人民"是指工人阶级、农民阶级、小资产阶级、民族资产阶级，以及从反动阶级觉悟过来的某些爱国民主分子。而对官僚资产阶级在其财产被没收和地主阶级在其土地被分配以后，消极的是要严厉镇压他们中间的反动活动，积极的是更多地要强迫他们劳动，使他们改造成为新人。在改变以前，他们不属人民范围，但仍然是中国的一个国民，暂时不给他们享受人民的权利，却需要使他们遵守国民的义务。这就是人民民主专政。这是对我们中华人民共和国的团结和生产有利的。

这些反动阶级中的重要反动分子们，决不会甘心失去他们过去的特权，一定要进行阴谋破坏的。最近杨杰将军的遇害，便是一个例证。人民的军队和警察将加强工作以防止他们的阴谋破坏。我们大家则须加强团结，提高警惕，以打击反动分子的各种阴谋。

第三是新民主主义的政权制度问题。新民主主义的政权制度是民主集中制的人民代表大会的制度，它完全不同于旧民主的议会制度，而是属于以社会主义苏联为代表的代表大会制度的范畴之内的。但是也不完全同于苏联制度，苏联已经消灭了阶级，而我们则是各革命阶级的联盟。我们的这个特点，就表现在中国人民政协会议的形式上。政府各部门和现在各地的人民代表会议以及将来的人民代表大会都将同样表现这个特点。从人民选举代表、召开人民代表大会、选举人民政府直到由人民政府在人民代表大会闭会期间行使国家政权的这一整个过程，都是行使国家政权的民主集中的过程，而行使国家政权的机关就是各级人民代表大会和各级人民政府。

第四是军事制度问题。人民解放军之所以能取得今天的胜利和得到全国人民的拥护，决不是偶然的。它的特点是不仅勇敢机智善于作战，而且能正确地执行政策，并帮助人民劳动。政治工作制度是它的灵魂。这种军事制度，不仅不同于封建军阀，也不同于资产阶级的军事制度。纲领上规定将以这种新民主主义的军事制度来统一全国的军队，这里边包括一切从国民党反动统治方面起义过来的军队。这种做法显然不同于军阀制度的吞并排挤，而是不分彼此帮助他们改造为人民的军队。

第五是新民主主义的经济政策问题。基本精神是照顾四面八方，就是实行公私兼顾、劳资两利、城乡互助、内外交流的政策，以达到发展生产繁荣经济的目的。新民主主义五种经济的构成中，国营经济是领导的成分。在逐步地实现计划经济的要求下，使全社会都能各得其所，以收分工合作之效，这是一个艰巨而必须实现的任务。筹备期中关于经济的部分讨论最多，各方面好的意见都已经集中在草案的条文里面。经济建设是百端待举，但须有缓急轻重之分，草案中已根据那些是应该做的、那些是不应该做的；那些是现在可以做的、那些是现在不能做的；那些是已经做了的、那些是尚未做的等分析规定出具体条文。

第六是新民主主义的文化政策问题。这个问题讨论不多，简单地说来，就是民族的形式，科学的内容，大众的方向。草案中规定了必须强调的几项，其他没有规定的并非不作，因为在草案第五章中已经都概括地提到了。

第七是新民主主义的民族政策问题。其基本精神是使中华人民共和国成为各民族友爱合作的大家庭，必须反对各民族的内部的公敌和外部的帝国主义。而在各民族的大家庭中，又必须经常反对大民族主义和狭隘民族主义的倾向。各少数民族的区域自治、武装权利及其宗教信仰之被尊重，均在条文中加以明确的规定。

第八是新民主主义的外交政策问题。草案第七章中明确地规定了保障什么，拥护什么，反对什么，即保障本国独立、自由和领土主权的完整，拥护国际的持久和平和各国人民间的友好合作，反对帝国主义的侵略政策和战争政策。在总纲上已明白地接受了毛泽东同志在《论人民民主专政》中论述的同苏联及各新民主国家站在一起的方针。这就是我们在外交政策上的基本态度。

新政治协商会议筹备会第三小组名单①

（1949 年 6 月 16 日新政治协商会议筹备会第一次全体会议通过）

组　长：周恩来
副组长：许德珩
组　员：陈劭先　章伯钧　章乃器　李　达　许广平（女）
　　　　季　方（严信民代）　沈志远　许宝驹　陈此生　黄鼎臣
　　　　彭德怀（罗瑞卿代）　朱学范　张　晔　李烛尘　侯外庐
　　　　邓初民　廖承志　邓颖超（女）　谢邦定　周建人　杨静仁
　　　　费振东　罗隆基
秘　书：宦　乡

中国人民政治协商会议组织法②

（1949 年 9 月 27 日中国人民政治协商会议第一届全体会议通过）

第一章　总　　则

第一条　中国人民政治协商会议（以下简称中国人民政协）为全中国人民民主统一战线的组织，旨在经过各民主党派及人民团体的团结，去团结全中国各民主阶级、各民族，共同努力，实行新民主主义，反对帝国主义、封建主义及官僚资本主义，推翻国民党的反动统治，肃清公开的及暗藏的反革命残余力量，医治战争创伤，恢复并发展人民的经济事业及文化教育事业，

---

① 新政治协商会议筹备会第三小组负责起草《中国人民政治协商会议共同纲领》。
② 原载于《人民政协重要文献选编（上）》，中央文献出版社、中国文史出版社 2009 年版，第 56—60 页。

巩固国防，并联合世界上以平等待我之民族及国家，以建立及巩固由工人阶级领导的以工农联盟为基础的人民民主专政的独立、民主、和平、统一及富强的中华人民共和国。

第二章　参加单位及代表

第二条　凡赞成本组织法第一条之规定的民主党派及人民团体，经中国人民政协全国委员会协商同意，得参加中国人民政协；个人经中国人民政协全国委员会协议邀请者，亦得参加中国人民政协的全体会议，并得被选为全国委员会委员。

第三条　每届中国人民政协全体会议的参加单位、名额及代表人选，由上届中国人民政协全国委员会协商定之，但第一届由中国人民政协筹备会协商定之。

第四条　凡经中国人民政协全体会议及全国委员会通过的决议，各参加单位及代表均有信守及实行的义务。

凡参加中国人民政协的民主党派或人民团体，对全体会议及全国委员会所通过的决议如有不同意时，除根据少数服从多数的民主原则负责遵行不得违反外，其有不同意见得保留之，以待下届会议提出讨论；如对重要决议根本不同意时，有声请退出中国人民政协的自由。

第五条　中国人民政协的参加单位或代表或全国委员会委员，如有违反中国人民政协的组织法、共同纲领或重要决议而情节严重者，得由中国人民政协全体会议或全国委员会视其情节严重的程度，分别予以警告，撤换代表，撤销委员资格或撤销参加单位等处分。由全国委员会所给予的处分，如被处分者不服，得向下届全体会议提出申诉。

第三章　全体会议

第六条　中国人民政协全体会议，每三年开会一次，由全国委员会召集之。全国委员会认为有必要时，得提前或延期召集之。但第一届由中国人民政协筹备会召集之。

第七条　中国人民政协全体会议的职权如下：

一、制定或修改中国人民政治协商会议组织法；

二、制定或修改由参加中国人民政协的各民主党派及人民团体共同遵守的新民主主义的纲领即中国人民政治协商会议共同纲领；

三、在普选的全国人民代表大会召开以前，执行全国人民代表大会的职权：

甲、制定或修改中华人民共和国中央人民政府组织法；

乙、选举中华人民共和国中央人民政府委员会，并付之以行使国家权力的职权；

丙、就有关全国人民民主革命事业或国家建设事业的根本大计或重要措施，向中华人民共和国中央人民政府委员会提出决议案。

四、在普选的全国人民代表大会召开以后，就有关国家建设事业的根本大计或重要措施，向全国人民代表大会或中央人民政府委员会提出建议案；

五、选举中国人民政协全国委员会。

第八条 中国人民政协全体会议，须有参加代表过半数的出席，始得开会；须有出席代表过半数的同意，始得通过决议。

第九条 中国人民政协全体会议设主席团，由全体会议选举之。主席团名额，由每届全体会议临时规定之。

第十条 中国人民政协全体会议设秘书长一人，由全体会议选举之。设副秘书长若干人，由主席团选任之。在秘书长及副秘书长之下，设秘书处。

第十一条 中国人民政协全体会议得设各种委员会，其组织办法另定之。

第十二条 中国人民政协全体会议议事规则，由主席团制定之。

第四章　全国委员会

第十三条 在中国人民政协全体会议闭幕后，设立全国委员会，其职权如下：

一、保证实行中国人民政协全体会议及全国委员会的决议；

二、协商并提出对中华人民共和国中央人民政府的建议案；

三、协助政府动员人民参加人民民主革命及国家建设的工作；

四、协商并提出参加中国人民政协的各单位在全国人民代表大会代表选举中的联合候选名单；

五、协商并决定下届中国人民政协全体会议的参加单位、名额及代表人选，并召集之；

六、指导地方民主统一战线的工作；

七、协商并处理其他有关中国人民政协内部合作的事宜。

第十四条 中国人民政协全国委员会的委员及候补委员，由中国人民政协全体会议选举之；其名额由每届全体会议临时规定之。

中国人民政协全国委员会每半年开会一次，由全国委员会常务委员会召集之。常务委员会认为有必要时，得提前或延期召集之。

第十五条 中国人民政协全国委员会互选常务委员若干人，主席一人，副主席若干人，组织常务委员会主持会务。

第十六条 中国人民政协全国委员会设秘书长一人，由全国委员会选举之。设副秘书长若干人，由全国委员会常务委员会选任之。在秘书长及副秘书长之下，设秘书处。

第十七条 中国人民政协全国委员会的工作条例，由全国委员会常务委员会制定之。

第五章 地方委员会

第十八条 在中心城市、重要地区及省会，经中国人民政协全国委员会决议，得设立中国人民政协地方委员会，为该地方各民主党派及人民团体的协商并保证实行决议的机关。

第十九条 中国人民政协地方委员会的组织条例，由中国人民政协全国委员会制定或批准之。

第六章 附　　则

第二十条 本组织法经中国人民政协全体会议通过后施行。

关于草拟《中国人民政治协商会议组织法》的报告①

（1949 年 9 月 22 日在中国人民政治协商会议第一届全体会议上）

谭平山

（一）关于本小组的组织和工作

本小组由组长谭平山，副组长周新民，组员林伯渠、李德全、施复亮、符定一、王绍鏊、郭冠杰、史良、郭春涛、蒋光鼐、雷荣珂、易礼容、郑振铎、俞寰澄、叶圣陶、沈兹九、李秀真、陈震中、天宝、戴子良等二十一人组织之。秘书为陈昭。

本小组成立后，曾经开会四次。第一次会议于六月十八日召集。首先讨论本小组的工作，次就新政协的任务及其存续性，交换意见，最后推定谭平山、周新民、王绍鏊、叶圣陶、沈兹九等五人起草讨论提纲。第二次会议于六月二十八日召集。按照讨论提纲，研讨政协组织的基本原则，及其性质、职权与政府关系等问题，并决定推谭平山、周新民、叶圣陶、蒋光鼐（秦元邦代）、沈兹九、史良、郭春涛、林伯渠、易礼容等九人组织起草委员会。该委员会推周新民、史良起草初稿。初稿完成后，曾迭次征询各方意见，一再加以修改，始于八月十八日提出第三次会议讨论，经文字整理后，提经常委会第四次会议通过。该草案通过后，本小组复于九月十五日召开第四次会议，报告一切经过，并将文字稍加整理，送请常委会提经筹备会第二次全体会议，予以原则上通过。该草案条文的变动和文字的整理，虽已有五次之多，然各单位尚有多处提出修正意见，容待草案整理委员会收集讨论后，再向大会提出报告。

---

① 原载于《人民政协重要文献选编（上）》，中央文献出版社、中国文史出版社 2009 年版，第 61—65 页。

（二）关于名称的规定

筹备会原来授权于本小组的，是起草《新政治协商会议组织条例》，现在已改为《中国人民政治协商会议组织法》，其理由如下：

新政协是针对着旧政协而言，旧政协包括国民党反动派在内，是带有妥协性的；新政协是把国民党反动派除外，是革命性的。为了一新人民的耳目，故有改为"人民政治协商会议"的必要。再者，这次出席代表六百六十余人，就成分来说，从工人阶级、农民阶级、小资产阶级，到民族资产阶级都有代表出席；就地区来说，东北到黑龙江，西北到新疆，东南到琼崖、台湾，各省区都有代表出席，包括少数民族及国外侨胞。这是四面八方的大团结，诚为中国人民空前的一大盛会，故应名为中国人民政治协商会议，更能名符其实。

（三）关于总则的规定

资本主义国家的法律，一向是虚伪的，隐蔽的，多不肯明定它的立场和任务。新民主主义国家的法律，则是真实的，明朗的，决不沿用资本主义国家那一套的立法技术。所以我们在政协组织法第一条，明显地规定政协的立场，是"实行新民主主义，反对帝国主义、封建主义及官僚资本主义"；它的任务，是"建立及巩固由工人阶级领导的，以工农联盟为基础的，人民民主专政的，独立、民主、和平、统一及富强的中华人民共和国"。要完成这个任务，对内必须经过各民主党派、人民团体的团结，去团结全国各民主阶级、各民族共同努力，对外必须联合世界上以平等待我之民族及国家共同奋斗，这样才能保证我们的任务能够完成。这样规定，是表示我们有坚定的立场和重大的任务，必须奋斗到底，贯彻到底，决不许稍有妥协或打着折扣。

有了政协组织法第一条的规定，必须有政府组织法第一条的规定，并必须有共同纲领序言及第一条的规定。这三种文件是有连贯性的，必须规定得很明确，才能使全国人民得到明确的认识，今后都站在共同立场的上面，为完成这个共同任务而奋斗。

（四）关于参加的单位和代表的规定

今日的政协，既是人民民主统一战线的组织，它的范围当然很广。它是以团体代表为基础，并在每次全体会议时得邀请个人代表参加。这样，既有以工人阶级为领导的四个阶级联盟的组织力量，又能有若干爱国民主分子的代表人物在内，这对于人民民主统一战线的巩固和扩大是很有利的。

参加政协的单位名额及代表人选，究应由谁来商定呢？政协组织法亦有规定的必要，所以于第三条第一项明定"由前届中国人民政协全国委员会商定之"。但是这为原则的规定，第一届政协则须有例外的规定，所以同条第二项又明定"由中国人民政协筹备会协商定之"。

关于政协决议的遵守，虽采少数服从多数的民主原则，但依照第四条的规定，参加者如有不同意见，仍得保留至下届会议提出讨论；其对于重要决议根本不同意的，并有声请退出政协的自由。这是人民政协充分的民主精神。

关于对政协组织法、共同纲领或重要决议的违反，依照第五条的规定，得视其情节严重的程度，分别予以处分。但被处分者对于由全国委员会所给予的处分，如有不服的，仍得向下届全体会议提出申诉。这是人民政协的纪律性和民主精神。

（五）关于全体会议的规定

全体会议每三年开会一次，虽有人认为会期定得较长，但依第六条的规定，全国委员会认为有必要时，得提前或延期召集会议，是规定得有伸缩性的。

全体会议的职权，已于第七条列举规定，其职权的大小，因全国人民代表大会已否召开而有不同。在全国人民代表大会召开以前，执行全国人民代表大会的职权，不仅有立法权（制定或修改中央人民政府组织法）和选举权（选举中央人民政府委员会），并有提出决议权；在全国人民代表大会召开以后，则仅有建议权了。

全体会议的出席人数及表决人数，第八条已有明定。主席团的名额，由每届全体会议临时决定；副秘书长的人数，由主席团决定。这些都含有伸缩性，可按照需要来决定的。

（六）关于全国委员会的规定

政协闭幕后，全国委员会极为重要，其职权已于第十三条中分为七款的规定。有了第一款的规定，才可实现全体会议及全国委员会的决议。有了第二款的规定，才得随时向政府提出意见。有了第三款的规定，才可从实际上帮助政府。有了第四款的规定，才可保证各党派在政权中的合作。有了第五款的规定，才可使下届全体会议易于召集。有了第六款的规定，才可展开地方的统一战线工作。有了第七款的规定，才可使政协内部的团结加强。

全国委员会的委员，常务委员会的委员和副主席，以及副秘书长，其名额均未规定，亦均含伸缩性，较易切合实际（第十四条、第十五条、第十六条）。

（七）关于地方委员会的规定

人民代表大会未召开以前，在中央须有中国人民政协全国委员会；在中心城市、重要地区和省会，亦须有中国人民政协地方委员会，所以中国人民政协组织法特设第十八条的规定。惟以各地情形不同，其组织条例应由全国委员会制定或核准，方能适应实际。

中华人民共和国中央人民政府组织法①

（1949 年 9 月 27 日中国人民政治协商会议第一届全体会议通过）

第一章　总　　纲

第一条　中华人民共和国是工人阶级领导的，以工农联盟为基础的，团结各民主阶级和国内各民族的人民民主专政的国家。

第二条　中华人民共和国政府是基于民主集中原则的人民代表大会制的政府。

第三条　在普选的全国人民代表大会召开前，由中国人民政治协商会议的全体会议执行全国人民代表大会的职权，制定中华人民共和国中央人民政府组织法，选举中华人民共和国中央人民政府委员会，并付之以行使国家权力的职权。

---

① 原载于《人民代表大会制度重要文献选编（一）》，中国民主法制出版社、中央文献出版社2015 年版，第61—67 页。

第四条 中央人民政府委员会对外代表中华人民共和国，对内领导国家政权。

第五条 中央人民政府委员会组织政务院，以为国家政务的最高执行机关；组织人民革命军事委员会，以为国家军事的最高统辖机关；组织最高人民法院及最高人民检察署，以为国家的最高审判机关及检察机关。

第二章　中央人民政府委员会

第六条 中央人民政府委员会，由中国人民政治协商会议的全体会议选举中央人民政府主席一人，副主席六人，委员五十六人，并由中央人民政府委员会互选秘书长一人组成之。

第七条 中央人民政府委员会，依据中国人民政治协商会议全体会议制定的共同纲领，行使下列的职权：

一、制定并解释国家的法律，颁布法令，并监督其执行。

二、规定国家的施政方针。

三、废除或修改政务院与国家的法律、法令相抵触的决议和命令。

四、批准或废除或修改中华人民共和国与外国订立的条约和协定。

五、处理战争及和平问题。

六、批准或修改国家的预算和决算。

七、颁布国家的大赦令和特赦令。

八、制定并颁发国家的勋章、奖章，制定并授予国家的荣誉称号。

九、任免下列各项政府人员：

甲、任免政务院的总理、副总理，政务委员和秘书长、副秘书长，各委员会的主任委员、副主任委员、委员，各部的部长、副部长，科学院的院长、副院长，各署的署长、副署长及银行的行长、副行长。

乙、依据政务院的提议，任免或批准任免各大行政区和各省市人民政府的主席、副主席和主要的行政人员。

丙、任免驻外国的大使、公使和全权代表。

丁、任免人民革命军事委员会的主席、副主席、委员，人民解放军的总司令、副总司令，总参谋长、副参谋长，总政治部主任和副主任。

戊、任免最高人民法院的院长、副院长和委员，最高人民检察署的检察长、副检察长和委员。

十、筹备并召开全国人民代表大会。

第八条 中央人民政府主席，主持中央人民政府委员会的会议，并领导中央人民政府委员会的工作。

第九条 中央人民政府副主席和秘书长，协助主席执行职务。

第十条 中央人民政府委员会的会议，两个月举行一次，由主席负责召集。主席根据需要，或有三分之一以上的中央人民政府委员的请求，或政务院的请求，得提前或延期召开会议。中央人民政府委员会的会议，须有委员过半数的出席始得开会，须有出席委员过半数的同意始得通过决议。

第十一条 中央人民政府委员会设办公厅，并根据需要，得设其他附属工作机构。

第十二条 中央人民政府委员会的组织条例，由中央人民政府委员会制定之。

第三章　政务院

第十三条 政务院由中央人民政府委员会任命总理一人，副总理若干人，秘书长一人，政务委员若干人组成之。政务委员得兼任各委员会的主任委员和各部的部长。

第十四条 政务院对中央人民政府委员会负责，并报告工作。在中央人民政府委员会休会期间，对中央人民政府的主席负责，并报告工作。

第十五条 政务院根据并为执行中国人民政治协商会议共同纲领、国家的法律、法令和中央人民政府委员会规定的施政方针，行使下列职权：

一、颁发决议和命令，并审查其执行。

二、废除或修改各委、部、会、院、署、行和各级政府与国家的法律、法令和政务院的决议、命令相抵触的决议和命令。

三、向中央人民政府委员会提出议案。

四、联系、统一并指导各委、部、会、院、署、行及所属其他机关的相互关系，内部组织和一般工作。

五、领导全国各地方人民政府的工作。

六、任免或批准任免第七条第九款乙项规定以外的各县市以上的主要行政人员。

第十六条 政务院总理主持政务院全院事宜。政务院副总理和秘书长协助总理执行职务。

第十七条 政务院的政务会议，每周举行一次，由总理负责召集。总理根据需要，或有三分之一以上的政务委员的请求，得提前或延期召开会议。政务院的会议，须有政务委员过半数的出席始得开会，须有出席政务委员过半数的同意始得通过决议。政务院的决议和命令，以总理单独签署行之，或由总理签署外并由有关各委、部、会、院、署、行的首长副署行之。

第十八条 政务院设政治法律委员会、财政经济委员会、文化教育委员会、人民监察委员会和下列各部、会、院、署、行，主持各该部门的国家行政事宜：

内务部；

外交部；

情报总署；

公安部；

财政部；

人民银行；

贸易部；

海关总署；

重工业部；

燃料工业部；

纺织工业部；

食品工业部；

轻工业部（不属上述四部门之工业）；

铁道部；

邮电部；

交通部；

农业部；

林垦部；

水利部；

劳动部；

文化部；

教育部；

科学院；

新闻总署；

出版总署；

卫生部；

司法部；

法制委员会；

民族事务委员会；

华侨事务委员会。

政治法律委员会指导内务部、公安部、司法部、法制委员会和民族事务委员会的工作。

财政经济委员会指导财政部、贸易部、重工业部、燃料工业部、纺织工业部、食品工业部、轻工业部、铁道部、邮电部、交通部、农业部、林垦部、水利部、劳动部、人民银行和海关总署的工作。

文化教育委员会指导文化部、教育部、卫生部、科学院、新闻总署和出版总署的工作。

为进行工作，各负指导责任的委员会得对其所属各部、会、院、署、行和下级机关，颁发决议和命令，并审查其执行。

人民监察委员会负责监察政府机关和公务人员是否履行其职责。

第十九条 各部、会、院、署、行，在自己的权限内，得颁发决议和命令，并审查其执行。

第二十条 政务院设秘书厅，办理日常事务，并管理文书档案和印铸等事宜。

第二十一条 政务院及各委、部、会、院、署、行、厅的组织条例，由中央人民政府委员会制定或批准之。

第二十二条 各委、部、会、院、署、行、厅，于必要时，得由中央人民政府委员会决议增加，减少，或合并之。

第四章　人民革命军事委员会

第二十三条　人民革命军事委员会统一管辖并指挥全国人民解放军和其他人民武装力量。

第二十四条　人民革命军事委员会设主席一人，副主席若干人，委员若干人。

第二十五条　人民革命军事委员会的组织及其管理和指挥系统，由中央人民政府委员会制定之。

第五章　最高人民法院及最高人民检察署

第二十六条　最高人民法院为全国最高审判机关，并负责领导和监督全国各级审判机关的审判工作。

第二十七条　最高人民法院设院长一人，副院长若干人，委员若干人。

第二十八条　最高人民检察署对政府机关、公务人员和全国国民之严格遵守法律，负最高的检察责任。

第二十九条　最高人民检察署设检察长一人，副检察长若干人，委员若干人。

第三十条　最高人民法院及最高人民检察署的组织条例，由中央人民政府委员会制定之。

第六章　本组织法的修改权及解释权

第三十一条　本组织法的修改权，属于中国人民政治协商会议的全体会议；在全体会议闭会期间属于中央人民政府委员会。本组织法的解释权，属于中央人民政府委员会。

《中华人民共和国中央人民政府组织法》的草拟经过及其基本内容①

(1949 年 9 月 22 日在中国人民政治协商会议第一届全体会议上)

董必武

　　《中华人民共和国中央人民政府组织法》的草案是人民政协筹备会第四小组负责草拟的。本组组长、副组长和组员一共二十五人，参加筹备会的二十三个单位，除了文化界民主人士以外，均有代表参加，民盟、民进和民主教授三单位且均有两位代表参加。六月十八日举行第一次小组全体会，会上广泛地交换了意见，因没有准备，没有参考资料，有点漫谈的性质，于是推举张志让等七人成立提纲起草委员会，先准备一个讨论提纲，以便小组全体会上讨论时，可获得若干基本的共同意见。七月八日本小组第二次全体会议，就根据提纲起草委员会所提"政府组织法中的基本问题"进行讨论。对于国家名称，国家属性，政府组织的基本原则民主集中制，目前国家最高政权机关产生的方法，人民政府委员会的组织，最高行政机构的名称，政务院与各部会间应否设立联络指导机关，政务院下面部会数目的多寡，人民革命军事委员会、人民监察委员会、人民法院和人民检察署的组织和隶属关系等问题，逐一讨论，基本意见趋于一致，有些意见仍留待起草委员会去斟酌，并推定了董必武、张奚若、阎宝航、王昆仑、张志让等五人负责起草政府组织法的初步草案。政府组织法草案起草委员会先后开会三次，并征询了钱端升、王之相、邓初民等专家的意见，写成了政府组织法的草案初稿，乃于八月十七日召开本小组第三次全体会议，修正通过了组织法的初步草案，提交新政协筹备会的常务委员会。八月二十六日第四次常务委员会指定了黄炎培、马叙伦、张奚若、李立三和本人对初

---

　　① 原载于《人民代表大会制度重要文献选编（一）》，中国民主法制出版社、中央文献出版社 2015 年版，第 68—73 页。

步草案再研究修改一次。九月十三日第五次常务委员会对《中华人民共和国中央人民政府组织法草案》作文字修改后，在九月十七日新政协筹备会第二次全体会议中作了原则的通过，准备提交中国人民政治协商会议大会上去讨论。

关于这个组织法草案的总纲，我有以下说明：

第一，国家的名称问题：本来过去许多人写文章或演讲都用中华人民民主共和国；黄炎培、张志让两先生曾经写过一个节略，主张用中华人民民主国。在第四小组第二次全体会议讨论中，张奚若先生以为用中华人民民主国，不如用中华人民共和国。我们现在采用了最后这个名称，因为共和国说明了我们的国体，"人民"二字在今天新民主主义的中国是指工、农、小资产阶级和民族资产阶级四个阶级及爱国民主分子，它有确定的解释，已经把人民民主专政的意思表达出来，不必再把"民主"二字重复一次了。

第二，国家的属性问题：第四小组的全体组员都觉得这一点应该明确地写在政府组织法之内。国家是统治阶级镇压被统治阶级的工具，所以必须把今天人民民主专政中阶级间的关系讲清楚。"工人阶级领导"，"以工农联盟为基础"和"四个阶级联盟"，是中国新民主主义的特质，这是大家所同意的。经过毛主席《新民主主义论》及《论联合政府》这两本书的解释，经过他前年十二月二十五日在中共中央会议上的报告，今年六月十五日在新政协筹备会开幕典礼上的报告以及七月一日发表的《论人民民主专政》文章中的多次解释，并经过中国人民革命运动的实践，各民主党派在纲领和宣言中的表示，都确定了我们国家的这个特质。

第三，政府组织的原则：这个原则是民主集中制，它具体的表现是人民代表大会制的政府。民主集中原则的提出，正是针对着旧民主主义三权分立的原则。欧美资产阶级故意把他们专政的政府分为立法、行政与司法三个机体，使之互相矛盾，互相制约，以便于他们操纵政权。旧民主主义的议会制度是资产阶级中当权的一部分人容许另一部分的少数人，所谓反对派，在会议讲台上去说空话，而当权者则紧握着行政权柄，干有利于本身统治的事情。这是剥削阶级在广大人民面前玩弄手腕、分取赃私，干出来的一种骗人的民主制度。司法是最精巧的统治工具，同样是为当权的阶级服务的。我们不要资产阶级骗人的那一套，我们的制度是议行合一的，行使国家权力的机关是各级人民代表大会和它产生的各级人民政府。

第四，在普选的全国人民代表大会召开以前，由中国人民政治协商会议的全体会议执行全国人民代表大会的职权，选举中华人民共和国中央人民政府委员会，并付之以行使国家权力的职权。中央人民政府委员会选出后，人民政治协商会议选出的全国委员会即成为国家政权以外各党派、各人民团体的协议机关。

第五，本法草案所规定的中央人民政府委员会的职权，各国宪法多规定为国家元首的职权。我们觉得本法草案的规定，更能充分表现民主的精神。

第六，中央人民政府委员会辖政务院、人民革命军事委员会、最高人民法院和最高人民检察署。关于政务院的名称，原来有人主张用国务院，但国务院包括军事，不太合适；有人主张用行政委员会，但中央人民政府委员会是委员会，最高行政机关下还有指导性的委员会一级，其下还有各种委员会，这样名称容易混淆。至于部长会议或部会长会议也不合乎我们的实际，在我们的最高行政机关中，部长不一定是政务委员。所以最后我们仍采用了政务院的名称。

对本法草案的第一章，我要说明的，就是以上六点。

关于第二章中央人民政府委员会，我想作下列三点说明：

第一，中央人民政府委员会设主席、副主席而不设主席团，也不设常务委员会。苏联采行联邦制，有十六个共和国，每一共和国在中央有一位副主席，所以自然组成了主席团。我们没有这个事实，也就不必仿行此制。至于日常事务，有中央人民政府委员会互选之秘书长领导办公厅人员经常处理。

第二，对第七条政务院总理的名称，在第四小组的会议中曾有所讨论，大多数组员认为如称院长易与法院院长、科学院院长混淆，大家尤其不赞成我们新的行政首长与国民党反动派的行政院长用同一个名称，所以草案中采用了政务院总理的名称。

第三，第七条有"批准任免"的字样，因为有的行政区和省市的人民政府，其主席、副主席如果是选举出来的，则中央人民政府只批准其任命。后面第十五条也仿此。

关于第三章政务院，我想作以下四点说明：

第一，政务委员得兼任各部部长及各委员会主任，这就是说，部长和主任委员不一定是政务委员。我们政务院下有三十个部、会、院、署、行，如果它们的首长都是政务委员，再加不任部长的政务委员，则政务委员人数太多，政务会议也就不易开好。

第二，关于联系与指导性的委员会，如政法、财经、文教等委员会是否列一级的问题，在第四小组的讨论中，曾经有三种意见：（一）算作一级，像现在组织法上所写的那样。（二）不算一级，不发号施令。（三）不规定是否算一级，由事实发展去决定。现在政务院下有三十个部门，如果每周开一次政务会议，一个部门的工作，每月无法轮到讨论一次。为了弥补这个缺陷，故肯定把它列为一级，以便联系和指导与其工作有关的各部门工作。这样，各部门的工作是受双重领导，一方面受政务院的领导，另一方面又受其所隶属的指导委员会的领导。

第三，人民监察委员会是监察行政人员是否履行其职责的，与检察署不同。有人主张它应隶属中央人民政府委员会，地位高些，职权也较大；也有人主张它隶属政务院，比直接隶属于中央人民政府委员会更好些，因为与行政机关接近，熟习实际情况，更便于执行职务，而且人民监察委员会所起作用之大小，实际上要看主持者是否负责及此机构是否被重视而定。我们同意后一主张，所以起草时就把监察委员会列在政务院下。

第四，政务院下设的专管行政部门共有三十个，这是因为我们的人民共和国应转向建设，不能不多设几个部门去管财政经济工作。我们还有许多工作部门没有列为政务院专管行政部门，如合作事业，如盐务等都属于这一类。我们在草案第二十二条中规定，中央人民政府委员会对于政务院的各委、部、会、院、署、行、厅于必要时得决议增加、减少或合并之。有了这样有弹性的条文，政府便好办事了。

最后我想对组织系统表简单说几句：

中国人民政治协商会议的全体会议虽然选举中央人民政府委员会，但在中央人民政府委员会选出之后，后者即为行使全国最高政权的机关，所以组织系统表中用虚线表示其关系。中国人民政治协商会议全体会议闭会后的全国委员会对政府仅提出建议案，故亦以虚线表示之。

政务院下，政治法律、财政经济、文化教育和人民监察四个委员会，地位较高，故在图中的部位亦较高。政治法律委员会所指导的部门以黄色实线表示之；财政经济委员会所指导的部、行、署以红色实线表示之；文化教育委员会所指导的部、院、署则以绿色实线表示之。政务院对三个指导性的委员会、人民监察委员会及各部、会、署、院、行均有直接指挥之权，以黑色实线表示之。外交部对情报总署，财政部对人民银行，贸易部对海关总署有监督指导之权，亦以黑色实线表示之。

中央人民政府组织法草案已印发了，请各代表先生审查后付之公决。

关于中华人民共和国国都、纪年、国歌、国旗的决议①

(1949 年 9 月 27 日中国人民政治协商会议第一届全体会议通过)

一、全体一致通过：中华人民共和国的国都定于北平。自即日起，改名北平为北京。

二、全体一致通过：中华人民共和国的纪年采用公元。今年为一九四九年。

三、全体一致通过：在中华人民共和国的国歌未正式制定前，以"义勇军进行曲"为国歌。

四、全体一致通过：中华人民共和国的国旗为红地五星旗，象征中国革命人民大团结。

---

① 原载于《人民代表大会制度重要文献选编（一）》，中国民主法制出版社、中央文献出版社2015 年版，第 74 页。

关于拟制国旗、国徽、国歌方案的报告①

马叙伦　沈雁冰

国旗、国徽图案及国歌词谱的制订，在中国人民政治协商会议筹备会中，由第六小组设计。参加第六小组的是：马叙伦、叶剑英、张澜、郭沫若、陈嘉庚、马寅初、蔡畅、李立三、张奚若、廖承志、田汉、郑振铎、欧阳予倩、翦伯赞、钱三强、沈雁冰，共十六人。七月四日，第六小组开第一次会议，决定了：（1）公开征求，（2）设立国旗国徽图案评选委员会及国歌词谱评选委员会。关于公开征求，第一次小组会上就拟定了征求条例，随即登报并定八月二十日为征求截止期。关于两个评选委员会，当时小组会上决定：除由本组组员分别参加外，并聘请专家参加。后来（八月五日，第六小组第二次全体会议上）决定聘请徐悲鸿、梁思成、艾青参加国旗国徽图案评选委员会，聘请马思聪、吕骥、贺绿汀、姚锦新参加国歌词谱评选委员会。截至九月十四日，第六小组共开过全体会议四次，座谈会若干次。又为了便利本组组员及专家选阅甚多之应征来稿，自八月十六日至二十日，在北京饭店四一三号会客室特设临时选阅室，将所有应征来稿集中陈列。

自登报征求后，社会上的反应非常热烈。一个月内，收到应征稿件，统计如下：

国旗：一九二〇件，图案二九九二幅。

国徽：一一二件，图案九〇〇幅。

国歌：六三二件，歌词六九四首。

意见书（不附图案或词谱者）：二四封。

上列来稿，其中有五十八件为二人以上之集体制作。一人所投之稿，往往包括图案两个以上，乃至十余个之多；例如国旗应征稿件为一九二〇，而

---

① 原载于《中国人民政治协商会议第一届全体会议纪念刊》，人民出版社 1950 年版，第 235—236 页。

不同之图案实数则为二九九二，多出一千余个。

再就应征来稿之地区分布而言，其范围之广，可以说遍及全国乃至海外。现在分类统计如下：

北平	四一一
东北	四三五
上海	三九一
天津	一四〇
江苏	一四五
浙江	一四二
河北	一二〇
南京	一〇七
山东	一二八
河南	六一
武汉	六一
青岛	五四
安徽	四七
江西	二八
山西	二九
西安	二九
陕西	二二
湖南	八
热河	七
内蒙	六
绥远	三
香港	六三
美洲	二三
马来亚	四
澳门	四
北朝鲜	五
印尼	三

待解放区　　　四

其他及不明地址者二八九

至于投稿者的职业、性别、年龄及所属阶层，还没有作出精密统计。仅言其大概，则有小学生，也有仍用文言作说明并且引用了古书的老先生，有工人，也有农民，有机关职员，也有大学教授，中小学教师，作家，及其他自由职业者；而来自解放军各部队机关的投稿凡八十七件。大抵来自各老解放区的投稿，以工人及机关职员为最多，学生及农民次之；而来自新解放区的投稿，则以自由职业者为最多。总而言之，从这一次的国旗、国徽、国歌应征稿件上，充分表现了全国（还有国外华侨）各阶层、各种职业的人士，男女老幼，对于革命政权如何的热烈拥护，对于新中国的国旗、国徽、国歌之制作又如何的关心，如何踊跃地来发表他们的意见。

第六小组深感其责任之重大，不敢掉以轻心。全组组员及参加两个评选委员会的专家们，经过多次讨论，反复审阅，就国旗国徽图案，得出了初步意见，简述如下：

一、国旗国徽图案征求条例，提出应注意各点为：（甲）中国特征（如地理、民族、历史、文化等等），（乙）政权特征（工人阶级领导的以工农联盟为基础的人民民主专政），（丙）国旗图案以庄严简洁为主，国徽则须庄严而富丽。应征稿件就上述注意各点构思设计大别可分为四类：第一、为镰锤交叉并加五角星者，此类最多，其中并有变体，例如镰锤有国际式（即苏联国旗上所用之形式）与中国式者，有将镰锤置于五角星之中，或将旗之左上方作白色或蓝色而置镰锤或五角星于其中者。第二、为嘉禾齿轮并加五角星，或不加五角星者，此类亦有多种变体。第三、为以两色，或三色之横条或竖条组成旗之本身，而于左上角或中央置镰锤或五角星或嘉禾齿轮者。第四、为旗面三分之二为红色三分之一为白、蓝、黄各色，而加以红色或黄色的五角星者；此类亦不少，其变体则为红色旗面加黄色长条一道或两道，而五角星的位置亦各有不同。

二、上述四类，其第一类用国际式镰锤交叉并加五角星者，无论其形式如何变换，总有模仿苏联国旗的感觉。至于拟用中国式镰锤或其他农具以代镰刀的图案，则因布置困难，形式上既不美观，而模仿的意义依然存在。

第二类拟用嘉禾齿轮的，形式上很难配合得当，故亦难以美观，且图面复杂，与"简洁"之旨不符。

第三类的形式，一半模仿美国国旗，又一半模仿苏联国旗，构思设计，都不足取。

第四类长处是简洁。这一类中，红色旗面三分之一处加黄色长条而以五角星位于左上角，这一个形式，较其他各式似乎更好些（如复字第一号）；盖红色象征革命，五角星象征共产党领导的联合政权，黄色长条则可以代表中华民族发祥地的黄河。

三、国徽图案的投稿大多数不合体制，因为应征者多把国徽想像作普通的证章或纪念章。合于国徽体制的来稿，其中又有图案意味太重，过于纤巧的。比较可供参考采择者，仅四五式。

这就是第六小组审阅评选国旗国徽图案的初步意见。人民政协筹备会常委会审查了这些初步意见后，未作最后决定。九月十七日，人民政协筹备会第二次全体会议通过了决议："国旗、国徽、国歌工作移交人民政协第一届全体会议，并由原来负责的小组向人民政协第一届全体会议主席团提出报告。"根据此项决议，除国歌一项工作，经本组慎重研讨，认为此次征集之稿，足以应选者尚少，必须再行有计划地征集一次；将选取者，制曲试演，向群众中广求反应后，再行提请决定，非最近时期内可以完成。合先连同国旗国徽图样印本报告如右。

关于中国人民政治协商会议筹备工作的报告①

(1949 年 9 月 22 日在中国人民政治协商会议第一届全体会议上)

林伯渠

（一）新政治协商会议发起经过

一九四七年十月，中国人民解放战争已由战略防御阶段进入战略进攻阶

---

① 原载于《五星红旗从这里升起——中国人民政治协商会议诞生纪事暨资料选编》，文史资料出版社 1984 年版，第 512—518 页。

段。中国人民解放军当时曾根据中国共产党及毛泽东主席多年来的一贯主张，发表宣言，其中说："联合工农兵学商各被压迫阶级、各人民团体、各民主党派、各少数民族、各地华侨和其他爱国分子，组成民族统一战线，打倒蒋介石独裁政府，成立民主联合政府。"同年十二月，毛主席在他对中共中央会议的报告（题名：目前形势和我们的任务）中，重申这个人民解放军的、也是中国共产党的政治纲领，并且清晰地指出了革命必须打倒帝国主义、封建主义与官僚资本主义及其必然胜利的前途，申述了无产阶级领导的广泛民族统一战线的范围与政策。毛主席的这个文告，使中国的民族统一战线获得进一步的巩固和发展，为后来各党各派响应中共五一口号奠定了基础。

自从人民解放战争转入战略进攻以后，国内形势起了迅速的变化。一方面，国民党反动派在军事上节节溃败，政治经济日益破产；另一方面，人民解放军的军事胜利，解放区土地改革的成功以及国民党统治区群众运动的昂扬，标志着全国范围的革命高潮。配合着这一形势，中共中央于一九四八年五月一日口号中，号召"全国劳动人民团结起来，联合全国知识分子、自由资产阶级、各民主党派、社会贤达和其他爱国分子，巩固与扩大反对帝国主义、反对封建主义、反对官僚资本主义的统一战线，为着打倒蒋介石，建立新中国而奋斗"，同时号召"各民主党派、各人民团体及社会贤达，迅速召开新的政治协商会议，讨论并实现召集人民代表大会，成立民主联合政府。"中共中央这个号召提出之后，立即得到各民主党派、各人民团体、无党派民主人士、少数民族、国外华侨热烈的响应和赞成。

（二）新政治协商会议筹备会成立经过

从一九四八年八月开始，代表各民主党派和各民主阶层的人士，从全国各地以及海外陆续来到解放区，以便与中共人士共同进行新政治协商会议（以下简称新政协）的筹备事宜。同年十一月二十五日，中共中央的代表人与已经到达哈尔滨的民主人士，对于成立新政协筹备会及新政协的性质、任务等问题，获得了共同的协议。

关于新政协筹备会，决定：一、由中共及赞成中共中央五一口号的各主要民主党派、人民团体及无党派民主人士等共计二十三个单位的代表组成；二、新政协筹备会的任务为：负责邀请参加新政协的各方代表人物，负责起草新政协的文件，负责召开新政协的正式会议；三、筹备会组织条例推由中共起草，经各方同意后，俟筹备会集会时正式通过。

关于新政协的性质及任务等问题，决定：一、新政协参加范围，由反对美帝国主义侵略、反对国民党反动统治、反对封建主义和官僚资本压迫的各民主党派、各人民团体及无党派民主人士的代表人物组成，南京反动政府系统下的一切反动党派及反动分子必须排除，不许参加；二、新政协举行时间定在一九四九年，具体时间及地点由筹备会决定；三、新政协应讨论和实现的问题有二：一是共同纲领的制定，二是中华人民共和国中央政府的建立。

十一月二十五日协议完成之后，国内形势已起了新的根本变化。继一九四八年秋季攻势的大捷，特别是东北的完全解放，人民解放军又获得了淮海战役的决定性的伟大胜利。国民党主力在长江以北被完全消灭，中国人民解放战争在全国范围内的最后胜利，谁都不能不承认只是时间问题了。这一个空前胜利的形势，迫切地要求我们"将革命进行到底"，就是要"用革命的方法坚决彻底干净全部地消灭一切反动势力，不动摇地坚持打倒帝国主义、打倒封建主义、打倒官僚资本主义，在全国范围内推翻国民党反动统治，在全国范围内建立工人阶级领导的，以工农联盟为主体的人民民主专政的共和国，使中华民族来一个大翻身，由半殖民地变为真正的独立国，使中国人民来一个大解放，将自己头上的封建的压迫和官僚资本的压迫一起掀掉，并由此造成统一的民主的和平局面，造成由农业国变为工业国的先决条件，造成由人剥削人的社会向着社会主义社会发展的可能性。"（引自解放社版《将革命进行到底》第五页）为了适应这一新的形势，并且为了击破美帝国主义卵翼的国民党反动派的和平攻势，中共中央毛泽东主席发表了一九四九年一月十四日的《关于时局的声明》，提出八项条件。对于这些号召，已经到达解放区的民主党派与民主人士立即发表声明，表示彻底支持，解放区以外的民主党派与民主人士也有同样的表示。大家一致承认，中共的号召是全国人民团结奋斗的共同政治基础。这样，就使得新政治协商会议的成功，有了进一步的保证。

一九四九年的头半年，英勇的人民解放军解放了北平、天津、汉口、南京、上海、太原等全国有数的中心大城市，国民党反动派在基本上可说已被打倒，剩下来的只是消灭反动残余的问题。在另一方面，统一全国之后，如何用最大力量来恢复与发展人民经济文化教育等事业及巩固国防的问题，被提上了日程。为了担负这两大任务，就必须迅速完成各项必要的准备工作，尽早召开新的政治协商会议，成立民主联合政府，以便领导全国人民，共同奋斗。

在这样坚固团结的政治基础之上，在时机业已完全成熟的条件之下，经各方协商之后，新政协筹备会于六月十五日在北平宣告正式成立。

（三）三个月来筹备工作概况

新政协筹备会成立会，亦即第一次全体会议，一共进行了五天，出席的计有新政协原提议人中国共产党与赞成中共此项主张的各民主党派、各人民团体、各界民主人士、国内少数民族和国外华侨代表人物等，一共是二十三个单位，一百三十四人。会议的整个过程，充分显示出和谐团结的气氛和实事求是的精神。在第一天的开幕典礼上，毛主席、朱总司令及李济深、沈钧儒、郭沫若、陈叔通、陈嘉庚诸先生都分别发表了演讲。

这次成立会全体一致通过了《新政协筹备会组织条例》，并根据这个条例选出了毛泽东、朱德、李济深等二十一人组成常务委员会，负责办理经常工作；常委会又推出毛泽东为主任，周恩来、李济深、沈钧儒、郭沫若、陈叔通为副主任，李维汉为秘书长。在八月下旬，李维汉跌伤，由林伯渠代理。

为了迅速完成召开新政协及建立民主联合政府的各项必要准备工作，筹备会议决定在常务委员会领导之下设立六个小组，分别完成下列各项任务，即：一、拟定参加新政治协商会议的单位及其代表名额；二、起草新政治协商会议组织条例；三、起草共同纲领；四、拟定中华人民民主共和国政府方案；五、起草宣言；六、拟定国旗、国徽及国歌方案。

在成立会闭幕之前，第一小组很迅速地完成任务，拟定了《关于参加新政治协商会议的单位及其代表名额的规定》的文件，决定参加新政协会议的单位及其代表名额为：党派代表十四个单位，一百四十二人；区域代表九个单位，一百零二人；军队代表六个单位，六十人；团体代表十六个单位，二百零六人；此外，另设一特别邀请单位，其代表资格、名额与人选由常委会另行协议。这个《规定》当即获得成立会全体大会的通过。由这个《规定》的内容，可以看出其代表性的广泛。这样一个虽然不是普选的、然而却是具有十分广大的代表性的人民政治协商会议，事实上具有了全国人民代表大会的性质。

筹备会成立会于六月十九日闭幕。一切筹备的工作继续由常务委员会和上述六个小组分别担负起来。筹备工作的重心是放在三方面上的：其一是拟定新政治协商会议的各种文件；其二是推动并促成全国社会科学、自然科学、教育、新闻等人民团体的筹备工作，并协助了全国文学艺术界联合会的成立；其三是根据筹备会首次全体会议所通过的《关于参加新政治协商会议的单位及其代表名额的规定》，协商各单位的代表名单。

经过将近三个月的紧张工作，上述三项工作都已于九月上旬次第完成。各项文件在定稿以前，均经常委会和起草的各小组，以及在北平的筹备代表和陆续到达北平参加中国人民政协第一届全体会议的代表们，反复研究，缜密商讨。于是常委会即于九月十七日召开新政协筹备会第二次全体会议。在这一次会议中，审议并基本通过下列各项文件：一、中国人民政治协商会议组织法草案；二、中国人民政治协商会议共同纲领草案；三、中华人民共和国中央人民政府组织法草案。至于起草中国人民政治协商会议第一届全体会议宣言草案及拟定国旗、国徽图案及国歌词谱建议案等两项工作，则因尚未完成，会议决定把这两项任务移交给人民政协第一届全体会议，并由原来负责该两项工作的两个小组，向中国人民政协第一届全体会议主席团提出报告；这一次会议又批准了筹备会常委会关于筹备工作的报告。

在筹备工作进行期间，常委会一共收到三十件团体的和个人的要求参加新政协的书面请求，都经慎重严肃地考虑，分别加以适当地处理。

（四）关于中国人民政治协商会议第一届全体会议代表名单的决定的经过

对于参加中国人民政治协商会议的单位及其代表名额与名单的问题，筹备会是用非常慎重、非常严肃的态度来处理和拟订的。时常为了某一个代表的适当与否而函电往返，斟酌再四，费时达数周之久。代表名单产生之后，又经过筹备会反复协商，郑重研究。这样一共化了近三个月的工夫，才确定了今天这张六百六十二位代表的名单，可以说是整个筹备工作中最繁重的工作之一。

在协商并确定这个名单的时候，筹备会首先注意的就是政治上的严肃性。

新政治协商会议筹备会组织条例开宗明义第一条就说："新政治协商会议，为全中国拥护新民主主义、反对帝国主义、反对封建主义、反对官僚资本主义及同意动员一切人民民主力量，推翻国民党反动统治，建立人民民主共和国的各民主党派、各人民团体、各解放区人民政府、人民解放军、国内少数民族、海外华侨及无党派和各界民主人士的代表人物所组成，国民党反动政府系统下的一切反动党派及反动分子不容许参加。"这是一个很明确、严肃的选择标准，必须严格遵守它，然后才能不负全国人民的期望和信托，才能真正代表全国人民的利益。这一点是筹备会在协商名单时所时刻记住的。

根据上述原则，筹备会所拟定的名单分为五类，除前项所述四类共四十五个单位，代表五百一十人，候补代表七十七人外，第五类为特别邀请代表，经筹备会常委会与各方面协商定为七十五人。这五大部分一共六百六十二人。人民政协有了这样广泛的各民主党派、各人民团体、各区域、人民解放军、国内少数民族、国外华侨及爱国民主分子的代表人物，的确可以说是代表性最完备的一张名单，的确可以说是表示了全国人民力量的大团结。

中国人民政治协商会议第一届全体会议宣言①

中国人民政治协商会议第一届全体会议宣言全文如下：
全国同胞们：

中国人民政治协商会议第一届全体会议业已胜利地完成了自己的任务。

这次会议，包含了全中国所有的民主党派、人民团体、人民解放军、各地区、各民族、国外华侨和其他爱国民主分子的代表，代表了全国人民的意志，表现了全国人民的空前的大团结。

这种全国人民的大团结，是中国人民和人民解放军在中国共产党领导之下，经过长期的英勇奋斗，战胜了美帝国主义援助的蒋介石国民党反动政府之后所获得的。一百多年以来，中国人民的先进分子，其中杰出者有如领导

---

①　原载于《人民日报》1949 年 10 月 1 日。

辛亥革命的伟大革命家孙中山先生，为了推翻帝国主义和中国反动政府的压迫，领导广大的人民，进行了不断的斗争，百折不挠，再接再厉，到现在，终于达到了目的。当着我们举行会议的时候，中国人民已经战胜了自己的敌人，改变了中国的面貌，建立了中华人民共和国。我们四万万七千五百万中国人现在是站立起来了，我们民族的前途是无限光明的。

在人民领袖毛泽东主席领导之下，我们的会议齐心一志，按照新民主主义的原则，制定了中国人民政治协商会议组织法，制定了中华人民共和国中央人民政府组织法，制定了中国人民政治协商会议共同纲领，决定了中华人民共和国定都于北京，制定了中华人民共和国的国旗为五星红旗，采用了义勇军进行曲为现时的国歌，决定了中华人民共和国的纪年采用世界公元，选举了中国人民政治协商会议全国委员会，选举了中华人民共和国中央人民政府委员会。中国的历史，从此开辟了一个新的时代。

全国同胞们，中华人民共和国现已宣告成立，中国人民业已有了自己的中央政府。这个政府将遵照共同纲领在全中国境内实施人民民主专政。它将指挥人民解放军将革命战争进行到底，消灭残余敌军，解放全国领土，完成统一中国的伟大事业。它将领导全国人民克服一切困难，进行大规模的经济建设和文化建设，扫除旧中国所留下来的贫困和愚昧，逐步地改善人民的物质生活和提高人民的文化生活。它将保卫人民的利益，镇压一切反革命分子的阴谋活动。它将加强人民的陆海空军，巩固国防，保卫领土主权完整，反对任何帝国主义国家的侵略。它将联合一切爱好和平自由的国家、民族和人民，首先是联合苏联和各新民主国家，以为自己的盟友，共同反对帝国主义者挑拨战争的阴谋，争取世界的持久和平。

全国同胞们，我们应当进一步组织起来。我们应当将全中国绝大多数人组织在政治、军事、经济、文化及其他各种组织里，克服旧中国散漫无组织的状态，用伟大的人民群众的集体力量，拥护人民政府和人民解放军，建设独立民主和平统一富强的新中国。

为人民解放战争和人民革命而牺牲的人民英雄们永垂不朽！

中国人民大团结万岁！

中华人民共和国万岁！

中央人民政府万岁！

中共中央关于废除国民党《六法全书》
和确定解放区司法原则的指示①

（1949 年 2 月 22 日）

各中央局、分局、前委并转政府党组：

（一）对国民党《六法全书》的认识，在我们好些司法干部中是错误的，或是模糊的，不仅有些学过旧法律的人，把它奉为神圣，强调它在解放区也能适用；甚至在较负责的政权干部中，也有人认为《六法全书》有些是合乎广大人民利益的，只有一部分而不是基本上是不合乎广大人民利益的。东北印行的《怎样建设司法工作》中所提到的对《六法全书》的各种观点，不过是一部分明显的例证。

（二）法律是统治阶级以武装强制执行的所谓国家意识形态，法律和国家一样，只是保护一定统治阶级利益的工具。国民党的《六法全书》和一般资产阶级法律一样，以掩盖阶级本质的形式出现。但是在实际上既然没有超阶级的国家，当然也不能有超阶级的法律。《六法全书》和一般资产阶级法律一样，以所谓人人在法律方面一律平等的面貌出现，但实际上在统治阶级与被统治阶级之间，剥削阶级与被剥削阶级之间，有产者与无产者之间，债权人与债务人之间，没有真正共同的利害，因而也不能有真正平等的法权。因此，国民党全部法律只能是保护地主与买办官僚资产阶级反动统治的工具，是镇压与束缚广大人民群众的武器。正因为如此，所以蒋介石在元旦救死求和哀鸣中，还要求保留伪宪法伪法统，也就是要求保留国民党《六法全书》依然继续有效。因此，《六法全书》绝不能是蒋管区与解放区均能适用的法律。

（三）任何反动法律——国民党的《六法全书》也是一样——不能不多

---

① 原载于《建党以来重要文献选编（一九二一——一九四九）》第二十六册，中央文献出版社 2011 年版，第 153—156 页。

少包括某些所谓保护全体人民利益的条款，这正和国家本身一样，恰是阶级斗争不可调和的产物和表现，即反动的统治阶级为保障其基本的阶级利益（财产与政权）的安全起见，不能不在其法律的某些条文中，一方面，照顾一下它的同盟者或它的试图争取的同盟者的某些部分利益，企图以此来巩固其阶级统治；另一方面，不能不敷衍一下它的根本敌人——劳动人民，企图以此来缓和反对它的阶级斗争。因此，不能因国民党《六法全书》有某些似是而非的所谓保护全体人民利益的条款，便把它看作只是一部分而不是在基本上不合乎广大人民利益的法律，而应当把它看作是在基本上不合乎广大人民利益的法律。

（四）我们在抗日时期，在各根据地曾经个别地利用过国民党法律中有利于人民的条款来保护或实现人民的利益，在反动统治下我们也常常利用反动法律中个别有利于群众的条款来保护和争取群众的利益，并向群众揭露反动法律的本质上的反动性，无疑地这样做是正确的。但不能把我们这种一时的策略上的行动，解释为我们在基本上承认国民党的反动法律，或者认为在新民主主义的政权下能够在基本上采用国民党的反动的旧法律。

（五）在无产阶级领导的以工农联盟为主体的人民民主专政的政权下，国民党的《六法全书》应该废除，人民的司法工作不能再以国民党的《六法全书》作依据，而应该以人民的新的法律作依据，在人民的新的法律还没有系统地发布以前，则应该以共产党的政策以及人民政府与人民解放军所已发布的各种纲领、法律、命令、条例、决议作依据。在目前，人民的法律还不完备的情况下，司法机关的办事原则，应该是：有纲领、法律、命令、条例、决议规定者，从纲领、法律、命令、条例、决议之规定；无纲领、法律、命令、条例、决议规定者，从新民主主义政策。同时，司法机关应该经常以蔑视和批判国民党《六法全书》及其他一切反动法律法令的精神，以蔑视和批判欧美日本资本主义国家的一切反人民法律法令的精神，以学习和掌握马列主义——毛泽东思想的国家观、法律观及新民主主义的政策、纲领、法律、命令、条例、决议的办法，来教育和改造司法干部。只有这样做，才能使我们的司法工作真正成为人民民主政权工作的有机构成部分。只有这样做，才能提高我们司法干部的理论知识、政策知识与法律知识的水平和工作能力。只有这样做，才能彻底粉碎那些学过旧法律而食古不化的人的错误的和有害的思想，使他们丢下旧包袱，放下臭架子，甘当小学生，从新从马列主义——毛泽东思想及我们的政策、纲领、法律、命令、条例、决议学起，把自己改造成为新民主主义政权下的人民的司法干部。只有这样，他们才能够为人民服务，才能够与我们的新的革命司法干部和衷共济，消除所谓新旧司法干部不团结或旧司法人员炫耀《六法全书》、自高自大的恶劣现象。

（六）请你们与司法干部及政府干部讨论我们这些意见，并将讨论结果电告。

中　央
丑养

中华人民共和国中央人民政府公告①

自蒋介石国民党反动政府背叛祖国，勾结帝国主义，发动反革命战争以来，全国人民处于水深火热的情况之中。幸赖我人民解放军在全国人民援助之下，为保卫祖国的领土主权，为保卫人民的生命财产，为解除人民的痛苦和争取人民的权利，奋不顾身，英勇作战，得以消灭反动军队，推翻国民政府的反动统治。现在人民解放战争业已取得基本的胜利，全国大多数人民业已获得解放。在此基础之上，由全国各民主党派、各人民团体、人民解放军、各地区、各民族、国外华侨及其他爱国民主分子的代表们所组成的中国人民政治协商会议第一届全体会议业已集会，代表全国人民的意志，制定了中华人民共和国中央人民政府组织法，选举了毛泽东为中央人民政府主席，朱德、刘少奇、宋庆龄、李济深、张澜、高岗为副主席，陈毅、贺龙、李立三、林伯渠、叶剑英、何香凝、林彪、彭德怀、刘伯承、吴玉章、徐向前、彭真、薄一波、聂荣臻、周恩来、董必武、赛福鼎、饶漱石、陈嘉庚、罗荣桓、邓子恢、乌兰夫、徐特立、蔡畅、刘格平、马寅初、陈云、康生、林枫、马叙

---

① 原载于《人民日报》1949 年 10 月 2 日。

伦、郭沫若、张云逸、邓小平、高崇民、沈钧儒、沈雁冰、陈叔通、司徒美堂、李锡九、黄炎培、蔡廷锴、习仲勋、彭泽民、张治中、傅作义、李烛尘、李章达、章伯钧、程潜、张奚若、陈铭枢、谭平山、张难先、柳亚子、张东荪、龙云为委员，组成中央人民政府委员会，宣告中华人民共和国的成立，并决定北京为中华人民共和国的首都。中华人民共和国中央人民政府委员会于本日在首都就职，一致决议：宣告中华人民共和国中央人民政府的成立，接受中国人民政治协商会议共同纲领为本政府的施政方针，互选林伯渠为中央人民政府委员会秘书长，任命周恩来为中央人民政府政务院总理兼外交部部长，毛泽东为中央人民政府人民革命军事委员会主席，朱德为人民解放军总司令，沈钧儒为中央人民政府最高人民法院院长，罗荣桓为中央人民政府最高人民检察署检察长，并责成他们从速组成各项政府机关，推行各项政府工作。同时决议：向各国政府宣布，本政府为代表中华人民共和国全国人民的唯一合法政府。凡愿遵守平等、互利及互相尊重领土主权等项原则的任何外国政府，本政府均愿与之建立外交关系。特此公告。

中华人民共和国中央人民政府主席　毛泽东

一九四九年十月一日